Lutz J. Mommer

Die Entsorgungsquote und Marktmacht auf dem Entsorgungsmarkt

WIRTSCHAFTSWISSENSCHAFT

Lutz J. Mommer

Die Entsorgungsquote und Marktmacht auf dem Entsorgungsmarkt

Deutscher Universitäts-Verlag

Bibliografische Information Der Deutschen Bibliothek
Die Deutsche Bibliothek verzeichnet diese Publikation in der Deutschen Nationalbibliografie; detaillierte bibliografische Daten sind im Internet über <http://dnb.ddb.de> abrufbar.

Dissertation Universität Oldenburg, 2003

1. Auflage September 2003

Lektorat: Ute Wrasmann / Britta Göhrisch-Radmacher

Der Deutsche Universitäts-Verlag ist ein Unternehmen der Fachverlagsgruppe BertelsmannSpringer.
www.duv.de

Umschlaggestaltung: Regine Zimmer, Dipl.-Designerin, Frankfurt/Main
ISBN-13: 978-3-8244-0724-8 e-ISBN-13: 978-3-322-81116-5
DOI: 10.1007/978-3-322-81116-5

Die Arbeit ist den beiden Menschen gewidmet, die mein Leben in den letzten Jahren entscheidend geprägt haben.

Herrn Udo Ebert,

der meinen Verstand verschärfte,

und

Frau Christiane Ralf,

die mein Leben erfüllt.

Vorwort

Die Arbeit entstand während meiner Tätigkeit vom 1.4.1999 bis zum 30.6.2003 als Assistent von Herrn Prof. Dr. Udo Ebert an der Professur für Finanzwissenschaft des Instituts für Volkswirtschaftslehre der Universität Oldenburg und wurde im April 2003 als Dissertation angenommen.

Sie diskutiert die Auswirkungen und normativen Eigenschaften der Quotenregulierung der Abfallentsorgung unter Berücksichtigung von unvollständigem Wettberwerb auf dem Entsorgungsmarkt. Diese Regulierungsform findet sich in der deutschen Verpackungsverordnung. Zuerst wird ein kurzfristiges Modell ohne Bestandseffekte beschrieben und das Markgleichgewicht ausführlich diskutiert. Die Auswirkungen einer Quotenstrafffung und des Markteintritts eines Entsorgers werden hergeleitet. Die gleichgewichtige Allokation wird normativ bewertet und mögliche Abweichungen von der Erst-Besten Allokation werden diskutiert. Anschließend wird das Modell um die lange Frist erweitert und die Auswirkungen eines Ressourcen- und Abfallbestand werden in die Diskussion einbezogen.

Besonders herzlicher Dank gebührt Herrn Prof. Dr. Udo Ebert, der die Entstehung dieser Arbeit in einer einzigartigen Weise durch eine umfassende kritische Begleitung und die kontinuierliche Bereitschaft zur intensiven Diskussion von Fragen förderte. Desweiteren sei Herrn Prof. Dr. Heinz Welsch für die vielfachen Anregungen und hilfreichen Ideen, die die vorliegende Arbeit entscheidend verbessert haben, herzlich gedankt. Für das ausgezeichnete kollegiale Umfeld und unvergessliche Schaffenspausen waren Herr Dipl. Oec. Carsten Ochsen, Herr Dipl. Oec. Denis Drews, Herr Dr. Jochen Dittmer, Herr Dipl. Oec. Andreas Bruns, Herr Dr. Peter Wengelowski, Herr PD. Oskar von dem Hagen, PhD, Herr Peter Jessen und Frau Angela Schönwolf verantwortlich. Ihnen meinen herzlichen Dank.

Juni 2003 Lutz J. Mommer

Inhaltsverzeichnis

Abbildungsverzeichnis

Teil I

Einleitung und Motivation

Kapitel 1

Einleitung

1.1 Die Motivation und das Ziel dieser Arbeit

Die Volkswirtschaftslehre kennt verschiedene Instrumente zur Regulierung einer unbefriedigenden Allokation im Marktgleichgewicht. Das wahrscheinlich prominenteste und am besten untersuchte unter diesen ist eine Steuer. In jüngerer Vergangenheit wurde innerhalb der Europäischen Union das relativ unbekannte und bislang in der Fachliteratur nahezu unbeachtet gebliebene Instrument einer Quote zur Regulierung des anfallenden Verpackungsabfalles und seiner Rezyklierung eingesetzt. Überraschenderweise existiert in der theoretischen Literatur der Volkswirtschaftslehre bislang keine Untersuchung der Auswirkung einer Quotenänderung unter Berücksichtung eines Ressourcenkreislaufes auf die im kurz- oder langfristigen Marktgleichgewicht bestehende Allokation. Ebenso findet sich keine Bestimmung der optimalen Quote in einem solchen Modellrahmen. Das Ziel der vorliegenden Arbeit ist eine theoretische Diskussion einer Quotenregulierung von Abfällen. Dabei wird sowohl ein Ressourcenkreislauf als auch Marktmacht auf dem Entsorgungsmarkt berücksichtigt.

Der folgende Abschnitt 1.2 stellt die Entsorgungsquote in den entsprechenden Verordnungen der Europäischen Union dar. Anschließend beschreibt Abschnitt 1.3 den entsprechenden gesetzlichen Rahmen in Deutschland. Dabei zeigt sich, daß entgegen einer verbreiteten Annahme die Schaffung eines Monopols nicht die Absicht des Gesetzgebers war. Das jüngste Auftreten von Konkurrenz am deutschen Entsorgungsmarkt ist wahrscheinlich nicht das Ende dieser Entwicklung, sondern stellt vielmehr den Anfang eines mit der Zeit zunehmenden Wettbewerbsdrucks dar. Eine erste Beschreibung des Modellrahmens und der darin behandelten Fragen schließt dieses einleitende Kapitel in Abschnitt 1.4 ab.

1.2 Die Entsorgungsquote in der Europäischen Union

Das Europäische Parlament und der Rat der Europäischen Union erließen am 20.Dezember 1994 die Richtlinie 94/62/EG über Verpackungen und Verpackungsabfälle, welche im folgenden als EU-Verpackungsrichtlinie (1994) bezeichnet wird. Das Ziel dieser EU-Verpackungsrichtlinie

(1994) besteht in der Harmonisierung der einzelstaatlichen Ansätze zur Lösung des Problems der Verpackungsabfälle. Dort sind in §6 Abs.1(b) stoffliche Verwertungsquoten für die Abfälle von 25% bis zu 45% je nach Verpackungsmaterial vorgeschrieben, wobei jedoch für jedes einzelne Verpackungsmaterial eine Mindestquote von 15% angesetzt ist. Desweiteren stellt §6 Abs.1(c) eine erhebliche Erhöhung dieser Quoten innerhalb von zehn Jahren in Aussicht. Den einzelnen Mitgliedstaaten steht es jedoch frei, höhere Quoten einzuführen. In dieser Verordnung deutet nichts darauf hin, daß die Mitgliedstaaten Entsorgungsmonopole schaffen sollen. So wird innerhalb dieser Verordnung z.B. in §7 über Rücknahme-, Sammel- und Verwertungssysteme konsequent im Plural von Systemen gesprochen.

Im folgenden wird die deutsche Verpackungsverordnung, die in ihrer ursprünglichen Form älter ist als die EU-Verpackungsrichtlinie (1994), und der damit verbundene Entsorgungsmarkt ausführlicher beschrieben.

1.3 Die deutsche Verpackungsverordnung und der Entsorgungsmarkt

Basierend auf dem Abfallgesetz[1] vom 27.8.1984 erließ die Bundesregierung am 12.6.1991 die Verordnung über die Vermeidung und Verwertung von Verpackungsabfällen, in der Rücknahmeverpflichtungen für Verkaufsverpackungen (VerpackV)[2] und materialabhängige werkstoffliche[3] Verwertungsquoten vorgeschrieben sind, siehe Bundesgesetzblatt (1991). Die Verwertungsquoten definieren, wie groß der zu verwertende prozentuale Anteil des anfallenden Verpackungsabfalles ist. Diese Regulierungsform entspricht einem relativen Standard, der eine prozentuale Beziehung zwischen den Emissionen und den vermiedenen Emissionen herstellt. Die Literatur über relative Standards wird in Abschnitt 2.1.1 dargestellt.

Die Verpackungsverordnung schuf per Dekret einen Markt für die haushaltsnahe Rücknahme, Entsorgung und Rezyklierung der Verpackungen. Dieser Markt ist als Entsorgungsmarkt bekannt. Die Verpackungsverordnung erlaubt den Händlern, sich an einem flächendeckenden Entsorgungssystem zu beteiligen und sich so zur Erfüllung der gesetzlichen Verpflichtung Dritter zu bedienen, siehe §6 Abs.3 VerpackV. Alternativ können die Händler die Verkaufsverpackungen am Ort der tatsächlichen Übergabe oder in unmittelbarer Nähe zurücknehmen, siehe §6 Abs.1&2 VerpackV. Diese Händler werden als Selbstentsorger bezeichnet, obwohl nur die Rücknahme und

[1] Für eine Diskussion des Standes der deutschen Abfallentsorgung vor 1990, siehe Michaelis (1991).

[2] In dieser Arbeit werden abweichend von der gesetzlichen Definition unter den Begriff der Verkaufsverpackung, die beim Endverbraucher anfällt, auch Transport- und Umverpackungen, siehe §3 Abs. 1 VerpackV Bundesgesetzblatt (1991), unter diesen Begriff subsumiert.

[3] Die werkstoffliche Verwertung bezeichnet eine Verwertung, bei der das Verpackungsmaterial als Material erhalten bleibt. Als Beispiel dient die Rezyklierung von Glasflaschen bei der das entstandene Glas wieder als Produktionsfaktor zur Herstellung neuer Glasflaschen eingesetzt wird. Der Gegensatz dazu besteht in der energetischen Verwertung bei der die Verpackungen zur Energiegewinnung verbrannt werden.

nicht die Rezyklierung von Ihnen durchgeführt wird.

Der so 1991 neu geschaffene Entsorgungsmarkt für die flächendeckende Entsorgung und die Selbstentsorgung wird fast vollständig von der Dualen System Deutschland AG dominiert.[4] Bislang ist die Duale System Deutschland AG das einzige staatlich anerkannte flächendeckende Entsorgungsystem. Jedoch besteht seit kurzer Zeit starke Konkurrenz bei der Entsorgung des Verpackungabfalles der Selbstentsorger durch die BellandVision GmbH und die Interseroh AG.

Überraschenderweise wurde in der umweltökonomischen Literatur zur deutschen Abfallentsorgung nicht die lange bestehende Monopolstellung und die damit verbundene Marktmacht der Dualen System Deutschland AG kritisiert, sondern ihre Pauschalzahlungen für die Sortier- und Rezyklierungsleistungen an die Verwerter, siehe Klepper und Michaelis (1992), Eichner und Pethig (2000a), Eichner und Pethig (2001a). Selbst die Studie über die ökonomischen Aspekte der Abfallgesetzgebung von Michaelis (1993) übersieht die Monopolstellung.[5] Eine spätere Arbeit von Holm-Müller (1997) über die ökonomischen Anreize der Abfallwirtschaftspolitik spricht die Monopolstellung der Dualen System Deutschland AG an, diskutiert jedoch nicht ihre ökonomischen Auswirkungen. Der unvollständige Wettbewerb bei der Entsorgung ist bislang von der umweltökonomischen Literatur zur deutschen Abfallentsorgung nicht konsequent berücksichtigt worden.

Ebenso existiert bislang keine hinreichende theoretische Diskussion über die Effizienz- und Allokationseigenschaften einer Entsorgungsquote in einem der Situation am deutschen Entsorgungsmarkt adäquaten Modellrahmen.[6] In der Diskussion der Verpackungsverordnung von Michaelis (1993) S.62ff. wird das Instrument einer Entsorgungsquote u.a. in bezug auf die Informationsanforderungen kritisiert. Die Frage nach den normativen Eigenschaften einer Quote wird hingegen nicht behandelt. Die vorliegende Arbeit behandelt nicht nur den bislang unberücksichtigten unvollständigen Wettbewerb auf dem Entsorgungsmarkt sondern schließt auch die Lücke der fehlenden Diskussion der allokativen und normativen Eigenschaften einer Entsorgungsquote in einem adäquaten Modellrahmen. Diese Arbeit liefert eine fundierte Analyse für die Festsetzung der Entsorgungsquote seitens des Gesetzgebers.

Basierend auf dem Gesetz zur Vermeidung, Verwertung und Beseitigung von Abfällen vom 27.9.1994, Bundesgesetzblatt (1994) wurde die Verpackungsverordnung im wesentlichen wegen der Notwendigkeit, die EU-Verpackungsrichtlinie (1994) in innerstaatliches Recht umzusetzen und des Zustands eines monopolistischen Entsorgungsmarktes 1998 novelliert, siehe Bundesgesetzblatt (1998). In der zweiten Novelle der Verpackungsverordnung wird neben einer Erhöhung

[4] Die Dominanz geht so weit, daß sich z.B. ein Aufsatz über die Verpackungsverordnung in der Fachliteratur findet, der das Lizenzeichen der Dualen System Deutschland AG mit der Verpackungsverordnung identifiziert, siehe Rousso und Shah (1994).

[5] Jedoch kritisiert Staudt *et al.* (1997) in einer Evaluation der Verpackungsverordnung auch die Monopolstellung in der Entsorgungswirtschaft.

[6] Ausnahmen stellen die Arbeiten von Mommer (2000), Mommer (2001) und die Arbeit von Eichner (2001) dar.

der Entsorgungsquoten zudem ausdrücklich der Wettbewerbsgedanke durch konsequente Verwendung des Plurals bei der Definition der allgemeinen Anforderung an Entsorgungssysteme, siehe Anhang 1.3 Seite 2386 VerpackV im Bundesgesetzblatt (1998), verdeutlicht. Ewers *et al.* (2001) diskutieren den Stand des Wettbewerbs und Möglichkeiten seiner Förderung auf dem Entsorgungsmarkt unter Berücksichtigung der rechtlichen Rahmenbedingungen. Seit kurzer Zeit sieht sich das Duale System Deutschland AG zunehmenden Druck seitens des Bundeskartellamtes gegenüber. So verkündete der Kartellamtspräsident Ulf Böge am 23.8.2002 in einer Pressemeldung, daß die Konstruktion der Dualen System Deutschland AG nicht über das Jahr 2006 geduldet wird. Am 23.01.2003 verkündete das Bundeskartellamt gegen das Duale System Deutschland AG eine hohe Geldbuße wegen zweier Verstöße[7] gegen das Kartellrecht zu verhängen. Beides unterstreicht die empirische Relevanz der Berücksichtigung unvollständigen Wettbewerbs auf dem Entsorgungsmarkt in einer umfassenden Diskussion der Quotenregulierung von Abfällen und zeigt, daß von dem Auftreten weiterer Konkurrenten am Entsorgungsmarkt auszugehen ist. Für den Gesetzgeber stellt sich dann die Frage einer Anpassung der Entsorgungsquote an den geänderten Wettbewerb auf dem Entsorgungsmarkt. Diese Arbeit liefert hierfür einen theoretischen Hintergrund.

1.4 Der Aufbau der Arbeit und die grundlegende Modellstruktur

Die beiden Teile II und III beinhalten den theoretischen Teil der vorliegenden Arbeit. Die zu diesen beiden Teilen gehörenden formalen Anhänge, welche die ausführlichen Herleitungen der in den Teilen II und III besprochenen Ergebnisse darstellen, finden sich im Teil V.

Der Teil II behandelt das kurzfristige Modell mit einem Güter-, einem Entsorgungs- und einem Ressourcenmarkt, in dem keine Bestandseffekte berücksichtigt werden. Er beantwortet die allokativen und normativen Fragen einer Quotenregulierung unter Berücksichtigung von unvollständigem Wettbewerb auf dem Entsorgungsmarkt und eines geschlossenen Ressourcenkreislaufs umfassend. Dabei findet sich eine vollständige theoretische Diskussion der Bestimmung der optimalen Entsorgungsquote in der kurzen Frist. Ebenso werden von der Quotenregulierung getrennt Kombinationen von Steuern und Subventionen zur Regulierung der Entsorgung und Rezyklierung der Abfälle und ihre Auswirkung auf das Marktgleichgewicht dargestellt. In dieser Arbeit wird angenommen, daß es nicht das Ziel der Regulierung ist, eine möglicherweise mit der Deponierung oder der Verbrennung verbundende Übernutzung dieser Entsorgungswege zu korrigieren, sondern alleine die mit diesen Entsorgungswegen verbundenden Emissionen. Folglich

[7] In der Pressemeldung des Bundeskartellamtes vom 23.01.2003 wurde das Bußgeld wegen eines Aufrufs zum Boykott gegen die BellandVision GmbH und wegen wettbewerbsbeschränkender Absprachen zu Lasten der Landbell AG verhängt.

werden in dieser Arbeit Deponie- oder Verbrennungskosten[8] nicht berücksichtigt.

Anschließend werden in Teil III langfristige mit der Quotenregulierung verbundene Fragen diskutiert. Erstens wird die kurzfristige Diskussion der allokativen und normativen Eigenschaften der Quotenregulierung in einem langfristigen Modellrahmen, der einen Ressourcen- und einen Schadstoffbestand enthält, durchgeführt. Dabei wird die Frage der wohlfahrtsmaximierenden Anpassung der Entsorgungsquote im Zeitablauf beantwortet. Zweitens wird die Frage beantwortet, wie die Entsorgungsquote nach dem Markteintritt eines weiteren Entsorgers anzupassen ist. Teil IV schließt die Arbeit mit einer Zusammenfassung der Ergebnisse und einem Überblick über mögliche Erweiterungen.

1.4.1 Das kurzfristige Modell

Zuerst werden nun die Struktur des kurzfristigen Modells und die darin behandelten Fragen ausführlicher beschrieben. Für die einfachste und dabei gleichzeitig umfassende Modellierung einer Quotenregulierung bzw. einer Besteuerung und Subventionierung der Entsorgung von Abfällen unter der Berücksichtigung eines Ressourcenkreislaufes sind die folgenden drei Märkte notwendig: ein Güter-, ein Entsorgungs- und ein Ressourcenmarkt. Der Ressourcenkreislauf wird als geschlossen modelliert, d.h. die Materialbilanz ist erfüllt.[9] Ein repräsentativer Konsument tritt auf dem Gütermarkt als Nachfrager auf und erwirbt das von dem Güterproduzenten hergestellte Konsumgut. Das Konsumgut wird aus einem materiellen Produktionsfaktor, der Ressource, und weiteren nicht explizit betrachteten immateriellen Faktoren hergestellt. Die Annahme weiterer Produktionsfaktoren, die nicht nach dem Konsum als Abfall anfallen, erlaubt die Substitution der Ressource, so daß bei konstantem Produktionsergebnis der Abfall reduziert wird. Der Güterproduzent erwirbt die Ressource, deren Angebot aus Neumaterial und Rezyklat besteht, auf dem Ressourcenmarkt. Gleichzeitig kauft er auf dem Entsorgungsmarkt Entsorgungsdienstleistungen für die erworbene und in Verkehr gebrachte Ressourcenmenge ein. Die Entsorger übernehmen die Rückholung der zu Abfall gewordenen Ressourcenmenge bei dem Konsumenten. Die Rückholung der Abfälle ist für den Konsumenten kostenfrei und folglich hat er keine Anreize die Abfälle außerhalb des Entsorgungssystem, d.h. illegal, zu entsorgen. Die Entsorger rezyklieren den gesetzlich vorgeschriebenen Prozentsatz des eingesammelten Abfalles bzw. sehen sich den von der Besteuerung und Subventionierung gesetzten Anreizen gegenüber. Das entstandene Rezyklat wird auf dem Ressourcenmarkt angeboten. Angenommen wird, daß das Rezyklat und das von dem Neumaterialproduzenten angebotene Neumaterial perfekte Substitute sind. Die nichtrezyklierte Abfallmenge wird deponiert oder verbrannt und führt so zur Entstehung von Emissionen, welche die Umwelt schädigen. Dieser Umweltschaden wird als Nut-

[8] Für eine ausführliche Diskussion dieser Aspekte wird auf die Arbeit von Michaelis (1991) verwiesen.

[9] Für eine Einführung der Materialbilanz in einem kurzfristigen Modellrahmen, siehe Ayres und Kneese (1969), und für eine in einen langfristigen, siehe D'Arge und Kogiku (1973)

zenreduktion des Konsumenten in das Modell eingeführt. Die Modellstruktur ist in Abbildung 1.1 auf Seite 8 dargestellt. Dieser kurzfristige Rahmen, der noch keine Bestandseffekte berück-

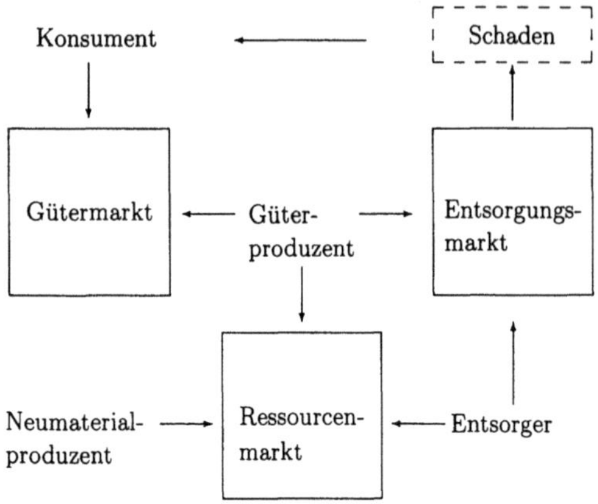

Abbildung 1.1: Die Modellstruktur

sichtigt, erlaubt die Beantwortung der folgenden vier Fragen:

- Wie wirkt eine Quotenänderung bzw. eine Änderung der Steuern und Subventionen auf das simultane und kurzfristige Marktgleichgewicht der drei Märkte?
- Wie wirkt der Markteintritt eines weiteren Entsorgers auf das simultane und kurzfristige Marktgleichgewicht der drei Märkte?
- Ist eine Quotenregulierung ein Erst-Bestes Instrument und wovon wird die optimale Quote bestimmt?
- Welche effizienten Kombinationen von Steuern und Subventionen existieren?

Das Kapitel 3 Seite 25ff. stellt die einzelnen Akteure der Modellökonomie dar und leitet die Faktornachfragefunktionen nach der Ressource und ihrer Entsorgung her. Der zugehörige formale Anhang findet sich in Kapitel 11 Seite 153ff. Die Herleitung des symmetrischen kurzfristigen Marktgleichgewichtes mit der Darstellung und Interpretation der Auswirkungen einer Quotenstraffung bzw. des Markteintritts eines weiteren Entsorgers und einer Änderung in den Steuern und Subventionen findet sich in Kapitel 4 Seite 35ff. Dabei wird unter anderem gezeigt, daß eine Quotenregulierung durch eine Reduktion des Ressourcenpreises zu einer Verdrängung von Neumaterial im Marktgleichgewicht führt. Die Herleitung der Ergebnisse der komparativen Statik im Marktgleichgewicht ist im Kapitel 12 Seite 157ff. des Anhangs dargestellt. In der normativen Diskussion einer Quotenregulierung in Kapitel 5 Seite 65ff. werden die Auswirkungen dieser

Ressourcenpreisreaktion und des unvollständigen Wettbewerbes auf dem Entsorgungsmarkt im Hinblick auf die Bestimmung der optimalen Entsorgungsquote herausgearbeitet. Dabei wird gezeigt, daß eine Quotenregulierung in diesem Modellrahmen im allgemeinen keine effiziente Allokation sichert. Darüber hinaus zeigt dieses Kapitel effiziente Kombinationen von Steuern und Subventionen unter Berücksichtung von Marktmacht auf dem Entsorgungsmarkt. Schließlich stellt Kapitel 13 Seite 195ff. den Anhang zur Wohlfahrtsdiskussion aus Kapitel 5 dar.

1.4.2 Die langfristigen Aspekte

Die Diskussion langfristiger Aspekte einer Quotenregulierung der Entsorgung von Abfällen erfordert die Einführung eines Ressourcen- und eines Abfallbestandes in die Modellstruktur aus Teil II. Der eingeführte Ressourcenbestand wird als ein Aggregat aller sowohl erneuerbarer als auch nicht erneuerbarer Ressouren in der Güterproduktion eingesetzten Ressourcen verstanden. Dieser aggregierte Ressourcenbestand besitzt, dann die Eigenschaft der Regeneration. Die nichtrezyklierte Ressourcenmenge verursacht die Akkumulation eines Schadstoffbestandes in der Umwelt, der den Konsumenten schädigt. Ein konstanter Anteil dieses Schadstoffbestandes zerfällt in jeder Periode oder alternativ formuliert besitzt das Ökosystem die Fähigkeit der Regeneration. Die so in Teil III erweiterte Modellstruktur erlaubt die Diskussion der folgenden drei Fragen:

1. In welcher Form werden die Ergebnisse der Diskussion des kurzfristigen Modells aus Teil II durch die Einführung der Bestände beeinflußt?

2. Wie ist die wohlfahrtsmaximierende Entsorgungsquote im Zeitablauf anzupassen?

3. Wie ändert sich die wohlfahrtsmaximierende Entsorgungsquote in Reaktion auf den Markteintritt eines Entsorgers?

Zuerst werden in Kapitel 6 Seite 83ff. die notwendigen Erweiterungen vorgestellt und die Auswirkungen auf die individuellen Optimalitätsbedingungen diskutiert. Die für die Herleitung der Optimalitätsbedingungen notwendigen formalen Schritte sind gesammelt im Kapitel 14 Seite 203ff. des Anhangs dargestellt. Anschließend wird in Kapitel 7 Seite 99ff. die Diskussion der von einer Quotenstraffung im Marktgleichgewicht ausgelösten Anpassungseffekte aus Teil II in dem langfristigen Modellrahmen nachvollzogen und eine intuitiv einsichtige Bedingung vorgestellt, welche eindeutige Ergebnisse sichert. Gilt diese Bedingung, dann verursacht eine Quotenstraffung wieder einen Rückgang des Ressourcenpreises und steigert so den Ressourcenbestand im langfristigen Marktgleichgewicht. Der formale Anhang zu den Auswirkungen einer Quotenstraffung im Marktgleichgewicht findet sich Kapitel 15 Seite 229ff. Mit der Bestimmung des langfristigen Marktgleichgewichtes ist die Grundlage für die Diskussion der normativen Aspekte einer Quotenregulierung in Kapitel 8 Seite 119ff. gelegt. Die Auswirkungen der Berücksichtigung des

Ressourcen- und des Abfallbestandes auf die wohlfahrtsmaximierende Entsorgungsquote werden hergeleitet und diskutiert. Ebenso werden mögliche Abweichungen von der Erst-Besten Allokation diskutiert. Dabei werden auch mögliche Randlösungen angesprochen. Die ausführliche Herleitung der Ergebnisse der Wohlfahrtsdiskussion findet sich im Kapitel 16 Seite 275ff. des Anhangs. Schließlich wird eine Begründung gegeben[10], warum es wohlfahrtsmaximierend sein kann, die Entsorgungsquote im Zeitablauf zu verändern.

Die Frage der wohlfahrtsmaximierenden Anpassung der Entsorgungsquote auf den Markteintritt eines Entsorgers wird in Kapitel 9 Seite 133ff. im Rahmen eines Differentialspiels behandelt. Das in den vorhergehenden Teilen verwendete Modell wird dazu weiter aggregiert. Die Entsorger bieten nicht nur das Rezyklat an, sondern auch das Neumaterial. Dieses ernten die Entsorger gleichzeitig von dem selben Bestand. Für das Differentialspiel findet sich keine geschlossene Lösung und es wird ein Parameterraum angegeben für den numerische Lösungen für ein symmetrisches Markov-Perfektes Nash-Gleichgewicht existieren. Der formale Anhang und das Programm zur numerischen Approximation findet sich in Kapitel 17 Seite 293ff. Anschließend wird die Anzahl der Entsorger variiert und die soziale Wohlfahrt über die Entsorgungsquote maximiert. Schließlich erlaubt ein Vergleich der Maxima dann eine Aussage über die optimale Anpassung der Entsorgungsquote.

1.5 Zusammenfassung

Der vorgestellte Modellrahmen erlaubt eine umfassende Diskussion der Eigenschaften einer Quotenregulierung und bildet die Situation am deutschen Entsorgungsmarkt angemessen ab. Somit hilft die vorliegende Analyse dem Gesetzgeber die Eigenschaften einer Quotenregulierung besser zu verstehen und damit auf die bevorstehenden Änderung auf dem deutschen Entsorgungsmarkt besser zu reagieren. Das folgende Kapitel 2 systematisiert und diskutiert die mit dieser Arbeit verwandte Literatur. Dabei werden die Berührungspunkte zu bestehenden Arbeiten aufgezeigt und die Beiträge zum bestehenden Schrifttum herausgearbeitet.

[10] Harford (1976) zeigt, daß Anpassungskosten eine mögliche Begründung für die Änderung eines optimal gesetzten Instrumentes sein können. Dieser Ansatz wird in der vorliegenden Arbeit nicht verfolgt.

Kapitel 2

Die verwandte Literatur

Das vorliegende Kapitel diskutiert die mit dieser Arbeit verwandte theoretische Literatur. Die Literatur unterscheidet fast ausschließlich, trotz einer möglicherweise unterschiedlichen Wirkung auf die Umwelt, nicht zwischen der Deponierung und der Verbrennung des Abfalles. Somit wird in dieser Literaturübersicht der Begriff der Deponierung synonym für Deponierung oder Verbrennung verwendet[1].

Das einleitende Kapitel 1 führte aus, daß die Motivation dieser Arbeit auf der Regulierung des Haushaltabfalles basiert und dies begrenzt den Umfang der verwandten Literatur. Nicht berücksichtigt werden somit Arbeiten, welche sich mit den Auswirkungen von Müllgebühren auf das Entscheidungsproblem eines Konsumenten[2], mit gefährlichen Abfällen[3], dem Außenhandel mit Abfällen[4], dem Problem der Überwachung der illegalen Entsorgung[5] oder mit empirischen Fragen beschäftigen[6]. Desweiteren werden numerische Simulationen, deren Fragestellung weit von denen dieser Arbeit liegt, vernachlässigt.[7]

Die verwandte Literatur läßt sich in einer ersten groben Aufteilung in zwei Bereiche einordnen: Erstens, in die Literatur über kurzfristige Marktgleichgewichte in denen keine Bestandseffekte berücksichtigt sind; zweitens, in Arbeiten über langfristige Marktgleichgewichte in denen

[1] Ausnahmen bilden die Arbeit von Michaelis (1991), welche später noch angesprochen wird, und die Arbeit von Keeler und Renkow (1994), welche das Entscheidungsproblem über die Aufteilung des anfallenden Abfalles auf diese Entsorgungsmöglichkeiten ohne Berücksichtigung einer dabei entstehenden Umweltbelastung diskutiert.

[2] Bonus (1972) und Wertz (1976) untersuchen die Auswirkungen von gewichtsabhängigen Entsorgungsgebühren auf die Güternachfrage des Konsumenten, falls die Güter unterschiedlich schwer sind.

[3] So siehe z.B. Watabe (1992) für den Zusammenhang zwischen Vorsorgeausgaben und dem Haftungsrisiko oder Sigman (1995) für das Problem des Rezyklierens von Autobatterien.

[4] Siehe beispielsweise Copeland (1991).

[5] Die Arbeiten Gottinger (1996) und Gottinger (1999) bieten hierfür einen Einstieg.

[6] So siehe z.B. Anderson und Spiegelman (1977) für eine ökonometrische Studie über die Wirkung der Besteuerung und Subventionierung von Papier und rezykliertem Papier bzw. neuem und rezykliertem Stahl, Sigman (1996) für die Auswirkung einer Steuer auf chlorhaltige Lösungsmittel, Fullerton und Kinnaman (1996) und Sterner und Bartelings (1991) für die Auswirkung einer volumen- bzw. gewichtsabhängigen Müllgebühr auf den anfallenden Haushaltsabfall.

[7] Siehe beispielsweise die Arbeiten von Miedema (1983), Palmer *et al.* (1997), Nakamura (1999) und Ley *et al.* (2000).

Bestandseffekte diskutiert werden. Der Abschnitt 2.1 Seite 12ff. stellt die Arbeiten, welche ein kurzfristiges Gleichgewicht diskutieren vor. Die Arbeiten, welche ein langfristiges Gleichgewicht diskutieren, werden in Abschnitt 2.2 Seite 19ff. vorgestellt.

Die Arbeiten mit einem kurzfristigen Marktgleichgewicht können nach den darin enthaltenen Modellen weiter untergliedert werden. Zuerst finden sich Arbeiten, die nur die Regulierung der Abfallentstehung diskutieren und keinen vollständigen Ressourcenkreislauf abbilden. Eine zweite Gruppe behandelt die Frage der Regulierung der Entstehung und Rezyklierung des Abfalles in Modellen mit einem geschlossenem Ressourcenkreislauf. Schließlich finden sich in der Literatur Arbeiten mit der Annahme, daß bei der Produktion des Konsumgutes, welches zu Abfall wird, die Entscheidung über das Ausmaß der Rezyklierbarkeit oder der Umweltverträglichkeit des Konsumgutes getroffen wird. Diese ökonomische Entscheidung ist in dem Schrifttum als grünes Design bekannt. Diese Arbeiten beschäftigen sich mit der Frage der Regulierung der Entstehung und Rezyklierung des Abfalles unter Berücksichtigung der Möglichkeit des grünen Design.

Das Kapitel schließt mit einer kurzen Zusammenfassung in Abschnitt 2.3 Seite 21 der Berührungspunkte der vorliegenden Arbeit mit der existierenden Literatur und zeigt auf die geleisteten Erweiterungen zum Schrifttums über die Quotenregulierung und das Abfallproblem.

2.1 Arbeiten mit einem kurzfristigen Gleichgewicht

Zuerst bespricht Abschnitt 2.1.1 Seite 12ff. Arbeiten, die die Regulierung der Abfallentstehung behandeln. Anschließend konzentriert sich die Literaturübersicht auf die Arbeiten, welche nicht nur die Abfallentstehung, sondern auch die Rezyklierung in die Frage der optimalen Regulierung einbeziehen. Schließlich diskutiert der Abschnitt 2.1.3 ab der Seite 17 die Arbeiten, welche seitens der Güterproduzenten eine Entscheidung über grünes Design zulassen.

2.1.1 Die Regulierung der Abfallentstehung und der Entsorgung

Zuerst wird die Regulierung der Entstehung von Abfällen durch eine Quote besprochen. Die Autoren der zitierten Arbeiten zielen nicht direkt auf das Abfallproblem ab. Sondern diskutieren die Frage der Quotenregulierung vor dem allgemeineren Hintergrund mit dem Konsum oder der Produktion entstehenden Emissionen. Abfall stellt ohne Frage eine Emission dar, besitzt aber die besondere Eigenschaft, daß er eingesammelt und somit auch transportiert werden kann. Somit sind ihre Arbeiten allgemeiner als die vorliegende. Jedoch besitzen diese Arbeiten eine starke Relevanz für die in dieser Arbeit durchgeführte Analyse, weil sie die allokativen und normativen Eigenschaften einer Quotenregulierung thematisieren. Anschließend bespricht dieser Abschnitt ab der Seite 13, losgelöst von der Möglichkeit der Rezyklierung, die Literatur, sie sich mit den normativen und allokativen Eigenschaften einer Besteuerung der Abfallentstehung befaßt.

Die Regulierung der Abfallentstehung

Die theoretische Literatur über die allokativen und normativen Eigenschaften einer Quotenregulierung läßt sich zurückverfolgen bis zu Harford und Ogura (1983). Sie studieren die Effizienzeigenschaften einer Quote zur Regulierung der mit einem Konsumgut anfallenden Emissionen in einen vollständig kompetitiven Markt und zeigen, daß eine Quotenregulierung nur ein Zweit-Bestes Instrument ist. In dem erreichten Zweit-Besten Wohlfahrtsoptimum sind die Grenzvermeidungskosten größer als die Grenzschäden. Der Vergleich zwischen einer Regulierung des Verhältnisses aus den Emissionen und dem Produktionsergebnis und einer des Verhältnisses aus den Emissionen und dem Produktionsfaktor in Harford und Karp (1983) ergibt einen im allgemeinen geringeren Effizienzverlust bei einer Regulierung des Verhältnisses aus den Emissionen und dem Produktionsergebnis. Die Begründung liegt in der Nichtverzerrung des effzienten Faktoreinsatzes. Harford (1984) diskutiert das Problem der optimalen Quotenregulierung zweier perfekt kompetitiver Firmen mit unterschiedlichen Kostenfunktionen. Helfand (1991) vergleicht verschiedene Formen der Quotenregulierung mit der Vorgabe absoluter Vermeidungsniveaus und zeigt, daß eine Quotenregulierung die Gewinne stärker mindert. Schließlich erweitert Ebert (1998) die Diskussion über Quoten um die Wirkung einer Quotenänderung auf das Marktgleichgewicht unter der Berücksichtigung symmetrischer Oligopole. Er zeigt, daß in einem Zweit-Besten Wohlfahrtsoptimum, gegeben ein oligopolistischer Markt, die Grenzvermeidungskosten kleiner sein können als die Grenzschäden. Die Umkehrung des von Harford und Ogura (1983) erstmals dargestellten Größenverhältnisses zwischen den Grenzvermeidungskosten und den Grenzschäden tritt auf, wenn die von dem Oligopol induzierte Mengenverknappung relativ stark ist im Vergleich zu dem mit dem Konsumgut verbundenen Umweltschaden.

An dieser Stelle sei schon jetzt angemerkt, daß mit Ausnahme der vorliegenden Arbeit bislang noch keine theoretische Diskussion der Auswirkungen einer Quotenänderung auf das Marktgleichgewicht unter der Annahme, daß die vermiedenen Emissionen zu Rezyklat werden und dieses in der Produktion eingesetzt wird, existiert. Die vorliegende Arbeit führt in die bestehende Literatur über die Quotenregulierung erstmalig einen Ressourcenkreislauf ein. Ebenso wird die bestehende Literatur um von der Quotenregulierung ausgelöste Preiseffekte des Produktionsfaktors, welcher die Emissionen verursacht, und der dadurch resultierenden Allokationswirkung erweitert.

Die früheste vom Autor gefundene Arbeit, welche die Wirkung einer Besteuerung von Abfällen auf die Produktion von Abfällen im Rahmen einer einzelnen Firma diskutiert, ist Ethridge (1973). Dort wird gezeigt, daß die Einführung einer Steuer auf Abfälle eine Reduktion selbiger verursacht. Dobbs (1991) führt das Problem des Anreizes einer Abfallsteuer auf die illegale Entsorgung von Abfällen in die Literatur[8] ein. Seine Lösung ist eine Besteuerung beim Kauf des

[8] Eine Übersicht der theoretischen und empirischen Literatur mit einem Schwerpunkt auf Steuern findet sich bei

Gutes und eine Subvention der legalen Entsorgung, weil dann die illegale Entsorgung implizit in Höhe der Subvention besteuert wird.

Diese Arbeiten zeigen, daß eine direkte Besteuerung des Abfalles in Höhe des Grenzschadens zu einer Internalisierung des Umweltschadens führt. Jedoch ist eine direkte Besteuerung des Abfalles nicht umsetzbar, weil die Haushalte einen zu starken Anreiz bekommen den Abfall illegal zu entsorgen. Die Lösung des Problems der illegalen Entsorgung von Dobbs (1991) durch gleichzeitige Besteuerung und Subventionierung entspricht einem Pfand-Rückgabe System. Die Literatur zu Pfand-Rückgabe Systemen wird ausführlich im gleichnamigen Unterabschnitt ab der Seite 16 vorgestellt.

2.1.2 Die Regulierung der Rezyklierung des Abfalles

Stevens (1988) zeigt die Notwendigkeit einer Kombination aus der Besteuerung des verschmutzenden Produktionsfaktors verbunden mit der Subventionierung des Vermeidungsinput, falls die Externalität oder der Abfall nicht direkt besteuert werden kann und eine Erst-Beste Allokation erreicht werden soll. Eine alleinige Besteuerung des Neumaterials sichert nicht die effiziente Abfallmenge, weil diese durch die Rezyklatmenge entscheidend mitbestimmt wird. Dinan (1993) vollzieht die Analyse in einem Modellrahmen nach, der gezielt auf das Problem des Rezyklierens von Zeitungen zugeschnitten ist. Dabei zeigt er die Notwendigkeit einer simultanen Besteuerung des eingesetzten Neumaterials und einer Subvention des Rezyklates zur Sicherstellung der effizienten Allokation auf. Dieses Ergebnis gilt auch unter Vernachlässigung des Problems der illegalen Entsorgung. Dasselbe Ergebnis findet sich bei Kohn (1995), der explizit die normative Äquivalenz der Besteuerung des deponierten Abfalles mit der einer Kombination aus einer Gütersteuer und einer Subventionierung des Rezyklierens in den Vordergrund stellt.[9] Mit einer direkten Besteuerung des Abfalles sind in der Empirie eine große Zahl von Problemen verbunden, so steigt der Anreiz zur illegalen Entsorgung und bei einer unterschiedlichen Toxität der einzelnen Elemente des Abfalles muß die effiziente Pigou-Steuer dies berücksichtigen[10].

Die Arbeiten Fullerton und Kinnaman (1995), Palmer und Walls (1997) und Walls und Palmer (2001) erweitern die Literatur über das Abfallproblem, in dem sie den gesamten Weg des Rohstoffes von seinem Abbau bis zur Deponierung als Abfall umfassend modellieren. Dabei bleibt die Frage des grünen Designs unberücksichtigt. Fullerton und Kinnaman (1995) betten das Problem der illegalen Entsorgung der Abfälle bei einer direkten Besteuerung und die Lösung der gleichzeitigen Subventionierung der legalen Entsorung bzw. des Rezyklierens in ein allgemei-

Kinnaman und Fullerton (2000) und eine mit einem Schwerpunkt auf Australien bei Choe und Fraser (1998).

[9] Diese normative Äquivalenz ist mindestens seit Stevens (1988) bekannt. Selbiger zeigt ebenfalls, daß wenn die Externaliät nicht direkt besteuert werden kann, dann muß sowohl der diese Externalität verursachende Produktionsfaktor besteuert werden als auch der Vermeidungsinput subventioniert werden.

[10] Die damit verbundenen Informationsprobleme sind immens und die Kosten somit prohibitiv.

neres Modell ein, in dem es die folgenden drei Entsorgungsmöglichkeiten seitens der Haushalte gibt: Deponierung, Rezyklierung und illegale Entsorgung. Sie zeigen, daß eine Besteuerung des Konsums und eine Subvention des Rezyklierens in Höhe des mit der Deponierung verbundenen Grenzschadens sowohl das Problem der illegalen Entsorgung als auch das der fehlenden Internalisierung des durch den Abfall entstehenden Umweltschadens löst. Aufbauend darauf diskutieren Palmer und Walls (1997) eine Modellökonomie, in der wieder die Haushalte die Entscheidung zwischen Deponierung und Rezyklierung durch Sortieren des Abfalles treffen. Sie zeigen, daß eine Besteuerung des Konsums und eine Subventionierung des Rezyklierens die Effizienz der Allokation im Marktgleichgewicht sichert. Eine Subvention des Rezyklierens alleine sichert nur die effiziente Kombination von Produktionsfaktoren für ein gegebenes Produktionsniveau, führt aber zu einer zu hohen Gütermenge. Eine Quotenregulierung des Faktoreinsatzes derart, daß ein vorgeschriebener Prozentsatz des eingesetzten und später zu entsorgenden Rohstoffes Rezyklat sein muß, erreicht nicht die Erst-Beste Allokation. Ähnlich wie bei der alleinigen Subventionierung der Rezyklierung wird nur die effiziente Kombination von Produktionsfaktoren für ein gegebenes Produktionsniveau erreicht. In einer Erweiterung durch Walls und Palmer (2001) wird das Problem der Abfallentsorgung und Rezyklierung in eine umfangreichere Betrachtung des Lebenszyklus unter Berücksichtigung von bei der Produktion entstehenden Emissionen eingebettet. Desweiteren wird eine Quotenregulierung der Gütermenge bzw. des später als Abfall anfallenden Produktionsfaktors diskutiert. Dabei wird gezeigt, daß eine solche Regulierung von einer Besteuerung des Gutes bzw. des Produktionsfaktors begleitet werden muß, um die Erst-Beste Allokation zu sichern.

Die in diesem Abschnitt zitierten Arbeiten zeigen, daß eine gleichzeitige Besteuerung des Konsumgutes und einer Subventionierung der Rezyklierung die attraktive Eigenschaft besitzt, sowohl das Problem der illegalen Entsorgung als auch das der fehlenden Internalisierung des mit dem Abfall verbundenen Umweltschadens zu lösen. Dieses Instrumentenpaar ist in der Literatur ausführlich unter dem Begriff eines Pfand-Rückgabe Systems diskutiert. Der folgende Abschnitt widmet sich ausführlich der Übersicht der Arbeiten zu Pfand-Rückgabe Systemen. Die zitierten Arbeiten berücksichtigen im Gegensatz zur vorliegenden Arbeit nicht einen Entsorgungsmarkt, auf dem die Rückholung und die Rezyklierung angeboten wird, sondern unterstellen, daß die Produktion, die Rückholung des Abfalles und die Rezyklierung von dem Güterproduzenten durchgeführt wird. Desweitern untersuchen sie nicht die Auswirkungen einer Änderung in den Steuer- und Subventionssätzen bzw. der Entsorgungsquote auf die Allokation im Marktgleichgewicht. Ebenfalls bleiben Fragen des unvollständigen Wettbewerbs unberücksichtigt.

Pfand-Rückgabe Systeme

Die gleichzeitige Besteuerung des Konsumgutes, welches nach der Nutzung zu Abfall wird, und die Subventionierung des Rezyklierens wird im Schrifttum als ein Pfand-Rückgabe System bezeichnet[11] und wird zumindest für das Problem von Glasflaschen, jedoch damals mit einer anderen Zielrichtung, seit Massel und Parisch (1968) diskutiert.[12] Dort wird die Bestimmung des Rückgabepreises unter Berücksichtung eines firmenspezifischen Designs der Flasche, woraus Monopsonmacht bei der Rücknahme resultiert, diskutiert. Gleichzeitig kann ein Pfand-Rückgabe System ein Instrument der Preisdiskriminierung sein, weil Konsumenten, welche das Produkt nicht zurückgeben, einen höheren Preis zahlen.

Eine ausführliche Diskussion von staatlich eingeführten Pfand-Rückgabe Systemen, welche für das Abfallproblem von besonderem Interesse sind, findet sich bei Bohm (1981) in Kapitel 3. Er zeigt, daß das Pfand die Differenz zwischen den individuellen Grenzkosten der Rückgabe und den individuellen Grenzentsorgungskosten kompensieren muß. Dies tritt beispielsweise auf, wenn für den Konsumenten das Entsorgen einer pfandflichtigen Glasflasche über die Hausmüllabfuhr billiger ist, als die Transportkosten der Glasflasche zu einem Händler, der das Pfand erstattet. Atri und Schellberg (1995) betrachten ein Pfand-Rückgabesystem unter der Erweiterung, daß Neumaterial und Rezyklat unterschiedlich produktiv in der Güterproduktion sind. Dabei zeigen sie, daß das zurückgebene Pfand der Differenz zwischen den marginalen Entsorgungskosten und der Ressourcenersparnis durch den Einsatz des Rezyklats[13] entsprechen muß. Mrozek (2000) studiert ertragsneutrale Pfand-Rückgabesysteme bei denen nicht alle Konsumenten das Gut zurückgeben, weil die individuellen Kosten der Rückgabe und der alternativen Entsorgung variieren. Das dabei von den Produzenten nicht zurückgegebene Pfand wird an die anderen Konsumenten umverteilt. Es zeigt sich, daß in diesem Fall ertragsneutrale Pfand-Rückgabesysteme keine Erst-Beste Allokation sichern.

Die angesprochenen Arbeiten diskutieren Pfand-Rückgabesysteme unter verschiedenen Gesichtspunkten, jedoch bleibt die Frage der Auswirkung von unvollständigem Wettbewerb auf die Bestimmung der Steuer auf den Abfall und der Subventionierung des Rezyklierens unberücksichtigt. Abschließend bleibt festzuhalten, daß in einer klassischen mikroökonomischen Modellwelt mit einem repräsentativen Konsumenten sich ein Pfand-Rückgabesystem als ein effizientes Instrument erweist, um das Problem der illegalen Entsorgung von Abfällen zu lösen. Wird gleichzeitig das zurückgegebene Konsumgut rezykliert, dann führt ein solches System auch zur Internalisierung des mit dem Abfall verbundenen Umweltschadens.

---

11 Porter (1978) und Porter (1983) unternehmen eine quantitative Abschätzung der Auswirkungen eines solchen Systems auf die Konsumentenrente und die Ressourcenkosten.

12 In der Literatur über Luftverschmutzung finden sich Arbeiten, die die optimale Rückgabe von Steuereinnahmen bei einem Wechsel zu umweltfreundlicheren Produktionstechnologien diskutieren, siehe Gersbach und Requate (2000) und die darin enthaltenen Referenzen. Fullerton und Wolverton (2000) diskutieren Pfand-Rückgabesysteme unter der Annahme, daß neben der Korrektur einer Externalität der Regulierer auch die Absicht der Ertragserzielunng verfolgt.

13 Falls die Produktivität von Rezyklat unterhalb der von Neumaterial in der Güterproduktion liegt, wird nur ein Teil der marginalen Entsorgungskosten zurückgezahlt. Als Beispiel dient rezykliertes Papier, dessen Fasern kürzer und damit weniger stabil sind als die von Neuware.

2.1.3 Die Regulierung des grünen Designs

Unter grünem Design[14] verstehen die in diesem Abschnitt zitierten Arbeiten entweder eine weitere Eigenschaft des Konsumgutes, welche die Rezyklierung erst ermöglicht oder berücksichtigen explizit den Materialgehalt des Gutes, der wiederum die Rezyklierung beeinflußt und den Umweltschaden bei Nichtrezyklierung verursacht. Ein Beispiel für grünes Design ist eine Produktion die nur reversible Bindungen zwischen den Werkstoffen schafft.

Fullerton und Wu (1998) erweitern die Literatur zum Abfallproblem um die Eigenschaft der Rezyklierbarkeit bzw. des grünen Designs eines Konsumgutes. Rezyklierbarkeit wird als eine die Produktionskosten steigernde, die Menge des beim Haushalt anfallende Abfallmenge reduzierende und bereitgestellte Rezyklatmenge steigernde Eigenschaft modelliert. Folglich muß nicht nur der nach dem Konsum entstehende Umweltschaden im Marktgleichgewicht internalisiert werden, sondern auch die effiziente Rezyklierbarkeit im Gleichgewicht sichergestellt werden. Dabei stellt sich die Frage, ob ein Markt oder eine Zahlungsbereitschaft seitens der Haushalte für Rezyklierbarkeit existiert oder ob Rezyklierbarkeit direkt besteuert werden kann. Sie zeigen, daß eine Rücknahmeverpflichtung der Produzenten die effiziente Rezyklierbarkeit sichert. Eine Rücknahmeverpflichtung veranlaßt den Produzenten die effiziente Rezyklierbarkeit sicherzustellen, weil er die Entsorgungskosten des von ihm produzierten Gutes trägt. Dieses Ergebnis ist von der Existenz einer Zahlungsbereitschaft der Konsumenten oder eines Marktes für Rezyklierbarkeit unabhängig. Jedoch muß diese in der Erst-Besten Allokation von einer Steuer auf die deponierte Abfallmenge begleitet werden. Eine direkte Besteuerung der deponierten Abfallmenge auf Firmenseite steigert ebenfalls die Anreize zur illegalen Entsorgung, jedoch sind die eingesetzten, zurückgenommenen und deponierten Ressourcenmengen durch die allgemeine Buchführungspflicht erfaßt. Choe und Fraser (1999) führen in diesen Strang des Schrifttums über die Abfallproblematik neben der Möglichkeit der illegalen Entsorgung einen weiteren Aspekt der Partizipation der Haushalte ein. Sie erlauben Haushalten die Möglichkeit der Reduktion das anfallenden Abfalles, z.B. durch die Wiederverwendung von Verpackungen oder die Kompostierung der organischen Abfallfraktion. In dieser Arbeit wird gezeigt, daß die Erst-Beste Allokation nicht länger erreichbar ist, weil die für das effiziente Ausmaß der Abfallreduktion notwendige Steuer auf die legale Entsorgung seitens der Haushalte die illegale Entsorgung zu attraktiv macht. In einer Modifikation dieser Arbeit zeigen Choe und Fraser (2001), daß bei Abwesenheit der Möglichkeit illegaler Entsorgung seitens der Haushalte, eine Besteuerung des zu deponierenden Haushaltabfalles in Verbindung mit einer Subvention der Rezyklierbarkeit die Erst-Beste Allokation im Marktgleichgewicht sichert.

---

[14] Ein anderes Verständnis grünen Designs in Form einer umweltschonenden Wirkung des Produktes durch eine längere Lebensdauer, wird in der Literatur unter dem Begriff der Langlebigkeit diskutiert. Eine ausführliche Diskussion der Langlebigkeit eines Produktes vor dem Hintergrund des Abfallproblems findet sich bei Runkel (1999) und Eichner und Runkel (2000).

Die folgenden Arbeiten von Eichner und Pethig gehen jeweils von dem gleichen Modellrahmen aus. Sie diskutieren aber jeweils eine andere Fragestellung. Eichner und Pethig (1999) berücksichtigen den Rohstoffgehalt des Konsumgutes, welcher die Entsorgungskosten beeinflußt. Sie modellieren den Produktionsprozeß von der Rohstoffgewinnung bis zur Deponierung und bestimmen mögliche, den effizienten Materialgehalt sichernde Kombinationen von Märkten für einzelne Stadien des Konsumgutes während seines Lebenszyklus. Falls kein Markt für den Materialgehalt existiert oder die Akteure der Modellökonomie die marginale Zahlungsbereitschaft für das Gut oder den Abfall nicht als von dem Materialgehalt mitbestimmt wahrnehmen, ist im allgemeinen der Materialgehalt zu hoch, weil sich der Produzent nicht den für den optimalen Materialgehalt notwendigen Anreizen gegenübersieht.[15] Dieses wird von den Autoren als Produktionsexternalität bezeichnet. In einer Erweiterung dieser Arbeit durch Eichner und Pethig (2001b) werden verschiedene die Effizienz sichernde Kombinationen von Steuern und Subventionen unter Berücksichtigung der Rezyklierung der Abfälle, wobei der Rohstoffgehalt als Produktionsfaktor behandelt wird, beschrieben. Die Produktivität der verwendeten Rezyklierungstechnologie steigt in dem Materialgehalt an und somit folgt, daß bei Nichtberücksichtigung der Auswirkungen des Materialgehaltes auf die Entsorgung nach dem Konsum dieser nicht mehr notwendigerweise zu hoch sein muß. Es wird gezeigt, daß ein Instrument alleine wieder nicht ausreicht, um die Erst-Beste Allokation zu sichern. Desweiteren muß, sowohl im Produktions- als auch im Entsorgungsprozeß regulierend eingegriffen werden.[16] Die Ergebnisse einer Änderung in den Steuer- und Subventionssätzen auf die Allokation im Marktgleichgewicht in diesem Modellrahmen sind in Eichner und Pethig (2000b) dargestellt. Inspiriert von der Situation auf dem deutschen Entsorgungsmarkt diskutieren Eichner und Pethig (2001c) verschiedene gesellschaftlich optimale Gebührensätze einer zentralen Abfallbehandlungseinheit besprochen, die Abfälle einsammelt und sortiert an die Rezyklierer liefert. Dabei wird unterstellt, daß die Einheit die Gebühren selbst bestimmen kann und als sozialer Planer agiert. Schließlich führt Eichner (2001) in diesen Modellrahmen einen monopolistischen Rezyklierer ein und diskutiert die Auswirkungen einer Rezyklierungsquote. Es wird gezeigt, daß eine Quotenregulierung nur in Verbindung mit verschiedenen Steuern für einen effizienten Materialgehalt und einer Subvention zur Aufhebung der von dem Monopol induzierten Mengenverknappung die Erst-Beste Allokation sichert.

Schwer nachzuvollziehen ist die in den Arbeiten von Eichner und Pethig getroffenen Annah-

[15] Die Ursache liegt darin, daß bei der Bestimmung des Materialgehalts in dem Produktionsprozeß die Auswirkungen auf die Entsorgung nach dem Konsum nicht durch ein Preissignal internalisiert werden.

[16] Dieses Ergebnis findet sich in einem ähnlichen Modellrahmen bei Calcott und Walls (2000). Dort wird gezeigt, daß bei einem funktionierenden Rezyklierungsmarkt ein Instrument für die Sicherung der Erst-Besten Allokation ausreicht. Der Rezyklierungsmarkt sorgt für die Transmission eines Preissignales für das effiziente Produktdesign zum Güterproduzenten. Andernfalls muß Produktdesign direkt besteuert werden, um die Erst-Beste Allokation zu erreichen.

me, daß der Materialgehalt eines Gutes, d.h. beispielsweise die Dicke einer Glasflasche, Auswirkungen auf ihre Rezyklierbarkeit besitzen soll.

Conrad (1999) betrachtet das Problem des grünen Designs[17] und der Rezyklierung ausschließlich auf der Firmenebene. Er vergleicht die Besteuerung von Neumaterial mit der des Abfalles. Dabei wird gezeigt, daß eine Steuer auf Neumaterial eine stärkere Wirkung auf die Vermeidung, die Rezyklierung und den Output aufweist.

Die hier genannten Arbeiten basieren auf der impliziten Annahme, daß die Wiederverwertung der im Abfall enthaltenen Rohstoffe von der verwendeten Produktionstechnologie und nicht von der Entsorgungs- bzw. Rezyklierungstechnologie bestimmt ist. Die vorliegende Arbeit hingegen unterstellt, daß entweder die Entsorgungs- und die Rezyklierungstechnologie für die Wiederverwertung der im Abfall enthaltenen Ressourcen entscheidend sind, oder, daß die Ressource die Eigenschaft der Rezyklierbarkeit besitzt.

2.2 Arbeiten mit einem langfristigen Gleichgewicht

Bei der hier vorgenommenen Übersicht der Literatur mit Modellen, die ein langfristiges Gleichgewicht diskutieren, wird der Schwerpunkt wieder auf theoretische Arbeiten gelegt, bei denen das Problem der Akkumulation eines Abfallbestandes betrachtet und Rezyklierung als eine Technologie zur Rohstoffrückgewinnung und zur Reduktion des Abfallbestandes modelliert wird. Somit bleiben Arbeiten, welche die Frage der optimalen Akkumulation eines Kapitalbestandes und die Frage des technischen Fortschritts in Zusammenhang mit einer Verschmutzung der Umwelt behandeln, unberücksichtigt.[18]

Die früheste vom Autor gefundene Arbeit, die das Problem der Akkumulation eines Schadstoffbestandes, der als Abfall interpretiert werden kann, behandelt, ist Keeler *et al.* (1971).[19] Die Autoren unterstellen, daß entweder bei der Produktion oder dem Konsum ein Schadstoff in die Umwelt entlassen wird. Der vermehrte Einsatz von Kapital reduziert die anfallende Verschmutzung. In einer ähnlichen Arbeit modelliert Plourde (1972) die Entscheidung bei der Aufteilung von Arbeit zwischen Konsum und Abfallbeseitigung. Smith (1972) erlaubt nur eine Rezyklierung von Abfällen, die vom Haushalt zurückgegeben werden. Der übrige Abfall kann nicht rezykliert werden. Diese Problemstellung wird von Lusky (1976) so erweitert, daß der gesamte Abfallbestand durch gegenüber der Beseitigung teurere Rezyklierung reduziert werden kann. In Wacker (1987a) Kapitel 3 bzw. in Wacker (1987b) werden diese drei Modelle vereinigt und die Zusam-

[17] In seiner Arbeit wird dieser Begriff nicht gebraucht. Jedoch modelliert er die Entscheidung im Produktionsprozeß über das Ausmaß von Abfallvermeidungsaktivitäten, d.h. der Verringerung später anfallenden Abfalls.

[18] So behandeln beispielsweise Gruver (1976) die Frage der optimalen Investition in Vermeidungskapital und Bovenberg und Smulders (1995) die des technischen Fortschritts, welcher die Verschmutzung mindernd wirkt.

[19] Schulze (1974) zeigt, daß die Berücksichtigung eines mit dem abgebauten Bestand verbundenen Umweltschadens den optimalen Abbaupfad einer nichterneuerbaren Ressource streckt.

menhänge der jeweiligen Optimalitätsbedingungen diskutiert. Diese Arbeiten berücksichtigen alleine den Aspekt der Umweltqualität und Vernachlässigen die Rückgewinnung der Rohstoffe.[20] Hoel (1978) erweitert diese Modellklasse um den Ressourcenabbau aus einem erschöpfbaren Bestand. Er zeigt, daß geringere Rezyklierungsgrenzkosten zu einem größeren Abfallbestand führen können. In Wacker (1987a) Kapitel 6 wird schließlich noch ein Kapitalbestand und eine den Abfallbestand reduzierende Deponierung eingeführt. Diese Arbeit findet bei Clausen und Wacker (1996) mit der Integration von Rückholkosten eine Erweiterung. Schließlich leitet Michaelis (1991) gesellschaftlich optimale Investitionsregeln für Deponien und Verbrennungsöfen in einem intertemporalen Planungsmodell gegeben die Möglichkeiten der Deponierung, der Verbrennung und der Rezyklierung her. Dabei wird die Bauzeit und die Kapazität der Deponien und der Verbrennungsöfen berücksichtigt. Wie von dem Hagen (1994) zeigt, führt die Möglichkeit der alternativen Nutzung des Bodens, auf dem eine nachwachsende Ressource steht, dazu, daß ein Rückgang in den Grenzkosten der Rezyklierung zu einem Rückgang der Erträge aus dem Ressourcenbestand führen kann und somit bei einer konkurrierenden Bodennutzung bestandsreduzierend[21] wirkt. Huhtala (1999) diskutiert die Besteuerung des Neumaterials und die Subventionierung des Rezyklierens, gegeben einen sich regenerierenden Ressourcenbestand und einen zerfallenden Abfallbestand.

Mit Ausnahme der Arbeit von Huhtala konzentrieren sich alle genannten Arbeiten auf die Herleitung der gesellschaftlichen Optimalitätsbedingungen und diskutieren das effiziente Schattenpreisystem. Das Instrument einer Quote findet keine Berücksichtigung. Die Diskussion der Regulierung eines langfristigen Marktgleichgewichtes und der Herleitung der Auswirkungen einer Änderung in der Regulierung nimmt nur Huhtala vor und somit steht seine Arbeit der vorliegenden am nächsten. Jedoch studiert Huhtala ein anderes Instrument zur Regulierung des Umweltschadens. Die vorliegende Arbeit diskutiert nicht nur die individuellen Optimalitätsbedingungen, sondern leitet auch die Auswirkung einer Änderung in der Entsorgungsquote auf das langfristige Marktgleichgewicht her. Desweiteren werden die normativen Eigenschaften der Quotenregulierung eines langfristigen Marktgleichgewicht besprochen und die Auswirkung der Berücksichtigung eines Ressourcen- und Abfallbestandes auf die optimale Entsorgungsquote dargestellt. Ebenso wird die Anpassung der wohlfahrtsmaximierenden Entsorgungsquote im Zeitablauf hergeleitet.

---

20 Spiegelbildlich dazu finden sich Arbeiten, die Rezyklierung als reine Rohstoffrückgewinnung diskutieren und dabei einen möglichen Umweltschaden beim Abbau und der Deponierung vernachlässigen. Ziel dieser Arbeiten sind die Herleitung von Bedingungen für effiziente Abbau- und Rezyklierungspfad. Siehe hierfür beispielsweise Weinstein und Zeckhauser (1974).

21 Diese Argumentation wurde schon in Darby (1973) verbal entwickelt.

2.3 Zusammenfassung

Die vorliegende Arbeit ist am engsten mit denen von Fullerton und Kinnaman (1995) und Palmer und Walls (1997) und Huhtala (1999) verwandt, die das Problem der Abfallentstehung und Rezyklierung unter Berücksichtigung eines vollständigen Ressourcenkreislaufes diskutieren. Diese Arbeit behandelt dasselbe Problem mit der zusätzlichen Modellierung eines Entsorgungsmarktes auf dem die Rückholung des Abfalles und seine Rezyklierung angeboten wird. Somit bildet sich in diesem Modell ein endogener Preis für die Entsorgung von Abfällen. Die Regulierung der Entsorgung und Rezyklierung des Abfalles bestimmt diesen Preis mit.

Aus der Literaturübersicht folgen drei Anknüpfungspunkte dieser Arbeit mit der bestehenden Literatur. Erstens, kann die Besteuerung und Subventionierung der verschiedenen Aktivitäten der Entsorger als ein Pfand-Rückgabe System interpretiert werden. Somit erweitert die vorliegende Arbeit die bestehende Literatur über Pfand-Rückgabe Systeme um die Berücksichtigung unvollständigen Wettbewerbs bei der Bestimmung effizienter Pfand- und Rückgabesätze.

Zweitens, erweitert diese Arbeit umfassend die bestehende Literatur zur Quotenregulierung. Die allokativen Eigenschaften einer Quotenänderung sowohl auf ein kurzfristiges als auch ein langfristiges Marktgleichgewicht unter der Berücksichtigung eines Ressourcenkreislaufes werden zum ersten Mal in der Literatur diskutiert.

Drittens, werden erstmalig die Auswirkungen eines geschlossenen Ressourcenkreislaufes in der kurzen Frist und zusätzlich die eines Ressourcen- und eines Abfallbestandes in der langen Frist auf die Bestimmung der wohlfahrtsmaximierenden Entsorgungsquote diskutiert. Dies stellt den wichtigsten Beitrag dieser Arbeit zur theoretischen Literatur dar.

Teil II

Die kurzfristigen Aspekte

Kapitel 3

Das kurzfristige Modell

In diesem Kapitel werden die einzelnen Akteure des Modells in der kurzen Frist und ihre ökonomischen Aktivitäten beschrieben. Jeder Akteur sieht sich in dieser Modellökonomie einem fixen und nicht vermehrbaren Produktionsfaktor, der als Boden interpretiert werden kann, gegenüber. Beginnend mit dem Güterproduzenten, der auf dem Entsorgungs- und dem Ressourcenmarkt die explizit betrachteten Produktionsfaktoren erwirbt, wird anschließend der Konsument als Nachfrager auf dem Gütermarkt und als alleiniger Betroffener des Umweltschadens eingeführt. Die Bestimmung der Angebots- und der Nachfrageseite des Gütermarktes erlaubt das Gleichgewicht auf dem Gütermarkt zu definieren und die bedingte Faktornachfragefunktionen nach den Entsorgungsdienstleistungen bzw. nach der Ressource herzuleiten. Desweiteren können die Reaktionen des Gleichgewichtes auf eine Änderung in den für dieses exogenen Größen bestimmt und interpretiert werden. Die hergeleitete Nachfrage nach Entsorgungsdienstleistungen erlaubt eine vollständige Beschreibung der oligopolistischen Entsorger, welche einerseits durch die Entsorgungsquote in dem Sinne reguliert werden, daß ihnen ein zu rezyklierender Prozentsatz des eingesammelten Abfalles vorgeschrieben wird, und andererseits durch Besteuerung der von ihnen ausgeübten Aktivitäten. Unter dem Begriff der Entsorgungsdienstleistungen wird sowohl das Einsammeln des Abfalles als auch der Nachweis der Erfüllung der Regulierung und sonstige administrative Tätigkeiten subsumiert. Angenommen wird, daß die Entsorger nur die Wahl haben zwischen einer Übererfüllung der Restriktion, d.h. sie rezyklieren mehr als ihnen vorgeschrieben ist, oder die Restriktion genau zu erfüllen. Das entstehende Rezyklat ist ein perfektes Substitut für Neumaterial und die Entsorger verkaufen das Rezyklat preisnehmend auf dem Ressourcenmarkt. Das Kapitel schließt mit der Einführung des Ressourcenanbieters, wobei in der kurzen Frist keine Bestandseffekte berücksichtigt werden. Angenommen wird, daß alle die ökonomischen Aktivitäten privater Akteure beschreibenden Funktionen die Inada-Bedingungen erfüllen, siehe Inada (1963). Damit ergibt sich jeweils eine innere Lösung in den privaten Optimierungsproblemen.

3.1 Der Güterproduzent

Betrachtet wird ein repräsentativer und preisnehmender Güterproduzent, der das Konsumgut Y unter Verwendung der Ressource R^Y und anderer nicht explizit betrachteter und nicht als materieller Bestandteil in das Konsumgut eingehender Produktionsfaktoren, wie z.B. Arbeit oder Energie, herstellt[1]. Die Ressource wird zum Preis p^R auf dem Ressourcenmarkt eingekauft. Die gesetzlichen Rahmenbedingungen zwingen den Güterproduzenten für die von ihm produzierte Gütermenge, die nur aus der Ressource besteht[2], nach dem Konsum Entsorgungsdienstleistungen W^Y bereitzustellen, welche er zum Preis von p^W erwirbt. Zur Förderung der Lesbarkeit wird die Menge des anfallenden Abfalles mit der Menge an Entsorgungsdienstleistungen gleichgesetzt. Ebenfalls entspricht dann die Ressourcenmenge der des Abfalles. Der Preis für den Einsatz der Ressource in der Produktion setzt sich dann additiv aus dem Einkaufspreis p^R und dem Entsorgungspreis p^W der Ressource zusammen und wird mit p^{RW} bezeichnet. Desweiteren wird angenommen, daß die Ressource bzw. die Entsorgungsdienstleistungen normale Produktionsfaktoren darstellen, d.h. eine Ausweitung der Güterproduktion impliziert eine Ausweitung des Ressourceneinsatzes bzw. der Nachfrage nach Entsorgungsdienstleistungen.

Die Kostenfunktion $c^Y\left(Y;p^{RW}\right)$, mit positiven und ansteigenden Grenzkosten[3] $c_Y^Y > 0$, $c_{YY}^Y > 0$, beschreibt die Technologie zur Produktion des Konsumgutes. Die in der Produktion verwendete Ressourcenmenge und die notwendigen Entsorgungsdienstleistungen werden durch die bedingte Faktornachfragefunktion $R^Y = W^Y = c_{p^{RW}}^Y\left(Y;p^{RW}\right)$ mit $p^{RW} = p^R + p^W$ beschrieben. Diese ist eine im Preis p^{RW} fallende Funktion[4].

Sei p der Preis des Konsumgutes, dann werden die Gewinne des Güterproduzenten Π^Y beschrieben durch

$$\Pi^Y = pY - c^Y\left(Y;p^{RW}\right) \tag{3.1}$$

und die Bedingungen erster und zweiter Ordnung für eine innere Lösung lauten

$$p - c_Y^Y\left(Y;p^{RW}\right) = 0, \tag{3.2}$$

bzw.

$$-c_{YY}^Y\left(Y;p^{RW}\right) < 0. \tag{3.3}$$

---

1 Das Angebot dieser Produktionsfaktoren ist unabhängig von den in dieser Modellökonomie betrachteten Aktivitäten und Regulierungen. Alternativ formuliert sind die Angebotsfunktionen dieser Produktionsfaktoren horizontal und unabhängig von den in dieser Arbeit betrachteten Größen.

2 Das Gut und die eingesetzte Ressourcemenge müssen nicht notwendigerweise proportional zueinander sein, so kann der Umwandlungsprozeß der Ressource z.B. ein 'Aufblasen' beinhalten.

3 Indizes kennzeichnen die entsprechenden partiellen Ableitungen.

4 Siehe Mas-Colell *et al.* (1995) Proposition 5C.2 (vii) S.141.

In dem Gewinnmaximum eines Preisnehmers entspricht der Preis den Grenzkosten, siehe (3.2). Die angenommenen abnehmenden Skalenerträge der Technologie des Güterproduzenten implizieren, daß die Bedingung zweiter Ordnung (3.3) erfüllt ist.

3.2 Der Konsument

Ein repräsentativer Konsument besitzt ein exogenes Einkommen M, welches er für den Erwerb des Konsumgutes Y und den des Numeraires X verwendet. Die deponierte Ressource oder der Abfall D verursacht eine negative Externalität. Diese Externalität wird durch eine vom Abfall abhängige Schadensfunktion $S = S(D)$, die als Reduktion des Nutzen in das Modell eingeführt wird, abgebildet. Der Grenzschaden ist positiv $S_D > 0$ und ansteigend $S_{DD} > 0$. Der Konsument wird durch folgende quasi-lineare Nutzenfunktion beschrieben

$$U(Y, X, D) = u(Y) + X - S(D). \tag{3.4}$$

Der Grenznutzen des Konsumgutes ist positiv $u_Y > 0$ und abnehmend $u_{YY} < 0$. Nutzenmaximierung führt zu einer fallenden inversen Nachfragefunktion nach dem Konsumgut

$$p = u_Y(Y) \tag{3.5}$$

$$p_Y = u_{YY}(Y). \tag{3.6}$$

Die marginale Bewertung des Konsumgutes ist bei der angenommenen Präferenzstruktur unabhängig von der Höhe des Einkommens und dem Ausmaß des Umweltschadens.

3.3 Das Gleichgewicht auf dem Gütermarkt

In einem Gleichgewicht auf dem Gütermarkt entspricht die marginale Zahlungsbereitschaft, d.h. der Güterpreis p, den Grenzkosten der Güterproduktion c_Y^Y. Die Mengen im Gleichgewicht auf dem Gütermarkt werden mit einem Hut ^ indiziert. Das Gleichgewicht auf dem Gütermarkt wird definiert durch

$$p\left(\hat{Y}\right) - c_Y^Y\left(\hat{Y}; p^{RW}\right) = 0, \tag{3.7}$$

mit $p^{RW} = p^R + p^W$. (3.7) definiert implizit die Gütermenge als eine Funktion des Entsorgungs- und des Ressourcenpreises $\hat{Y} = Y\left(p^{RW}\right)$. Für eine vollständige Diskussion der Eigenschaften des Gleichgewichtes auf dem Gütermarkt werden im folgenden mit $\hat{Y}$ Definitionen für alle endogenen Größen dieses Gleichgewichtes hergeleitet. Einsetzen dieser Funktion in die Nachfragefunktion des Konsumenten (3.5) Seite 27 führt zu der Definition des Güterpreises im Gleichgewicht

$$\hat{p} = u_Y\left(\hat{Y}\left(p^{RW}\right)\right). \tag{3.8}$$

Einsetzen von $\hat{Y} = Y\left(p^{RW}\right)$ in die Gewinnfunktion des Güterproduzenten (3.1) führt zu

$$\hat{\Pi}^Y = p\left(\hat{Y}\right)\hat{Y} - c^Y\left(\hat{Y}; p^{RW}\right). \tag{3.9}$$

Einsetzen von $\hat{Y} = Y\left(p^{RW}\right)$ in die bedingten Faktornachfragefunktionen des Güterproduzenten führt zu der bedingte Faktornachfrage nach der Ressource bzw. den Entsorgungsdienstleistungen

$$\hat{R} = \hat{W} = c^Y_{p^{RW}}\left(Y\left(p^{RW}\right); p^{RW}\right), \quad \text{mit } p^{RW} = p^R + p^W \tag{3.10}$$

im Gleichgewicht auf dem Gütermarkt. (3.10) definiert implizit die inverse bedingte Faktornachfragefunktion nach Entsorgungsdienstleistungen als eine Funktion der nachgefragten Menge und des Ressourcenpreises

$$\hat{p}^W = p^W\left(\hat{W}; p^R\right). \tag{3.11}$$

Das folgende Theorem 1 faßt die Wirkung einer Änderung in dem Ressourcenpreis und dem Preis der Entsorgungsdienstleistungen auf die Güter-, die nachgefragte Ressourcenmenge und die inverse Nachfrage nach Entsorgungsdienstleistungen und die Gewinne des Güterproduzenten zusammen. Anschließend folgt eine Interpretation des Theorems. Die Herleitung ist im Anhang unter dem Punkt 11.1 beginnend auf der Seite 153 dargestellt.

Theorem 1 *Ein Anstieg des Ressourcenpreises führt zu einem Rückgang der Gütermenge* $\frac{d\hat{Y}}{dp^R} < 0$ *und einem Anstieg des Güterpreises* $\frac{d\hat{p}}{dp^R} > 0$. *Die Gewinne des Güterproduzenten zeigen keine eindeutige Reaktion* $\frac{d\hat{\Pi}^Y}{dp^R} \lesseqgtr 0$. *Die bedingte Faktornachfrage nach der Ressource bzw. den Entsorgungsdienstleistungen ist eine im Preis fallende Funktion* $\frac{d\hat{R}}{dp^R} = \frac{d\hat{W}}{dp^R} < 0$. *Die inverse bedingte Faktornachfrage nach den Entsorgungsdienstleistungen ist eine im Ressourcenpreis fallende Funktion* $\frac{d\hat{p}^W}{dp^R} < 0$. *Ein Anstieg des Preises für Entsorgungsdienstleistungen führt zu identischen Reaktionen der endogenen Variablen, wie ein Anstieg des Ressourcenpreises.*

Ein Anstieg des Ressourcenpreises steigert die Grenzkosten des Güterproduzenten und führt so zu einem Rückgang der Gütermenge und einem Anstieg des Preises im Gleichgewicht auf dem Gütermarkt. Auf die Gewinne des Güterproduzenten wirken im Gleichgewicht folgende zwei gegenläufige Effekte. Erstens bewirkt die von dem Rückgang der Gütermenge ausgelöste Preissteigerung c.p. eine Anstieg der Erlöse. Zweitens führt der Anstieg des Ressourcenpreises zu einer Kostensteigerung, die gewinnreduzierend wirkt. Aus der Normalität der Ressource in der Güterproduktion folgt, daß eine gesunkene Gütermenge einen Rückgang der Ressourcennachfrage mit sich bringt. Gleichzeitig veranlasst der Preisanstieg den Güterproduzenten dazu die Ressource durch andere nicht explizit betrachtete Produktionsfaktoren zu substituieren und dies verstärkt den Rückgang in der Ressourcennachfrage. Der ausgelöste Rückgang der Gütermenge und der des Ressourceneinsatzes senkt die Nachfrage nach Entsorgungsdienstleistungen.

Die Wirkung eines Anstiegs des Entsorgungspreises auf die Gütermenge und die bedingte Ressourcennachfrage ist äquivalent der des Anstieg des Ressourcenpreises auf die Gütermenge und die bedingte Nachfrage nach Entsorgungsdienstleistungen. Folglich wird auf die Diskussion der Wirkung eines Anstiegs des Entsorgungspreises verzichtet.

Nach der Definition der inversen bedingten Faktornachfragefunktion nach den Entsorgungsdienstleistungen und der Bestimmung ihrer Eigenschaften, können im folgenden Abschnitt 3.4 die oligopolistischen Entsorger vollständig beschrieben werden.

3.4 Die oligopolistischen Entsorger

Die Entsorgungsdienstleistungen, die mit der anfallenden Abfallmenge gleichgesetzt sind, werden von $n > 1$ identischen Entsorgern angeboten. Die Entsorger rezyklieren einen Teil des Abfalles und deponieren den Rest. Wird das Rezyklat mit R^R bezeichnet und die deponierte Abfallmenge mit D, dann gilt für den anfallenden Abfall W, $W = R^R + D$. Die Rezyklierungstechnologie wird durch die Kostenfunktion $c^{WR}\left(R^R\right)$ mit positiven und ansteigenden Grenzkosten $c_R^{WR} > 0$, $c_{RR}^{WR} > 0$ beschrieben. Das Rezyklat wird zum Preis p^R auf dem Ressourcenmarkt verkauft. Die Marktmacht der Entsorger wird auf die Entsorgungsdienstleistungen beschränkt und auf den übrigen Märkten agieren sie als Preisnehmer. Die Technologie der Bereitstellung der Entsorgungsdienstleistungen wird durch die Kostenfunktion $c^W(W)$, ebenfalls mit positiven und ansteigenden Grenzkosten $c_W^W > 0$ und $c_{WW}^W > 0$, beschrieben. Desweiteren wird angenommen, daß, um auf dem Entsorgungsmarkt als Anbieter auftreten zu können, Fixkosten in Höhe von $F > 0$ anfallen. Diese Fixkosten können als die Kosten der Errichtung einer Rückhollogistik interpretiert werden.

$p^W\left(W; p^R\right)$ ist die inverse Nachfragefunktion nach Entsorgungsdienstleistungen, welche implizit definiert wurde in Gleichung (3.10) auf Seite 28. Angenommen wird, daß diese inverse Nachfragefunktion die Hahn-Bedingung, siehe Hahn (1962), erfüllt

$$p_W^W\left(W; p^R\right) + p_{WW}^W\left(W; p^R\right) W < 0. \tag{3.12}$$

Der Grenzerlös der Entsorgungsdienstleistungen ist eine fallende Funktion in der gesamten Menge. Die Hahn-Bedingung sichert fallende Reaktionsfunktionen in der von den Konkurrenten entsorgten und der insgesamt entsorgten Menge und ist in diesem Modellrahmen in Verbindung mit der Annahme einer Ressourcenmenge, bei der die inverse Nachfrage nach dieser Null wird, hinreichend für die Existenz eines Cournot-Nash Gleichgewichtes, siehe Theorem 3 Novshek (1985).

Im folgenden wird die Summe aus den Kosten der Bereitstellung der Entsorgungsdienstleistungen und denen der Rezyklierung abzüglich des Erlöses des Rezyklatverkaufs als die totalen

Kosten der Entsorgung bezeichnet

$$TK^W\left(W, R^R; p^R\right) = c^W(W) + c^{WR}\left(R^R\right) - p^R R^R. \tag{3.13}$$

Die Zielrichtung dieser Arbeit ist auf die Regulierung der mit der Deponierung oder Verbrennung verbundenen Emissionen und nicht einer möglicherweise Übernutzung dieser Entsorgungswege gerichtet. Sie erlaubt die Vernachlässigung von mit der Deponierung oder Verbrennung verbundenen Kosten.

3.4.1 Die Entsorger unter einer Quotenregulierung

Die Regulierung schreibt vor, daß von der anfallenden Abfallmenge W mindestens ein Prozentsatz β mit $0 < \beta < 1$ zu rezyklieren ist. Somit muß die Rezyklatmenge die Ungleichung $R^R \geq \beta W$ erfüllen. Im folgenden wird angenommen, daß die von der Regulierung auferlegte Restriktion ökonomisch bindend[5] ist, d.h. die Regulierung ändert die Entscheidung der Entsorger und für die Rezyklatmenge gilt $R^R = \beta W$. Aus der Annahme der ökonomisch bindenden Restriktion folgt, daß der Grenzgewinn der Rezyklierung negativ ist

$$p^R - c_R^{WR} < 0. \tag{3.14}$$

Die totalen Kosten der Entsorgung ändern sich unter der Quotenregulierung zu

$$TK^W\left(W; p^R, \beta\right) = c^W(W) + c^{WR}(\beta W) - p^R \beta W. \tag{3.15}$$

und die totalen Grenzentsorgungskosten entsprechen

$$TGK^W\left(W; p^R; \beta\right) = c_W^W(W) + \beta\left(c_R^{WR}(\beta W) - p^R\right). \tag{3.16}$$

Sei W_i die von dem Entsorger i entsorgte Menge und W_{-i} die von den übrigen. Die von dem Entsorger i rezyklierte Menge sei R_i^R, dann lautet der Gewinn des Entsorgers i mit $R_i^R = \beta W_i$

$$\Pi_i^W = p^W\left(W_i + W_{-i}; p^R\right) W_i - c^W(W_i) - \left(c^{WR}(\beta W_i) - p^R \beta W_i\right). \tag{3.17}$$

Im folgenden werden die Funktionsargumente vernachlässigt. Die Bedingung erster Ordnung für eine innere Lösung ist gegeben durch

$$p^W + p_W^W W_i - c_W^W - \beta\left(c_R^{WR} - p^R\right) = 0, \tag{3.18}$$

[5] In einem Maximierungsproblem mit einer Ungleichung als Nebenbedingung wird die Ungleichung als bindend bezeichnet, wenn sie im Maximum mit Gleichheit erfüllt ist, siehe Sydsæter *et al.* (2000) Seite 98 Punkt 15.18. Dies schließt aber nicht den Fall aus bei dem der Gradient der Zielfunktion im Optimum gleich Null ist. Ist der Gradient im Optimum Null, dann ist die Restriktion ökonomisch nicht bindend, weil die Einführung der Restriktion das Verhalten des Akteurs nicht beeinflußt.

und die Bedingung zweiter Ordnung lautet

$$2p_W^W + p_{WW}^W W_i - c_{WW}^W - \beta^2 c_{RR}^{WR} < 0. \tag{3.19}$$

Die Bedingung erster Ordnung fordert die Gleichheit zwischen dem Grenzerlös der Entsorgungsdienstleistungen und den totalen Grenzentsorgungskosten. Wegen der angenommenen Hahn-Bedingung (3.12) ist die Bedingung zweiter Ordnung (3.19) erfüllt und die Bedingung erster Ordnung (3.18) bestimmt ein Gewinnmaximum.

Die Bedingung erster Ordnung kann als die Reaktionsfunktion des Entsorgers interpretiert werden und beschreibt die optimale Reaktion des Entsorgers auf eine Änderung der von seinen Konkurrenten entsorgte Menge und des Ressourcenpreises. Die optimale Reaktion des Entsorgers auf eine Änderung der von seinen Konkurrenten entsorgte Menge folgt aus der angenommenen Hahn-Bedingung (3.12). Ein Entsorger senkt sein Angebot, wenn seine Konkurrenten ihr Angebot ausweiten. Im Sinne von Bulow *et al.* (1985) ist die Menge der Entsorgungsdienstleistungen und die seiner Konkurrenten strategische Substitute[6].

Offen bleibt noch die Frage der Anpassung des Angebots an Entsorgungsdienstleistungen eines Entsorgers auf einen Ressourcenpreisanstieg, welches formal beschrieben wird durch

$$\frac{dW_i}{dp^R} = -\frac{p_{p^R}^W + p_{Wp^R}^W W_i + \beta}{2p_W^W + p_{WW}^W W_i - c_{WW}^W - \beta^2 c_{RR}^{WR}}. \tag{3.20}$$

Die angenommene Modellstruktur legt nahe, daß ein Entsorger sein Angebot an Entsorgungsdienstleistungen ausweitet, wenn er einen Anstieg der auf dem Ressourcenmarkt gehandelten Menge beobachtet, d.h. seine Reaktionsfunktion steigt in dem Resssourcenpreis an. Der Terminologie von Bulow *et al.* (1985) folgend sind dann die Ressource und die Entsorgungsdienstleistungen strategische Komplemente.

Die Eigenschaft der strategische Komplementarität enthält keine Aussage über eine induzierte Nachfrageänderung oder einer Wirkung auf die Gewinne eines Entsorgers. Im Gegensatz dazu enthält die Eigenschaft der Komplementarität zweier Güter eine Aussage über eine induzierte Nachfrageänderung und einer Wirkung auf die Gewinne. Formal entspricht die Annahme der strategischen Komplementarität in der Notation dieser Arbeit der folgenden Ungleichung

$$p_{p^R}^W + p_{Wp^R}^W W_i + \beta < 0. \tag{3.21}$$

Somit senkt der Ressourcenpreisanstieg den Grenzgewinn und den Grenzerlös eines Entsorgers.

3.4.2 Die Entsorger unter einer Besteuerung

Um in Kapitel 5 einen normativen Vergleich der Quotenregulierung mit einer Besteuerung zu ermöglichen, wird im folgenden das Problem der Gewinnmaximierung eines Entsorgers disku-

[6] Streng genommen müßte von perfekten strategischen Substituten gesprochen, weil der Orginalaufsatz von Bulow *et al.* (1985) die Frage der Steigungen der Reaktionsfunktionen in Abhängigkeit von Gütern behandelt, die auf verschiedenen Märkten gehandelt werden. Aus Gründen der leichteren Lesbarkeit wird darauf verzichtet.

tiert, wenn auf die entsorgte Menge eine Steuer t^W erhoben wird, die Rezyklierungsaktivität mit s^R subventioniert wird und die deponierte Menge mit t^D besteuert wird. Sei wieder mit W_i die von dem Entsorger i entsorgte Menge und W_{-i} die von den übrigen. Die von dem Entsorger i rezyklierte Menge sei ebenfalls wieder R_i^R, dann lauten die Gewinne eines Entsorgers

$$\Pi_i^W = p^W (W_i + W_{-i}) W_i + p^R R_i - c^W (W_i) - c^{WR} (R_i) \\ - t^W W_i + s^R R_i - t^D (W_i - R_i) . \quad (3.22)$$

Die Bedingungen erster Ordnung für ein inneres Gewinnmaximum sind unter Vernachlässigung der Funktionsargumente gegeben durch

$$p^W + p_W^W W_i - c_W^W - t^W - t^D = 0, \quad (3.23)$$

und

$$p^R - c_R^{WR} + s^R + t^D = 0. \quad (3.24)$$

Die Bedingung zweiter Ordnung fordert, daß die Hesse-Matrix negativ-definit ist und dies ist äquivalent zu

$$p_W^W + p_{WW}^W W_i - c_{WW}^W < 0, \quad (3.25)$$

$$-c_{RR}^{WR} < 0. \quad (3.26)$$

Die Hahn-Bedingung (3.12) und die Konvexitätsannahme an die Kostenfunktionen sichern die Erfülltheit der Bedingung zweiter Ordnung.

Äquivalent zu dem Abschnitt 3.4.1 wird die Annahme aufrechterhalten, daß die Menge der Entsorgungsdienstleistungen und die Ressource strategische Komplemente sind. Im Anhang 11.2 ab Seite 155 wird gezeigt, daß in dem vorliegenden Modellrahmen, die Annahme der strategischen Komplementarität mit folgender Ungleichung identisch ist

$$p_{p^R}^W + p_{Wp^R}^W W_i < 0. \quad (3.27)$$

Invertieren der Bedingung erster Ordnung (3.24) führt schließlich zu der Angebotsfunktion an Rezyklat eines Entsorgers

$$R_i^R = \left(c_R^{WR}\right)^{-1} \left(p^R + s^R + t^D\right). \quad (3.28)$$

3.5 Der Neumaterialproduzent

Das Neumaterial N wird von einem repräsentativen und preisnehmenden Produzenten angeboten. Dessen Technologie wird durch die folgende konvexe Kostenfunktion $C^N(N)$ mit $C_N^N > 0$

und $C^N_{NN} > 0$ beschrieben, d.h. die Technologie besitzt abnehmende Skalenerträge. Seine Gewinne lauten

$$\Pi^N = p^R N - C^N(N) \tag{3.29}$$

und die Bedingung erster Ordnung für ein inneres Maximum ist

$$p^R - C^N_N(N) = 0, \tag{3.30}$$

und die Bedingung zweiter Ordnung lautet

$$-C^N_{NN}(N) < 0. \tag{3.31}$$

Die Konvexität der Kostenfunktion garantiert, daß die Bedingung zweiter Ordnung (3.31) erfüllt ist. (3.30) definiert implizit das Angebot an Neumaterial N^N als Funktion des Ressourcenpreises

$$N^N = \left(C^N_N\right)^{-1}\left(p^R\right) \tag{3.32}$$

und dieses ist eine in dem Ressourcenpreis ansteigende Funktion $\frac{dN^N}{dp^R} = \frac{1}{C^N_{NN}} > 0$.

3.6 Zusammenfassung

Die beschriebenen Akteure der Modellökonomie, d.h. der Güterproduzent, der Konsument, die Entsorger und der Neumaterialproduzent und ihre ökonomischen Aktivitäten genügen, um einen vollständigen Ressourcenkreislauf zu modellieren. Somit ist die Grundlage gesetzt, um sowohl die Auswirkungen einer Quotenregulierung und einer Besteuerung auf das statische Marktgleichgewicht als auch die normativen Eigenschaften beider Regulierungsformen in den folgenden beiden Kapiteln zu diskutieren. Entscheidend für eine Änderung des Ressourceneinsatzes in der Güterproduktion ist bei der vorliegenden Modellierung der Preis des Ressourceneinsatzes, definiert als die Summe des Ressourcen- und des Entsorgungspreises. Im folgenden Kapitel wird der Einfluss einer Änderung in der Entsorgungsquote, der Anzahl der Entsorger und der Steuern auf diesen Preis und alle anderen endogenen Variablen eines simultanen und kurzfristigen Marktgleichgewichtes auf dem Güter-, dem Entsorgungs- und dem Ressourcenmarkt untersucht.

Kapitel 4

Das kurzfristige Marktgleichgewicht

Der Hauptteil dieses Kapitel über das kurzfristige Marktgleichgewicht ist den Auswirkungen einer Quotenregulierung gewidmet. Das Gleichgewicht des Güter-, Entsorgungs- und Ressourcenmarktes und die Ergebnisse der komparativen Statik werden für den Fall einer Regulierung der Entsorger durch eine Quote ausführlich hergeleitet und interpretiert. Am Ende des Kapitels wird als alternative Regulierung des Marktgleichgewichtes die Besteuerung bzw. Subvention der Entsorger, wie in Abschnitt 3.4.2 Seite 31 vorbereitet, diskutiert. Den Auswirkungen dieser Besteuerung wird vergleichsweise weniger Raum gewidmet, weil einerseits die Effekte einer Besteuerung in der Literatur schon relativ gut dokumentiert sind und andererseits der Schwerpunkt dieser Arbeit in der Quotenregulierung liegt.

Im folgenden wird zuerst das simultane Gleichgewicht des Güter- und des Entsorgungsmarktes unter einer Quotenregulierung in Abschnitt 4.1 bestimmt und daran anschließend in Abschnitt 4.1.1 die Reaktion der endogenen Variablen auf eine Änderung in den für dieses Gleichgewicht exogenen Größen hergeleitet und interpretiert. In der Partialbetrachtung des Gleichgewichtes auf dem Güter- und dem Entsorgungsmarkt unter Vernachlässigung des Ressourcenmarktes ist sowohl die Entsorgungsquote als auch der Ressourcenpreis exogen. Darauf folgend wird die gleiche Vorgehensweise für das Gleichgewicht des Ressourcenmarktes unter einer Quotenregulierung in Abschnitt 4.2 und 4.2.1 vorgenommen. In dem Gleichgewicht des Ressourcenmarktes sind die Entsorgungsquote, die Gütermenge und der Entsorgungspreis exogen und die Auswirkungen einer Änderung in diesen Größen auf den Ressourcenpreis können bestimmt werden.

Daran schließt sich die Zusammenführung der partiellen Gleichgewichte zu dem simultanen Gleichgewicht des Güter-, des Entsorgungs- und des Ressourcenmarktes in Abschnitt 4.3 an, gefolgt von der Bestimmung und Interpretation der Reaktionen dieses Gleichgewichtes auf eine Änderung in der Entsorgungsquote und in der Anzahl der Entsorger in Abschnitt 4.3.1. Bei der Diskussion der von einer Quotenverschärfung bzw. einer Änderung in der Anzahl der Entsorger im Gleichgewicht auf allen drei Märkten verursachten Reaktionen, werden diese auf die bei den Partialbetrachtungen besprochenen Effekte zurückgeführt. Dieses Kapitel schließt mit der Beschreibung des Gleichgewichtes auf allen drei Märkten unter einer Besteuerung bzw. Subvention der Entsorger in Abschnitt 4.4 und der Diskussion der Auswirkung einer Änderung in der Höhe der Steuer- und Subventionssätze in Abschnitt 4.4.1.

Die in diesem Kapitel dargestellten Reaktionen der endogenen Größen des simultanen und statischen Marktgleichgewichtes auf eine Änderung in den verschiedenen Regulierungsformen sind notwendig für die Diskussion der sozialen Wohlfahrt und dabei für die Bestimmung der optimalen Höhe der Entsorgungsquote und der Steuer- und Subventionssätze.

4.1 Das Gleichgewicht des Güter- und des Entsorgungsmarktes unter der Quotenregulierung

Die implizite Definition der inversen Nachfragefunktion nach Entsorgungsdienstleistungen, siehe (3.10) Seite 28 Abschnitt 3.3, enthält die Bedingung für ein Gleichgewicht auf dem Gütermarkt. Die Annahme in der von den Konkurrenten angebotene Menge fallender Reaktionsfunktionen der Entsorger, d.h. die Gültigkeit der Hahn-Bedingung[1] (3.12) Seite 29 Abschnitt 3.4 ist hinreichend für die Existenz eines Cournot-Nash Gleichgewicht auf dem Entsorgungsmarkt. Desweiteren sichert die Einführung der Hahn-Bedingung die Eindeutigkeit[2] des Gleichgewichtes auf dem Güter- und dem Entsorgungsmarkt. Die n konkurrierenden Entsorger sind identisch und somit auch die individuellen Bedingungen für die jeweilige optimale Entscheidung der Entsorger. Dies legt nahe die Existenz eines symmetrischen Gleichgewichtes anzunehmen[3] und ein solches im folgenden zu untersuchen. Sei die inverse Nachfrage nach Entsorgungsdienstleistungen implizit definiert durch (3.10) Seite 28 und die endogenen Variablen mit einem Haken ˇ gekennzeichnet, dann ist das simultane Gleichgewicht auf dem Güter- und dem Entsorgungsmarkt bestimmt durch

$$p^W\left(\check{W};p^R\right)+p^W_W\left(\check{W};p^R\right)\frac{\check{W}}{n}-c^W_W\left(\frac{\check{W}}{n}\right)-\beta\left(c^{WR}_R\left(\frac{\beta\check{W}}{n}\right)-p^R\right)=0. \tag{4.1}$$

In einem simultanen Gleichgewicht auf dem Güter- und dem Entsorgungsmarkt entspricht der Grenzerlös eines Entsorgers den totalen Grenzkosten und die inverse Nachfragefunktion nach Entsorgungsdienstleistungen ist durch die Gleichgewichtsbedingung des Gütermarktes (3.7) Seite 27 in Verbindung mit der bedingten Faktornachfrage des Güterproduzenten nach Ent-

[1] Hahn (1962) untersuchte die Frage der Stabilität des Cournot-Nash Gleichgewichtes. Er stellte zwei hinreichende Bedingung für die Stabilität auf. Erstens, der Grenzerlös eines Oligopolisten ist eine in seiner Menge fallende Funktion. Zweitens, die Steigung der Nachfragefunktion ist kleiner als die Änderung der individuellen Grenzkosten. Die erste Bedingung ist äquivalent zu der Ungleichung (3.12).

[2] Die Hahn-Bedingung sichert die Eindeutigkeit des Marktgleichgewichtes. Die Eindeutigkeit in einer offenen Umgebung ist eine Voraussetzung für die Anwendung des impliziten Funktionen Theorems.

[3] Ein Beispiel für die Existenz eines nicht symmetrischen Gleichgewichtes bei identischen Spielern ist das Spiel 'Chicken', welches in der evolutionären Biologie als 'Hawk-Dove' bekannt ist, siehe z.B. Fudenberg und Tirole (1995) Seite 18 oder ein beliebiges Standardwerk der Spieltheorie.

sorgungsdienstleistungen (3.11) definiert. Die Gleichgewichtsbedingung des Güter- und Entsorgungsmarktes (4.1) definiert implizit die Menge der Entsorgungsdienstleistungen bzw. der Ressource als eine Funktion des Ressourcenpreises, der Entsorgungsquote und der Anzahl der Entsorger $\check{W} = \check{R} = W\left(\beta, n, p^R\right)$. Im folgenden werden mit $\check{W}$ Bestimmungsgleichungen für alle endogenen Variablen des Gleichgewichtes auf dem Güter- und dem Entsorgungsmarkt hergeleitet. Einsetzen dieser Funktion mit $\check{W} = \check{W}_i + \check{W}_{-i}$ in die Gewinnfunktion eines Entsorgers (3.17) Seite 30 führt zu

$$\check{\Pi}_i^W = p^W\left(\check{W}_i + \check{W}_{-i}; p^R\right)\check{W}_i - c^W\left(\check{W}_i\right) - \left(c^{WR}\left(\beta\check{W}_i\right) - p^R\beta\check{W}_i\right). \tag{4.2}$$

Einsetzen von $\check{W} = \check{R} = W\left(\beta, n, p^R\right)$ in die implizite Definitionsgleichung der bedingten inversen Faktornachfrage des Güterproduzenten nach Entsorgungsdienstleistungen bzw. nach der Ressource (3.10) Seite 28 führt zu

$$\check{W}\left(\beta, n, p^R\right) - c^Y_{p^{RW}}\left(\hat{Y}\left(p^R + p^W\right); p^R + p^W\right) = 0. \tag{4.3}$$

(4.3) definiert den Preis der Entsorgungsdienstleistungen als $\check{p}^W = p^W\left(\beta, n, p^R\right)$. Einsetzen dieser Funktion in $p^{RW} = p^W + p^R$ führt zu

$$\check{p}^{RW} = p^W\left(\beta, n, p^R\right) + p^R. \tag{4.4}$$

(4.4) definiert den Preis des Ressourceneinsatzes in der Güterproduktion. Einsetzen von $\check{p}^{RW} = p^{RW}\left(\beta, n, p^R\right)$ in die Gleichgewichtsbedingung des Gütermarktes (3.7) Seite 27 führt zu

$$p\left(\check{Y}\right) - c^Y_Y\left(\check{Y}; p^{RW}\left(\beta, n, p^R\right)\right) = 0. \tag{4.5}$$

(4.5) definiert die Gütermenge als $\check{Y} = Y\left(\beta, n, p^R\right)$ und Einsetzen dieser Funktion in die Gewinnfunktion des Güterproduzenten (3.1) Seite 26 in Verbindung mit $\check{p}^W = p^{RW}\left(\beta, n, p^R\right)$ führt zu

$$\check{\Pi}^Y = p(Y\left(\beta, n, p^R\right))Y\left(\beta, n, p^R\right) - c^Y(Y\left(\beta, n, p^R\right); p^{RW}\left(\beta, n, p^R\right)). \tag{4.6}$$

Einsetzen von $\check{Y} = Y\left(\beta, n, p^R\right)$ in die inverse Nachfragefunktion des Konsumenten (3.5) Seite 27 definiert den Güterpreis

$$\check{p} = u_Y\left(Y\left(\beta, n, p^R\right)\right). \tag{4.7}$$

Nach der Definition der endogenen Größen des Gleichgewichtes auf dem Güter- und dem Entsorgungsmarkt kann im folgenden Abschnitt 4.1.1 die Wirkung einer Änderung in den drei für dieses Gleichgewicht exogenen Größen der Entsorgungsquote, der Anzahl der Entsorger und des Ressourcenpreises besprochen werden.

4.1.1 Die komparative Statik

In diesem Abschnitt werden die Wirkungen einer Änderung in den für das Gleichgewicht auf dem Güter- und dem Entsorgungsmarkt exogenen Parametern besprochen. Die von einer Quotenverschärfung ausgelösten Anpassungsreaktionen finden sich ab Seite 38 und die Auswirkungen des Markteintritts eines weiteren Entsorgers ab Seite 39. Schließlich sind die einer Preissteigerung der Ressource ab Seite 41 dargestellt. Die von den einzelnen exogenen Größen ausgelösten Reaktionen werden jeweils in einem Theorem zusammengefaßt. Diesen drei Theoremen schließt sich eine ausführliche verbale Erläuterung und graphische Veranschaulichung der auf den beiden Märkten ablaufenden Reaktionen und der Transmission der Änderungen in den partiellen Gleichgewichten zwischen diesen an.

Die Wirkung einer Quotenverschärfung

Das folgende Theorem 2 faßt die Wirkung einer Änderung der für das Gleichgewicht des Güter- und des Entsorgungsmarktes exogenen Entsorgungsquote auf die endogenen Variablen zusammen. Die Herleitung der Ergebnisse ist im Anhang 12.1.1 Seite 158ff. dargestellt.

Theorem 2 *Eine Quotenverschärfung senkt die Menge der Entsorgungsdienstleistungen bzw. der Ressource* $\frac{d\check{W}}{d\beta} < 0$ *und steigert den Entsorgungspreis* $\frac{d\check{p}^W}{d\beta} > 0$*. Der Preis des Ressourceneinsatzes in der Güterproduktion steigt* $\frac{d\check{p}^{RW}}{d\beta} > 0$*. Die Gewinne eines Entsorgers steigen oder fallen* $\frac{d\check{\Pi}_i^W}{d\beta} \lessgtr 0$*. Die Gütermenge sinkt* $\frac{d\check{Y}}{d\beta} < 0$ *und deren Preis steigt* $\frac{d\check{p}}{d\beta} > 0$*. Die Gewinne des Güterproduzenten zeigen keine eindeutige Reaktion* $\frac{d\check{\Pi}^Y}{d\beta} \lessgtr 0$.

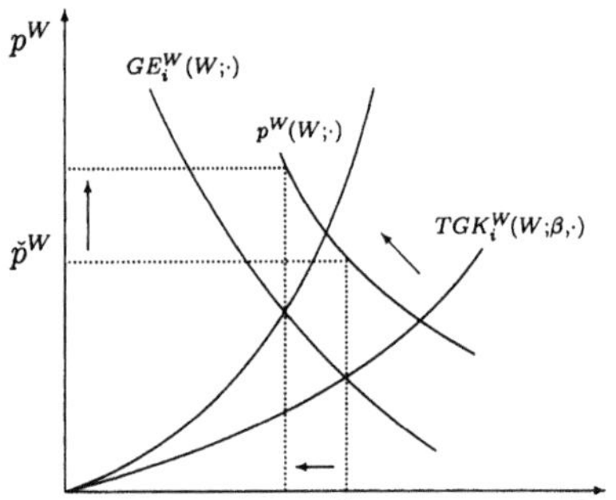

Abbildung 4.1: Die Wirkung der Quotenverschärfung

Ein Anstieg der Entsorgungsquote erhöht den Grenzverlust der Rezyklierung, weil gegeben eine Abfallmenge ein größerer Prozentsatz davon zu rezyklieren ist. Als Folge verschiebt sich die Kurve der totalen Grenzkosten der Entsorgung nach oben. Die Entsorger reduzieren die von ihnen angebotene Menge, um den Grenzverlust der Rezyklierung zu verringern und durch die

Mengenverknappung den Grenzerlös zu steigern. Aus der abnehmenden Grenzproduktivität der Entsorgungsdienstleistungen in der Güterproduktion folgt eine im Entsorgungspreis fallende bedingte Faktornachfragefunktion nach diesen Dienstleistungen. Somit folgt, daß der Güterproduzent bereit ist für das geringere Angebot an Entsorgungsdienstleistungen einen höheren Preis zu zahlen. Der gestiegene Preis für Entsorgungsdienstleistungen führt zu einem Anstieg der Grenzkosten der Güterproduktion und als Folge reduziert der Güterproduzent bei gegebenem Preis sein Angebot. Aus dem abnehmenden Grenznutzen des Konsumgutes folgt eine fallende inverse Nachfragefunktion nach diesem Gut und somit ist der Konsument bereit einen höheren Preis für das gesunkene Güterangebot zu zahlen. Somit steigt der Güterpreis und die Gütermenge sinkt. Aus der Identität zwischen der Menge der Entsorgungsdienstleistungen und der der Ressource folgt, daß die bedingte Faktornachfrage nach der Ressource sinkt. Der Anstieg des Grenzverlustes der Rezyklierung wirkt gewinnreduzierend für die Entsorger, dieser Reduktion wirkt der Rückgang in der entsorgten Ressourcenmenge und der damit verbundene Anstieg des erzielten Preises entgegen. Auf die Gewinne des Güterproduzenten wirken ebenfalls zwei gegenläufige Effekte. Zum einen führt der Rückgang in der Gütermenge im Gleichgewicht zu einer Erlössteigerung durch den höheren Preis, zum anderen bewirkt der gestiegene Entsorgungspreis einen höheren Preis für den Ressourceneinsatz in der Güterproduktion und führt zu einer Kostensteigerung. Die Abbildung 4.1 auf Seite 38 zeigt die Wirkung der Quotenverschärfung auf die totalen Grenzkosten eines Entsorgers und die ausgelöste Verschiebung des Schnittpunktes zwischen der Kurve des Grenzerlöses in dem Einsammeln des Abfalles und der Kurve der totalen Grenzkosten.

Die Wirkung des Markteintritts eines Entsorgers

Das folgende Theorem 3 faßt die Wirkung des Markteintritts eines weiteren Entsorgers auf das Gleichgewicht des Güter- und des Entsorgungsmarktes zusammen. Die Herleitung der Ergebnisse ist im Anhang 12.1.2 Seite 160ff. dargestellt.

Theorem 3 *Der Markteintritt steigert die Menge der Entsorgungsdienstleistungen bzw. der Ressource* $\frac{d\check{W}}{dn} > 0$ *und senkt die individuelle* $\frac{d\check{W}_i}{dn} < 0$. *Der Entsorgungspreis und der Preis des Ressourceneinsatzes in der Güterproduktion sinken* $\frac{d\check{p}^W}{dn} < 0$ *und* $\frac{d\check{p}^{RW}}{dn} < 0$. *Die Gewinne eines Entsorgers reduzieren sich* $\frac{d\check{\Pi}_i^W}{dn} < 0$. *Die Gütermenge steigt an* $\frac{d\check{Y}}{dn} > 0$ *und deren Preis sinkt* $\frac{d\check{p}}{dn} < 0$. *Die Gewinne des Güterproduzenten zeigen keine eindeutige Reaktion* $\frac{d\check{\Pi}^Y}{dn} \lesseqgtr 0$.

Der Markteintritt eines weiteren marginalen Entsorgers senkt die Marktmacht der bereits am Markt etablierten. Die gesunkene Marktmacht spiegelt sich in einem geringeren Preisaufschlag und folglich einem höheren Grenzerlös der Entsorger wieder. Die Kurve des Grenzerlöses verschiebt sich nach oben. Gleichzeitig verursacht der Markteintritt einen Rückgang in den totalen Grenzkosten eines Entsorgers. In der in dieser Arbeit gewählten Formulierung sind die totalen

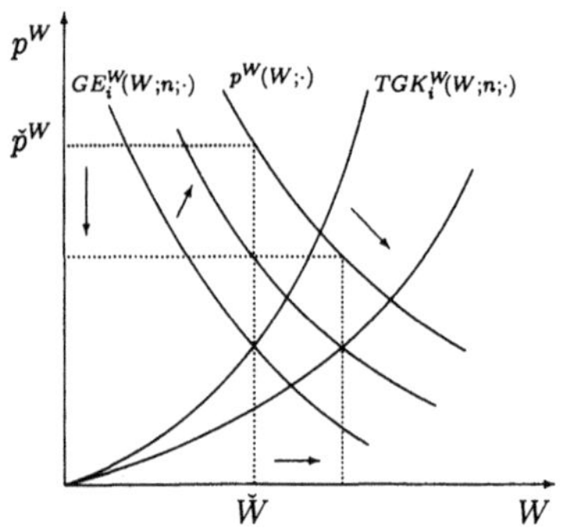

Abbildung 4.2: Die Wirkung des Markteintritts

Grenzentsorgungskosten im Marktgleichgewicht eine Funktion der Anzahl der Entsorger, und der Markteintritt eines weiteren dreht die Funktion der Grenzkosten nach außen. Die Intuition dieser Verschiebung liegt in dem gesunkenen Marktanteil eines jeden bisher am Markt etablierten Entsorgers und folglich entsorgt er eine geringere Menge mit geringeren Grenzkosten. Sowohl der Anstieg des Grenzerlöses als auch der Rückgang der totalen Grenzkosten eines Entsorgers führen zu einem Anstieg der Menge der Entsorgungsdienstleistungen und einem Rückgang des Preises für diese. Der Entsorgungspreis sinkt, weil der Güterproduzent wegen der abnehmenden Grenzproduktivität der in der Güterproduktion eingesetzten und entsorgten Ressourcenmenge das gestiegene Angebot nur zu einem geringeren Preis nachzufragen. Der Mengenanstieg in Verbindung mit dem Preisrückgang reduziert die Gewinne eines Entsorgers. Auf dem Gütermarkt führt der gesunkene Preis für Entsorgungsdienstleistungen zu einem Rückgang der Grenzkosten der Güterproduktion und als Folge weitet der Güterproduzent sein Angebot aus. Wegen des abnehmenden Grenznutzens des Konsumgutes ist der Konsument nur bereit das gestiegene Angebot nachzufragen, wenn der Preis sinkt. Folglich steigt die Gütermenge und der zugehörige Preis sinkt. Die ausgelöste Kostensenkung wirkt expansiv auf den Gewinn des Güterproduzenten, gleichzeitig führt der Mengenanstieg verbunden mit der Preisreduktion im Gleichgewicht zu einem Rückgang der Erlöse. Die resultierende Reaktion der Gewinne des Güterproduzenten ist unbestimmt. Aus der Identität zwischen der Menge der Entsorgungsdienstleistungen und der der Ressource folgt, daß die Ressourcennachfrage steigt. Die Abbildung 4.2 auf der Seite 40 veranschaulicht die Wirkung des Markteintritts eines weiteren marginalen Entsorgers auf das simultane Gleichgewicht auf dem Güter- und dem Entsorgungsmarkt. Der Schnittpunkt der Kurve der Grenzerlöse und der der totalen Grenzkosten verschiebt sich nach außen. Dies kann unzutreffenderweise suggerieren, daß die von *einem* Entsorger angebotene Menge steigt. Der Markteintritt führt zu einer Reduktion in der individuell entsorgten Menge[4].

[4] Siehe im Anhang 12.1.2 die Gleichung (12.13) auf der Seite 160.

Die Wirkung einer Ressourcenpreissteigerung

Das folgende Theorem 4 faßt die Wirkung einer Steigerung des Ressourcenpreises auf die endogenen Variablen des Gleichgewichtes auf dem Güter- und dem Entsorgungsmarkt zusammen. Die Herleitung der Ergebnisse ist im Anhang 12.1.3 Seite 162ff. dargestellt.

Theorem 4 *Die Steigerung des Ressourcenpreises senkt die Menge der Entsorgungsdienstleistungen* $\frac{d\check{W}}{dp^R} < 0$. *Der Preis der Entsorgungsdienstleistungen zeigt keine eindeutige Reaktion* $\frac{d\check{p}^W}{dp^R} \lessgtr 0$, *ebenso die Gewinne eines Entsorgers* $\frac{d\check{\Pi}_i^W}{dp^R} \lessgtr 0$. *Der Preis des Ressourceneinsatzes in der Güterproduktion steigt* $\frac{d\check{p}^{RW}}{dp^R} > 0$. *Die Gütermenge sinkt* $\frac{d\check{Y}}{dp^R} < 0$ *und der zugehörige Preis steigt* $\frac{d\check{p}}{dp^R} > 0$. *Die Gewinne des Güterproduzenten reagieren nicht eindeutig* $\frac{d\check{\Pi}^Y}{dp^R} \lessgtr 0$.

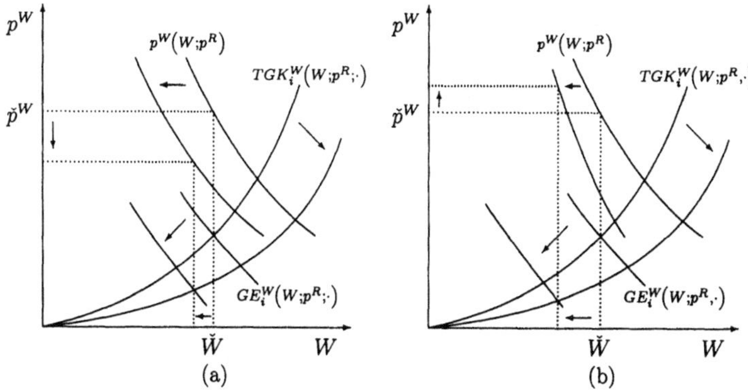

Abbildung 4.3: Die Wirkung der Ressourcenpreissteigerung

Ein Anstieg des Ressourcenpreises senkt sowohl die Nachfrage[5] nach Entsorgungsdienstleistungen als auch gegeben eine Menge der Entsorgungsdienstleistungen den Grenzerlös[6] und c.p. begegnen die Entsorger diesem Rückgang des Grenzerlöses mit einer Reduktion in der entsorgten Menge. Gleichzeitig bewirkt der Anstieg des Ressourcenpreises einen Rückgang des Grenzverlustes der Rezyklierung und somit einen Rückgang in den totalen Grenzkosten der Entsorgung. Der Effekt auf die totalen Grenzkosten ruft c.p. einen Anstieg in der entsorgten

[5] Die Wirkungsrichtung auf die Nachfrage nach Entsorgungsdienstleistungen, gegeben ein Gleichgewicht auf dem Gütermarkt, folgt aus der angenommenen Komplementarität zwischen der Ressource und den Entsorgungsdienstleistungen und ist im Theorem 1 Abschnitt 3.3 Seite 28 beschrieben und in der sich daran anschliessenden Diskussion erläutert.

[6] Der Effekt auf die Kurve des Grenzerlöses in dem Marktdiagramm ist abhängig davon, ob der entsorgte Abfall und die Ressource strategische Komplemente oder strategische Substitute sind, wie in Abschnitt 3.4 Seite 31 ausgeführt, liegt der Arbeit auch die Annahme zugrunde, daß die Ressource und die Entsorgung strategische Komplemente darstellen. In diesem Fall verschiebt sich die Grenzerlöskurve eines Entsorgers in Reaktion auf einen Anstieg des Ressourcenpreises, der Entsorger auf das simultane Gleichgewicht des Güter- und des Entsorgungsmarkt vgl. Gleichung (3.21) auf der Seite 31.

Abfallmenge hervor. Aus der strategischen Komplementarität folgt, daß die kontraktive Wirkung eines Anstiegs des Ressourcenpreises auf den Grenzerlös die expansive Wirkung auf die totalen Grenzkosten eines Entsorgers dominiert und als Folge sinkt die entsorgte Ressourcenmenge im simultanen Gleichgewicht auf dem Güter- und dem Entsorgungsmarkt. Das Modell erlaubt unter den getroffenen Annahmen keine eindeutige Aussage über die Reaktion des Gleichgewichtspreises für Entsorgungsdienstleistungen. Der hervorgerufene Rückgang in der Menge der Entsorgungsdienstleistungen führt c.p. zu einem Anstieg dieses Preises. Gleichzeitig führt der Anstieg des Ressourcenpreises wegen der Identität zwischen der Ressource und den Entsorgungsdienstleistungen zu einem Rückgang der Nachfrage nach Entsorgungsdienstleistungen und senkt folglich c.p. den gleichgewichtigen Preis für Entsorgungsdienstleistungen. Die resultierende Preisreaktion wird von der relativen Stärke dieser beiden Effekte bestimmt. Der Rückgang in der entsorgten Menge und der damit verbundene Anstieg des Entsorgungspreises wirkt gewinnerhöhend für die Entsorger. Der von der Ressourcenpreissteigerung ausgelöste Nachfragerückgang wirkt stärker als der Rückgang des Grenzverlustes der Rezyklierung auf die Gewinne eines Entsorgers und als Folge reduzieren sich die Gewinne. Die resultierende Gewinnreaktion ist unbestimmt. Die Wirkung einer Ressourcenpreissteigerung auf dem Gütermarkt ist trotz der nicht eindeutigen Reaktion des Preises für Entsorgungsdienstleistungen eindeutig, weil für den Güterproduzent nur der Preis des Ressourceneinsatzes, d.h. die Summe aus dem Entsorgungs- und dem Ressourcenpreis, entscheidend ist und dieser Preis steigt. Folglich führt der Anstieg des Ressourcenpreises zu einem Rückgang der Gütermenge und zu einem Anstieg des Güterpreises. Der Mengenrückgang und der Preisanstieg auf dem Gütermarkt wirken gewinnsteigernd für den Güterproduzenten. Der Anstieg des Preises für den Ressourceneinsatz bewirkt eine Kostensteigerung und wirkt folglich gewinnmindernd. Folglich ist die resultierende Reaktion der Gewinne des Güterproduzenten unbestimmt. Die beiden Abbildungen 4.3 (a) und (b) auf der Seite 41 veranschaulichen die beiden Fälle. Die Abbildung 4.3 (a) zeigt den Fall in dem der Rückgang der Nachfrage den des Angebotes dominiert und als Folge der gleichgewichtige Preis der Entsorgungsdienstleistungen fällt. Die Abbildung 4.3 (b) zeigt den gegenteiligen Fall.

4.2 Das Gleichgewicht des Ressourcenmarktes unter der Quotenregulierung

Im partiellen Gleichgewicht auf dem Ressourcenmarkt dessen endogene Variablen mit einem Bogen $\breve{}$ gekennzeichnet sind, ist die Gütermenge exogen und die nachgefragte Ressourcenmenge $R = c^Y_{pRW}\left(Y; p^R + p^W\right)$ entspricht der Summe aus Rezyklat $\beta R = \beta c^Y_{pRW}\left(Y; p^R + p^W\right)$ und Neumaterial $N = \left(C^N_N\right)^{-1}\left(p^R\right)$, d.h. das partielle Gleichgewicht kann beschrieben werden durch

$$(1-\beta)\, c^Y_{pRW}\left(Y; \breve{p}^R + p^W\right) - \left(C^N_N\right)^{-1}\left(\breve{p}^R\right) = 0. \tag{4.8}$$

(4.8) definiert den Ressourcenpreis im partiellen Gleichgewicht auf dem Ressourcenmarkt als eine implizite Funktion der Entsorgungsquote, der Gütermenge und des Preises für Entsorgungsdienstleistungen $\breve{p}^R = p^R\left(\beta, Y, p^W\right)$. Im folgenden werden mit $\breve{p}^R$ Bestimmungsgleichungen für alle endogenen Variablen des Gleichgewichtes auf dem Ressourcenmarkt. Einsetzen dieser Funktion in die Angebotsfunktion des Neumaterialproduzenten (3.32) Seite 33 in Abschnitt 3.5 führt zu der gleichgewichtigen Menge an Neumaterial.

$$\breve{N} = \left(C_N^N\right)^{-1}\left(p^R\left(\beta, Y, p^W\right)\right). \tag{4.9}$$

(4.9) definiert $\breve{N} = N\left(\beta, Y, p^W\right)$. Einsetzen dieser Funktion und von $\breve{p}^R = p^R\left(\beta, Y, p^W\right)$ in die Gewinnfunktion des Produzenten von Neumaterial (3.29) Seite 33 führt zu dessen Gewinnen im Gleichgewicht auf dem Ressourcenmarkt

$$\breve{\Pi}^N = \breve{p}^R\breve{N} - C^N\left(\breve{N}\right). \tag{4.10}$$

Einsetzen von $\breve{N} = N\left(\beta, Y, p^W\right)$ und von $\breve{p}^R = p^R\left(\beta, Y, p^W\right)$ in die bedingte Faktornachfragefunktion des Güterproduzenten nach der Ressource im Gütermarktgleichgewicht (3.10) Seite 28 führt zu der Ressourcenmenge

$$\breve{R} = c^Y_{p^RW}\left(Y; p^R\left(\beta, Y, p^W\right) + p^W\right) \tag{4.11}$$

und unter Verwendung der Definition für die Rezyklatmenge folgt

$$\breve{R}^R = \beta c^Y_{p^RW}\left(Y; p^R\left(\beta, Y, p^W\right) + p^W\right). \tag{4.12}$$

Nach der Definition der endogenen Größen des Gleichgewichtes auf dem Ressourcenmarktes kann im folgenden Abschnitt 4.2.1 die Reaktionen dieser Größen auf eine Änderung in den exogenen Parametern diskutiert werden.

4.2.1 Die komparative Statik

In diesem Abschnitt wird die Wirkung einer Änderung in den für das Gleichgewicht auf dem Ressourcenmarkt exogenen Größen der Entsorgungsquote, der Gütermenge und des Preises der Entsorgungsdienstleistungen auf die endogenen Variablen des Gleichgewichtes besprochen. Die von den einzelnen exogenen Größen ausgelösten Reaktionen werden jeweils wieder in einem Theorem zusammengefaßt. Die Auswirkungen einer Quotenverschärfung sind ab der Seite 44, die des Anstiegs in der Gütermenge ab der Seite 44 beschrieben. Die Anpassungsreaktionen des Ressourcenmarktgleichgewichtes auf eine Steigerung des Entsorgungspreises sind ab der Seite 45 dargestellt. Diesen drei Theoremen schließt sich jeweils wieder eine ausführliche verbale Erläuterung und graphische Veranschaulichung der auf dem Markt ablaufenden Reaktionen an. Der Eintritt eines weiteren marginalen Entsorgers wirkt nur indirekt über die Gütermenge auf den Ressourcenmarkt. Bei einer partiellen Betrachtung ist die Gütermenge konstant und die Transmission einer durch den Markteintritt hervorgerufenen Entsorgungspreisreduktion über die Gütermenge und über den Preis der Entsorgungsdienstleistungen auf den Ressourcenmarkt ist unterbunden.

Die Wirkung einer Quotenverschärfung

Das folgende Theorem 5 faßt die Wirkung einer Quotenverschärfung auf die endogenen Größen des Ressourcenmarktgleichgewichtes zusammen. Die Herleitung der Ergebnisse ist im Anhang 12.2.1 Seite 165ff. dargestellt.

Theorem 5 *Eine Quotenverschärfung führt zu einem Rückgang des Ressourcenpreises* $\frac{d\breve{p}^R}{d\beta} < 0$ *und einem der Neumaterialmenge* $\frac{d\breve{N}}{d\beta} < 0$. *Die Gewinne des Neumaterialproduzenten sinken* $\frac{d\breve{\Pi}^N}{d\beta} < 0$. *Die in der Güterproduktion eingesetzte Ressourcenmenge steigt* $\frac{d\breve{R}}{d\beta} > 0$ *und ebenfalls die Rezyklatmenge* $\frac{d\breve{R}^R}{d\beta} > 0$.

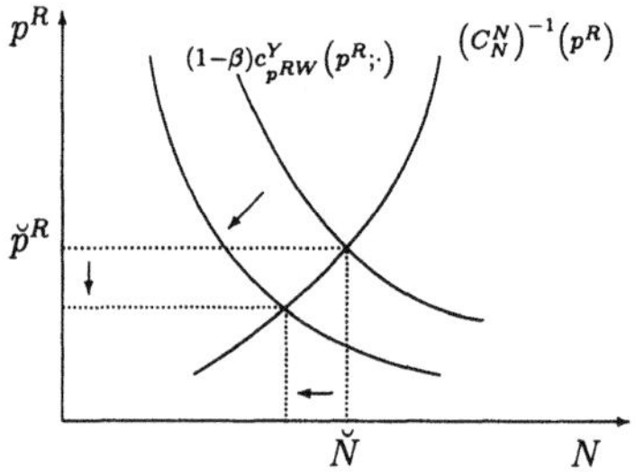

Abbildung 4.4: Der Anstieg der Entsorgungsquote

Gegeben eine Ressourcenmenge führt eine Straffung der Entsorgungsquote c.p. zu einem Anstieg der Rezyklatmenge. Die gestiegene Rezyklatmenge reduziert die Nachfrage nach Neumaterial und senkt so den Ressourcenpreis. Diese Reduktion des Ressourcenpreises führt zu einem Gewinnrückgang für den Produzenten von Neumaterial. Der gesunkene Ressourcenpreis veranlaßt den Güterproduzenten die Ressource vermehrt in der Produktion einzusetzen und als Folge steigt die Ressourcenmenge und folglich auch die Rezyklatmenge. Der Rückgang der Menge an Neumaterial in Verbindung mit dem Anstieg der Ressourcenmenge impliziert, daß die Rezyklatmenge elastischer als die Ressourcenmenge reagiert. Die Abbildung 4.4 auf der Seite 44 veranschaulicht die Wirkung eines Anstiegs in der Entsorgungsquote auf das Gleichgewicht des Ressourcenmarktes.

Die Wirkung eines Anstiegs der Gütermenge

Das folgende Theorem 6 faßt die Wirkung des Anstiegs der Gütermenge auf die endogenen Größen des Ressourcenmarktgleichgewichtes zusammen. Die Herleitung der Ergebnisse ist im

Anhang 12.2.2 Seite 166ff. dargestellt.

Theorem 6 *Der Anstieg der Gütermenge führt zu einem Anstieg des Ressourcenpreises* $\frac{d\breve{p}^R}{dY} > 0$ *und der Neumaterialmenge* $\frac{d\breve{N}}{dY} > 0$. *Die Gewinne des Neumaterialproduzenten steigen* $\frac{d\breve{\Pi}^N}{dY} > 0$. *Die in der Güterproduktion eingesetzte Ressourcenmenge steigt* $\frac{d\breve{R}}{dY} > 0$ *und gleichfalls die Rezyklatmenge* $\frac{d\breve{R}^R}{dY} > 0$.

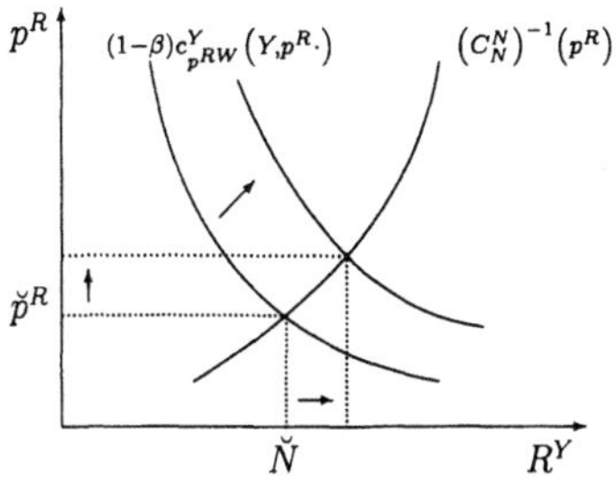

Abbildung 4.5: Der Anstieg der Gütermenge

Aus der angenommenen Normalität der Ressource in der Güterproduktion folgt, daß ein Anstieg in der Gütermenge die Ressourcennachfrage und folglich auch die Rezyklatmenge steigert. Aus einer Entsorgungsquote zwischen Null und Eins folgt, daß der Nachfrageanstieg nicht vollständig durch den ausgelösten Rezyklatanstieg aufgefangen wird. Folglich steigt die Nachfrage nach Neumaterial oder äquivalent die marginale Zahlungsbereitschaft des Güterproduzenten. Der gestiegene Preis veranlaßt den Produzenten von Neumaterial sein Angebot auszudehnen. Somit steigt die Neumaterialmenge und auch der Ressourcenpreis. Der Preisanstieg führt zu einer Gewinnerhöhung des Neumaterialproduzenten. Der gestiegene Preis dämpft den Anstieg der in der Güterproduktion eingesetzten Ressourcenmenge und den der Rezyklatmenge[7]. Die Abbildung 4.5 auf der Seite 45 veranschaulicht die Wirkung eines Anstiegs in der Gütermenge auf das partielle Gleichgewicht des Ressourcenmarktes.

Die Wirkung einer Entsorgungspreissteigerung

Das folgende Theorem 7 faßt die Wirkung einer Entsorgungspreissteigerung auf die endogenen Größen des Gleichgewichtes auf dem Ressourcenmarkt zusammen. Die Herleitung der Ergebnisse ist im Anhang 12.2.3 Seite 167ff. dargestellt.

[7] Die Tatsache, daß der Preisanstieg eine Abschwächung und nicht einen Rückgang der Ressourcenmengen bewirkt folgt aus den angenommenen abnehmenden Skalenerträgen der Technologie des Neumaterialproduzenten. Denn diese implizieren, daß die Angebotsfunktion des Neumaterialproduzenten im Preis ansteigt und nur falls die Angebotsfunktion im Preis fällt dominiert der Preisanstieg den direkten Effekt eines Anstiegs der Gütermenge und führt zu einem Rückgang.

Theorem 7 *Der Anstieg des Entsorgungspreises führt zu einem Rückgang des Ressourcenpreises* $\frac{d\breve{p}^R}{dp^W} < 0$ *und es gilt* $\frac{d\breve{p}^R}{dp^W} \in (-1, 0)$. *Die Neumaterialmenge* $\frac{d\breve{N}}{dp^W} < 0$ *sinkt. Die Gewinne des Neumaterialproduzenten sinken* $\frac{d\breve{\Pi}^N}{dp^W} < 0$. *Die in der Güterproduktion eingesetzte Ressourcenmenge sinkt* $\frac{d\breve{R}}{dp^W} < 0$ *und die Rezyklatmenge geht zurück* $\frac{d\breve{R}^R}{dp^W} < 0$.

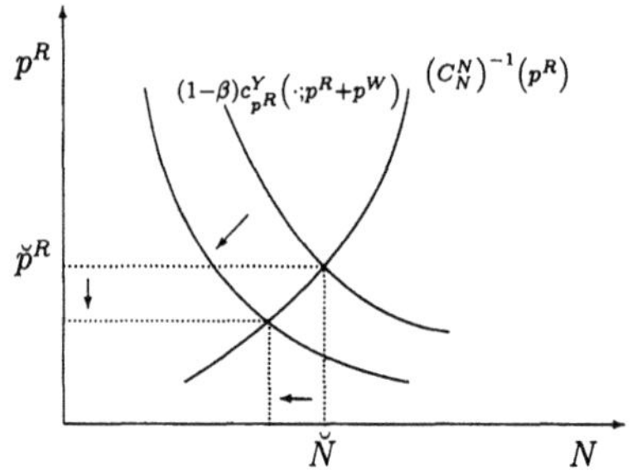

Abbildung 4.6: Der Anstieg des Entsorgungspreises

Wegen der angenommenen Komplementarität zwischen der Ressource und den Entsorgungsdienstleistungen führt der Anstieg des Preises für Entsorgungsdienstleistungen zu einem Rückgang der Ressourcennachfrage. Der Nachfragerückgang führt sowohl zu einem Rückgang in der Menge des Rezyklates als auch zu einer Senkung des Ressourcenpreises. Der Neumaterialproduzent reduziert als Folge der Preissenkung sein Angebot und damit sinkt die Neumaterialmenge im Gleichgewicht. Der Rückgang des Ressourcenpreises führt zu geringeren Gewinnen für den Neumaterialproduzenten. Die Abbildung 4.6 auf der Seite 46 veranschaulicht die Wirkung eines Anstiegs des Entsorgungspreises.

4.3 Das Gleichgewicht des Güter-, des Entsorgungs- und des Ressourcenmarkts unter der Quotenregulierung

Die das partielle Gleichgewicht des Güter- und des Entsorgungsmarktes beschreibende Gleichung (4.1) definiert in Verbindung mit der das partielle Gleichgewicht des Ressourcenmarkt beschreibenden (4.8) das simultane und statische Gleichgewicht des Güter-, des Entsorgungs- und des Ressourcenmarktes, falls die Funktion der bedingten Faktornachfrage nach der Ressource in (4.8) durch die Menge der Entsorgungsdienstleistungen ersetzt wird. Die endogenen Variablen dieses Marktgleichgewichtes werden mit einer Tilde ˜ gekennzeichnet,

$$p^W\left(\tilde{W};\tilde{p}^R\right) + p^W_W\left(\tilde{W};\tilde{p}^R\right)\frac{\tilde{W}}{n} + \tilde{p}^R\beta - c^W_W\left(\frac{\tilde{W}}{n}\right) - \beta c^{WR}_R\left(\beta\frac{\tilde{W}}{n}\right) = 0, \quad (4.1)$$

$$(1-\beta)\tilde{W} - \left(C^N_N\right)^{-1}\left(\tilde{p}^R\right) = 0. \quad (4.13)$$

Im simultanen Gleichgewicht auf allen drei Märkten entspricht der Grenzerlös eines Entsorgers den totalen Grenzkosten der Entsorgung und gleichzeitig sind der Güter- und der Ressourcenmarkt geräumt. Die Gleichgewichtsbedingung des Güter- und des Entsorgungsmarktes (4.1) definiert implizit die Menge der Entsorgungsdienstleistungen als eine Funktion der Entsorgungsquote, der Anzahl der Entsorger und des Ressourcenpreises $\check{W} = W\left(\beta, n, p^R\right)$. Einsetzen dieser Funktion in (4.13) führt zu einer impliziten Definition des Ressourcenpreises im Gleichgewicht auf allen drei Märkten

$$(1-\beta) W\left(\beta, n, \tilde{p}^R\right) - \left(C_N^N\right)^{-1}\left(\tilde{p}^R\right) = 0. \tag{4.14}$$

(4.14) definiert $\tilde{p}^R = p^R(\beta, n)$. Im folgenden werden mit $\tilde{p}^R$ Bestimmungsgleichungen für alle endogenen Variablen des Gleichgewichtes auf dem Güter-, dem Entsorgungs- und dem Ressourcenmarkt unter der Quotenregulierung hergeleitet. Einsetzen dieser Funktion in (4.1) führt zu einer die Menge der Entsorgungsdienstleistungen im Marktgleichgewicht definierenden Gleichung

$$p^W\left(\tilde{W}; p^R(\beta, n)\right) + p_W^W\left(\tilde{W}; p^R(\beta, n)\right)\frac{\tilde{W}}{n} + p^R(\beta, n)\beta - c_W^W\left(\frac{\tilde{W}}{n}\right) - \beta c_R^{WR}\left(\beta\frac{\tilde{W}}{n}\right) = 0. \tag{4.15}$$

(4.15) definiert $\tilde{W} = W(\beta, n)$. Einsetzen dieser Funktion mit $\tilde{W} = \tilde{W}_i + \tilde{W}_{-i}$ und $\tilde{p}^R = p^R(\beta, n)$ in die Gewinnfunktion eines Entsorgers (3.17) Seite 30 führt zu den Gewinnen im Marktgleichgewicht

$$\tilde{\Pi}_i^W = p^W\left(\tilde{W}_i + \tilde{W}_{-i}; \tilde{p}^R\right)\tilde{W}_i - c^W\left(\tilde{W}_i\right) - \left(c^{WR}\left(\beta\tilde{W}_i\right) - \tilde{p}^R\beta\tilde{W}_i\right). \tag{4.16}$$

Einsetzen von $\tilde{W} = W(\beta, n)$ und $\tilde{p}^R = p^R(\beta, n)$ in die bedingte Faktornachfrage des Güterproduzenten nach Entsorgungsdienstleistungen (3.10) Seite 28 führt zu einer den Preis der Entsorgungsdienstleistungen definierenden Gleichung

$$W(\beta, n) - c_{p^{RW}}^Y\left(\hat{Y}\left(p^R(\beta, n), \tilde{p}^W\right); p^R(\beta, n) + \tilde{p}^W\right) = 0. \tag{4.17}$$

(4.17) definiert $\tilde{p}^W = p^W(\beta, n)$. Einsetzen von $\tilde{p}^R = p^R(\beta, n)$ und $\tilde{p}^W = p^W(\beta, n)$ in $p^{RW} = p^R + p^W$ ergibt

$$\tilde{p}^{RW} = p^R(\beta, n) + p^W(\beta, n). \tag{4.18}$$

Einsetzen von $\tilde{p}^{RW}$ in die das Gleichgewicht auf dem Gütermarkt definierenden Gleichung (3.7) Seite 27 führt zu der Gütermenge im Marktgleichgewicht

$$p\left(\tilde{Y}\right) - c_Y^Y(\tilde{Y}; p^{RW}(\beta, n)) = 0. \tag{4.19}$$

(4.19) definiert $\tilde{Y} = Y(\beta, n)$. Einsetzen dieser Funktion in Verbindung mit $\tilde{p}^{RW} = p^R(\beta, n)$ in die Gewinnfunktion des Güterproduzenten (3.1) Seite 26 führt zu

$$\tilde{\Pi}^Y = p(Y(\beta, n))Y(\beta, n) - c^Y\left(Y(\beta, n); p^{RW}(\beta, n)\right). \tag{4.20}$$

Einsetzen von $\tilde{Y} = Y(\beta, n)$ in die Definition der Nachfragefunktion des Konsumenten (3.5) Seite 27 führt zu dem Güterpreis im Marktgleichgewicht

$$\tilde{p} = u_Y\left(Y(\beta, n)\right). \tag{4.21}$$

(4.15) definiert $\tilde{W} = W(\beta, n)$ und somit auch $\tilde{R} = \tilde{W} = W(\beta, n)$. Eine Anwendung der Definition der Rezyklatmenge $R^R = \beta R$ auf $\tilde{R} = \tilde{W}$ führt zu

$$\tilde{R}^R = \beta W(\beta, n). \tag{4.22}$$

(4.22) definiert die Rezyklatmenge im Marktgleichgewicht $\tilde{R} = R(\beta, n)$. Das Einsetzen von $\tilde{p}^R = p^R(\beta, n)$ in die Angebotsfunktion des Neumaterialproduzenten (3.32) Seite 33 führt zu einer die Neumaterialmenge im Marktgleichgewicht definierenden Gleichung

$$\tilde{N} = \left(C_N^N\right)^{-1}\left(p^R(\beta, n)\right). \tag{4.23}$$

(4.23) definiert $\tilde{N} = N(\beta, n)$. Einsetzen dieser Funktion und von $\tilde{p}^R = p^R(\beta, n)$ in die Gewinnfunktion des Produzenten von Neumaterials (3.29) Seite 33 zu dessen Gewinnen im Gleichgewicht auf dem Ressourcenmarkt

$$\tilde{\Pi}^N = \tilde{p}^R\tilde{N} - C^N\left(\tilde{N}\right). \tag{4.24}$$

Nach der Definition der endogenen Größen des simultanen Gleichgewichtes auf dem Güter-, Entsorgungs- und Ressourcenmarkt kann in dem folgenden Abschnitt die Wirkung einer Änderung in den zwei für dieses Gleichgewicht exogenen Größen der Entsorgungsquote und der Anzahl der Entsorger besprochen werden.

4.3.1 Die komparative Statik

Im folgendem werden zuerst die Auswirkungen einer Quotenstrafffung besprochen und anschliessend die des Markteintritts eines weiteren Entsorgers. Die Ergebnisse sind jeweils in einem Theorem zusammengefaßt und daran folgend werden die Ergebnisse interpretiert und grafisch veranschaulicht.

Die Wirkung einer Quotenverschärfung

Die Auswirkungen einer Verschärfung in der Entsorgungsquote sind in dem folgenden Theorem 8 zusammengefaßt, dessen Beweis sich im Anhang unter 12.3.1 Seite 170ff. findet.

Theorem 8 *Eine Verschärfung der Entsorgungsquote führt zu einem Rückgang des Ressourcenpreises* $\frac{d\tilde{p}^R}{d\beta} < 0$ *und der Menge an Neumaterial* $\frac{d\tilde{N}}{d\beta} < 0$. *Die Gewinne des Neumaterialproduzenten fallen* $\frac{d\tilde{\Pi}^N}{d\beta} < 0$. *Die Reaktion der Gewinne des Güterproduzenten ist nicht eindeutig* $\frac{d\tilde{\Pi}^Y}{d\beta} \lesseqgtr 0$. *Die Ressourcenmenge bzw. die der Entsorgungsdienstleistungen zeigt keine eindeutige Reaktion* $\frac{d\tilde{W}}{d\beta} \lesseqgtr 0$.

(a) Sei $\frac{d\tilde{W}}{d\beta} < 0$, *dann steigt der Entsorgungspreis* $\frac{d\tilde{p}^W}{d\beta} > 0$ *und der des Ressourceneinsatzes in der Güterproduktion* $\frac{d\tilde{p}^{RW}}{d\beta} > 0$. *Die Gewinne eines Entsorgers* $\frac{d\tilde{\Pi}_i^W}{d\beta} < 0$ *sinken. Die Gütermenge* $\frac{d\tilde{Y}}{d\beta} < 0$ *sinkt und der Güterpreis steigt* $\frac{d\tilde{p}}{d\beta} > 0$. *Die Reaktion der Rezyklatmenge ist unbestimmt* $\frac{d\tilde{R}^R}{d\beta} \lesseqgtr 0$ *und abhängig von der Elastizität der Menge der Entsorgungsdienstleistungen* $\eta\left(\tilde{R}^R, \beta\right) = 1 + \eta\left(\tilde{W}, \beta\right)$.

(b) Sei $\frac{d\tilde{W}}{d\beta} > 0$, *dann ist die Reaktion des Entsorgungspreises nicht eindeutig* $\frac{d\tilde{p}^W}{d\beta} \lesseqgtr 0$. *Der Preis des Ressourceneinsatzes in der Güterproduktion sinkt* $\frac{d\tilde{p}^{RW}}{d\beta} < 0$. *Die Gewinne eines Entsorgers zeigen ebenfalls keine eindeutige Reaktion* $\frac{d\tilde{\Pi}_i^W}{d\beta} \lesseqgtr 0$. *Die Gütermenge* $\frac{d\tilde{Y}}{d\beta} > 0$ *steigt an und der Güterpreis sinkt* $\frac{d\tilde{p}}{d\beta} < 0$. *Die Rezyklatmenge steigt* $\frac{d\tilde{R}^R}{d\beta} > 0$ *an und reagiert elastischer als die Ressourcenmenge.*

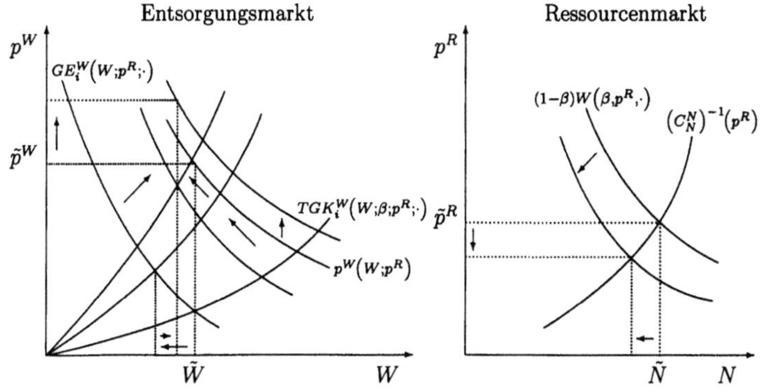

Abbildung 4.7: Der Anstieg der Entsorgungsquote

Eine Verschärfung der Entsorgungsquote wirkt direkt auf den Entsorgungs- und den Ressourcenmarkt. Auf dem Entsorgungsmarkt führt die Quotenverschärfung zu einem Anstieg der totalen Grenzentsorgungskosten und dies veranlaßt die Entsorger ihr Angebot zu reduzieren, um durch diese Angebotsreduktion den Grenzerlös zu steigern. Die Quotenverschärfung verschiebt die Kurve der totalen Grenzentsorgungskosten nach oben. Die abnehmende Grenzproduktivität der eingesetzten und entsorgten Ressourcenmenge impliziert, daß der Güterproduzent bereit ist das geringere Angebot zu einem höheren Preis nachzufragen. Folglich steigt der Entsorgungspreis und die entsorgte Ressourcenmenge sinkt. Auf dem Gütermarkt führt der gestiegene

Entsorgungspreis zu einem Anstieg der Grenzkosten des Güterproduzenten. In Reaktion darauf reduziert der Güterproduzent sein Angebot. Wegen des abnehmenden Grenznutzens des Konsumgutes ist der Konsument bereit für das gesunkene Angebot des Konsumgutes einen höheren Preis zu zahlen. Somit kommt es zu einem Rückgang der Gütermenge und zu einem Anstieg des Preises.

Der Rückgang der Gütermenge und der Anstieg des Entsorgungspreises reduzieren die bedingte Ressourcennachfrage, wie in Abschnitt 4.2.1 Seite 45ff. bzw. Seite 46ff. dargestellt. Der Rückgang in der bedingten Ressourcennachfrage führt zu einem Rückgang der Nachfrage nach Neumaterial und dieser Nachfragerückgang verstärkt den durch die Quotenverschärfung direkt verursachten Nachfragerückgang, weil gegeben eine Ressourcennachfrage eine Quotenverschärfung die Nachfrage nach Neumaterial reduziert und den Anteil des Rezyklates an der auf dem Ressourcenmarkt gehandelten Menge steigert. Die Kurve der Ressourcennachfrage verschiebt sich nach innen. Die geringere Nachfrage nach Neumaterial impliziert eine geringere marginale Zahlungsbereitschaft des Güterproduzenten für Neumaterial. In Reaktion darauf senkt der Neumaterialproduzent sein Angebot. Die Quotenverschärfung führt zu einem gesunkenen Ressourcenpreis und einer reduzierten Neumaterialmenge. Der Rückgang des Ressourcenpreises führt zu einer Senkung der Gewinne des Produzenten von Neumaterial. Diese Reaktion des Ressourcenpreises verbindet die beiden Partialdiskussionen des Gleichgewichtes auf dem Güter- und dem Entsorgungsmarkt in Abschnitt 4.1.1 bezogen auf die komparative Statik der Entsorgungsquote Theorem 2 Seite 38 mit denen des Ressourcenpreises Theorem 4 Seite 41.

Der reduzierte Ressourcenpreis führt zu gesunkenen Grenzkosten des Güterproduzenten und wirkt so der vorhin besprochenen kontraktiven Wirkung des Anstiegs in dem Entsorgungspreis auf den Gütermarkt entgegen. Als Folge steigt die bedingte Faktornachfrage nach Entsorgungsdienstleistungen, d.h. die Kurve der Nachfrage nach Entsorgungsdienstleistungen verschiebt sich nach außen. Die angenommene strategische Komplementarität zwischen der Ressource und den Entsorgungsdienstleistungen impliziert, daß ein Rückgang des Ressourcenpreises ein Anstieg des Grenzerlöses eines Entsorgers verursacht, d.h. die Kurve des Grenzerlöses der Entsorgung verschiebt sich nach außen. Der Anstieg des Grenzerlöses veranlaßt die Entsorger die von ihnen angebotene Menge der Entsorgungsdienstleistungen zu steigern. Wegen des gesunkenen Ressourcenpreises steigt der Grenzverlust der Rezyklierung und mit ihm die totalen Grenzentsorgungskosten, d.h. die Kurve der totalen Grenzentsorgungskosten verschiebt sich erneut nach oben. Dies veranlaßt c.p. die Entsorger, ihr Angebot an Entsorgungsdienstleistungen einzuschränken. Die resultierende Reaktion der Menge und des Preises der Entsorgungsdienstleistungen wird von der relativen Stärke der expansiven Wirkung einer Quotenstraffung auf den Grenzerlös der Entsorger, hervorgerufen durch den Rückgang des Ressourcenpreises, im Verhältnis zu der kontraktiven Wirkung des Anstieges in den totalen Grenzkosten der Entsorger, bestimmt. Der

Rückgang des Ressourcenpreises wirkt gewinnsteigernd für einen Entsorger, weil der induzierte Nachfrageanstieg den Anstieg der totalen Grenzentsorgungskosten dominiert. Gleichzeitig wirkt die Änderung in der entsorgten Menge über die Preisänderung auf die Gewinne. Sinkt die entsorgte Menge, dann wirkt der ausgelöste Preisanstieg ebenfalls gewinnsteigerung und die Gewinne eines Entsorgers steigen in Reaktion auf eine Quotenstraffung. Andernfalls wirkt der Anstieg in der entsorgten Menge gewinnreduzierend und entgegen dem von der Ressourcenpreissenkung hervorgerufenen Gewinnanstieg. Folglich ist die Gewinnreaktion unbestimmt.

Falls die entsorgte Ressourcenmenge sinkt und der Entsorgungspreis steigt, steigt auch die Summe aus den beiden Faktorpreisen, d.h. der Preis des Ressourceneinsatzes für den Güterproduzenten steigt, und folglich reduziert sich die Gütermenge und ihr Preis steigt in Reaktion auf eine Quotenverschärfung. Auf die Gewinne des Güterproduzenten wirkt der Mengenrückgang und die damit verbundene Preissteigerung expansiv, gleichzeitig führt der Anstieg des Preis des Ressourceneinsatzes zu einem Kostenauftrieb und folglich gewinnreduzierend. Die resultierende Gewinnreaktion ist unbestimmt. Die folgende Abbildung 4.7 auf der Seite 49 veranschaulicht die Wirkung einer Verschärfung der Entsorgungsquote auf das simultane Gleichgewicht auf dem Güter-, dem Entsorgungs- und dem Ressourcenmarkt, falls die Menge der Entsorgungsdienstleistungen sinkt.

Falls die entsorgte Ressourcenmenge steigt, wirken zwei gegenläufige Effekte auf den Entsorgungspreis: erstens, führt der Mengenanstieg c.p. zu einer Preissenkung und zweitens, führt der Rückgang des Ressourcenpreises zu einem Anstieg der bedingten Faktornachfrage nach den Entsorgungsdienstleistungen und steigert c.p. den Entsorgungspreis. Der Entsorgungspreis zeigt folglich keine eindeutige Reaktion, aber weil die Summe aus beiden Faktorpreisen sinkt, folgt der eindeutige Anstieg der Gütermenge verbunden mit einem Rückgang des Güterpreises. Die Wirkung auf die Gewinne des Güterproduzenten ist uneindeutig, weil der Mengenanstieg und der Preisrückgang gewinnreduzierend wirken und der Rückgang des Preises für den Ressourceneinsatz kostensenkend, d.h. gewinnsteigernd wirkt.

Die Wirkung des Markteintritts eines weiteren Entsorgers

Die Auswirkungen des Markteintritts eines weiteren marginalen Entsorgers sind in dem Theorem 9 zusammengefaßt und dessen Beweis findet sich im Anhang unter 12.3.2 Seite 174ff.

Theorem 9 *Der Markteintritt eines weiteren Entsorgers führt zu einem Anstieg des Ressourcenpreises* $\frac{d\tilde{p}^R}{dn} > 0$ *und der Neumaterialmenge* $\frac{d\tilde{N}}{dn} > 0$. *Die eingesetzte und entsorgte Ressourcenmenge steigt an* $\frac{d\tilde{W}}{dn} > 0$. *Der Preis der Entsorgungsdienstleistungen und der des Ressourceneinsatzes in der Güterproduktion sinken* $\frac{d\tilde{p}^W}{dn} < 0$ *und* $\frac{d\tilde{p}^{RW}}{dn} < 0$. *Die Gewinne eines Entsorgers sinken* $\frac{d\tilde{\Pi}_i^W}{dn} < 0$. *Die Gewinne des Güterproduzenten zeigen keine eindeutige Reaktion* $\frac{d\tilde{\Pi}^Y}{dn} \lesseqgtr 0$ *und die des Produzenten von Neumaterial steigen* $\frac{d\tilde{\Pi}^N}{dn} > 0$. *Die Rezyklatmenge steigt ebenfalls* *an* $\frac{d\tilde{R}^R}{dn} > 0$. *Die Gütermenge steigt* $\frac{d\tilde{Y}}{dn} > 0$ *und deren Preis sinkt* $\frac{d\tilde{p}}{dn} < 0$.

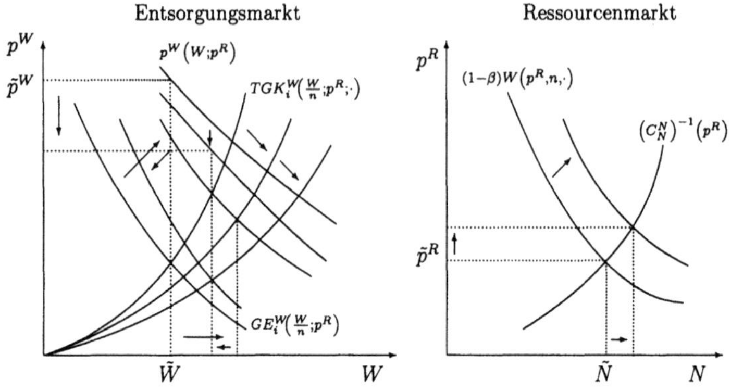

Abbildung 4.8: Der Markteintritt eines Entsorgers

Der Markteintritt senkt die Marktmacht der etablierten Entsorger und führt so zu einem Anstieg des Grenzerlöses. Der Markteintritt führt ebenfalls dazu, daß die am Markt bereits etablierten Entsorger eine geringere Menge entsorgen und als Folge sinken ihre totalen Grenzkosten. Diese beiden Effekte führen zu einem Anstieg der entsorgten Ressourcenmenge. Aus der abnehmenden Grenzproduktivität der eingesetzten und entsorgten Ressourcenmenge folgt, daß der Güterproduzent das gestiegene Angebot nur zu einem geringeren Preis nachfragt. Als Folge sinkt der Entsorgungspreis. Auf dem Gütermarkt führt der gesunkene Entsorgungspreis zu einem Rückgang der Grenzkosten des Güterproduzenten. In Reaktion auf die gesunkenen Grenzkosten weitet der Güterproduzent sein Angebot aus. Wegen des abnehmenden Grenznutzens des Konsumgutes ist der Konsument bereit, die Angebotsausdehnung nur zu einem niedrigeren Preis nachzufragen. Folglich steigt die Gütermenge an und der Güterpreis sinkt. Aus der Normalität der Ressource folgt, daß eine gestiegene Gütermenge einen Anstieg der bedingten Ressourcennachfrage hervorruft und dieser Anstieg wird von dem Rückgang des Ressourcenpreises verstärkt, vgl. in Abschnitt 4.2.1 die den beiden Theorem 6 Seite 45 und 7 Seite 46 sich anschliessenden Diskussionen. Die gestiegene Nachfrage nach der Ressource in der Güterproduktion führt auf dem Ressourcenmarkt zu einer gestiegenen Nachfrage nach Neumaterial und Rezyklat. Der Produzent von Neumaterial weitet sein Angebot aus, und somit kommt es zu einem Anstieg der Neumaterialmenge und des Ressourcenpreises. Diese Preissteigerung bewirkt einen Gewinnanstieg für den Produzenten von Neumaterial und verbindet die beiden Partialdiskussionen des Gleichgewichtes auf dem Güter- und dem Entsorgungsmarkt in Abschnitt 4.1.1 bezogen auf die komparative Statik der Anzahl der Entsorger Theorem 3 Seite 39 mit denen des Ressourcenpreises Theorem 4 Seite 41.

Der Anstieg des Ressourcenpreises wirkt dem von dem Rückgang des Entsorgungspreises verursachten Anstieg der Gütermenge entgegen und führt zu einem Rückgang der bedingten Nachfrage nach Entsorgungsdienstleistungen, die Nachfragekurve der Entsorgungsdienstleistungen verschiebt sich nach innen. Die angenommene strategische Komplementarität der Ressource und der entsorgten Menge impliziert, daß der Grenzerlös eines Entsorgers in Reaktion auf den gestiegenen Ressourcenpreis sinkt, d.h. die Grenzerlöskurve der Entsorgung verschiebt sich ebenfalls nach innen. Gleichzeitig führt der gestiegene Ressourcenpreis zu einem Rückgang des Grenzverlustes in der Rezyklierung und senkt so die totalen Grenzkosten der Entsorger und verschiebt die Kurve der totalen Grenzentsorgungskosten nach unten. Diese beiden Effekte wirken gegenläufig auf die entsorgte Menge, jedoch dominieren die expansiven Wirkungen des Rückgangs der totalen Grenzkosten und des wegen dem Markteintritt gestiegenen Grenzerlöses die kontraktive des wegen dem gestiegenen Ressourcenpreises gesunkene Grenzerlöses. Als Folge steigt die entsorgte und eingesetzte Ressourcenmenge und der Preis der Entsorgungsdienstleistungen sinkt. Die Preissenkung führt zu einem Gewinnrückgang und selbiger wird von dem durch den Ressourcenpreisanstieg ausgelösten Nachfragerückgang verstärkt. Der Nachfragerückgang dominiert die expansive Gewinnwirkung des Rückgangs in den totalen Grenzentsorgungskosten.

Für Änderung des Gleichgewichtes auf dem Gütermarkt ist die Reaktion des Preises für den Ressourceneinsatz entscheidend und dieser sinkt, wenn ein weiterer marginaler Entsorger in den Markt eintritt. Der Rückgang des Preises für den Ressourceneinsatz senkt die Grenzkosten des Güterproduzenten und als Folge steigt die Gütermenge an und der Güterpreis sinkt. Der Rückgang des Güterpreis wirkt gewinnmindernd, der Rückgang des Preises für den Ressourceneinsatz wirkt kostensenkend. Die resultierende Reaktion der Gewinne ist unbestimmt. Der Anstieg in der Gütermenge bewirkt einen gestiegen Ressourceneinsatz und einen Anstieg der Menge des Rezyklates und des Neumaterials. Die Auswirkungen des Eintritts eines weiteren marginalen Entsorgers auf das statische und simultane Marktgleichgewicht auf dem Güter-, dem Entsorgungs- und dem Ressourcenmarkt sind in der Abbildung 4.8 auf der Seite 52 dargestellt.

4.4 Das Gleichgewicht des Güter-, des Entsorgungs- und des Ressourcenmarktes unter einer Besteuerung

Die inverse bedingte Nachfrage nach Entsorgungsdienstleistungen beinhaltet implizit das Gütermarktgleichgewicht, siehe (3.10) Seite 28 Abschnitt 3.3. Äquivalent zu Abschnitt (4.1) wird die Existenz eines symmetrischen Gleichgewichtes auf dem Entsorgungsmarkt angenommen. Im Gleichgewicht auf dem Ressourcenmarkt entspricht die Nachfrage des Güterproduzenten W der Summe aus dem Angebot der Entsorger $R^R = nR_i^R = n\left(c_R^{WR}\right)^{-1}\left(p^R + s^R + t^D\right)$ und dem des Produzenten von Neumaterial $N = \left(C_N^N\right)^{-1}\left(p^R\right)$. Die endogenen Größen dieses Marktgleichgewichtes werden mit einem ` gekennzeichnet. Das Gleichgewicht auf den drei Märkten ist beschrieben durch

$$p^W\left(\grave{W};\grave{p}^R\right)+p_W^W\left(\grave{W};\grave{p}^R\right)\frac{\grave{W}}{n}-c_W^W\left(\frac{\grave{W}}{n}\right)-t^W-t^D=0, \tag{4.25}$$

$$\grave{W}-n\left(c_R^{WR}\right)^{-1}\left(\grave{p}^R+s^R+t^D\right)-\left(C_N^N\right)^{-1}\left(\grave{p}^R\right)=0. \tag{4.26}$$

Im simultanen Gleichgewicht auf allen drei Märkten entspricht der Grenzerlös eines Entsorgers den totalen Grenzkosten der Entsorgung und den Steuern. Gleichzeitig sind der Güter- und der Ressourcenmarkt geräumt. Die Gleichgewichtsbedingung des Güter- und des Entsorgungsmarktes (4.25) definiert implizit die Menge der Entsorgungsdienstleistungen im partiellen Gleichgewicht des Güter- und des Entsorgungsmarktes als eine Funktion der Anzahl der Entsorger, des Ressourcenpreises und der Steuersätze $W=W\left(t^W,t^D,n,p^R\right)$. Einsetzen dieser Funktion in (4.26) führt zu einer impliziten Definition des Ressourcenpreises im Gleichgewicht auf allen drei Märkten

$$W\left(t^W,t^D,n,\grave{p}^R\right)-n\left(c_R^{WR}\right)^{-1}\left(\grave{p}^R+s^R+t^D\right)-\left(C_N^N\right)^{-1}\left(\grave{p}^R\right)=0. \tag{4.27}$$

(4.27) definiert $\grave{p}^R=p^R\left(t^W,s^R,t^D,n\right)$. Im folgenden werden mit $\grave{p}^R$ Bestimmungsgleichungen für alle endogenen Variablen des Gleichgewichtes auf dem Güter-, dem Entsorgungs- und dem Ressourcenmarkt unter einer Besteuerung hergeleitet. Einsetzen dieser Funktion in (4.25) führt zu einer die Menge der Entsorgungsdienstleistungen im Marktgleichgewicht definierenden Gleichung

$$\begin{aligned}p^W\left(\grave{W};p^R\left(t^W,s^R,t^D,n\right)\right)+p_W^W\left(\grave{W};p^R\left(t^W,s^R,t^D,n\right)\right)\frac{\grave{W}}{n}\\-c_W^W\left(\frac{\grave{W}}{n}\right)-t^W-t^D=0.\end{aligned} \tag{4.28}$$

(4.28) definiert $\grave{W}=W\left(t^W,s^R,t^D,n\right)$. Einsetzen von $\grave{p}^R=p^R\left(t^W,s^R,t^D,n\right)$ in die aggregierte Angebotsfunktion des Rezyklats führt zu der Rezyklatmenge im Marktgleichgewicht

$$\grave{R}^R=n\left(c_R^{WR}\right)^{-1}\left(p^R\left(t^W,s^R,t^D,n\right)+s^R+t^D\right). \tag{4.29}$$

Die Gleichung (4.29) definiert $\grave{R}^R=R^R\left(t^W,s^R,t^D,n\right)$. Einsetzen dieser Funktion und von $\grave{p}^R=p^R\left(t^W,s^R,t^D,n\right)$ und $\grave{W}=W\left(t^W,s^R,t^D,n\right)$ mit $\grave{W}=\grave{W}_i+\grave{W}_{-i}$ in die Gewinnfunktion eines Entsorgers (3.17) Seite 30 führt zu den Gewinnen im Marktgleichgewicht

$$\begin{aligned}\grave{\Pi}_i^W=p^W\left(\grave{W}_i+\grave{W}_{-i};\grave{p}^R\right)\grave{W}_i+\grave{p}^R\grave{R}_i^R-c^W\left(\grave{W}_i\right)-c^{WR}\left(\grave{R}_i^R\right)\\-t^W\grave{W}_i+s^R\grave{R}_i^R-t^D\left(\grave{W}_i-\grave{R}_i^R\right).\end{aligned} \tag{4.30}$$

Einsetzen von $\grave{W}=W\left(t^W,s^R,t^D,n\right)$ und $\grave{p}^R=p^R\left(t^W,s^R,t^D,n\right)$ in die bedingte Faktornachfrage des Güterproduzenten nach Entsorgungsdienstleistungen (3.10) Seite 28 führt zu einer den

Preis der Entsorgungsdienstleistungen definierenden Gleichung

$$W\left(t^W,s^R,t^D,n\right) - c^Y_{p^{RW}}\left(\hat{Y}\left(p^R\left(t^W,s^R,t^D,n\right),\grave{p}^W\right);p^R\left(t^W,s^R,t^D\right)+\grave{p}^W\right)=0. \quad (4.31)$$

(4.31) definiert $\grave{p}^W = p^W\left(t^W,s^R,t^D,n\right)$. Einsetzen von $\grave{p}^R = p^R\left(t^W,s^R,t^D,n\right)$ und $\grave{p}^W = p^W\left(t^W,s^R,t^D,n\right)$ in $p^{RW} = p^R + p^W$ führt zu der Definition des Preises für den Ressourceneinsatz in der Güterproduktion

$$\grave{p}^{RW} = p^R\left(t^W,s^R,t^D,n\right) + p^W\left(t^W,s^R,t^D,n\right). \quad (4.32)$$

Einsetzen von $\grave{p}^{RW} = p^W\left(t^W,s^R,t^D,n\right)$ in die das Gleichgewicht auf dem Gütermarkt definierenden Gleichung (3.7) Seite 27 führt zu der Gütermenge im Marktgleichgewicht

$$p\left(\grave{Y}\right) - c^Y_Y\left(\grave{Y};p^{RW}\left(t^W,s^R,t^D,n\right)\right)=0. \quad (4.33)$$

(4.33) definiert $\grave{Y} = Y\left(t^W,s^R,t^D,n\right)$. Einsetzen dieser Funktion in Verbindung mit $\grave{p}^{RW} = p^{RW}\left(t^W,s^R,t^D,n\right)$ in die Gewinnfunktion des Güterproduzenten (3.1) Seite 26 führt zu

$$\grave{\Pi}^Y = p(Y\left(t^W,s^R,t^D,n\right))Y\left(t^W,s^R,t^D,n\right) - c^Y(Y\left(t^W,s^R,t^D,n\right);p^{RW}\left(t^W,s^R,t^D,n\right)). \quad (4.34)$$

Einsetzen von $\grave{Y} = Y\left(t^W,s^R,t^D,n\right)$ in die Definition der Nachfragefunktion des Konsumenten (3.5) Seite 27 führt zu dem Güterpreis im Marktgleichgewicht

$$\grave{p} = u_Y\left(Y\left(t^W,s^R,t^D,n\right)\right). \quad (4.35)$$

Das Einsetzen von $\grave{p}^R = p^R\left(t^W,s^R,t^D,n\right)$ in die Angebotsfunktion des Neumaterialproduzenten (3.32) Seite 33 führt zu einer die Neumaterialmenge im Marktgleichgewicht definierenden Gleichung

$$\tilde{N} = \left(C^N_N\right)^{-1}\left(p^R\left(t^W,s^R,t^D,n\right)\right). \quad (4.36)$$

Schließlich führt das Einsetzen der Neumaterialmenge $\grave{N} = N\left(t^W,s^R,t^D,n\right)$ und des Ressourcenpreises $\grave{p}^R = p^R\left(t^W,s^R,t^D,n\right)$ in die Gewinnfunktion des Produzenten von Neumaterial (3.29) Seite 33 zu dessen Gewinnen im Marktgleichgewicht

$$\grave{\Pi}^N = \grave{p}^R\grave{N} - C^N\left(\grave{N}\right). \quad (4.37)$$

Nach der Definition der endogenen Größen des simultanen Gleichgewichtes auf dem Güter-, Entsorgungs- und Ressourcenmarkt werden im folgenden die Auswirkungen einer Änderung in den für das Marktgleichgewicht exogenen Parameter auf die endogenen Variablen besprochen.

4.4.1 Die komparative Statik

In diesem Abschnitt werden die Auswirkungen einer Änderung in den Steuer- und Subventionssätzen und die Transmission der Reaktionen der Gleichgewichte der einzelnen Märkte untereinander diskutiert. Zuerst wird die Wirkung der Besteuerung der entsorgten Ressourcenmenge besprochen, gefolgt von der einer Subvention des Rezyklierens. Schließlich wird die Besteuerung der deponierten Ressourcenmenge, die die Auswirkungen einer Besteuerung der entsorgten Ressourcenmenge mit denen einer Subventionierung des Rezyklats verbindet diskutiert.

Die Besteuerung der entsorgten Ressourcenmenge

Das folgende Theorem 10 faßt die Auswirkung einer Änderung in der Besteuerung der entsorgten Ressourcenmenge auf das Marktgleichgewicht zusammen. Im Anhang 12.4.1 Seite 179ff. findet sich die Herleitung dieser Ergebnisse.

Theorem 10 *Eine Steuererhöhung senkt den Ressourcenpreis* $\frac{d\grave{p}^R}{dt^W} < 0$ *und die entsorgte Ressourcenmenge* $\frac{d\grave{W}}{dt^W} < 0$. *Ebenfalls sinkt die des Rezyklates* $\frac{d\grave{R}^R}{dt^W} < 0$ *und des Neumaterials* $\frac{d\grave{N}}{dt^W} < 0$. *Die Gewinne eines Entsorgers reagieren uneindeutig* $\frac{d\grave{\Pi}^W}{dt^W} \lesseqgtr 0$ *und der Entsorgungspreis steigt* $\frac{d\grave{p}^W}{dt^W} > 0$. *Der Preis des Ressourceneinsatzes in der Güterproduktion steigt* $\frac{d\grave{p}^{RW}}{dt^W} > 0$. *Die Gütermenge sinkt* $\frac{d\grave{Y}}{dt^W} < 0$ *und der zugehörige Preis steigt* $\frac{d\grave{p}}{dt^W} > 0$. *Die Gewinne des Güterproduzenten steigen oder fallen* $\frac{d\grave{\Pi}^Y}{dt^W} \lesseqgtr 0$ *und die des Neumaterialproduzenten sinken* $\frac{d\grave{\Pi}^N}{dt^W} < 0$.

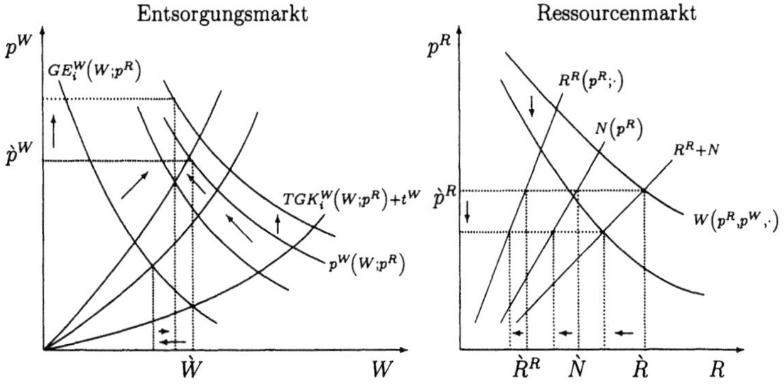

Abbildung 4.9: Die Besteuerung der entsorgten Ressourcenmenge

Auf dem Entsorgungsmarkt führt die Steuererhöhung zu einem Anstieg des totalen Grenzkosten der Entsorgung und die Entsorger reagieren mit einer Reduktion in der entsorgten Menge, um den Grenzerlös entsprechend zu steigern. Als Folge resultiert eine Preissteigerung auf dem Entsorgungsmarkt. Der gestiegene Entsorgungspreis führt auf dem Gütermarkt zu einem Anstieg der Grenzkosten des Güterproduzenten und verursacht so einen Rückgang der Gütermenge und einen Anstieg des zugehörigen Preises. Die Gewinne des Güterproduzenten reagieren uneinheitlich, weil der Preisanstieg gewinnsteigernd und der des Entsorgungspreis über die Kosten gewinnmindernd wirkt. Die bedingte Faktornachfrage nach der Ressource sinkt wegen dem Anstieg des Entsorgungspreises und dem Rückgang der Gütermenge. Der Nachfragerückgang führt auf dem Ressourcenmarkt zu einer Preissenkung und diese impliziert ein geringeres Angebot an Rezyklat und Neumaterial. Der Rückgang des Ressourcenpreises dämpft die Kontraktion auf dem Gütermarkt und führt zu einem Anstieg der Nachfrage nach Entsorgungsdienstleistungen, gleichzeitig steigt der Grenzerlös der Entsorgung wegen der angenommenen strategischen Komplementarität und dies impliziert einen Anstieg in der entsorgten Menge. Der Rückgang des Ressourcenpreises erhöht die totalen Grenzentsorgungskosten durch einen induzierten Rückgang der Rezyklierungserträge. Sowohl der Rückgang der entsorgten Menge, als auch der des Ressourcenpreises wirken gewinnsteigernd für die Entsorger. Der Steueranstieg senkt der Ressourcenpreis und dieser gesunkene Preis wirkt expansiv auf die Nachfrage nach der Ressource und somit den Entsorgungsdienstleistungen. Folglich verursacht der Rückgang des Ressourcenpreises einen Anstieg des Entsorgungspreises. Aus der Tatsache, daß die entsorgte Ressourcenmenge größer als die des Rezyklates ist folgt, die gewinnsteigernde Wirkung des Ressourcenpreisrückgangs. Jedoch wirkt der Anstieg der abzuführenden Steuer gewinnreduzierend und somit ist die resultierende Gewinnreaktion unbestimmt. Die Abbildung 4.9 auf der Seite 56 veranschaulicht die Wirkung des Anstiegs der Steuer auf das Marktgleichgewicht.

Die Subvention des Rezyklierens

Das folgende Theorem 11 faßt die Auswirkung einer Änderung in der Subvention des Rezyklats auf das Marktgleichgewicht zusammen. Im Anhang 12.4.2 Seite 183ff. findet sich die Herleitung dieser Ergebnisse.

Theorem 11 *Eine Subventionserhöhung senkt den Ressourcenpreis* $\frac{d\grave{p}^R}{ds^R} \in (-1, 0)$ *und es gilt* $\frac{d\grave{p}^R}{ds^R} \in (-1, 0)$. *Die entsorgte Menge* $\frac{d\grave{W}}{ds^R} > 0$ *und die rezyklierte* $\frac{d\grave{R}^R}{ds^R} > 0$ *steigen an. Die Reaktion des Entsorgungspreises ist unbestimmt* $\frac{d\grave{p}^W}{ds^R} \lesseqgtr 0$ *und die der Gewinne eines Entsorgers* $\frac{d\grave{\Pi}^W}{ds^R} \lesseqgtr 0$. *Der Preis des Ressourceneinsatzes in der Güterproduktion sinkt* $\frac{d\grave{p}^{RW}}{ds^R} < 0$. *Die Gütermenge steigt an* $\frac{d\grave{Y}}{ds^R} > 0$ *und deren Preis sinkt* $\frac{d\grave{p}}{ds^R} < 0$. *Die Gewinne des Güterproduzenten zeigen keine eindeutige Reaktion* $\frac{d\grave{\Pi}^Y}{ds^R} \lesseqgtr 0$. *Die Neumaterialmenge sinkt* $\frac{d\grave{N}}{ds^R} < 0$ *und die Gewinne des Produzenten* $\frac{d\grave{\Pi}^N}{ds^R} < 0$.

Die Subventionserhöhung führt zu einem Anstieg der Subventionseinnahmen bei den Entsorgern und in Reaktion darauf steigern sie das Rezyklatangebot auf dem Ressourcenmarkt. Das aggregierte Ressourcenangebot steigt und als Folge fällt der Ressourcenpreis und mit ihm die gehandelte Neumaterialmenge. Die am Markt gehandelte Ressourcenmenge definiert als Summe aus Rezyklat und Neumaterial steigt. Die Preissenkung führt zu einem Gewinnrückgang

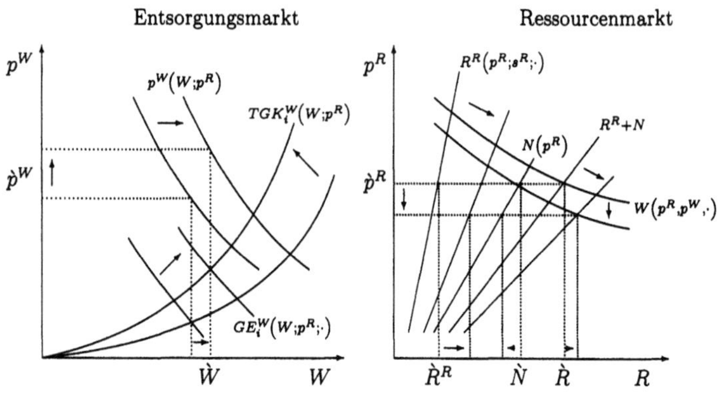

Abbildung 4.10: Die Subvention des Rezyklierens

des Neumaterialproduzenten. Auf dem Gütermarkt senkt der Rückgang des Ressourcenpreises die Grenzkosten des Güterproduzenten und als Folge weitet dieser sein Angebot aus. Daraus resultiert ein Anstieg der Gütermenge und eine Preissenkung. Die Kostenreduktion wirkt expansiv auf den Gewinn des Güterproduzenten. Die Preissenkung wirkt dieser Expansion entgegen und die resultierende Reaktion ist unbestimmt. Der gesunkene Ressourcenpreis und der Anstieg der eingesetzten Ressourcenmenge führt zu einem Anstieg der Nachfrage des Güterproduzenten nach Entsorgungsdienstleistungen. Aus der angenommenen strategischen Komplementarität folgt, daß der Rückgang des Ressourcenpreises den Grenzerlös eines Entsorgers steigert. Gleichzeitig steigen die totalen Grenzentsorgungskosten wegen dem gesunkenen Ressourcenpreis. Sowohl der Anstieg der Nachfrage als auch der des Grenzerlöses wirken expansiv auf die entsorgte Menge und diese beiden expansiven Kräften dominieren die kontraktive Wirkung des Anstiegs der totalen Grenzentsorgungskosten. Als Folge steigt die entsorgte Menge an. Die Gewinne eines Entsorgers zeigen keine eindeutige Reaktion, weil der Rückgang in der entsorgten Menge den Gewinn tendenziell senkt, der Rückgang des Ressourcenpreises den Gewinn tendenziell steigert, weil der induzierte Nachfrageanstieg nach Entsorgungsdienstleistungen den Rückgang in den Rezyklierungserlösen überwiegt. Die Reaktion des Entsorgungspreises ist unbestimmt, weil der Rückgang des Ressourcenpreises den Entsorgungspreis steigert und der Anstieg der entsorgten Menge den Preis senkt. Steigt der Entsorgungspreis an, dann sinkt auf dem Ressourcenmarkt die Nachfrage. Dies verstärkt den Rückgang des Ressourcenpreises und dämpft die Expansion der Rezyklat- und der Ressourcenmenge. Sinkt dagegen der Entsorgungspreis, dann wird der Rückgang des Ressourcenpreises gedämpft und die Expansion der beiden Mengen gesteigert. Die Abbildung 4.10 auf der Seite 58 veranschaulicht die Wirkung einer Subventionserhöhung auf das Marktgleichgewicht, falls der Entsorgungspreis steigt.

Die Besteuerung der deponierten Ressourcenmenge

Eine Besteuerung der nichtrezyklierten Menge verbindet die Wirkung einer Besteuerung der entsorgten Ressource mit der einer Subventionierung des Rezyklats. Die Steuerbasis ist die Ressourcenmenge, die nicht rezykliert, sondern deponiert wird. Die Rezyklierung erwirtschaftet zusätzlich zu den am Ressourcenmarkt erzielten Erträgen nun eine Steuerreduktion in Höhe der Rezyklatmenge multipliziert mit dem Steuersatz. Diese Steuerreduktion wirkt äquivalent zu einer Subvention der Rezyklierung. Das folgende Theorem 12 faßt die Auswirkung einer Änderung in der Besteuerung der deponierten Ressourcenmenge auf das Marktgleichgewicht zusammen. Im Anhang 12.4.3 Seite 186ff. findet sich die Herleitung dieser Ergebnisse.

Theorem 12 *Eine Steuererhöhung reduziert den Ressourcenpreis* $\frac{d\grave{p}^R}{dt^D} < 0$ *und die Neumaterialmenge* $\frac{d\grave{N}}{dt^D} < 0$. *Die Gewinne des Neumaterialproduzenten fallen* $\frac{d\grave{\Pi}^N}{dt^D} < 0$, *die eines Entsorgers und die des Güterproduzenten zeigen keine eindeutige Reaktion* $\frac{d\grave{\Pi}_i^W}{dt^D} \lesseqgtr 0$, $\frac{d\grave{\Pi}^Y}{dt^D} \lesseqgtr 0$. *Die Reaktion der eingesetzten und entsorgten Ressourcenmenge ist nicht eindeutig* $\frac{d\grave{W}}{dt^D} \lesseqgtr 0$.

(a) Sei $\frac{d\grave{W}}{dt^D} < 0$, *dann ist die Reaktion des Rezyklats unbestimmt* $\frac{d\grave{R}^R}{dt^D} \lesseqgtr 0$. *Der Entsorgungspreis und der des Ressourceneinsatzes steigen* $\frac{d\grave{p}^W}{dt^D} > 0$ *und* $\frac{d\grave{p}^{RW}}{dt^D} > 0$. *Die Gütermenge steigt* $\frac{d\grave{Y}}{dt^D} > 0$ *und ihr Preis sinkt* $\frac{d\grave{p}}{dt^D} < 0$.

(b) Sei $\frac{d\grave{W}}{dt^D} > 0$, *dann steigt die Rezyklatmenge an* $\frac{d\grave{R}^R}{dt^D} > 0$. *Der Entsorgungspreis zeigt keine eindeutige Reaktion* $\frac{d\grave{p}^W}{dt^D} \lesseqgtr 0$. *Der Preis des Ressourceneinsatzes sinkt* $\frac{d\grave{p}^{RW}}{dt^D} < 0$. *Die Gütermenge sinkt* $\frac{d\grave{Y}}{dt^D} < 0$ *und ihr Preis steigt* $\frac{d\grave{p}}{dt^D} > 0$.

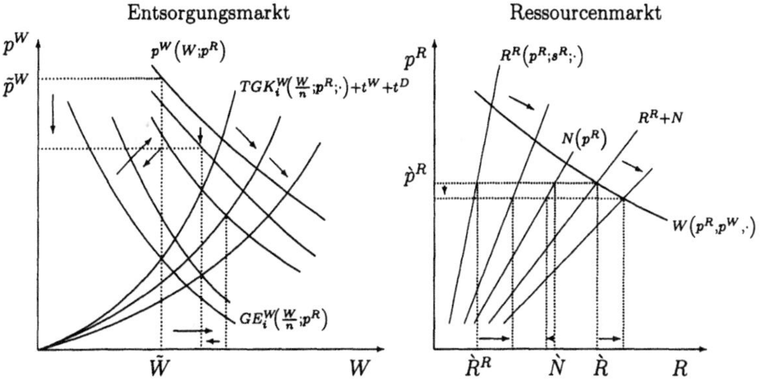

Abbildung 4.11: Die Besteuerung der nichtrezyklierten Ressourcenmenge

Eine Steuererhöhung veranlaßt die Entsorger ihr Angebot zu reduzieren, um die Grenzerlöse zu steigern und so der gewinnreduzierenden Wirkung der Steuererhöhung entgegenzuwirken. Die Angebotsverknappung bewirkt einen Preisanstieg auf dem Entsorgungsmarkt und dieser

Preisanstieg führt auf dem Gütermarkt zu einem Anstieg der Grenzkosten der Güterproduktion. Die gestiegenen Grenzkosten führen zu einem Rückgang der Gütermenge und induzieren einen Preisanstieg. Die gesunkene Gütermenge und der gestiegene Entsorgungspreis reduzieren die bedingte Faktornachfrage des Güterproduzenten nach der Ressource. Gleichzeitig wirkt eine Steuererhöhung direkt auf den Ressourcenmarkt, weil die Besteuerung der nichtrezyklierten Ressourcenmenge, wie eine Subventionierung der Rezyklierungsaktivität wirkt. Als Folge steigt die Rezyklatmenge an und damit das aggregierte Angebot der Ressource, als Summe aus Rezyklat und Neumaterial. Der Nachfragerückgang und die Ausdehnung des Angebots bewirken eine Preissenkung auf dem Ressourcenmarkt. Der gesunkene Ressourcenpreis führt zu einem Rückgang des Neumaterials und wirkt dem Nachfragerückgang nach der Ressource entgegen. Der Rückgang des Ressourcenpreises führt zu einem Gewinnrückgang des Neumaterialproduzenten. Auf dem Entsorgungsmarkt bewirkt der Rückgang des Ressourcenpreises einen Anstieg der totalen Grenzentsorgungskosten, weil der Grenzerlös der Rezyklierung sinkt. Gleichzeitig bewirkt diese Preissenkung auf dem Gütermarkt einen Rückgang der Grenzkosten und steigert die bedingte Nachfrage nach Entsorgung. Aus der angenommenen strategischen Komplementarität folgt, daß ein Rückgang des Ressourcenpreises den Grenzerlös der Rezyklierung steigert. Auf die entsorgte Ressourcenmenge im Marktgleichgewicht wirken folglich sowohl der Rückgang des Ressourcenpreises als auch die Steuererhöhung kontraktiv. Gleichzeitig wirkt der Rückgang des Preises über die Steigerung des Grenzerlöses expansiv auf die entsorgte Menge. Welche Reaktion die entsorgte Menge zeigt wird von der relativen Stärke dieser Effekte bestimmt.

Sinkt die entsorgte Ressourcenmenge, dann steigt der Preis der Entsorgung, weil sowohl der Rückgang der Menge als auch der des Ressourcenpreises preissteigernd wirken. Der Anstieg des Entsorgungspreises und der Rückgang des Ressourcenpreises steigern die Gewinne eines Entsorgers. Diesem Gewinnanstieg wirkt der Anstieg der Steuerlast entgegen und die Gewinnreaktion ist unbestimmt. Der Preis des Ressourceneinsatzes in der Güterproduktion steigt, weil der Entsorgungspreisanstieg den Rückgang des Ressourcenpreises dominiert, und als Folge sinkt die Gütermenge und ihr Preis steigt. Die Preissteigerung wirkt gewinnerhöhend für den Güterproduzenten, der von dem Preisanstieg verursachte Kostenanstieg wirkt gewinnmindernd, folglich ist die Gewinnreaktion unbestimmt. Die Abbildung 4.11 auf der Seite 60 stellt den gerade besprochenen Fall dar in dem die entsorgte Ressourcenmenge sinkt.

Steigt die entsorgte Ressourcenmenge an, d.h. der Anstieg des Grenzerlöses dominiert den der totalen Grenzentsorgungskosten, dann wirkt der Mengenanstieg senkend und der Rückgang des Ressourcenpreises erhöhend auf den Entsorgungspreis. Die resultierende Preisreaktion ist unbestimmt. Die Reaktion des Preises des Ressourceneinsatzes in der Güterproduktion ist eindeutig und positiv. Als Folge steigt die Gütermenge und der zugehörige Preis sinkt. Aus dem Anstieg der entsorgten Ressourcenmenge folgt in Verbindung mit dem Rückgang des Neumaterials, daß die Rezyklatmenge in Reaktion auf eine Steuererhöhung ansteigt.

Der Markteintritt eines weiteren Entsorgers

Das folgende Theorem 13 faßt die Auswirkung des Markteintritts eines weiteren Entsorgers auf das Marktgleichgewicht zusammen. Die dargestellten Ergebnisse sind unabhängig von der Existenz einer Besteuerung und können folglich auch als die Auswirkungen des Markteintritts auf das Marktgleichgewicht bei Abwesenheit eines Staatseingriffes interpretiert werden. Im Anhang 12.4.4 Seite 187ff. findet sich die Herleitung dieser Ergebnisse.

Theorem 13 *Der Markteintritt führt zu einem Anstieg in der entsorgten Ressourcenmenge* $\frac{d\dot{W}}{dn} > 0$ *und in der rezyklierten* $\frac{d\dot{R}^R}{dn} > 0$. *Der Preis des Ressourceneinsatzes in der Güterproduktion sinkt* $\frac{d\dot{p}^{RW}}{dn} < 0$. *Die Gütermenge steigt* $\frac{d\dot{Y}}{dn} > 0$ *und ihr Preis sinkt* $\frac{d\dot{p}}{dn} < 0$. *Die Gewinne des Güterproduzenten zeigen keine eindeutige Reaktion* $\frac{d\dot{\Pi}^Y}{dn} \lesseqgtr 0$. *Der Ressourcenpreis reagiert nicht eindeutig* $\frac{d\dot{p}^R}{dn} \lesseqgtr 0$.

(a) Sei $\frac{d\dot{p}^R}{dn} < 0$, *dann ist die Reaktion der Gewinne eines Entsorgers unbestimmt* $\frac{d\dot{\Pi}_i^W}{dn} \lesseqgtr 0$ *und die des Entsorgungspreises* $\frac{d\dot{p}^W}{dn} \lesseqgtr 0$. *Die Neumaterialmenge sinkt* $\frac{d\dot{N}}{dn} < 0$ *und die Gewinne des Neumaterialproduzenten* $\frac{d\dot{\Pi}^N}{dn} < 0$.

(b) Sei $\frac{d\dot{p}^R}{dn} > 0$, *dann sinken die Gewinne eines Entsorgers* $\frac{d\dot{\Pi}_i^W}{dn} < 0$ *und der Entsorgungspreis* $\frac{d\dot{p}^W}{dn} < 0$. *Die Neumaterialmenge steigt* $\frac{d\dot{N}}{dn} > 0$ *und die Gewinne des Neumaterialproduzenten* $\frac{d\dot{\Pi}^N}{dn} > 0$.

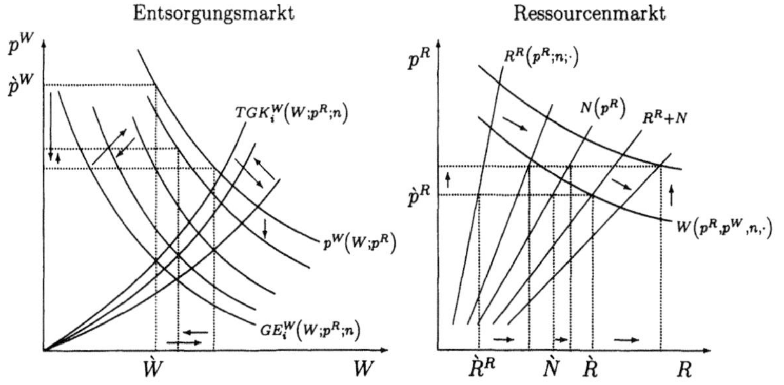

Abbildung 4.12: Der Markteintritt eines Entsorgers

Der Markteintritt eines weiteren Entsorgers wirkt direkt auf den Entsorgungsmarkt und auf den Ressourcenmarkt. Auf dem Entsorgungsmarkt senkt er die Marktmacht der bereits am Markt etablierten und als Folge steigt der Grenzerlös der Entsorgung. Der Markteintritt führt auch dazu, daß jeder am Markt etablierte Entsorger eine geringere Ressourcenmenge entsorgt und folglich sinken die totalen Grenzentsorgungskosten. Diese beiden Effekte wirken expansiv auf die am Entsorgungsmarkt gehandelte Menge und gleichzeitig preissenkend. Auf dem Gütermarkt senkt der Rückgang des Entsorgungspreises die Grenzkosten des Güterproduzenten und dieser dehnt seine Produktion aus. Sowohl der Anstieg der Gütermenge als auch die Preissenkung der Entsorgung führen auf dem Ressourcenmarkt zu einem Anstieg der Nachfrage. Der Nachfrageanstieg ruft eine Preissteigerung und einen Anstieg der auf dem Markt gehandelten Ressourcenmenge hervor. Gleichzeitig bewirkt der Markteintritt eines Entsorgers auf dem Ressourcenmarkt einen Anstieg des Angebotes an Rezyklat und somit auch des aggregierten Ressourcenangebots als Summe aus Rezyklat und Neumaterial. Die Steigerung des Angebotes impliziert einen Rückgang des Ressourcenpreises. Die resultierende Preisreaktion wird von der relativen Stärke des Nachfrageanstiegs zu dem des Angebotes bestimmt.

Falls der Ressourcenpreis sinkt, d.h. der Angebotsanstieg dominiert, dann führt diese Preissenkung zu einem Rückgang der Neumaterialmenge und der Gewinne des Produzenten von Neumaterial. Auf dem Gütermarkt sinken die Grenzkosten des Güterproduzenten und folglich steigt die Gütermenge im Gleichgewicht und der zugehörige Preis sinkt. Die Gewinne des Güterproduzenten zeigen keine eindeutige Reaktion, weil der Preis des Ressourceneinsatzes in der Güterproduktion sinkt und als Folge sinken die Kosten. Gleichzeitig bewirkt der Mengenanstieg einen Rückgang des Güterpreise und senkt somit den Erlös. Diese beiden Effekte wirken gegenläufig auf die Gewinne des Güterproduzenten. Der Rückgang des Ressourcenpreises bewirkt wegen der Komplementarität zwischen der Ressource und den Entsorgungsdienstleistungen einen Anstieg in der Nachfrage nach letzteren. Auf dem Entsorgungsmarkt steigt folglich die Nachfrage nach Entsorgungsdienstleistungen. Wegen der angenommenen strategischen Komplementarität wird dieser Nachfrageanstieg von einem des Grenzerlöses der Entsorgung begleitet. Gleichzeitig bewirkt der Rückgang des Ressourcenpreises einen Anstieg der totalen Grenzentsorgungskosten, weil der Grenzerlös der Rezyklierung sinkt. Der expansive Effekt des Anstiegs des Grenzerlöses auf die entsorgte Ressourcenmenge dominiert den kontraktiven des Anstiegs der totalen Grenzentsorgungskosten. Die Reaktion des Entsorgungspreises ist unbestimmt, weil der Rückgang des Ressourcenpreises preissteigernd wirkt und der Anstieg der entsorgten Menge preissenkend wirkt.

Ebenfalls unbestimmt ist die Reaktion der Gewinne eines Entsorgers. Der Rückgang des Ressourcenpreises wirkt gewinnsteigernd, weil der induzierte Nachfrageanstieg nach Entsorgung den Rückgang des Rezyklierungserlöses dominiert. Der Anstieg in der entsorgten Menge bewirkt einen Rückgang in den Erlösen der Entsorgungsdienstleistungen.

Falls der Ressourcenpreis steigt, d.h. der Nachfrageanstieg dominiert, dann führt die Preissteigerung zu einem Anstieg des Neumaterials und der Gewinne des Produzenten selbigem. Auf dem Gütermarkt steigen tendenziell die Grenzkosten des Güterproduzenten. Jedoch sinkt trotz dem Ressourcenpreisanstieg der Preis des Ressourceneinsatzes in der Güterproduktion und die Menge steigt und der zugehörige Preis sinkt. Die Reaktion der Gewinne des Güterproduzenten ist unbestimmt, weil die mit dem Mengenanstieg verbundene Erlösreduktion gewinnmindernd wirkt und der Rückgang der Kosten gewinnsteigernd wirkt. Der Anstieg des Ressourcenpreises bewirkt auf dem Entsorgungsmarkt einen Rückgang der Nachfrage und einen des Grenzerlöses. Gleichzeitig sinken die totalen Grenzentsorgungskosten, weil der Grenzerlös der Rezyklierung steigt. Die expansive Wirkung des Rückgangs der totalen Grenzentsorgungskosten dominiert die kontraktive des gesunkenen Grenzerlöses. Als Folge steigt die entsorgte Ressourcenmenge und der Entsorgungspreis sinkt. Die Gewinne der Entsorger sinken, weil zum einen die von dem Rückgang der Nachfrage nach Entsorgungsdiensleistungen ausgelöste Erlösreduktion den Anstieg der Rezyklierungserlöse dominiert und zum anderen bewirkt der Anstieg der entsorgten Mengen einen Rückgang in den Erlösen der Entsorgung. Die Abbildung 4.11 auf der Seite 60 veranschaulicht diesen Fall.

4.5 Zusammenfassung

Eine Quotenstraffung zeigt in der vorliegenden Modellierung unter Vernachlässigung eines Ressourcenmarktes

die aus der Literatur über relative Standards bekannte, von einem Anstieg der Grenzentsorgungskosten ausgelöste, Kontraktion der gleichgewichtigen Mengen und den Anstieg der zugehörigen Preise. Die Ergebnisse des Theorems 2 können interpretiert werden als die Auswirkungen einer Quotenregulierung eines kleinen Landes, wobei der Weltmarktpreis exogen ist. Wird jedoch der Ressourcenmarkt, wie bei der vorliegenden Arbeit erstmals in der Literatur über relative Standards, endogenisiert, zeigt sich, daß bei einer Verschärfung der Entsorgungsquote eine der kontraktiven Wirkung auf die gleichgewichtigen Mengen entgegenwirkende expansive auftritt. Die Gegenreaktion wird ausgelöst von einer Verdrängung von Neumaterial durch Rezyklat auf dem Ressourcenmarkt. Diese Verdrängung bewirkt einen Rückgang des Ressourcenpreises und wirkt so expansiv auf den Gütermarkt und damit auch expansiv auf die Nachfrage nach Entsorgungsdienstleistungen. Welcher dieser beiden Effekte dominiert, hängt von der relativen Stärke ab und kann in diesem theoretischen Modellrahmen nicht abschließend beantwortet werden. Im nächsten Kapitel wird gezeigt, welche Auswirkungen sich für die optimale Entsorgungsquote ergeben, wenn der kontraktive Effekt einer Quotenverschärfung den expansiven dominiert und umgekehrt.

Als alternative Regulierung wurde die Besteuerung bzw. Subventionierung der Entsorger und ihre Auswirkung auf die endogenen Größen des Marktgleichgewichtes diskutiert. Dabei zeigte sich, daß eine Besteuerung der nichtrezyklierten Menge die Wirkungen einer Besteuerung der entsorgten Ressourcenmenge mit denen der Subvention des Rezyklierens verbindet. Im nächsten Kapitel werden die beiden Regulierungsformen vor dem Hintergrund einer Wohlfahrtsmaximierung kritisch gewürdigt.

Kapitel 5

Die kurzfristige Wohlfahrtsdiskussion

In diesem Abschnitt werden die normativen Aspekte des kurzfristigen Marktgleichgewichtes unter der Regulierung durch eine Quote diskutiert. Dabei wird auf mögliche Randlösungen, in denen die wohlfahrtsmaximierende Entsorgungsquote entweder Null oder Eins beträgt, eingegangen. Anschließend werden die Erst-Beste Allokation sicherende Kombinationen aus Steuern und Subvention dargestellt.

Der Schwerpunkt dieses Kapitels liegt auf inneren Lösungen, in denen alle Akteure und alle Technologien im Marktgleichgewicht der Modellökonomie aktiv sind und eingesetzt werden. Im Falle einer Quotenregulierung steht der soziale Planer vor der Aufgabe mit einem Instrument zwei Formen des Marktversagens zu korrigieren. Erstens, muß der durch die Deponierung verursachte Umweltschaden internalisiert werden. Zweitens, muß die von dem Oligopol auf dem Entsorgungsmarkt hervorgerufene Mengenverknappung korrigiert werden.

Zur späteren Verwendung in der folgenden Diskussion der sozialen Wohlfahrt werden noch die Begriffe der sozialen Grenzkosten des Ressourceneinsatzes, des sozialen Grenzerlöses der Rezyklierung und der sozialen Grenzvermeidungskosten, wie folgt definiert:

Definition 5.1 *Die sozialen Grenzkosten des Ressourceneinsatzes $SGKR$ sind die Summe aus den Grenzkosten der Neumaterialproduktion und denen der Entsorgung zuzüglich des Grenzschadens, d.h.*

$$SGKR(N,W) = C_N^N(N) + c_W^W(W) + S_D(N). \tag{5.1}$$

Definition 5.2 *Der soziale Grenzerlös der Rezyklierung $SGER$ sind die Summe aus den eingesparten Grenzkosten der Neumaterialproduktion und des reduzierten Grenzschadens der deponierten Ressourcenmenge, d.h.*

$$SGER(N) = C_N^N(N) + S_D(N). \tag{5.2}$$

Die Rezyklierung einer marginalen Ressourceneinheit führt zu der Verdrängung einer marginalen Einheit von Neumaterial auf dem Ressourcenmarkt und reduziert die deponierte Ressourcenmenge um diese marginale Einheit.

Definition 5.3 *Die sozialen Grenzvermeidungskosten sind definiert als die Grenzkosten der Rezyklierung abzüglich der Grenzkosten der Neumaterialproduktion, d.h.*

$$SGVK(R,N) = c_R^{WR}(R) - C_N(N). \tag{5.3}$$

Zuerst werden die Bedingungen für das Erst-Beste Wohlfahrtsoptimum unter der Annahme, daß der Regulierer die Güter- und die eingesetzte bzw. entsorgte Ressourcenmenge und die Entsorgungsquote als unabhängige Entscheidungsvariablen verwenden kann, hergeleitet. Die von diesen Bedingungen beschriebene Allokation wird als Maßstab verwendet, um die im Marktgleichgewicht unter einer Quotenregulierung resultierende zu bewerten. Anschließend werden alternative Bedingungen für das Erst-Beste Wohlfahrtsoptimum unter der Annahme, daß der Regulierer die Güter-, die eingesetzte bzw. entsorgte Ressourcen- und die Rezyklatmenge als unabhängige Entscheidungsvariablen verwenden kann, hergeleitet. Anhand dieser Bedingungen können dann später die wohlfahrtsmaximierenden Kombinationen von Steuersätzen bestimmt werden.

Anschließend wird gezeigt, daß im allgemeinen die Erst-Beste Allokation in einem Marktgleichgewicht unter einer Quotenregulierung nicht erreicht wird und die optimalen Entsorgungsquote wird implizit bestimmt. Daran schließt sich eine Interpretation der möglichen Abweichungen von der Erst-Besten Allokation an. Dieses Kapitel schließt mit der Bestimmung der sozialen Wohlfahrt im Marktgleichgewicht unter einer Besteuerung der Entsorger und einer Interpretation der möglichen Kombinationen von den drei betrachteten Steuer- bzw. Subventionssätzen, die eine Erst-Beste Allokation sicherstellen.

Bei den angenommenen quasi-linearen Präferenzen mißt die Konsumentenrente den Nutzen des Konsumenten und bietet sich als Wohlfahrtsmaß für den Konsumenten an. Als Maß für die Wohlfahrt der produzierenden Akteure wird die Produzentenrente, definiert als die Differenz zwischen den Erlösen und den variablen Kosten verwendet. Die Produzentenrente ist mit den Gewinnen identisch solange keine Fixkosten vorhanden sind und falls Fixkosten vorhanden sind, entspricht die Produzentenrente den Gewinnen abzüglich der Fixkosten, siehe Juest *et al.* (1982) Seite 54. Das Angebot der nicht explizit betrachteten Produktionsfaktoren ist vollkommen preiselastisch, d.h. die Angebotskurve ist horizontal, und folglich bewirkt eine Nachfrageänderung keine Änderung der Produzentenrente auf seiten der Anbieter dieser nicht explizit betrachteten Produktionsfaktoren. Schließlich gibt die Schadensfunktion die von der deponierten Ressourcenmenge, d.h. den Emissionen, verursachte Wohlfahrtsreduktion wieder. Als Maß für die soziale Wohlfahrt wird in der vorliegenden Arbeit die Summe der in der Modellökonomie anfallenden Renten abzüglich der Umweltschäden verwendet und diese lautet unter Verwendung der Bedingung, daß die in der Güterproduktion eingesetzte und entsorgte Ressourcenmenge der Summe aus Rezyklat und Neumaterial entspricht[1], d.h. $W = R^R + N$

$$SWF(Y, W, N) = \int_0^Y p(y)\,dy - c^Y\left(Y; p^R(W) + p^W(W)\right) + p^W(W)\,W + p^R(W)(W - N) - nc^W\left(\frac{W}{n}\right) - nc^{WR}\left(\frac{W - N}{n}\right) - F + p^R(W)\,N - C^N(N) - S(N). \quad (5.4)$$

5.1 Die Erst-Beste Allokation

Bei der Bestimmung der Erst-Besten Allokation wird unterstellt, daß die Güter- und die Ressourcenmenge bzw. die der Entsorgungsdienstleistungen von der Entsorgungsquote unabhängig sind. Das Problem der sozialen Wohlfahrtsmaximierung lautet

$$\max_{Y,W,N} SWF(Y, W, N). \quad (5.5)$$

5.1.1 Die Referenzallokation für die Bewertung der Quotenregulierung

Die Verwendung der Entsorgungsquote β erlaubt die Menge des Neumaterials als $N = (1 - \beta)\,W$ zuschreiben und damit wird durch die Bestimmung der Entsorgungsquote, sowohl die Neumaterialmenge als auch die Rezyklatmenge indirekt bestimmt. Gegeben der Regulierer wählt die Gütermenge, die eingesetzte und entsorgte Ressourcenmenge und die Entsorgungsquote als Entscheidungsvariable, dann lautet das Maximierungsproblem[2] (5.5),

$$\max_{Y,W,\beta} SWF\big(Y, W, (1 - \beta)\,W\big) \quad \text{u.d.N.: } 0 \leq \beta \leq 1. \quad (5.6)$$

Die angenommenen Inada-Bedingungen garantieren, daß die Grenzkosten der Rezyklierung gegen unendlich streben, wenn die Rezyklierungsquote gegen Eins strebt, siehe Inada (1963). Somit wird in der folgenden Bestimmung der Referenzallokation für die Bewertung der Quotenregulierung nur die untere Randlösung berücksichtigt. Die Lagrangefunktion des Problems (5.6) ist mit dem Kuhn-Tucker Parameter μ gegeben durch

$$\mathcal{L}^{SWF(\beta)}(Y, W, \beta, \mu) = \int_0^Y p(y)\,dy - c^Y\left(Y; p^R(W) + p^W(W)\right) + p^W(W)\,W - nc^W\left(\frac{W}{n}\right) - nc^{WR}\left(\frac{\beta W}{n}\right) - F + p^R(W)\,W - C^N\big((1 - \beta)\,W\big) - S\big((1 - \beta)\,W\big) + \mu\beta. \quad (5.7)$$

[1] Diese Nebenbedingung stellt keine Einschränkung bei der Bestimmung der Erst-Besten Allokation dar, sondern sichert nur, daß beide Seiten des Ressourcenmarktes gemeinsam betrachtet werden.

[2] Die Erweiterung des zulässigen Intervalles für die Entsorgungsquote auf das geschlossene Intervall $[0, 1]$ sichert in Verbindung mit der Stetigkeit der sozialen Wohlfahrtsfunktion die Existenz eines Maximums, weil die Bedingungen des Theorems von Weierstrass erfüllt sind, siehe Sydsæter *et al.* (2000) Seite 87 Punkt 14.5.

Die Bedingungen erster Ordnung lauten unter Vernachlässigung der Funktionsargumente und mit $c^Y_{p^{RW}} = W$

$$\frac{\partial \mathcal{L}^{SWF(\beta)}}{\partial Y} = p - c^Y_Y = 0, \tag{5.8}$$

$$\frac{\partial \mathcal{L}^{SWF(\beta)}}{\partial W} = p^W + p^R - c^W_W - \beta c^{WR}_R - C^N_N (1-\beta) - S_D (1-\beta) = 0, \tag{5.9}$$

$$\frac{\partial \mathcal{L}^{SWF(\beta)}}{\partial \beta} = \left[C^N_N + S_D - c^{WR}_R\right] W + \mu = 0 \tag{5.10}$$

und die Komplementaritätsbedingung ist gegeben durch

$$\mu \geq 0 \ (\mu = 0 \ \text{falls} \ -\beta < 0), \tag{5.11}$$

Die Bedingung zweiter Ordnung fordert die Konkavität der Funktion der sozialen Wohlfahrt. Die Funktion ist streng konkav und das Maximum global, falls, wie im Anhang 13.1 Seite 195 gezeigt wird, die folgende hinreichende Bedingung erfüllt ist

$$C^N_{NN} + S_{DD} - \frac{1}{n} c^{WR}_{RR} > 0. \tag{5.12}$$

(5.12) verlangt, daß der soziale Grenzerlös der Rezyklierung in der Neumaterialmenge schneller anwächst als die Grenzkosten der Rezyklierung. Eine Interpretation der Bedingungen erster Ordnung wird für die Randlösung in der kein Rezyklat produziert wird ab Seite 69 vorgenommen und für die innere Lösung ab Seite 69.

Bevor die Diskussion der verschiedenen Fälle von Lösungen für das Problem der Bestimmung der Erst-Besten Allokation vorgenommen wird, muß noch genauer zwischen der Rand- und der inneren Lösung abgegrenzt werden. Der folgende Fall einer Kombination der Entsorgungsquote und des Kuhn-Tucker Parameters tritt auf, wenn der Gradient der sozialen Wohlfahrtsfunktion auf dem unteren Rand des zulässigen Definitionsbereiches der Entsorgungsquote gleich Null ist,

$$\beta = 0 \ \text{und} \ \mu = 0,$$

Dieser Falle wird als innere Lösungen bezeichnet und in dem entsprechenden Abschnitt diskutiert, obwohl der Wert der Entsorgungsquote dem unteren Rand des zulässigen Intervalls entspricht. Die Begründung liegt zum einen darin, daß dann die Darstellung der Bedingungen erster Ordnung bezogen auf den Kuhn-Tucker Parameter identisch ist mit der, wenn die wohlfahrtsmaximierende Entsorgungsquote echt zwischen Null und Eins liegt. Zum anderen liegt dann der jeweilige Schnittpunkt der Kurve des sozialen Grenzerlös der Rezyklierung mit der der Grenzkosten der Rezyklierung innerhalb des zulässigen Intervalls für die Entsorgungsquote von Null und Eins.

Keine Rezyklierung

In diesem Fall folgt aus der Komplementaritätsbedingung (5.11) Seite 68, daß $\beta = 0$ und $\mu > 0$ ist. Aus den angenommenen Inada-Bedingungen, siehe Inada (1963), folgt, daß die Grenzkosten der Rezyklierung von Null Einheiten gleich Null sind $c_R^{WR}(0) = 0$. Dann lauten die Bedingungen erster Ordnung, wie folgt

$$\frac{\partial \mathcal{L}^{SWF(\beta)}}{\partial Y} = p - c_Y^Y = 0, \tag{5.8}$$

$$\frac{\partial \mathcal{L}^{SWF(\beta)}}{\partial W} = p^W + p^R - c_W^W - C_N^N - S_D = 0, \tag{5.9.1}$$

$$\frac{\partial \mathcal{L}^{SWF(\beta)}}{\partial \beta} = \left[C_N^N + S_D\right] W + \mu = 0. \tag{5.10.1}$$

(5.10.1) ist für eine Entsorgungsquote von Null in dem vorliegenden Modellrahmen nicht erfüllt, weil sowohl die Grenzkosten der Neumaterialproduktion und der Grenzschaden positiv sind, als auch der Kuhn-Tucker Parameter. Somit liegt keine Erst-Beste Allokation vor.

Die innere Lösung

Eine innere Lösung liegt genau dann vor, wenn die soziale Wohlfahrtsfunktion für einen Wert aus dem zulässigen Intervall $[0, 1]$ maximal wird. Aus der Komplementaritätsbedingung (5.11) Seite 68 folgt, daß dann $\mu = 0$ gilt. Aus (5.10) Seite 68 folgt mit $\mu = 0$, daß die Kurve des sozialen Grenzerlöses der Rezyklierung die der Grenzkosten der Rezyklierung für einen Wert der Entsorgungsquote zwischen Null und Eins schneidet. Wie schon erwähnt besteht die Möglichkeit, daß diese partielle Ableitung den Wert Null auf dem Rand des Intervalles annimmt und dann wird entweder im Marktgleichgewicht nicht rezykliert oder kein Neumaterial produziert bzw. keine Ressource deponiert. Für den Rest dieser Arbeit wird eine innere Lösung genau dann als echt bezeichnet, wenn die wohlfahrtsmaximierende Entsorgungsquote im inneren des zulässigen Intervalles liegt. Die Bedingungen erster Ordnung für eine Erst-Beste Allokation im Falle einer echt inneren Lösung sind gegeben durch

$$\frac{\partial \mathcal{L}^{SWF(\beta)}}{\partial Y} = p - c_Y^Y = 0, \tag{5.8}$$

$$\frac{\partial \mathcal{L}^{SWF(\beta)}}{\partial W} = p^W + p^R - c_W^W - \beta c_R^{WR} - C_N^N (1-\beta) - S_D (1-\beta) = 0, \tag{5.9.2}$$

$$\frac{\partial \mathcal{L}^{SWF(\beta)}}{\partial \beta} = \left[C_N^N + S_D - c_R^{WR}\right] W = 0 \tag{5.10.2}$$

und falls die wohlfahrtsmaximierende Entsorgungsquote den Wert Null annimmt, dann muß (5.9.2) in dem obigen Gleichungssystem durch (5.9.1) ersetzt werden, weil der Kuhn-Tucker Parameter μ größer Null ist. Die Bedingung (5.8) verlangt für die Erst-Beste Allokation eine Gütermenge so, daß die marginale Zahlungsbereitschaft für das Konsumgut den Grenzkosten der Produktion entspricht. (5.9.2) verlangt für den Fall einer echt inneren Lösung, daß die Ressourcenmenge so zu wählen ist, daß die Identität zwischen dem Preis für den Einsatz der Ressource in der Güterproduktion, definiert als Summe aus dem Ressourcen- und dem Entsorgungspreis, und den sozialen Grenzkosten des Ressourceneinsatzes gilt. Die sozialen Grenzkosten des Ressourceneinsatz sind im Falle einer echt inneren Lösung definiert als die Summe aus den Grenzkosten des Einsammelns der eingesetzten Ressource und einer gewichteten Summe aus den Grenzkosten des Rezyklierens und der Summe aus den Grenzkosten der Neumaterialproduktion und den Grenzschäden der Deponierung, wobei die Gewichtung von der Entsorgungsquote bestimmt ist. Schließlich fordert (5.10.2) eine Entsorgungsquote in der Höhe, daß die Summe aus den Grenzkosten der Neumaterialproduktion und den Grenzschäden den Grenzkosten der Rezyklierung entspricht, d.h. der soziale Grenzerlös der Rezyklierung entspricht den Grenzkosten[3].

5.1.2 Die Referenzallokation für die Bewertung der Besteuerung

Die angenommenen Inada-Bedingungen garantieren, daß die Grenzkosten der Rezyklierung gegen unendlich streben, wenn die Rezyklatmenge sich der Menge der entsorgten Ressourcenmenge annährt, siehe Inada (1963). Somit wird in der folgenden Bestimmung der Referenzallokation für die Bewertung der Besteuerung nur die untere Randlösung berücksichtigt. Die Verwendung der Güter-, der eingesetzten und entsorgten Ressourcen- und der Rezyklatmenge als Entscheidungsvariablen des Regulierers erlaubt die Menge des Neumaterials als $N = W - R^R$ zu schreiben. Das Maximierungsproblem (5.5) lautet mit der Nebenbedingung $R^R \geq 0$

$$\max_{Y,W,R^R} SWF(Y, W, R^R, W - R^R) \quad \text{u.d.N.: } R^R \geq 0. \tag{5.13}$$

oder ausgeschrieben

$$\begin{aligned}\max_{Y,W,R^R} \Bigg\{ \int_0^Y p(y)\, dy - c^Y\left(Y; p^R(W) + p^W(W)\right) + p^W(W)\, W - nc^W\left(\frac{W}{n}\right) \\ - nc^{WR}\left(\frac{R^R}{n}\right) - F + p^R(W)\, W - C^N(W - R^R) - S(W - R^R) \Bigg\}. \end{aligned} \tag{5.14}$$

u.d.N.: $R^R \geq 0$,

Die Lagrangefunktion des Problems (5.14) lautet mit dem Kuhn-Tucker Parameter μ

$$\mathcal{L}^{SWF}\left(Y, W, R^R, \mu\right) = SWF\left(Y, W, R^R\right) + \mu R^R \tag{5.15}$$

[3] In einem Modell von Eichner und Pethig (2001a) über Produktdesign und Rezyklierung findet sich eine eine ähnliche Regel, die die Gleichheit zwischen dem Grenzschaden und den Grenzkosten der Abfallbehandlung, d.h. Reduktion des Grenzschadens ohne Rezyklierung, fordert, siehe dort Seite 114 Gleichung (16).

Die Bedingungen erster Ordnung lauten unter Vernachlässigung der Funktionsargumente und mit $c^Y_{p^{RW}} = W$

$$\frac{\partial \mathcal{L}^{SWF}}{\partial Y} = p - c^Y_Y = 0, \tag{5.16}$$
$$\frac{\partial \mathcal{L}^{SWF}}{\partial W} = p^W + p^R - c^W_W - C^N_N - S_D = 0, \tag{5.17}$$
$$\frac{\partial \mathcal{L}^{SWF}}{\partial R^R} = C^N_N + S_D - c^{WR}_R + \mu = 0 \tag{5.18}$$

und der Komplementaritätsbedingung

$$\mu \geq 0 \ \left(\mu = 0 \text{ falls } R^R > 0\right). \tag{5.19}$$

Die Bedingung zweiter Ordnung fordert die Konkavität der Funktion der sozialen Wohlfahrt. Diese ist streng konkav und das Maximum global, falls wie in Anhang 13.1.2 Seite 197 gezeigt wird, die hinreichende Bedingung aus Abschnitt 5.1.1 Seite 68

$$C^N_{NN} + S_{DD} - \frac{1}{n} c^{WR}_{RR} > 0 \tag{5.12}$$

erfüllt ist. (5.12) verlangt, daß der soziale Grenzerlös der Rezyklierung als Funktion des Neumaterials, welches als Differenz zwischen der eingesetzten Ressourcenmenge und der Rezyklatmenge definiert ist, in der Rezyklatmenge steiler ist als die Grenzkosten der Rezyklierung.

Keine Rezyklierung

In dieser Randlösung folgt aus den Komplementaritätsbedingungen (5.19) Seite 71 $\mu > 0$. Aus den angenommenen Inada-Bedingungen, siehe Inada (1963), folgt, daß die Grenzkosten der Rezyklierung von Null Einheiten gleich Null sind $c^{WR}_R(0) = 0$. Somit vereinfachen sich die Bedingungen erster Ordnung, wie folgt

$$\frac{\partial \mathcal{L}^{SWF}}{\partial Y} = p - c^Y_Y = 0, \tag{5.16}$$
$$\frac{\partial \mathcal{L}^{SWF}}{\partial W} = p^W + p^R - C^N_N - c^W_W - S_D = 0, \tag{5.17.1}$$
$$\frac{\partial \mathcal{L}^{SWF}}{\partial R^R} = C^N_N + S_D + \mu = 0. \tag{5.18.1}$$

Die Bedingung (5.16) fordert eine Gütermenge, bei der die marginale Zahlungsbereitschaft des Konsumenten den Grenzkosten der Güterproduktion entspricht. Aus der Bedingung erster Ordnung (5.17.1) folgt, daß der Preis des Ressourceneinsatzes in der Güterproduktion auf dem gesamten zulässigen Bereich für die eingesetzte und entsorgte Ressourcenmenge den sozialen Grenzkosten des Ressourceneinsatzes entsprechen muß. Die Bedingung (5.18.1) ist nicht erfüllt, weil die Grenzkosten der Neumaterialproduktion, der Grenzschaden und der Kuhn-Tucker Paramter positiv sind. Folglich ist in diesem Modellrahmen eine Allokation in der nicht rezykliert wird, keine Erst-Beste Allokation.

Innere Lösung

Für den Fall einer inneren Lösung folgt aus der Komplementaritätsbedingung (5.19) Seite 71 $\mu = 0$. Somit vereinfachen sich die Bedingungen erster Ordnung, wie folgt

$$\frac{\partial \mathcal{L}^{SWF}}{\partial Y} = p - c_Y^Y = 0, \tag{5.16}$$

$$\frac{\partial \mathcal{L}^{SWF}}{\partial W} = p^W + p^R - C_N^N - c_W^W - S_D = 0, \tag{5.17.2}$$

$$\frac{\partial \mathcal{L}^{SWF}}{\partial R^R} = C_N^N + S_D - c_R^{WR} = 0. \tag{5.18.2}$$

Die Bedingung erster Ordnung (5.16) fordert, daß die marginale Zahlungsbereitschaft, d.h. der Preis, des Konsumenten den Grenzkosten der Güterproduktion entspricht. Die zweite Bedingung erster Ordnung (5.17.2) verlangt, daß der Preis des Ressourceneinsatzes in der Güterproduktion, definiert als die Summe aus dem der Ressource und dem der Entsorgung, den sozialen Grenzkosten des Ressourceneinsatzes, d.h. der Summe aus den Grenzkosten der Neumaterialproduktion und des Einsammelns der Ressource zuzüglich des marginalen Umweltschadens, entspricht. Schließlich fordert die dritte Bedingung erster Ordnung (5.18.2), daß der soziale Grenzerlös der Rezyklierung, der Summe aus den Grenzkosten der Neumaterialproduktion und dem marginalen Umweltschaden, den Grenzkosten der Rezyklierung entspricht.

5.2 Die soziale Wohlfahrt im Marktgleichgewicht

Im folgendem werden die in 5.1 hergeleiteten verschiedenen Bedingungen zur Bestimmung der Erst-Besten Allokation verwendet, um die optimale Werte für die zur Regulierung jeweils eingesetzten Instrumente zu bestimmen und zu diskutieren. In Abschnitt 5.2.1 wird die soziale Wohlfahrt in dem Marktgleichgewicht unter der Quotenregulierung besprochen. Dabei wird auf mögliche Abweichungen und den Ursachen dafür ausführlich eingegangen. Anschließend wird in Abschnitt 5.2.2 zuerst die soziale Wohlfahrt im Marktgleichgewicht unter einer Besteuerung der Entsorger bestimmt. Mögliche Kombinationen von die Erst-Beste Allokation sichernden Steuer- und Subventionssätzen werden dargestellt und interpretiert.

5.2.1 Die soziale Wohlfahrt in dem Marktgleichgewicht unter der Quotenregulierung

Die in Abschnitt 5.1 hergeleitete Erst-Beste Allokation wird nun zur Bestimmung auftretender Abweichungen der im Marktgleichgewicht unter der Quotenregulierung erreichten Allokation von der Erst-Besten verwendet. Wird ein Marktgleichgewicht bei der Maximierung der sozialen Wohlfahrt berücksichtigt, dann sind die in der Ökonomie produzierten Mengen von der Entsorgungsquote abhängig. Die Entsorger bestimmen ihre Angebotsentscheidung in Abhängigkeit der Entsorgungsquote und folglich ist der Preis der Entsorgungsdienstleistungen eine Funktion der Entsorgungsquote. Durch ihn ist die Entsorgungsquote eine die übrigen Mengen und Preise des Gleichgewichtes auf dem Güter-, dem Entsorgungs- und dem Ressourcenmarkt mitbestimmende Größe. Der Regulierer hat somit unter der Nebenbedingung eines Gleichgewichtes auf dem Güter-, Entsorgungs- und Ressourcenmarkt nur eine Entscheidungsvariable als Instrument zur Regulierung des Marktgleichgewichtes zur Verfügung. Die Funktion der sozialen Wohlfahrt lautet mit den in Abschnitt 4.3 implizit definierten Mengen und Preise als Funktionen der Entsorgungsquote

$$
\begin{aligned}
SWF\left(\tilde{Y}(\beta), \tilde{W}(\beta), \tilde{p}^R(\beta), \tilde{p}^W(\beta), \beta\right) = \\
& \int_0^{\tilde{Y}(\beta)} p(y)\, dy - c^Y\left(\tilde{Y}(\beta); \tilde{p}^R(\beta) + \tilde{p}^W(\beta)\right) \\
& + \tilde{p}^W(\beta)\tilde{W}(\beta) - nc^W\left(\frac{\tilde{W}(\beta)}{n}\right) - nc^{WR}\left(\frac{\beta\tilde{W}(\beta)}{n}\right) - F \\
& + \tilde{p}^R(\beta)\tilde{W}(\beta) - C^N\left((1-\beta)\tilde{W}(\beta)\right) - S\left((1-\beta)\tilde{W}(\beta)\right). \qquad (5.20)
\end{aligned}
$$

Die angenommenen Inada-Bedingungen garantieren wieder, daß die Grenzkosten der Rezyklierung gegen unendlich streben, wenn die Rezyklierungsquote gegen Eins strebt, siehe Inada (1963). Somit wird in der folgenden Bestimmung der sozialen Wohlfahrt im Marktgleichgewicht unter der Quotenregulierung die obere Randlösung vernachlässigt. Desweiteren sind die Annahme der bindenden Regulierung (3.14) Seite 30 und die der Inada-Bedingungen, siehe Inada (1963), mit der unteren Randlösung unvereinbar. Weil aus diesen beiden Annahmen folgt, daß bei einer Entsorgungsquote von Null der Ressourcenpreis negativ sein muß. Dies steht im Widerspruch zu der angenommenen Eigenschaft der Ressource als ein Gut. Somit wird die untere Randlösung in der Bestimmung der sozialen Wohlfahrt im Marktgleichgewicht unter der Quotenregulierung ebenfalls vernachlässigt. Das Problem der Maximierung der sozialen Wohlfahrt über die Entsorgungsquote β auf dem abgeschlossenen Intervall $[0, 1]$ wird beschrieben durch

$$\max_{\beta} SWF\left(\tilde{Y}(\beta), \tilde{W}(\beta), \tilde{p}^R(\beta), \tilde{p}^W(\beta), \beta\right) \quad \text{u.d.N.: } 0 \leq \beta \leq 1. \qquad (5.21)$$

Die Lagrange-Funktion ist definiert durch

$$\mathcal{L}(\beta) = SWF\left(\tilde{Y}(\beta), \tilde{W}(\beta), \tilde{p}^R(\beta), p^W(\beta), \beta\right) \qquad (5.22)$$

und, wie im Anhang unter 13.2.1 ab Seite 198 ausgeführt, kann gegeben ein simultanes Gleichgewicht auf dem Güter-, dem Entsorgungs- und dem Ressourcenmarkt die Bedingung erster Ordnung der Entsorgungsquote für ein Maximum der Lagrange-Funktion bzw. des dahinterstehenden Maximierungsproblems (5.21), geschrieben werden als

$$-\left[p_W^W \frac{\tilde{W}}{n} + (1-\beta) S_D\right] \frac{\partial \tilde{W}}{\partial \beta} + \left[\tilde{p}^R + S_D - c_R^{WR}\right] \tilde{W} = 0. \qquad (5.23)$$

Die Bedingung zweiter Ordnung ist im Anhang 13.2.1 als Gleichung (13.18) Seite 199 dargestellt und wird für den Rest dieses Kapitels als erfüllt angenommen.

Das folgende Theorem 14 nennt die beiden Bedingungen unter der die Quotenregulierung die Erst-Beste Allokation erreicht. Der Beweis diese Theorems findet sich im Anhang 13.2.1 Seite 199ff.

Theorem 14 *Die Quotenregulierung sichert die Erst-Beste Allokation in dem Marktgleichgewicht genau dann, wenn der Preisaufschlag eines Entsorgers auf den Preis der Entsorgung der in der Güterproduktion eingesetzten Ressourcenmenge dem durch diese Ressourcenmenge trotz Rezyklierung ausgelösten Grenzschaden entspricht und die Entsorgungsquote genau den Wert annimmt, bei dem der soziale Grenzerlös des Rezyklierens den Grenzkosten entspricht. Ist der Entsorgungsmarkt perfekt kompetitiv, dann würde eine Entsorgungsquote von Eins die Erst-Beste Allokation im Marktgleichgewicht sichern, wenn sie erreichbar wäre.*

Die Mengenverknappung des Oligopols auf dem Entsorgungsmarkt wirkt dem Mengenüberschuß wegen der geringeren privaten Grenzkosten des Ressourceneinsatzes im Vergleich zu den sozialen entgegen. Für den Rest dieses Abschnitts sei angenommen, daß eine Zweit-Beste Allokation vorliegt. Sei die Elastizität definiert durch $\eta(x,y) = \frac{\partial x}{\partial y}\frac{y}{x}$. Dann ist mit $C_N^N = \tilde{p}^R$ die optimale Entsorgungsquote, wie im Anhang unter 13.2.1 ab Seite 200 gezeigt, implizit definiert durch

$$\frac{c_R^{WR} - \tilde{p}^R}{S_D} = \left(1 - \frac{(1-\beta)}{\beta}\eta\left(\tilde{W},\beta\right)\right) - \eta\left(\tilde{W},\beta\right)\frac{1}{\eta\left(\tilde{W},p^W\right)}\frac{p^W}{n\beta S_D}. \tag{5.24}$$

In der Erst-Besten Allokation muß der Quotient aus den sozialen Grenzvermeidungskosten und den Grenzschäden, die linke Seite von (5.24), gleich Eins sein, vgl. (5.10.2) Seite 69. Der erste Summand der rechten Seite von (5.24) zeigt die Abweichung von der Erst-Besten Allokation durch die Verwendung einer Quote als regulierendes Instrument[4], Der zweite Summand der rechten Seite von (5.24) stellt die Verzerrung durch das Oligopol auf dem Entsorgungsmarkt dar[5] und diese verschwindet, sobald der Markt sich einem vollständig kompetitiven annähert, d.h. n gegen unendlich strebt. Für die folgende Interpretation von (5.24) sei angenommen, daß die eingesetzte und entsorgte Ressourcenmenge kontraktiv auf eine Quotenverschärfung reagiert, d.h. $\frac{d\tilde{W}}{d\beta} < 0$, und die wohlfahrtsmaximierende Entsorgungsquote größer Null ist. Der erste Term der rechten Seite von (5.24) ist dann größer als Eins. Wird der zweite Ausdruck gedanklich gleich Null gesetzt, d.h. der Entsorgungsmarkt ist vollständig kompetitiv, dann sind die Grenzschäden im

[4] Bei Ebert (1998) findet sich eine identische Darstellung dieser Abweichung, falls β durch $1-\alpha$ ersetzt wird.

[5] Falls die sozialen Grenzvermeidungskosten $c_R^{WR} - p^R$ durch C_W^W ersetzt werden, findet sich eine äquivalente Darstellung dieser Abweichung bei Mommer (2000) in einem Modellrahmen ohne Ressourcenmarkt und falls $c_R^{WR} - p^R$ durch $C_R^{WR} - p^R - p^D$ ersetzt wird findet sich eine äquivalente Darstellung dieser Abweichung bei Mommer (2001) in einem Modellrahmen, der Kosten der Deponierung berücksichtigt aber von exogenen und konstanten Relationen zwischen der Güter- und der Ressourcenmenge ausgeht.

Optimum kleiner als die sozialen Grenzvermeidungskosten. Falls die Grenzschäden den Grenzvermeidungskosten entsprechen, dann gilt für den Entsorgungspreis im Marktgleichgewicht unter vollständigem Wettbewerb

$$\begin{aligned} p^W\left(\tilde{W},\tilde{p}^R\right) &= c_W^W\left(\tilde{W}\right) + \beta\left(c_W^{WR}\left(\beta\tilde{W}\right) - \tilde{p}^R\right) \\ &= c_W^W\left(\tilde{W}\right) + \beta S_D\left((1-\beta)\,\tilde{W}\right) \\ &< c_W^W\left(\tilde{W}\right) + S_D\left((1-\beta)\,\tilde{W}\right). \end{aligned} \tag{5.25}$$

Eine Straffung der Entsorgungsquote verringert die Differenz zwischen dem Entsorgungspreis und den sozialen Grenzkosten des Ressourceneinsatzes. Der Entsorgungspreis steigt, siehe Theorem 8 Seite 49 in Abschnitt 4.3.1. Die Tatsache, daß die Summe auf der rechte Seite der Ungleichung (5.25) in Reaktion auf eine Quotenverschärfung sinkt, wenn die Menge der Entsorgungsdienstleistungen sinkt, folgt aus den steigenden Grenzkosten des Einsammelns der Ressource und den steigenden Grenzschäden.

Das Vorzeichen des zweiten Terms der rechten Seite von (5.24) ist negativ und dessen Größe von der Preiselastizität der Nachfrage nach den Entsorgungsdienstleistungen abhängig. Falls die Nachfrage sehr elastisch ist, existiert nur ein geringer Preissetzungsspielraum seitens der Oligopolisten und die Abweichung des Entsorgungspreises von den totalen Grenzkosten der Entsorgung ist nur gering. Folglich weicht die optimale Höhe der Entsorgungsquote nur sehr wenig von der in dem vorangehenden Absatz diskutierten ab. Andererseits falls die Nachfrage sehr unelastisch ist, weicht der Entsorgungspreis stark von den totalen Grenzkosten der Entsorgung ab und als Folge können die Grenzschäden größer sein als die sozialen Grenzvermeidungskosten. Der Regulierer muß bei der Bestimmung des optimalen relativen Standards sowohl den Umweltschaden als auch die Mengenverknappung auf dem Entsorgungsmarkt berücksichtigen[6]. Eine Straffung der Entsorgungsquote senkt den Grenzschaden, gleichzeitig sinkt die entsorgte Ressourcenmenge, siehe Theorem 8 Seite 49 in Abschnitt 4.3.1, und als Folge steigt der Preisaufschlag der Entsorger auf die totalen Grenzkosten der Entsorgung. Deshalb ist der optimale Standard weniger strikt als unter vollständigem Wettbewerb auf dem Entsorgungsmarkt, um die von der Marktmacht hervorgerufene Verzerrung nicht zu stark zu steigern.

Falls die entsorgte Menge expansiv $\frac{d\tilde{W}}{d\beta} > 0$ auf eine Verschärfung der Entsorgungsquote reagiert und die wohlfahrtsmaximierende Entsorgungsquote zwischen Null und Eins liegt. Dann ist der erste Summand der rechten Seite von (5.24) kleiner als Eins. Folglich sind die Grenzschäden größer als die Grenzvermeidungskosten, wenn der Entsorgungsmarkt vollständig kompetitiv ist. Setzt der Regulierer die Entsorgungsquote so, daß die Grenzschäden den Grenzvermeidungskosten entsprechen, ist der Preis für die Entsorgungsdienstleistungen geringer als die sozialen

[6] Dies ist äquivalent zu der Bestimmung der Pigou-Steuer bei unvollständigem Wettbewerb, siehe z.B. Baumol und Oates (1988) Seite 83 Gleichung (8) und die darin enthaltenen Referenzen.

Grenzkosten des Ressourceneinsatzes. Ein Reduktion der Entsorgungsquote führt zu einem Anstieg des Entsorgungspreises zum einen, weil die entsorgte Menge sinkt und zum anderen, weil der Ressourcenpreis steigt. Gleichzeitig sinken die sozialen Grenzkosten des Ressourceneinsatzes, wegen dem Rückgang in den Grenzkosten des Einsammelns und dem der Grenzschäden.

Das Vorzeichen des zweiten Terms der rechten Seite von (5.24) ist in dem Falle einer expansiven Reaktion der entsorgten Menge positiv. Eine Quotenstraffung bewirkt nun eine Verringerung der von dem Oligopol auf dem Entsorgungsmarkt hervorgerufenen Verzerrung.

5.2.2 Die soziale Wohlfahrt in dem Marktgleichgewicht unter einer Besteuerung

Im Marktgleichgewicht unter einer Besteuerung sind die Mengen und die Preise Funktionen der Steuer auf die entsorgte Ressourcenmenge, der Subvention auf die Rezyklierung und der Steuer auf die deponierte Ressourcenmenge $\grave{Y} = Y\left(t^W, s^R, t^D\right)$, $\grave{p}^R = p^R\left(t^W, s^R, t^D\right)$, $\grave{p}^W = p^W\left(t^W, s^R, t^D\right)$, $\grave{W} = W\left(t^W, s^R, t^D\right)$ und $\grave{R}^R = R^R\left(t^W, s^R, t^D\right)$, siehe Abschnitt 4.4 Seite 53. Desweiteren wird angenommen, daß die Einnahmen aus der Besteuerung und die Subventionsausgaben keine Auswirkungen über eine Änderung des Staatsbudgets auf die in diesem Modell betrachteten Aktivitäten haben. Folglich lautet die Funktion der sozialen Wohlfahrt, gegeben ein Marktgleichgewicht unter einer Besteuerung

$$
\begin{aligned}
SWF\left(\grave{Y}(\cdot), \grave{p}^R(\cdot), \grave{p}^W(\cdot), \grave{W}(\cdot), \grave{R}^R(\cdot), t^W, s^R, t^D\right) = \\
\int_0^{\grave{Y}} p(y)\, dy - c^Y\left(\grave{Y}; \grave{p}^R + \grave{p}^W\right) + \grave{p}^W \grave{W} - nc^W\left(\frac{\grave{W}}{n}\right) - F \\
- nc^{WR}\left(\frac{\grave{R}^R}{n}\right) + \grave{p}^R \grave{W} - C^N(\grave{W} - \grave{R}^R) - S(\grave{W} - \grave{R}^R). \quad (5.26)
\end{aligned}
$$

Die angenommenen Inada-Bedingungen garantieren, daß die Grenzkosten der Rezyklierung gegen unendlich streben, wenn die Rezyklatmenge sich der Menge der entsorgten Ressourcenmenge annährt, siehe Inada (1963). Somit kann die obere Randlösung vernachlässigt werden. Aus Abschnitt 5.1.2 ist bekannt, daß die untere Randlösung keine Erst-Beste Allokation ist. Ein Wohlfahrtsmaximierer wird niemals die untere Randlösung durch Besteuerung im Marktgleichgewicht implementieren. Folglich wird die untere Randlösung in diesem Abschnitt berücksichtigt. Das Problem der sozialen Wohlfahrtmaximierung im Marktgleichgewicht unter einer Besteuerung ist gegeben durch

$$
\max_{t^W, s^R, t^D} SWF\left(\grave{Y}(\cdot), \grave{p}^R(\cdot), \grave{p}^W(\cdot), \grave{W}(\cdot), \grave{R}^R(\cdot), t^W, s^R, t^D\right). \quad (5.27)
$$

Die zugehörige Lagrangefunktion lautet

$$
\mathcal{L} = SWF\left(\grave{Y}(\cdot), \grave{p}^R(\cdot), \grave{p}^W(\cdot), \grave{W}(\cdot), \grave{R}^R(\cdot), t^W, s^R, t^D\right). \quad (5.28)
$$

Die Bedingungen erster Ordnung für die beiden Steuersätze und den Subventionssatz lauten im Marktgleichgewicht, wie im Anhang 13.2.2 Seite 200 ausgeführt, für $\tau \in \{t^W, s^R, t^D\}$

$$\left[-\grave{p}_W^W \frac{\grave{W}}{n} + t^W + t^D + \grave{p}^R - C_N^N - S_D\right] \frac{\partial \grave{W}}{\partial \tau} - \left[s^R + t^D - S_D\right] \frac{\partial \grave{R}^R}{\partial \tau} = 0. \tag{5.29}$$

Für den Rest dieser Arbeit wird angenommen, daß die soziale Wohlfahrtsfunktion gegeben ein Marktgleichgewicht unter einer Besteuerung konkav in den Steuer- und Subventionssätzen ist.

Wie im Anhang 13.2.2 Seite 200 ausgeführt, läßt sich die Bedingung erster Ordnung schreiben als

$$\left[-\grave{p}_W^W \frac{\grave{W}}{n} + t^W + t^D - S_D\right] \frac{\partial \grave{W}}{\partial \tau} - \left[s^R + t^D - S_D\right] \frac{\partial \grave{R}^R}{\partial \tau} = 0. \tag{5.29.2}$$

Das folgende Theorem 15 faßt die möglichen Kombinationen von Steuer- und Subventionssätzen zusammen, die die Erst-Beste Allokation im Marktgleichgewicht sichern[7].

Theorem 15 *Die folgenden drei Kombinationen des Einsatzes zweier Instrumente sichern die Erste-Beste Allokation im Marktgleichgewicht:*

1. *Eine Besteuerung der entsorgten Ressourcenmenge mit* $t^W = p_W^W \frac{\grave{W}}{n} + S_D$ *und eine gleichzeitige Subvention der rezyklierten Menge mit* $s^R = S_D$.

2. *Eine Subvention der entsorgten Ressourcenmenge mit* $t^W = p_W^W \frac{\grave{W}}{n}$ *und eine gleichzeitige Besteuerung der nichtrezyklierten Menge mit* $t^D = S_D$.

3. *Eine Besteuerung der deponierten Ressourcenmenge mit* $t^D = p_W^W \frac{\grave{W}}{n} + S_D$ *und eine gleichzeitige Besteuerung der rezyklierten Menge mit* $s^R = -p_W^W \frac{\grave{W}}{n}$.

Die Notwendigkeit zweier Instrumente zur Erreichung der Erst-Besten Allokation, gegeben die Möglichkeit der Deponierung und Rezyklierung des Abfalles ist in der Literatur ausgiebig diskutiert, siehe z.B. Stevens (1988), Dinan (1993), Palmer und Walls (1997). Zum einen muß die ineffiziente Höhe der eingesetzten und entsorgten Ressourcenmenge korrigiert werden und zum anderen muß die effiziente Kombination von Neumaterial und Rezyklat sichergestellt werden. Im folgenden werden die drei im Theorem 15 beschriebenen Kombinationen von Steuer- und Subventionssätzen kurz diskutiert. Bei der unter Punkt 1 beschriebene Kombination aus einer Besteuerung der entsorgten Ressourcenmenge und einer Subvention der rezyklierten, entspricht die Subvention dem Grenzschaden im Erst-Besten. Die marginalen Rezyklierungserlöse als Summe aus dem Ressourcenpreis und dem Subventionssatz entsprechen dann den sozialen, und das Ausmaß der Rezyklierungsaktivität entspricht dem in der Erst-Besten Allokation. Der Steuersatz

[7] Es existiert ein Kontinuum von die Erst-Beste Allokation sichernden Instrumenten, sobald Mischungen der einzelnen in Theorem 15 beschriebenen zugelassen werden. Diese Möglichkeit wird aber innerhalb der vorliegenden Arbeit nicht weiter betrachtet.

für die entsorgte Ressourcenmenge ist genau dann positiv, wenn die von dem unvollständigen Wettbewerb verursachte Verzerrung von dem Umweltschaden dominiert wird, und andernfalls müssen die Entsorger subventioniert werden. Dieser Steuersatz ist in der umweltökonomischen Literatur ausgiebig diskutiert, siehe z.B. für den Fall eines Monopols Buchanan (1969), Oates und Strassmann (1984), Baumol und Oates (1988) Seite 83 Gleichung (8) und für den eines symmetrischen Oligopols Ebert (1991) Gleichung (8b) und die darin enthaltenen Referenzen. Die Kombination einer Besteuerung der Entsorgung und einer Subventionierung des Rezyklierens ist als ein Pfand-Rückgabe System bekannt, siehe den entsprechenden Abschnitt 2.1.2 in der Literaturübersicht Seite 16ff. Der Steuersatz auf die Entsorgung zeigt, in welcher Form ein Pfand-Rückgabe System an den unvollständigen Wettbewerb angepasst werden muß. Falls die Mengenverknappung relativ stark ist, kann der Fall auftreten, daß das Pfand sich in eine Subvention umgekehrt.

In Punkt 2 stellt eine Kombination aus einer Steuer auf die entsorgte und die deponierte Ressourcenmenge dar. Die Steuer auf die deponierte Ressourcenmenge wirkt sowohl direkt auf dem Entsorgungsmarkt als auch auf den Ressourcenmarkt, weil die Steuer zum einen die Kosten der Entsorgung erhöht und zum anderen die Erträge der Rezyklierung steigert. Gegeben eine zu entsorgende Ressourcenmenge, reduziert die Rezyklierung einer marginalen Ressourceneinheit die Kosten der Deponierung genau um den Steuersatz auf die Deponierung. Folglich steigert die Besteuerung der Deponierung die Rezyklierungserträge. Eine Steuer auf die Deponierung in Höhe des Grenzschadens in der Erst-Besten Allokation sichert die Identität der privaten und der sozialen Grenzerlöse der Rezyklierung. Gleichzeitig wird auf dem Entsorgungsmarkt durch diese Steuer der Grenzschaden des Ressourceneinsatzes in das Kalkül der Entsorger integriert. Damit die Erst-Beste Allokation erreicht wird, müssen die Entsorger in Höhe der intramarginalen Erlösreduktion einer Ausweitung der Entsorgungsaktivität subventioniert werden.

Schließlich besteht die unter Punkt 3 beschriebene Möglichkeit die Steuer auf die Deponierung und die Subvention des Rezyklierens als regulierende Instrumente zu verwenden. Der Steuersatz der Deponierung entspricht, dann dem in Punkt 1 beschriebene Steuersatz auf die entsorgte Ressourcenmenge, d.h. der Differenz zwischen dem Grenzschaden und der intramarginalen Erlösänderung einer Ausweitung der Entsorgungsaktivität gegeben die Mengen in der Erst-Besten Allokation. Aus der Tatsache, daß eine Deponiesteuer, sowohl direkt auf dem Entsorgungsmarkt als auch direkt auf den Ressourcenmarkt wirkt, folgt, daß durch die Höhe der Subvention der Rezyklierung der Steuersatz auf die Deponierung, um die Höhe der intramarginalen Erlösänderung zu korrigieren ist. In diesem Fall entspricht die Subvention des Rezyklierens einer Besteuerung mit dem Betrag der intramarginalen Erlösänderung einer Ausweitung der Entsorgungsaktivität.

5.3 Zusammenfassung

Dieses Kapitel hat die Bedingungen für eine Erst-Beste Allokation beschrieben und interpretiert. Gezeigt wurde, daß eine Entsorgungsquote von Null keine Erst-Beste Allokation erreicht. Im allgemeinen erreicht die Regulierung des Marktgleichgewichtes durch eine Entsorgungsquote nur eine Zweit-Beste Allokation. In dem Kapitel 4 wurde gezeigt, daß die Reaktion der entsorgten Ressourcenmenge auf eine Quotenverschärfung mit entscheidend von den totalen Grenzkosten der Entsorgung bestimmt wird. Der Abschnitt 5.2.1 diskutierte die Bestimmung der optimalen Entsorgungsquote in Abhängigkeit von der Reaktion der entsorgten Ressourcenmenge auf eine Quotenänderung. Reagiert die Ressourcenmenge kontraktiv auf eine Quotenstraffung und folglich die Entsorgung relativ teuer, d.h. die Änderung der totalen Grenzkosten der Entsorgung ist größer als die in den Grenzerlösen, dann ist ausgehend von einer Entsorgungsquote, bei der die Grenzschäden den sozialen Grenzvermeidungskosten entsprechen und der Entsorgungsmarkt vollständig kompetitiv ist, die Entsorgungsquote zu steigern, um ein Zweit-Bestes Wohlfahrtsmaximum zu erreichen. Reagiert die Ressourcenmenge expansiv und ist folglich die Entsorgung relativ günstig, dann ist wieder ausgehend von einer Entsorgungsquote, bei der die Grenzschäden den Grenzvermeidungskosten entsprechen und der Entsorgungsmarkt vollständig kompetitiv ist, die Entsorgungsquote zu senken, um ein Zweit-Bestes Wohlfahrtsmaximum zu erreichen. Wird der unvollständige Wettbewerb bei der Bestimmung der Entsorgungsquote miteinbezogen, dann zeigt sich, daß die von dem Oligopol induzierte Mengenverknappung auf dem Entsorgungsmarkt der eben angesprochenen Abweichung der optimalen Entsorgungsquote von dem Punkt der Gleichheit zwischen den Grenzschäden und Grenzvermeidungskosten entgegenwirkt.

Die Wohlfahrtsdiskussion schloß mit der Bestimmung und Interpretation von drei Kombinationen von Steuer- und Subventionsätzen, die die Erst-Beste Allokation sicherstellen. Welche dieser Kombinationen die geringsten Widerstände bei einer Einführung in der Empirie hervorrufen würde, hängt ab von der Wahrnehmung der Entsorger als preissetzende und gewinnmaximierende Oligopolisten seitens der Politik und der Öffentlichkeit und der Relevanz des Umweltschadens der Deponierung, weil die Korrektur der durch das Oligopol hervorgerufenen Verzerrung eine Subventionierung der Oligopolisten erfordert. Dies kann direkt über eine Subventionierung der Entsorgungsaktivität vorgenommen werden. Falls die Entsorger als gewinnmaximierende Oligopolisten wahrgenommen werden, ist aber naheliegend, anzunehmen, daß der Gesetzgeber große Probleme hätte, der Öffentlichkeit nahezubringen, warum dieser subventioniert werden muß. Vermutlich ist die Kombination aus einer Besteuerung der Deponierung und der Subvention des Rezyklierens leichter einzuführen, weil unabhängig davon, ob der Steuersatz auf die Deponierung positiv oder negativ ist, selbiger entweder als Deponiegebühr eingeführt werden könnte oder durch eine versteckte Subvention in Form einer Deponiegebühr die unterhalb der sozialen

Grenzkosten liegt. Die Rezyklierungsaktivität müßte dann nur noch mit dem entsprechenden Satz besteuert werden, so daß die Deponiesteuer den privaten und sozialen Grenzerlös der Rezyklierung angleicht.

Offen bleiben in den bisher diskutierten Aspekten einer Quotenregulierung die folgenden zwei Fragen: Erstens, wie ist die Entsorgungsquote über den Zeitablauf zu bestimmen? Zweitens, wie sollte der soziale Planer die Entsorgungsquote anpassen, wenn ein neuer Entsorger in den Markt eintritt? Bevor die Frage der optimalen Entsorgungsquote über den Zeitablauf behandelt wird, muß zuerst der bisherige Modellrahmen um die lange Frist erweitert werden, um eine sinnvolle Diskussion der langfristigen Aspekte der Quotenregulierung erst zu ermöglichen.

Teil III

Die langfristigen Aspekte

Kapitel 6

Die langfristige Modellerweiterung

In diesem Kapitel wird das kurzfristige Modell aus Kapitel 3 erweitert, so daß die Frage diskutiert werden kann, wie sich die wohlfahrtsmaximierende Entsorgungsquote im Zeitablauf verhält. Die Antwort auf diese Frage liefert eine modelltheoretische Begründung, wann eine Quotensteigerung, wie in der VerpackungsVerordnung Anhang 2 Seite 1236 Bundesgesetzblatt (1991) vorgeschrieben, wohlfahrtsmaximierend sein kann.

Damit diese Frage diskutiert werden kann, wird ein sich regenerierender Ressourcenbestand, von dem das Neumaterial geerntet wird, eingeführt[1]. Dieser Ressourcenbestand wird als ein Aggregat aller regenerierbaren und nicht-regenerierbaren Ressourcen betrachtet. Desweiteren wird in diesem Teil der Arbeit angenommen, daß die Deponierung die Akkumulation eines Abfallbestandes verursacht. Dieser Abfallbestand erzeugt einen Umweltschaden. Folglich muß die Modellierung des unter dem Umweltschaden leidenden Konsumenten um den Bestand und dessen Dynamik erweitert werden. Der Güterproduzent wird unverändert aus dem Abschnitt 3.1 übernommen. Die Definition des Gleichgewichtes auf dem Gütermarkt aus Abschnitt 3.3 und die in Theorem 1 Seite 28 dargestellten Eigenschaften desselben werden somit von den hier eingeführten Erweiterungen des kurzfristigen Modellrahmens nicht beeinflußt. Leider existiert bislang noch kein befriedigender Ansatz zur theoretischen Modellierung unendlich oft wiederholter Spiele. Das Folk-Theorem[2] besagt unter allgemeinen Voraussetzungen, daß bei unendlich oft wiederholten Spielen jede zulässige Auszahlung als ein teilspiel-perfektes Nash-Gleichgewicht implementiert werden kann, wenn die Spieler hinreichend geduldig sind. Die Höhe der Diskontrate der Entsorger bestimmt, welche und wieviele Nash-Gleichgewichte in einem dynamischen Cournot-Nash Oligopolspiel existieren. Zur Vermeidung der damit verbundenen Probleme wird der Entsorgungsmarkt als perfekt kompetitiv angenommen. In einem gesonderten Kapitel 9 ab Seite 133 wird im Rahmen eines Differentialspiels die Frage der Anpassung der wohlfahrtsmaximierenden Entsorgungsquote an den Markteintritt eines weiteren Entsorgers diskutiert.

Die im vorhergehenden Teil dieser Arbeit getroffene Annahme eines nicht vermehrbaren

---

[1] Dabei ist der Spezialfall eines sich nicht-regenerierenden Bestandes enthalten.

[2] Siehe z.B. Fudenberg und Tirole (1995) Kapitel 5.1.2 Seite 150ff. oder Tirole (1995) Kapitel 6.7.3 Seite 590ff.

Produktionsfaktors, der als Boden interpretiert wird, bleibt aufrechterhalten. Folglich wird auch in der Erweiterung des Modells auf die lange Frist mit ansteigenden Grenzkosten gearbeitet.

Diese Kapitel gliedert sich wie folgt: Zuerst wird in Abschnitt 6.1 der repräsentative Konsument beschrieben. Anschließend wird in Abschnitt 6.2 ein repräsentativer preisnehmender Entsorger vorgestellt. Schließlich werden in Abschnitt 6.3 der Produzent von Neumaterial und die Bestandsdynamik des Ressourcenbestandes beschrieben. In Abschnitt 6.3.1 werden sehr ausführlich der Steady-State des Neumaterialproduzenten unter der Annahme eines exogenen Ressourcenpreises bestimmt und die Auswirkungen einer Steigerung des Ressourcenpreises und der Diskontrate auf diesen beschrieben. Das Kapitel schließt mit einer kurzen Zusammenfassung und einer Überleitung zu dem langfristigen Marktgleichgewicht auf dem Güter-, Entsorgungs- und Ressourcenmarkt.

6.1 Der Konsument

Ein repräsentativer Konsument besitzt wieder ein exogenes Einkommen M, welches er für den Erwerb des Konsumgutes Y und den des Numeraires X verwendet. Der deponierte Bestand der Ressource oder des Abfalles wird mit A bezeichnet. In jeder Periode vergrößert die nicht-rezyklierte Abfallmenge D den Bestand additiv. Biologische Zerfallsprozesse führen zu einem Abbau des akkumulierten Schadstoffes, und es wird angenommen, daß dieser Zerfallsprozeß mit einer konstanten Rate $\delta > 0$ abläuft. Folglich lautet die Bewegungsgleichung des deponierten Abfallbestandes[3]

$$\dot{A} = D - \delta A. \tag{6.1}$$

Der Abfallbestand verursacht eine negative Externalität und diese wird durch eine vom Abfallbestand abhängige Schadensfunktion $S = S(A)$, die als Reduktion des Nutzens in das Modell eingeführt wird, abgebildet. Der Grenzschaden ist positiv $S_A > 0$ und ansteigend $S_{AA} > 0$. Der Konsument wird äquivalent zu Abschnitt 3.2 Seite 27 durch die quasi-lineare Nutzenfunktion beschrieben

$$U(Y, X, A) = u(Y) + X - S(A). \tag{3.4}$$

Der Grenznutzen des Konsumgutes ist positiv $u_Y > 0$ und abnehmend $u_{YY} < 0$. Nutzenmaximierung führt zu einer fallenden inversen Nachfragefunktion nach dem Konsumgut

$$p = u_Y(Y), \tag{3.5}$$

$$p_Y = u_{YY}(Y). \tag{3.6}$$

[3] Ein Punkt über einer Variablen bezeichnet die Ableitung derselben nach der Zeit.

Der einzige Unterschied im Vergleich zu dem Konsumenten aus dem statischen Modellrahmen in Abschnitt 3.2 Seite 27 liegt in der die negative Externalität verursachenden Abfallmenge. Diese ist jetzt eine Bestandsgröße im Gegensatz zum Teil II in dem sie eine Stromgröße war.

6.2 Der preisnehmende Entsorger unter einer Quotenregulierung

Betrachtet wird nun ein repräsentativer und preisnehmender Entsorger, der einer ökonomisch bindenden Regulierung oder äquivalent einem negativen Grenzgewinn der Rezyklierung

$$p^R - c_R^{WR} < 0 \tag{3.14}$$

unterliegt. Mit p^W als den von ihm als gegeben angenommenen Preis läßt sich sein Gewinn beschreiben durch

$$\Pi^W = p^W W - c^W(W) - \left(c^{WR}(\beta W) - p^R \beta W\right). \tag{6.2}$$

Die Bedingung erster Ordnung für eine innere Lösung ist mit W^E als der gewinnmaximierenden Menge an Entsorgungsdienstleistungen gegeben durch

$$p^W - c_W^W(W^E) - \beta\left(c_R^{WR}(\beta W^E) - p^R\right) = 0, \tag{6.3}$$

und die Bedingung zweiter Ordnung lautet unter Vernachlässigung der Funktionsargumente

$$-c_{WW}^W - \beta^2 c_{RR}^{WR} < 0. \tag{6.4}$$

Die Bedingung erster Ordnung fordert die Gleichheit zwischen dem Grenzerlös der Entsorgungsdienstleistungen und den totalen Grenzentsorgungskosten. Die Konvexität der beiden Kostenfunktionen sichert die Erfülltheit der Bedingung zweiter Ordnung. Folglich beschreibt (6.3) ein Gewinnmaximum.

Die Bedingung erster Ordnung für eine innere Lösung (6.3) definiert implizit das Angebot an Entsorgungsdienstleistungen W^E als eine Funktion der beiden Preise und der Quote

$$W^E = W\left(p^W; p^R, \beta\right). \tag{6.5}$$

Das folgende Theorem 16, dessen Beweis sich im Anhang 14.1 Seite 201ff. findet, faßt die Auswirkungen einer Änderung in den beiden Preisen und der Entsorgungsquote auf das Angebot des Entsorgers unter vollständigen Wettbewerb zusammen.

Theorem 16 *Sowohl eine Steigerung des Entsorgungspreises als auch eine des Ressourcenpreises führt zu einem Anstieg der angebotenen Entsorgungsdienstleistungen* $\frac{dW^E}{dp^W} > 0$, $\frac{dW^E}{dp^R} > 0$. *Ein Änderung des Entsorgungspreises wirkt stärker als ein des Ressourcenpreises auf das Angebot, weil* $\beta\frac{dW^E}{dp^W} = \frac{dW^E}{dp^R}$ *gilt. Eine Quotenverschärfung führt zu einem Rückgang der angebotenen Entsorgungsdienstleistungen* $\frac{dW^E}{d\beta} < 0$.

Ein Anstieg des Entsorgungspreises führt zu einem Anstieg des Grenzerlöses und als Folge weitet der Entsorger sein Angebot aus. Die Steigerung des Ressourcenpreises erhöht den Grenzverlust des Rezyklierens und damit auch die totalen Grenzentsorgungskosten. Dies veranlaßt den Entsorger sein Angebot zu reduzieren, um die Identität zwischen dem Grenzerlös und den totalen Grenzentsorgungskosten wieder herzustellen. Schließlich führt eine Quotenverschärfung wegen der ökonomisch bindenden Regulierung und den ansteigenden Rezyklierungsgrenzkosten zu einem Anstieg der totalen Grenzentsorgungskosten und veranlaßt den Entsorger sein Angebot zu verringern.

6.3 Der Neumaterialproduzent

Das Neumaterial N, d.h. die nichtrezyklierte Ressource, wird von dem Neumaterialproduzenten von einem nachwachsenden Bestand B geerntet. Es wird angenommen, daß der Ressourcenbestand im alleinigen Besitz des Neumaterialproduzenten ist. Der endogene Zuwachs wird von der bestandsabhängigen Regenerationsfunktion $G(B)$ beschrieben, welche die folgenden drei Eigenschaften erfüllt:

1. $G(0) = 0$ und es existiert ein $\bar{B} > 0$ mit $G\left(\bar{B}\right) = 0 \; \forall B \geq \bar{B}$,
2. G ist streng positiv für $B \in \left(0, \bar{B}\right)$,
3. G ist mindestens zweimal stetig differenzierbar mit $G_{BB} < 0$.

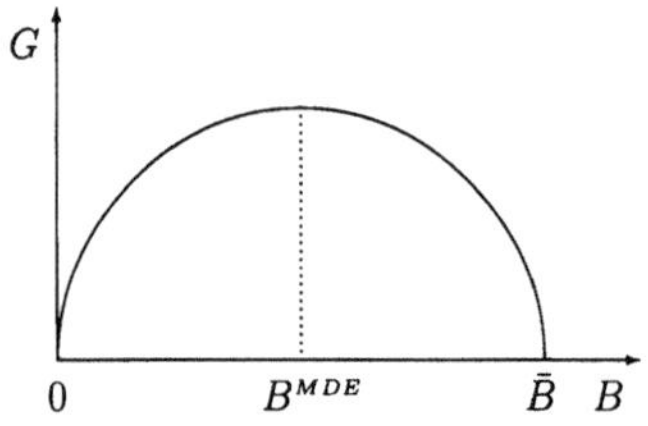

Abbildung 6.1: Die Regenerationsfunktion

Ein typischer Verlauf der Regenerationsfunktion ist in Abbildung 6.1 Seite 86 illustriert. Die Bewegungsgleichung des Ressourcenbestandes läßt sich dann darstellen als

$$\dot{B} = G(B) - N. \tag{6.6}$$

Schließlich werden die maximale dauerhafte Ernte und der zugehörige Bestand definiert als

$$N^{MDE} = \max_{B} G(B), \quad \text{und} \quad B^{MDE} = G^{-1}\left(N^{MDE}\right). \tag{6.7}$$

Die Kostenfunktion $c^N(N, B)$, die sowohl von der Ernte als auch von dem Bestand abhängt, beschreibt die Technologie der Ernte und somit der Produktion von Neumaterial. Die Kostenfunktion besitzt positive und ansteigende Grenzkosten in der Produktion von Neumaterial, oder alternativ formuliert in der Ernte, $c_N^N > 0$, $c_{NN}^N > 0$. Desweiteren wirkt die Größe des Bestandes reduzierend auf die Kosten $c_B^N < 0$ und auf die Grenzkosten der Ernte $c_{NB}^N < 0$. Die kostensenkende Wirkung des Bestands nimmt mit einem zunehmenden Bestand ab $c_{BB}^N > 0$.

Der Neumaterialproduzent nimmt den Ressourcenpreis p^R als gegeben an, folglich lautet der Gewinn in einer Periode

$$\Pi^N = p^R N - c^N(N, B). \tag{6.8}$$

In der Entscheidung über sein optimales Angebot muß der Neumaterialproduzent die Dynamik der nachwachsenden Ressource berücksichtigen. Im folgenden wird die Diskussion auf eine innere Lösung beschränkt, bei der der Bestand im Zeitablauf strikt positiv ist.

Sei $r^N \in (0, 1)$ seine konstante Diskontrate und t der Zeitindex, dann lautet das Problem der Gewinnmaximierung

$$\begin{aligned} &\max_{N(t)} \int_0^\infty \Big(p^R N(t) - c^N\big(N(t), B(t)\big)\Big) e^{-r^N t} dt, \\ &\text{s.t.: } \dot{B} = G(B(t)) - N(t), \quad B(0) = B_0, \quad \lim_{t \to \infty} B(t) \geq 0. \end{aligned} \tag{6.9}$$

Zur Vereinfachung der Notation werden im folgenden die Zeitindizes vernachlässigt. Die Momentanwert Hamiltonfunktion ist mit $\lambda^N \geq 0$ als der adjungierten Kovariablen[4] gegeben durch

$$\mathcal{H}^N(N, B; \lambda^N; p^R) = p^R N - c^N(N, B) + \lambda^N\big(G(B) - N\big). \tag{6.10}$$

(6.10) beschreibt die Auswirkung der Ernte einer Neumaterialmenge N zum Zeitpunkt t auf den totalen Gewinn. Dieser wird definiert als die Summe aus dem durch den Verkauf des Neumaterials erzielten Gewinn und die mit dem Schattenpreis bewertete Änderung des Ressourcenbestands. Die Auswirkung der Ernte auf den totalen Gewinn läßt sich dann in eine direkte Gewinnwirkung durch den Verkauf als Neumaterial und in eine indirekte Gewinnwirkung durch die induzierte Veränderung des Ressourcenbestandes, welcher mit dem Schattenpreis λ^N bewertet wird, zerlegen, siehe Feichtinger und Hartl (1986) Kap. 2.3.

[4] Die adjungierte Kovariable wird als der Schattenpreis des Bestandes oder die Grenznutzungskosten bezeichnet. Die Terminologie verweist darauf, daß der Wert des Bestandes aus seinen zukünftigen Erträgen besteht, und die Trajektorie der Kovariable beschreibt den marginalen Wert des Bestandes entlang der optimalen Trajektorie des Bestandes. Das Vorzeichen der Kovariablen ist positiv (negativ), falls der Bestand einen positiven (negativen) Grenzertrag auf das Integral aufweist.

Die Lösung des Gewinnmaximierungsproblems des Neumaterialproduzenten (6.9) folgt aus der Lösung des kanonischen Gleichungssystems, welches beschrieben wird durch

$$0 = p^R - c_N^N(N,B) - \lambda^N, \tag{6.11}$$

$$\dot{\lambda}^N = \left(r^N - G_B(B)\right)\lambda^N + c_B^N(N,B), \tag{6.12}$$

$$\dot{B} = G(B) - N. \tag{6.6}$$

Es wird angenommen, daß das kanonische Gleichungsystem eine innere Lösung besitzt. Sei $\left(N^*(t), B^*(t)\right)$ eine zulässige Lösung des kanonischen Gleichungssystems (6.11), (6.12) und (6.6). Wird angenommen, daß $\lambda^N(t)$ eine stetig differenzierbare Funktion ist und die Transversalitätsbedingung

$$\lim_{t\to\infty} e^{-r^N t}\lambda^N(t)\left[B^z(t) - B^*(t)\right] \geq 0, \tag{6.13}$$

für alle zulässigen Bestandstrajektorien $B^z(t)$ erfüllt ist. Ist zusätzlich die über die Neumaterialmenge maximierte Momentanwert Hamiltonfunktion (6.10) konkav[5] im Ressourcenbestand, d.h.

$$-c_{BB}^N + \lambda^N G_{BB} + \frac{\left(c_{NB}^N\right)^2}{c_{NN}^N} < 0. \tag{6.14}$$

Dann sind Arrow's hinreichende Bedingungen, siehe das Theorem 14 auf Seite 236 in Seierstad und Sydsæter (1997), erfüllt, und die Lösung des von (6.11), (6.12), (6.6) und (6.13) definierten Gleichungssystems maximiert die Momentanwert Hamiltonfunktion (6.10).

Nachdem nun hinreichende Bedingungen für das Maximum des dynamischen Optimierungsproblems (6.9) dargestellt sind, werden im folgenden die Bedingungen des kanonischen Gleichungsystems (6.11), (6.12) und (6.6) interpretiert und es wird anschließend argumentiert, daß die Transversalitätsbedingung (6.13) in diesem Modellrahmen erfüllt ist.

Die Optimalitätsbedingung für die geerntete Neumaterialmenge (6.11) fordert die Gleichheit des Grenzerlöses, des Ressourcenpreises, und der Summe aus den Grenzkosten der Neumaterialproduktion und des Schattenpreises λ^N für den Bestand. Dabei bewertet der Schattenpreis den von einer marginal größeren Ernte induzierte Rückgang des Bestandes. (6.11) definiert die kurzfristige Angebotsfunktion des Neumaterialproduzenten als

$$GK^N = c_N^N(N,B) + \lambda^N, \tag{6.15}$$

wobei in der kurzen Frist der Ressourcenbestand und der Schattenpreis exogen sind.

Aus Gleichung (6.12) folgt sofort, daß der Fall $\lambda^N = 0$ wegen der kostensenkenden Wirkung des Bestandes ausgeschlossen ist. Für die folgende Interpretation von (6.12), welche sich an

[5] Die Herleitung dieser Ungleichung (6.14) ist im Anhang 14.2 Seite 88 dargestellt.

Feichtinger und Hartl (1986) Kapitel 2.3 und Clark (1976) Kapitel 4.3 anlehnt, wird (6.12) geschrieben als

$$\begin{aligned} \dot{\lambda}^N &= r^N \lambda^N + c_B^N - \lambda^N G_B, \\ &= r^N \lambda^N - \frac{\partial \mathcal{H}^N}{\partial B}. \end{aligned} \tag{6.12'}$$

(6.12′) verlangt, daß die Änderung des Schattenpreises des Ressourcenbestandes entlang der optimalen Trajektorie von den folgenden zwei Termen bestimmt wird: Erstens dem Produkt der subjektiven Diskontrate und des Schattenpreises und zweitens der Wirkung einer marginalen Erhöhung des Ressourcenbestandes auf den totalen Gewinn. Das Produkt aus der subjektiven Diskontrate und dem Schattenpreis kann interpretiert werden als der subjektive Zinsgewinn des Ertrages, welcher erzielt wird durch den Verkauf einer marginalen Einheit des Ressourcenbestandes, weil der Schattenpreis den Wert einer marginalen Bestandseinheit beschreibt. Der zweite Term gibt die Wirkung einer marginalen Bestandseinheit auf den totalen Gewinn des Neumaterialproduzenten wieder und dieser ist definiert als die Summe aus dem Verkauf einer marginalen Bestandseinheit als Neumaterial auf dem Ressourcenmarkt und der mit dem Schattenpreis bewertete marginale Rückgang des Ressourcenbestandes. Falls der subjektive Zinsgewinn größer ist als die Wirkung auf den totalen Gewinn, dann lohnt es sich für den Neumaterialproduzenten seine Ernte zu reduzieren und damit "in den Ressourcenbestand zu investieren".

Damit die hinreichenden Bedingungen für ein Maximum des Kontrollproblems (6.9) erfüllt sind, muß die Transversalitätsbedingung (6.13) erfüllt sein. Diese ist erfüllt, weil zum einen jede zulässige Trajektorie des Bestandes von Null und $\bar{B}$ beschränkt wird und somit $[B^z(t) - B^*(t)]$ endlich ist und zum anderen der Schattenpreis entlang der optimalen Trajektorie nicht unendlich groß werden kann. Der Schattenpreis ist von oben beschränkt, weil aus (6.11) folgt, daß

$$\lambda^N = p^R - c_N^N(N, B) \tag{6.11'}$$

und damit für $N = 0$ mit der Inada-Bedingung, siehe Inada (1963), $c_N^N(0, B) = 0$

$$\lambda^N = p^R$$

gilt. Schließlich ist $\lim_{t\to\infty} e^{-r^N t} = 0$ und somit gilt

$$\lim_{t\to\infty} e^{-r^N t} \lambda^N(t)\left[B^z(t) - B^*(t)\right] = 0. \tag{6.13'}$$

Folglich ist die Transversalitätsbedingung (6.13) erfüllt und in Verbindung mit der angenommenen Konkavität der über die Neumaterialmenge maximierten Hamiltonfunktion und der Existenz einer Lösung des kanonischen Gleichungssystem folgt, daß diese Lösung optimal ist[6].

[6] Die Frage der Existenz einer optimalen Lösung für das Kontrollproblem (6.9) wird von Seierstad und Sydsæter (1997) in Theorem 15 Seite 237 beantwortet. Die Existenz einer zulässige Lösung des kanonischen Gleichungssystems (6.11), (6.12) und (6.6) und der Transversalitätsbedingung (6.13) impliziert diesem Theorem 15 folgend, daß unter sehr allgemeinen Annahmen über die Stetigkeit, Abgeschlossenheit und Beschränktheit des Problems die Existenz einer optimalen Lösung folgt.

6.3.1 Der Steady-State und die dynamischen Eigenschaften

In diesem Abschnitt wird zuerst der Steady-State unter der Annahme eines exogenen Ressourcenpreises definiert und anschließend werden zwei verschiedene Differentialgleichungsysteme dargestellt, welche die dynamischen Eigenschaften des Steady-States beschreiben. Der Steady-State ist jeweils ein Gleichgewichtspunkt dieser beiden Systeme. Die beiden Differentialgleichungssysteme erlauben die Diskussion der dynamischen Eigenschaften des Steady-States im Phasenraum des Ressourcenbestandes und Neumaterials und im Phasenraum des Ressourcenbestandes und Schattenpreises. Die dabei gewonnnen Erkenntnisse erleichtern die Herleitung und die Diskussion der dynamischen Eigenschaften des langfristigen Marktgleichgewichtes im Kapitel 7 Seite 99ff.

Der Steady-State

In dem Steady-State ist sowohl der Schattenpreis als auch der Bestand konstant und der Neumaterialproduzent maximiert seine Gewinne. Die endogenen Variablen des Steady-States werden mit dem Stern * gekennzeichnet. Der Steady-State ist definiert durch

$$0 = p^R - c_N^N(N^*, B^*) - \lambda^{N*}, \tag{6.11}$$

$$0 = \left(r^N - G_B(B^*)\right)\lambda^{N*} + c_B^N(N^*, B^*), \tag{6.16}$$

$$0 = G(B^*) - N^*. \tag{6.17}$$

Aus (6.16) folgt in Verbindung mit der kostensenkenden Wirkung des Bestandes und dem positiven Schattenpreis, daß

$$r^N - G_B > 0. \tag{6.18}$$

Dabei bleibt die Frage unbeantwortet, ob die Regenerationsfunktion im Steady-State ansteigt oder fällt. Die drei Gleichungen (6.11), (6.16) und (6.17) definieren implizit und gemeinsam die Neumaterialmenge, den Schattenpreis und den Bestand im Steady-State als Funktionen des Ressourcenpreises und der Diskontrate, $N^* = N(p^R, r^N)$, $\lambda^{N*} = \lambda^N(p^R, r^N)$ und $B^* = B(p^R, r^N)$. Die diskontierten Gewinne des Neumaterialproduzenten lauten im Steady-State

$$\int_0^\infty \Pi^N(p^R, r^N)\, e^{-r^N t} dt = \left[p^R N^*(p^R, r^N) - c^N\left(N^*(p^R, r^N), B^*(p^R, r^N)\right)\right]\frac{1}{r^N}. \tag{6.19}$$

Die Differentialgleichungen

Wie im Anhang 14.3.1 Seite 204ff. dargestellt, wird das dynamische Verhalten der geernteten Menge an Neumaterial und des Bestandes in einer kleinen Umgebung des Steady-States durch die folgenden beiden Differentialgleichungen beschrieben

$$\dot{N} = -\frac{1}{c_{NN}^{N}(N,B)}\Big(c_{NB}^{N}(N,B)\cdot(G(B)-N) + \left(r^N - G_B(B)\right)\left(p^R - c_N^N(N,B)\right) + c_B^N(N,B)\Big), \tag{6.20}$$

$$\dot{B} = G(B) - N. \tag{6.6}$$

Zur Erleichterung der Darstellung wird die Differentialgleichung (6.20) abgekürzt durch $\dot{N} = \dot{N}^N\left(N,B;p^R;r^N\right)$.

Mit der impliziten Definition von $N = N\left(B,\lambda^N,p^R\right)$ durch (6.11) Seite 88 kann das dynamische Verhalten des Schattenpreises und des Bestandes in einer kleinen Umgebung des Steady-States durch die folgenden beiden Differentialgleichungen beschrieben

$$\dot{\lambda}^N = \left(r^N - G_B(B)\right)\lambda^N + c_B^N\Big(N\left(B,\lambda^N;p^R\right),B\Big), \tag{6.21}$$

$$\dot{B} = G(B) - N\left(B,\lambda^N;p^R\right). \tag{6.22}$$

Die dynamischen Eigenschaften

Das folgende Theorem 17 dessen Beweis sich im Anhang 14.3 Seite 203 ff. findet, faßt die Eigenschaften des Steady-States und der beiden Differentialgleichungssysteme (6.20), (6.6) und (6.21), (6.22) in einer kleinen Umgebung um den Steady-State zusammen.

Theorem 17 *Gilt im Steady-State $G_B\Big(B^*\left(p^R,r^N\right)\Big) < 0$, dann sind die Determinanten beider Differentialgleichungsysteme identisch und negativ. Diese Determinante sei mit Δ^N bezeichnet. Der Steady-State ist ein Sattelpunkt. Falls B_0 auf dem stabilen Arm des Sattelpfades liegt, dann wird der Steady-State erreicht. Die Eigenwerte Φ_1 und Φ_2 lauten*

$$\Phi_1 = \frac{r^N}{2} + \frac{1}{2}\sqrt{\left(r^N\right)^2 - 4\Delta^N} > r^N > 0, \tag{6.23}$$

$$\Phi_2 = \frac{r^N}{2} - \frac{1}{2}\sqrt{\left(r^N\right)^2 - 4\Delta^N} < 0. \tag{6.24}$$

(a) Die zu der Darstellung im Phasenraum der Neumaterialmenge und des Ressourcenbestandes gehörenden Eigenvektoren $\mathbf{z}_1$ und $\mathbf{z}_2$ können dargestellt werden als

$$\begin{bmatrix} z_i^1 \\ z_i^2 \end{bmatrix} = \begin{bmatrix} G_B(B^*) - \Phi_i \\ 1 \end{bmatrix}, \quad i = 1,2, \tag{6.25}$$

wobei $\mathbf{z}_1 > 0$ und $\mathbf{z}_2 > 0$. Der stabile Arm des Sattels in einer kleinen Umgebung um diesen beschrieben wird durch

$$\begin{bmatrix} N(t) \\ B(t) \end{bmatrix} = \Big(B_0 - B^*\left(p^R,r^N\right)\Big)\mathbf{z}_2 e^{\Phi_2 t} + \begin{bmatrix} N^*\left(p^R,r^N\right) \\ B^*\left(p^R,r^N\right) \end{bmatrix}, \tag{6.26}$$

und falls $B_0 > B^*$ ($B_0 < B^*$) ist, dann sinkt (steigt) sowohl der Bestand als auch die geerntete Neumaterialmenge auf dem Weg in den Steady-State. Die $\dot{N} = 0$-Isokline steigt in der (B,N)-Ebene an.

(b) Die zu der Darstellung im Phasenraum des Schattenpreises und des Ressourcenbestandes gehörenden Eigenvektoren $'\mathbf{z}_1$ und $'\mathbf{z}_2$ können dargestellt werden als

$$'\mathbf{z}_i = \begin{bmatrix} 'z_i^1 \\ 'z_i^2 \end{bmatrix} = \begin{bmatrix} (\Phi_i - G_B)\, c_{NN}^N - c_{NB}^N \\ 1 \end{bmatrix}, \quad i = 1, 2, \tag{6.27}$$

wobei $z_2^1 < 0$ ist. Der stabile Arm des Sattels in einer kleinen Umgebung um den Steady-State wird beschrieben durch

$$\begin{bmatrix} \lambda^N(t) \\ B(t) \end{bmatrix} = \left(B_0 - B^*\left(p^R, r^N\right)\right)\mathbf{z}_2 e^{\Phi_2 t} + \begin{bmatrix} \lambda^{N*}\left(p^R, r^N\right) \\ B^*\left(p^R, r^N\right) \end{bmatrix}. \tag{6.28}$$

Die $\dot{\lambda}^N = 0$-Isokline fällt in der (B, λ^N)-Ebene und die $\dot{B} = 0$-Isokline steigt, falls $B > B^{MDE}$ gilt.

Gilt andererseits $G_B(B^*) > 0$, dann erlaubt das Modell keine eindeutigen Aussagen über den Steady-State und das Differentialgleichungssystem.

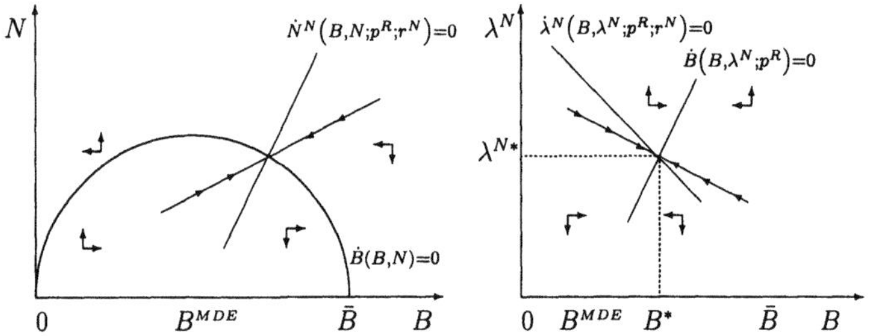

Abbildung 6.2: Der Steady-State des Neumaterialproduzenten

Die zu den in Theorem 17 beschriebenen Steady-States gehörenden Phasendiagramme sind in der Abbildung 6.2 auf Seite 92 dargestellt. Der instabile Arm des Sattels wird nicht dargestellt. Der stabile Arm steigt in der (B, N)-Ebene und fällt in der (B, λ^N)-Ebene. Das in diesem Abschnitt beschriebene Modell erlaubt nur dann klare Aussagen, wenn der Ressourcenbestand größer ist als der für die maximale dauerhafte Ernte, siehe (6.7) Seite 86. Alternativ formuliert, falls aus einer marginalen Bestandsvergrößerung ein Rückgang in dem Zuwachs des Bestandes resultiert, dann folgen aus dem Modell klare Aussagen. Für den Rest dieser Arbeit wird angenommen, daß der Ressourcenbestand größer ist als der für die maximale dauerhafte Ernte, d.h. die folgende Ungleichung ist erfüllt

$$B^* > G^{-1}\left(N^{MDE}\right). \tag{6.29}$$

Roughgarden und Smith (1996) definieren einen Ressourcenbestand als ökologisch stabil, wenn (6.29) gilt. Im folgenden wird der Begriff der ökologischen Stabilität diskutiert und die Annahme selbiger für diese Arbeit begründet.

6.3.2 Ökologische Stabilität

Betrachtet wird eine konstante Erntemenge N^k die kleiner ist als die maximal dauerhafte, d.h. $N^k < N^{MDE}$ gilt. Dann folgt für die Dynamik des Ressourcenbestandes

$$\dot{B} = G(B) - N^k. \tag{6.30}$$

In diesem Fall existieren zwei Steady-States, die mit den zugehörigen Beständen B_1 und B_2 mit $B_1 < B^{MDE} < B_2$ identifiziert werden, siehe die Abbildung 6.3 auf Seite 93. Beginnt oder

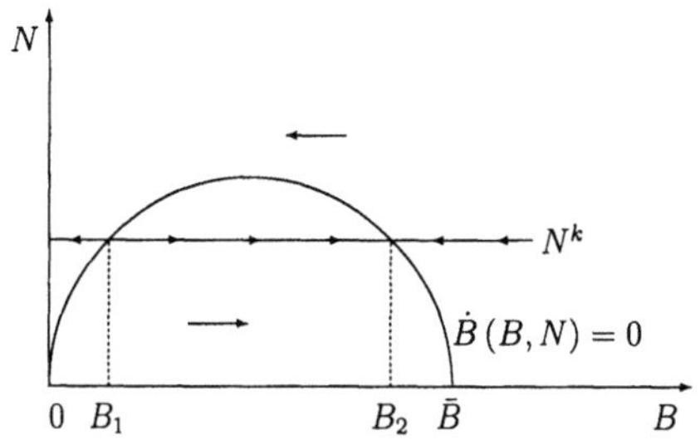

Abbildung 6.3: Ökologische Stabilität

erreicht das System einen Zustand in dem $B > B_2$ gilt, dann treibt die Bestandsdynamik mit der konstanten Ernte das System in den Steady-State B_2, wobei im Verlauf der Annäherung an diesen der Bestand abnimmt. Wenn andererseits das System in einem Zustand ist bei dem $B_1 < B < B_2$ gilt, dann folgt aus der Bestandsdynamik, daß der Bestand so lange anwächst bis der Steady-State B_2 erreicht wird. Ausgehend von einem Bestand B für den $B < B_1$ gilt, reduziert die Bestandsdynamik den Bestand in endlicher Zeit auf Null.

Weil in der Realität die Kenntnisse über die Regenerationsfunktionen der natürlichen Ressourcen unvollständig sind und sich Anpassungsvorgänge des ökonomischen Systems nicht augenblicklich vollziehen, empfiehlt es sich einen Steady-State anzusteuern, in dem das ökologische System stabil gegen Schwankungen im Ressourcenbestand ist, und, falls diese auftreten, er ohne einen regulierenden Eingriff zu diesem zurückfindet.

Ein Ressourcenbestand wird folglich als ökologisch stabil bezeichnet, wenn im Falle von kleinen Abweichungen von diesem der Steady-State ohne eine Reaktion des ökonomischen Systems wieder erreicht wird. Alternativ formuliert ist ein Ressourcenbestand ökologisch stabil, wenn er nicht von dem Aussterben bedroht ist. In Anbetracht des für die Fragestellung dieser Arbeit relevante Ressourcenaggregats aus allen regenierbaren und nicht-regenerierbaren Ressourcen, die in der Verpackungsproduktion eingesetzt werden, liegt es nahe für die vorliegende Arbeit einen im Gleichgewicht ökologisch stabilen Ressourcenbestand anzunehmen.

6.3.3 Die komparative Dynamik für einen ökologisch stabilen Bestand

In diesem Abschnitt werden die Auswirkungen einer Änderung in den beiden für den Neumaterialproduzenten exogenen Parametern, dem Ressourcenpreis und der Diskontrate, auf den Steady-State und die sich anschließende Anpassungsdynamik zum neuen Steady-State diskutiert. Der in Theorem 17 Seite 91 beschriebene Steady-State wird in der folgenden Diskussion als neuer Anfangszustand des dynamischen Systems betrachtet. Hieraus folgt, daß die Diskussion für die ausgelösten Bewegungen nur dann gültig ist, falls das System im Moment der auftretenden Änderung ruht. Die von einer Änderung in den beiden exogenen Parametern ausgelösten Anpassungsreaktionen werden jeweils in einem Theorem zusammengefaßt. Diesen beiden Theoremen schließt sich eine ausführliche verbale Erläuterung und graphische Veranschaulichung an. Die Wirkung eines Anstiegs in dem Ressourcenpreis ist in Theorem 18 Seite 94 beschrieben und die eines Anstiegs in der Diskontrate des Neumaterialproduzenten in Theorem 19 Seite 95.

Die Wirkung eines Ressourcenpreisanstiegs

Das folgende Theorem 18, dessen Beweis sich im Anhang 14.4.1 Seite 218ff. findet, faßt die Auswirkung einer Ressourcenpreisänderung auf den Steady-State und das Differentialgleichungssystem (6.20) und (6.6) bzw. dessen alternativen Darstellung (6.21) und (6.22) zusammen unter der Annahme, daß der Ressourcenbestand ökologisch stabil ist, d.h. $G_B(B^*) < 0$. Anschließend wird das Theorem 18 ausführlich interpretiert und anhand eines Schaubildes verdeutlicht.

Theorem 18 *Falls $G_B(B^*) < 0$ gilt, dann führt ein Ressourcenpreisanstieg im neuen Steady-State zu einem Anstieg der geernteten Menge an Neumaterial $\frac{\partial N^*}{\partial p^R} > 0$, zu einem Anstieg des Schattenpreises $\frac{\partial \lambda^{N*}}{\partial p^R} > 0$ und zu einem Rückgang des Bestandes $\frac{\partial B^*}{\partial p^R} < 0$. Die diskontierten Gewinne des Neumaterialproduzenten im neuen Steady-State zeigen keine eindeutige Reaktion $\frac{\partial\left(\int_0^\infty \Pi^N e^{-r^N t} dt\right)}{\partial p^R} \lessgtr 0$.*

Die Abbildung 6.4 auf Seite 95 veranschaulicht die Wirkung der Ressourcenpreissteigerung auf den Steady-State des Neumaterialproduzenten. Der Anpassungspfad ist gepunktet dargestellt. In dem Augenblick des Auftretens der Ressourcenpreissteigerung erhöht der Neumaterialproduzent die geerntete Menge, weil der Grenzerlös der Ernte gestiegen ist. Gleichzeitig steigt wegen der Preissteigerung der zukünftige Wert des Bestandes und somit ebenfalls der Schattenpreis. Der Bestand ist in diesem Augenblick vorherbestimmt und wird erst in den Folgeperioden von der Preissteigerung beeinflußt. In den Folgeperioden entfaltet der Ernteanstieg seine bestandsmindernde und damit gleichfalls die Erntekosten steigernde Wirkung. Der sinkende Bestand steigert die zukünftige Knappheit selbigen und führt so zu einem weiter steigenden Schattenpreis. Als Folge reduziert der Neumaterialproduzent die Menge an Neumaterial sukzessive bis zum Niveau des neuen Steady-States, welches über dem des alten liegt.

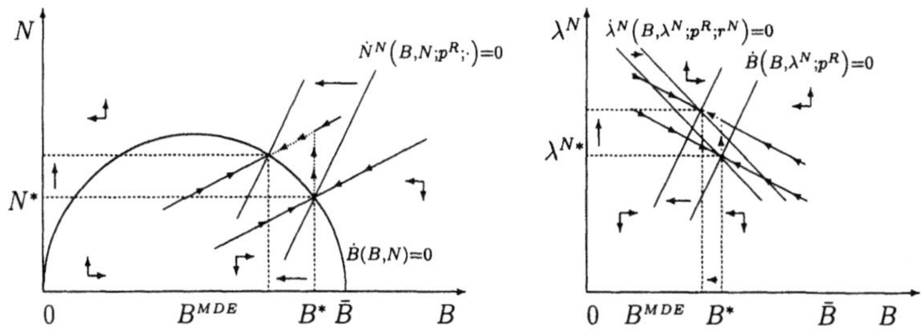

Abbildung 6.4: Der Ressourcenpreisanstieg

Das Verhalten der geernteten Neumaterialmenge, die in dem Augenblick der Preissteigerung einen Wert annimmt, der über dem neuen Steady-State Wert liegt und das anschließende Absinken zu diesem, ist in der Literatur als Überschießen[7] bekannt.

Auf die diskontierten Gewinne des Neumaterialproduzenten im Steady-State wirken zwei gegenläufige Effekte. Zum einen bewirkt der Ressourcenpreisanstieg und der des Neumaterials einen höheren Erlös und beide steigern so den Gewinn. Zum anderen führt der Rückgang des Bestandes zu einem Anstieg der Kosten der Neumaterialproduktion und wirkt folglich gewinnmindernd. Für die Zeitperiode, in der der Ressourcenpreis ansteigt, tritt der Bestandseffekt noch nicht auf und als Folge führt der Ressourcenpreisanstieg über die Steigerung des Erlöses zu einem Anstieg des Periodengewinns. Sukzessive beginnt in den Folgeperiode der Bestandseffekt den Gewinn zu mindern. Aus der entgegengesetzten Wirkungsrichtung des Bestands- und des Erlöseffektes folgt, daß im allgemeinen keine eindeutige Aussage über die Reaktion der Gewinne des Neumaterialproduzenten getroffen werden kann.

Die Wirkung eines Anstiegs der Diskontrate

Das folgende Theorem 19 dessen Beweis sich im Anhang 14.4.2 Seite 222ff. findet, faßt die Auswirkungen eines Anstiegs der Diskontrate auf den Steady-State und das Differentialgleichungssystem (6.20) und (6.6) bzw. dessen alternativen Darstellung (6.21) und (6.22) unter der Annahme, daß der Ressourcenbestand ökologisch stabil ist, zusammen. Anschließend wird das Theorem 19 anhand eines Schaubildes verdeutlicht und ausführlich interpretiert.

Theorem 19 *Falls $G_B(B^*) < 0$ gilt, dann führt ein Anstieg der Diskontrate im neuen Steady-State zu einer Steigerung der geernteten Menge an Neumaterial $\frac{\partial N^*}{\partial r^N} > 0$, zu einem Rückgang des Schattenpreises $\frac{\partial \lambda^{N*}}{\partial r^N} < 0$ und des Bestandes $\frac{\partial B^*}{\partial r^N} < 0$. Die diskontierten Gewinne des*

[7] Dieser Begriff wurde nach bestem Wissen des Autors eingeführt von R. Dornbusch (1976) als Erklärungsversuch der stärkeren Variabilität der Wechselkurse im Vergleich zu der des Preisniveaus.

Neumaterialproduzenten zeigen keine eindeutige Reaktion $\frac{\partial\left(\int_0^\infty \Pi^N e^{-r^N t}dt\right)}{\partial r^N} \lesseqgtr 0.$

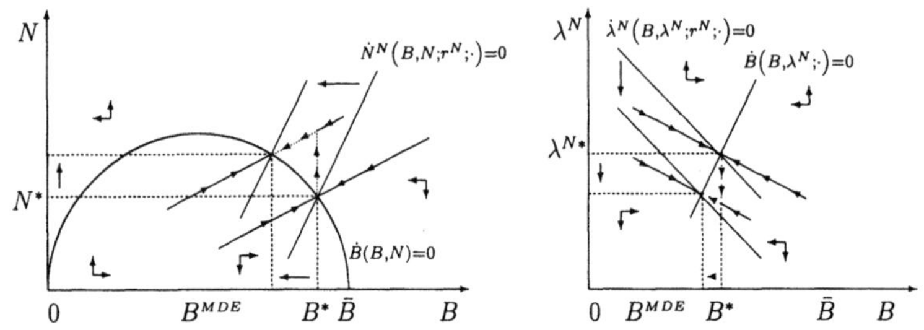

Abbildung 6.5: Der Anstieg der Diskontrate

Die Abbildung 6.5 auf Seite 96 veranschaulicht die Wirkung des Anstiegs der Diskontrate auf den Steady-State des Neumaterialproduzenten. Die Änderung der Diskontrate ist eine Änderung in der Zeitpräferenz des Produzenten. Die gestiegene Diskontrate führt zu einer stärkeren Präferierung der Gegenwart verglichen mit der Zukunft und als Folge substituiert er zukünftige Erträge durch gegenwärtige, indem er die Ernte ausweitet. Die geringere Präferierung der Zukunft führt zu einem Rückgang des Schattenpreises, d.h. der Bewertung der zukünftigen Erträge des Bestandes, und der Produzent dehnt seine Ernte aus. Der Bestand ist in diesem Augenblick vorherbestimmt und folglich konstant. Somit tritt die bestandsmindernde Wirkung der gestiegenen Ernte erst in den Folgeperioden ein. Der gesunkene Bestand führt zu einem Anstieg der marginalen Erntekosten und des Schattenpreises und bewirkt auf diesem Wege einen Rückgang der geernteten Menge an Neumaterial im Vergleich zu der Periode, in der die Diskontrate anstieg. Als Folge reduziert der Neumaterialproduzent die Menge an Neumaterial sukzessive bis zum Niveau des neuen Steady-States, welches über dem des alten liegt. Die Neumaterialmenge überschießt wieder bei ihrer Anpassungsreaktion an den neuen Steady-State, siehe die Fußnote 7 Seite 95.

Auf die diskontierten Gewinne des Neumaterialproduzenten im Steady-State wirken drei gegenläufige Effekte. Zum einen wirkt die gestiegene Neumaterialmenge gewinnsteigernd, zum anderen führt der Rückgang des Bestandes zu einem Kostenanstieg und folglich gewinnmindernd. Zusätzlich zu den Gewinnwirkungen über die Neumaterialmenge und den Bestand wirkt ein Anstieg der Diskontrate direkt über die Reduktion des Diskontfaktors reduzierend auf den diskontierten Gewinn. Ob die gewinnsteigernden oder mindernden Effekte im neuen Steady-State dominieren, kann nicht abschließend beantwortet werden. Selbst für die Zeitperiode in der die Diskontrate ansteigt kann im Gegensatz zu der dem Theorem 19 folgenden Interpretation keine eindeutige Aussage gemacht werden, weil der gewinnsteigernden Wirkung des Anstiegs des Neumaterials die gewinnreduzierenden Wirkung des induzierten Anstiegs des Diskontfaktors entgegensteht.

6.4 Zusammenfassung

In diesem Kapitel wurde das kurzfristige Modell erweitert, damit in einem adäquaten Modellrahmen, die Frage diskutiert werden kann, wie sich die wohlfahrtsmaximierende Entsorgungsquote über den Zeitablauf verhält. Hierzu sind jetzt die Grundlagen gelegt und im kommenden Kapitel kann das langfristige Marktgleichgewicht diskutiert werden. Der Umweltschaden wird in dem dynamischen Modellrahmen von dem sich akkumulierenden Bestand nicht-rezyklierten Abfalls verursacht, und das Neumaterial wird unter Einsatz eines sich regenerierenden Bestandes produziert. Die vorgenommenen Modellerweiterungen stellen den einfachsten Weg dar, das Modell der kurzen Frist zu erweiteren und gleichzeitig die Vergleichbarkeit der Ergebnisse zu ermöglichen.

Eindeutige Aussagen können in der dynamischen Modellerweiterung nur getroffen werden, falls der Ressourcenbestand ökologisch stabil ist. In Anbetracht der dieser Arbeit zugrundeliegenden Fragestellung erscheint es problemlos anzunehmen, daß die als Produktionsfaktor eingesetzte nachwachsende Ressource nicht vom Aussterben bedroht, d.h. ökologisch stabil, ist.

Im folgenden Kapital 7 wird das langfristige Gleichgewicht des Güter-, Entsorgungs- und Ressourcenmarktes beschrieben. Anschließend werden die Auswirkungen einer Verschärfung der Entsorgungsquote und der Diskontrate auf die endogenen Variablen hergeleitet und interpretiert. Die Definition der endogenen Variablen und die Bestimmung ihres Verhaltens in Reaktion auf eine Quotenverschärfung stellt wie im kurzfristigen Modellrahmen eine Notwendigkeit für die Wohlfahrtsdiskussion dar und die Antwort auf das wohlfahrtsmaximierende Verhalten der Entsorgungsquote.

Kapitel 7

Das langfristige Marktgleichgewicht

In diesem Kapitel wird das simultane und langfristige Marktgleichgewicht des Güter-, des Entsorgungs- und des Ressourcenmarktes bestimmt. Anschließend werden die Auswirkungen einer Quotenverschärfung und eines Anstiegs der Diskontrate des Neumaterialproduzenten auf die endogenen Variablen und auf die dynamischen Eigenschaften des Gleichgewichtes hergeleitet und diskutiert. Aus dem in Kapitel 6 präsentierten Theorem 17 Seite 91 folgt, daß in dem dynamischen Modellrahmen nur dann eindeutige Aussagen über Änderungen des Steady-States hergeleitet werden können, wenn der Ressourcenbestand ökologisch stabil ist. Dieser Begriff wurde ausführlich in Abschnitt 6.3.2 Seite 93 diskutiert und im folgenden wird wieder angenommen, daß der Ressourcenbestand ökologisch stabil ist. Gleichzeitig wird wieder angenommen, daß die dem Entsorger auferlegte Regulierung ökonomisch bindet, siehe (3.14) Seite 30. Der in dem vorangehenden Kapital exogene Ressourcenpreis ist in diesem Kapitel eine endogene Größe.

Zuerst wird das langfristige Gleichgewicht des Güter-, Entsorgungs- und Ressourcenmarktes definiert und anschließend werden die Stabilitätseigenschaften selbigen bestimmt. Daran schließt sich eine Diskussion der komparativen Statik und Dynamik einer Quotenverschärfung und einer Steigerung in der Diskontrate des Neumaterialproduzenten an. Dabei wird ausführlich auf die Anpassungsprozesse der Modellökonomie an das neue langfristige Marktgleichgewicht eingegangen. Hierfür ist es notwendig das kurzfristige Marktgleichgewicht zu definieren, in dem die drei Märkte geräumt sind und der Ressourcenbestand bzw. der Schattenpreis hingegen zu ihren neuen langfristigen Gleichgewichtswerten konvergieren. Das Kapitel schließt mit einer kurzen Zusammenfassung und Überleitung zu der dynamischen Wohlfahrtsdiskussion.

7.1 Das langfristige Gleichgewicht des Güter-, des Entsorgungs- und des Ressourcenmarktes

Die endogenen Variablen des Marktgleichgewichtes werden mit einer hochgestellten Tilde $\sim$ gekennzeichnet. Das langfristige Gleichgewicht auf dem Güter-, Entsorgungs- und Ressourcenmarkt ist durch die folgenden drei Gleichungen bestimmt

$$p^W\left(W^{\sim};p^{R\sim}\right)+p^{R\sim}\beta-c_W^W\left(W^{\sim}\right)-\beta c_R^{WR}\left(\beta W^{\sim}\right)=0, \tag{7.1}$$

$$\dot{N}^N\left(N^{\sim},B^{\sim},p^{R\sim};r^N\right)=0, \tag{7.2}$$

$$G\left(B^{\sim},N^{\sim}\right)-N^{\sim}=0. \tag{7.3}$$

(7.1) definiert das Gleichgewicht auf dem Güter- und dem Entsorgungsmarkt unter vollständigem Wettbewerb auf beiden Märkten, wobei die Definition der inversen Nachfrage nach den Entsorgungsdienstleistungen das Gütermarktgleichgewicht beinhaltet, siehe (3.11) Seite 28. Selbiges kann unter Verwendung der Funktion des Angebotes an Entsorgungsdienstleistungen des preisnehmenden Entsorgers $W^E = W^E\left(p^W;p^R;\beta\right)$ (6.5) Seite 85 und der Definition der bedingten Faktornachfrage des Güterproduzenten (3.10) Seite 28 äquivalent definiert werden als[1]

$$c_{p^RW}^Y\left(\hat{Y}\left(p^R;\check{p}^W\right);p^R+\check{p}^W\right)-W^E\left(\check{p}^W;p^R;\beta\right)=0. \tag{7.4}$$

Unter Verwendung der Tatsache, daß die Menge des Neumaterials der Menge der nichtrezyklierten Ressource entspricht, d.h. $N^{\sim}=(1-\beta)\,W^{\sim}$, kann das das langfristige Marktgleichgewicht definierende Gleichungssystem (7.1)-(7.3) geschrieben werden als

$$p^W\left(W^{\sim};p^{R\sim}\right)+p^{R\sim}\beta-c_W^W\left(W^{\sim}\right)-\beta c_R^{WR}\left(\beta W^{\sim}\right)=0, \tag{7.5}$$

$$\dot{N}^N\left((1-\beta)\,W^{\sim},B^{\sim},p^{R\sim};r^N\right)=0, \tag{7.6}$$

$$G\left(B^{\sim},N^{\sim}\right)-(1-\beta)\,W^{\sim}=0. \tag{7.7}$$

Im simultanen und langfristigen Gleichgewicht auf den drei Märkten entspricht die marginale Zahlungsbereitschaft des Güterproduzenten für die Entsorgungsdienstleistungen den totalen Grenzentsorgungskosten. Gleichzeitig sorgt der Ressourcenpreis für die Konstanz der geernteten Neumaterialmenge. Desweiteren entspricht die Neumaterialmenge der nachwachsenden Ressourcenmenge und der Ressourcenbestand ist dann konstant.

Im folgenden werden wieder für alle endogenen Variablen des Marktgleichgewichtes Definitionen hergeleitet, um die Diskussion der Ergebnisse der komparativen Statik und Dynamik zu erlauben.

(7.5) definiert implizit die Menge der Entsorgungsdienstleistungen im Gleichgewicht des Güter- und Entsorgungsmarktes als $\check{W} = W\left(p^R,\beta\right)$. (7.7) definiert implizit den Ressourcenbestand im Bestandsgleichgewicht als $B = B\big((1-\beta)\,W\big)$ und das Einsetzen dieser beiden Funktionen in (7.6) führt zu

$$\dot{N}^N\Big((1-\beta)\,W\left(p^{R\sim},\beta\right),B\big((1-\beta)\,W\left(p^{R\sim},\beta\right)\big),p^{R\sim};r^N\Big)=0. \tag{7.8}$$

[1] Die in Abschnitt 4.1 Seite 36 eingeführte Indizierung der endogenen Variablen des Gleichgewichtes auf dem Güter- und dem Entsorgungsmarkt mit einem ˇ, wird bei der hier vorliegenden Definition des Gleichgewichtes unter vollständigen Wettbewerb auf dem Entsorgungsmarkt wieder verwendet.

Die Gleichung (7.8) definiert implizit den Ressourcenpreis im simultanen und langfristigen Marktgleichgewicht des Güter-, Entsorgungs- und Ressourcenmarktes als $p^{R\sim} = p^R(\beta, r^N)$. Einsetzen dieser Funktion in (7.6) unter Verwendung von $(1-\beta)W^\sim = N^\sim$ ergibt

$$\dot{N}^N\left(N^\sim, B(N^\sim), p^R(\beta, r^N); r^N\right) = 0. \tag{7.8'}$$

(7.8′) definiert implizit die geerntete Neumaterialmenge im langfristigen Marktgleichgewicht als $N^\sim = N(\beta, r^N)$. Einsetzen dieser Funktion in (7.7) führt zu

$$G(B^\sim, N^\sim) - (1-\beta)W^\sim(\beta, r^N) = 0. \tag{7.9}$$

(7.9) definiert implizit den Ressourcenbestand im langfristigen Marktgleichgewicht als $B^\sim = B(\beta, r^N)$. Einsetzen von $p^{R\sim} = p^R(\beta, r^N)$ in (7.5) führt zu

$$p^W\left(W^\sim; p^R(\beta, r^N)\right) + p^R(\beta, r^N)\beta - c_W^W(W^\sim) - \beta c_R^{WR}(\beta W^\sim) = 0 \tag{7.10}$$

und (7.10) definiert implizit die Menge der Entsorgungsdienstleistungen im langfristigen Marktgleichgewicht $W^\sim = W(\beta, r^N)$. Diese Funktion erlaubt eine alternative Definition der Neumaterialmenge im langfristigen Marktgleichgewicht

$$N^\sim = (1-\beta)W(\beta, r^N). \tag{7.11}$$

Einsetzen des Ressourcenpreises $p^{R\sim} = p^R(\beta, r^N)$ (7.8) und der Menge der Entsorgungsdienstleistungen $W^\sim = W(\beta, r^N)$ in die Gewinnfunktion des preisnehmenden Entsorgers (6.2) Seite 85 ergibt die Gewinne im langfristigen Marktgleichgewicht

$$\begin{aligned}\Pi^{W\sim} = {} & p^W\left(W(\beta, r^N); p^R(\beta, r^N)\right)W(\beta, r^N) + p^R(\beta, r^N)\beta W(\beta, r^N) \\ & - c^W\left(W(\beta, r^N)\right) - c^{WR}\left(\beta W(\beta, r^N)\right).\end{aligned} \tag{7.12}$$

Einsetzen von $p^{R\sim} = p^R(\beta, r^N)$ in die äquivalente Definition des Güter- und Entsorgungsmarktes (7.4) führt zu folgender den Preis der Entsorgungsdienstleistungen definierenden Gleichung

$$c_{p^{RW}}^Y\left(\hat{Y}(p^R(\beta, r^N), p^{W\sim}); p^R(\beta, r^N) + p^{W\sim}\right) - W^E\left(p^{W\sim}, p^R(\beta, r^N); \beta\right) = 0. \tag{7.13}$$

(7.13) definiert $p^{W\sim} = p^W(\beta, r^N)$. Der Preis des Ressourceneinsatzes in der Güterproduktion ist definiert als

$$p^{RW\sim} = p^R(\beta, r^N) + p^W(\beta, r^N). \tag{7.14}$$

Einsetzen von $p^{RW\sim} = p^{RW}(\beta, r^N)$ in die das Gleichgewicht auf dem Gütermarkt definierenden Gleichung (3.7) Seite 27 führt zu

$$p(Y^\sim) - c_Y^Y\left(Y^\sim; p^{RW}(\beta, r^N)\right) = 0. \tag{7.15}$$

Die Gleichung (7.15) definiert $Y^{\sim} = Y(\beta, r^N)$. Einsetzen dieser Funktion in Verbindung mit $p^{RW\sim} = p^{RW}(\beta, r^N)$ in die Gewinnfunktion des Güterproduzenten (3.1) Seite 26 führt zu

$$\Pi^{Y\sim} = p\Big(Y(\beta, r^N)\Big)Y(\beta, r^N) - c^Y\Big(Y(\beta, r^N); p^{RW}(\beta, r^N)\Big). \tag{7.16}$$

Einsetzen von $Y^{\sim} = Y(\beta, r^N)$ in die Definition der Nachfragefunktion des Konsumenten (3.5) Seite 27 führt zu dem Güterpreis im langfristigen Marktgleichgewicht

$$p^{\sim} = u_Y\Big(Y(\beta, r^N)\Big). \tag{7.17}$$

(7.10) definiert $W^{\sim} = W(\beta, r^N)$ und somit auch $R^{\sim} = W^{\sim} = W(\beta, r^N)$. Eine Anwendung der Definition der Rezyklatmenge $R^R = \beta R$ auf $R^{\sim} = W^{\sim}$ führt zu

$$R^{R\sim} = \beta W(\beta, r^N). \tag{7.18}$$

(7.18) definiert die Rezyklatmenge im langfristigen Marktgleichgewicht $R^{R\sim} = R^R(\beta, r^N)$. Einsetzen der Funktionen $p^{R\sim} = p^R(\beta, r^N)$, $N^{\sim} = N(\beta, r^N)$ und $B^{\sim} = B(\beta, r^N)$ in die Funktion der diskontierten Gewinne des Neumaterialproduzenten (6.19) Seite 90 führt zu

$$\int_0^{\infty} \Pi^{N\sim} e^{-r^N t} dt = \left[p^R(\beta, r^N) N(\beta, r^N) - c^N\Big(N(\beta, r^N), B(\beta, r^N)\Big)\right]\frac{1}{r^N}. \tag{7.19}$$

Einsetzen von $p^{R\sim} = p^R(\beta, r^N)$, $N^{\sim} = N(\beta, r^N)$ und $B^{\sim} = B(\beta, r^N)$ in die Optimalitätsbedingung des Neumaterialproduzenten für das Neumaterials 6.11 Seite 88 ergibt

$$\lambda^{N\sim} = p^R(\beta, r^N) - c_N^N\Big(N(\beta, r^N), B(\beta, r^N)\Big). \tag{7.20}$$

Die Gleichung (7.20) definiert den Schattenpreis im langfristigen Marktgleichgewicht als $\lambda^{N\sim} = \lambda^N(\beta, r^N)$. Einsetzen dieser Funktion und von und $B^{\sim} = B(\beta, r^N)$ in die kurzfristige Angebotsfunktion des Neumaterialproduzenten (6.15) Seite 88 führt zu

$$GK^N = c_N^N\Big(N, B(\beta, r^N)\Big) + \lambda^N(\beta, r^N). \tag{7.21}$$

Zur Bestimmung des Stabilitätsverhaltens wird zuerst die Gleichgewichtsbedingung des Güter- und Entsorgungsmarktes in das kanonische Gleichungssystem (6.11), (6.12) und (6.6) eingesetzt. Dann können die beiden Differentialgleichungssysteme

$$\dot{N} = \dot{N}(N, B; r^N), \tag{7.22}$$

$$\dot{B} = G(B) - N, \tag{7.23}$$

und

$$\dot{\lambda}^N = \left(r^N - G_B(B)\right)\lambda^N + c_B^N\Big(N(B, \lambda^N, \beta), B\Big), \tag{7.24}$$

$$\dot{B} = G(B) - N(B, \lambda^N, \beta), \tag{7.25}$$

hergeleitet werden, siehe Anhang 15.1.1 Seite 233ff. bzw. 15.1.2 Seite 242ff. Diese beiden Differentialgleichungssysteme beschreiben das Verhalten der Modellökonomie außerhalb des langfristigen Marktgleichgewichtes und erlauben eine Aussage über die Stabilität dieses Gleichgewichtes zu treffen.

Das folgende Theorem 20, dessen Beweis sich im Anhang 15.1.1 Seite 233 ff. findet, faßt die Stabilitätseigenschaften des langfristigen Marktgleichgewichtes zusammen

Theorem 20 *Falls der Ressourcenbestand im langfristigen Marktgleichgewicht ökologisch stabil ist, d.h.* $G_B(B^\sim) < 0$, *dann sind die Determinanten der Jacobi-Matrizen der Differentialgleichungssysteme* (7.22), (7.23) *und* (7.24), (7.25) *negativ und das langfristige Marktgleichgewicht ein Sattel-Punkt. Die Vorzeichen der Eigenwerte sind* $\Phi_1^\sim > 0 > \Phi_2^\sim$.

(a) Die zu der Darstellung im Phasenraum des Neumaterials und des Ressourcenbestandes gehörende Eigenvektoren $\mathbf{z}_1$ *und* $\mathbf{z}_2$ *können dargestellt werden als*

$$\mathbf{z}_i^\sim = \begin{bmatrix} z_i^{1\sim} \\ z_i^{2\sim} \end{bmatrix} = \begin{bmatrix} G_B(B^\sim) - \Phi_i^\sim \\ 1 \end{bmatrix}, \quad i = 1, 2, \tag{7.26}$$

mit $\mathbf{z}_1^\sim > 0$. *Der stabile Arm des Sattels lautet für den Anfangswert des Bestandes* B_0

$$\begin{bmatrix} N(t) \\ B(t) \end{bmatrix} = (B_0 - B^\sim)\, \mathbf{z}_2^\sim e^{\Phi_2^\sim t} + \begin{bmatrix} N^\sim \\ B^\sim \end{bmatrix}, \tag{7.27}$$

und ist in der (N, B)*-Ebene ansteigend.*

(b) Die zu der Darstellung im Phasenraum des Schattenpreises und des Ressourcenbestandes gehörende Eigenvektoren $'\mathbf{z}_1$ *und* $'\mathbf{z}_2$ *können dargestellt werden als*

$$'\mathbf{z}_i^\sim = \begin{bmatrix} 'z_i^{1\sim} \\ 'z_i^{2\sim} \end{bmatrix} = \begin{bmatrix} \left(G_B(B^\sim) - \Phi_i^\sim\right)\left(\frac{\partial p^R}{\partial N} - c_{NN}^N\right) - c_{BN}^N \\ 1 \end{bmatrix}, \quad i = 1, 2, \tag{7.28}$$

mit $'z_2^1 < 0$. *Der stabile Arm des Sattels lautet für den Anfangswert des Bestandes* B_0

$$\begin{bmatrix} \lambda^N(t) \\ B(t) \end{bmatrix} = (B_0 - B^\sim)\, '\mathbf{z}_2^\sim e^{\Phi_2^\sim t} + \begin{bmatrix} \lambda^{N\sim} \\ B^\sim \end{bmatrix}. \tag{7.29}$$

Liegt der Anfangsbestand auf dem stabilen Arm des Sattelspfades, dann wird das langfristige Marktgleichgewicht erreicht

und andernfalls nicht.

Nach der Definition der endogenen Variablen im langfristigen Marktgleichgewicht auf den drei Märkten kann der Frage nachgegangen werden, wie sich eine Verschärfung der Entsorgungsquote bzw. eines Anstiegs der Diskontrate des Neumaterialproduzenten auf das langfristige Marktgleichgewicht, unter den getroffenen Annahmen auswirkt. Gleichzeitig können die ausgelösten

Anpassungsprozesse bestimmt und interpretiert werden. Die Annahme der ökologischen Stabilität verhindert, daß eine Quotenverschärfung oder ein Diskontratenanstieg eine Bifurkation[2], d.h. eine Änderung in den Stabilitätseigenschaften des Gleichgewichtes, auslöst.

7.1.1 Die komparative Statik und Dynamik

In diesem Abschnitt werden die Auswirkungen eines Anstiegs in der Entsorgungsquote bzw. der Diskontrate des Neumaterialproduzenten auf das langfristige Marktgleichgewicht und die von solch einem Anstieg hervorgerufenen Anpassungsdynamiken in einzelnen Theoremen zusammengefaßt und erläutert.

Die direkte Auswirkung einer Änderung in einem der exogenen Parameter in dem Zeitpunkt des Auftretens löst technisch gesprochen einen Sprung des dynamischen Systems von einem Sattelpunkt auf den neuen stabilen Sattelpfad aus. Die Dynamiken des Differentialgleichungssystems, welches das dynamische Marktgleichgewicht beschreibt, bewegen das System anschließend in den neuen Sattelpunkt bzw. in das neue dynamische Marktgleichgewicht. In dem Zeitpunkt des Sprunges ist der Bestand dieses Zeitpunktes vorherbestimmt und eine Bestandsreaktion kann deshalb erst ab dem folgenden Zeitpunkt erfolgen. Die von der Änderung in einem der beiden exogenen Parameter ausgelösten Anpassungsprozesse des Bestandes, des Schattenpreises und des Neumaterials laufen nicht innerhalb des Zeitpunktes in dem der exogene Parametersich ändert ab. Mindestens seit Dornbusch (1976) ist in der Literatur bekannt, daß die Anpassung von dem ursprünglichen langfristigen Marktgleichgewicht in das neue nicht augenblicklich abläuft, sondern ein Zeitraum existiert, in dem die Modellökonomie in einer Abfolge von kurzfristigen Marktgleichgewichten sich zu dem neuen langfristigen bewegt. Folglich gilt es, die von einer Änderung in einem der exogenen Parametern ausgelöste Bestandswirkung in den Folgeperioden auf die kurzfristigen Marktgleichgewichte zu untersuchen. Hierfür wird in dem folgenden Abschnitt dieses zuerst definiert und werden anschließend ab Seite 107 die Ergebnisse der komparativen Statik und Dynamik dargestellt.

Das kurzfristige Marktgleichgewicht während der Anpassung

Das kurzfristige Gleichgewicht des Güter-, Entsorgungs- und Ressourcenmarktes, in dem diese drei Märkte geräumt sind und der Bestand nicht konstant ist, wird durch die folgenden beiden Gleichungen (7.1′) und (7.30) definiert. Die endogenen Variablen werden wie in dem kurzfristigen Gleichgewicht des Güter-, Entsorgungs- und Ressourcenmarktes in Abschnitt 4.3 Seite 46ff. mit einer Tilde $\tilde{}$ gekennzeichnet. $B^x(t)$ für $x \in \{\beta, r^N\}$ beschreibt den Bestand in der Periode t, welcher zu seinem neuen langfristigen Gleichgewichtswert konvergiert. Äquivalent beschreibt $\lambda^{Nx}(t)$ für $x \in \{\beta, r^N\}$ den Schattenpreis in der Periode t, welcher zu seinem neuen langfristigen

[2] Für eine Einführung in Bifurkation und den damit verbundenen Problemen, siehe Gandolfo (1997) Kapitel 25.

Gleichgewichtswert konvergiert. Die Richtungen der Bewegungen des Ressourcenbestandes und des Schattenpreises, d.h. die Vorzeichen der partiellen Ableitungen, folgen aus der jeweiligen komparativen Dynamik einer Quotenänderung bzw. eines Anstiegs der Diskontrate. Gegeben der Bestand konvergiert zu seinem neuen langfristigen Gleichgewichtswert, ist das kurzfristige Gleichgewicht auf dem Güter-, Entsorgungs- und dem Ressourcenmarkt definiert durch

$$p^W\left(\frac{1}{1-\beta}\tilde{N};\tilde{p}^R\right)+\tilde{p}^R\beta-c_W^W\left(\frac{1}{1-\beta}\tilde{N}\right)-\beta c_R^{WR}\left(\frac{\beta}{1-\beta}\tilde{N}\right)=0, \tag{7.1'}$$

$$\tilde{p}^R-c_N^N\left(\tilde{N},B^x(t)\right)-\lambda^{Nx}(t)=0. \tag{7.30}$$

Diese beiden Gleichungen definieren die Neumaterialmenge und den Ressourcenpreis im kurzfristigen Marktgleichgewicht.

(7.1′) definiert implizit den Ressourcenpreis im Gleichgewicht des Güter- und Entsorgungsmarktes als eine Funktion der Neumaterialmenge $\check{p}^R = p^R(N,\beta)$. Einsetzen dieser Funktion in (7.30) führt zu

$$\check{p}^R\left(\tilde{N},\beta\right)-c_N^N\left(\tilde{N},B^x(t)\right)-\lambda^{Nx}(t)=0. \tag{7.31}$$

(7.31) definiert die Neumaterialmenge im kurzfristigen Gleichgewicht auf dem Güter-, dem Entsorgungs- und dem Ressourcenmarkt zum Zeitpunkt t als $\tilde{N} = N(t)$. (7.30) definiert die Neumaterialmenge im kurzfristigen Gleichgewicht des Ressourcenmarktes als eine Funktion des Ressourcenbestandes und des Schattenpreises $N = N(B^x(t), \lambda^{Nx}(t))$ und Einsetzen dieser Funktion in (7.1′) ergibt

$$p^W\left(\frac{1}{1-\beta}N\big(B^x(t),\lambda^{Nx}(t)\big);\tilde{p}^R\right)+\tilde{p}^R\beta-c_W^W\left(\frac{1}{1-\beta}N\big(B^x(t),\lambda^{Nx}(t)\big)\right)$$
$$-\beta c_R^{WR}\left(\frac{\beta}{1-\beta}N\big(B^x(t),\lambda^{Nx}(t)\big)\right)=0. \tag{7.32}$$

(7.32) definiert den Ressourcenpreis im kurzfristigen Gleichgewicht des Güter-, des Entsorgungs- und des Ressourcenmarktes, gegeben den Ressourcenbestand und den Schattenpreis zum Zeitpunkt t als $\tilde{p}^R = p^R(t)$. Einsetzen von $\tilde{N} = N(t)$ in die Bedingung, daß die nichtrezyklierte Ressourcenmenge der Neumaterialmenge entspricht, führt zu einer Definition der insgesamt eingesetzten Ressourcenmenge

$$\tilde{W}=\frac{1}{1-\beta}N(t). \tag{7.33}$$

Einsetzen des Ressourcenpreises $\tilde{p}^R = p^R(t)$ (7.32) und der Menge der Entsorgungsdienstleistungen $\tilde{W} = W(t)$ (7.33) in die Gewinnfunktion des preisnehmenden Entsorgers (6.2) Seite 85 ergibt

$$\tilde{\Pi}^W=p^W\big(W(t);p^R(t)\big)W(t)+p^R(t)\beta W(t)-c^W\big(W(t)\big)-c^{WR}\big(\beta W(t)\big). \tag{7.34}$$

Einsetzen von $\tilde{p}^R = p^R(t)$ in die äquivalente Definition des Gleichgewichtes auf dem Güter- und Entsorgungsmarkt (7.4) Seite 100 führt zu einer den Preis der Entsorgungsdienstleistungen definierenden Gleichung

$$c^Y_{p^{RW}}\left(\hat{Y}\left(p^R(t), \tilde{p}^W\right); p^R(t) + \tilde{p}^W\right) - W^E\left(\tilde{p}^W, p^R(t); \beta\right) = 0. \tag{7.35}$$

(7.35) definiert $\tilde{p}^W = p^W(t)$. Der Preis des Ressourceneinsatzes in der Güterproduktion läßt sich mit $\tilde{p}^R = p^R(t)$ und $\tilde{p}^W = p^W(t)$ darstellen als

$$\tilde{p}^{RW} = p^R(t) + p^W(t). \tag{7.36}$$

Einsetzen von $\tilde{p}^{RW}$ in die das Gleichgewicht auf dem Gütermarkt definierende Gleichung (3.7) Seite 27 führt zu der Gütermenge

$$p\left(\tilde{Y}\right) - c^Y_Y\left(\tilde{Y}; p^{RW}(t)\right) = 0. \tag{7.37}$$

(7.37) definiert $\tilde{Y} = Y(t)$. Einsetzen dieser Funktion in Verbindung mit $\tilde{p}^{RW} = (t)$ in die Gewinnfunktion des Güterproduzenten (3.1) Seite 26 führt zu

$$\tilde{\Pi}^Y = p(Y(t))Y(t) - c^Y\left(Y(t); p^{RW}(t)\right). \tag{7.38}$$

Einsetzen von $\tilde{Y} = Y(t)$ in die Definition der Nachfragefunktion des Konsumenten (3.5) Seite 27 führt zu einer Definition des Güterpreises

$$\tilde{p} = u_Y(Y(t)). \tag{7.39}$$

(7.33) definiert $\tilde{W} = W(t)$ und somit auch $\tilde{R} = \tilde{W}$. Eine Anwendung der Definition der Rezyklatmenge $\tilde{R}^R = \beta\tilde{R}$ auf $\tilde{R} = \tilde{W}$ führt zu

$$\tilde{R}^R = \beta W(t). \tag{7.40}$$

(7.40) definiert implizit die Rezyklatmenge $\tilde{R}^R = R^R(t)$. Einsetzen von $\tilde{p}^R = p^R(t)$ und $\tilde{N} = N(t)$ in die Funktion der Gewinne des Neumaterialproduzenten (6.8) Seite 87 führt zu

$$\tilde{\Pi}^{\mathcal{N}} = p^R(t)N(t) - c^N\left(N(t), B^x(t)\right). \tag{7.41}$$

Einsetzen von $B^x(t)$ und $\lambda^{Nx}(t)$ in die kurzfristige Angebotsfunktion des Neumaterialproduzenten führt zu

$$GK^{\mathcal{N}} = c^N_N\left(N, B^x(t)\right) + \lambda^{Nx}(t). \tag{7.42}$$

In den folgenden beiden Abschnitten werden die Wirkungen einer Quotenverschärfung und die eines Anstiegs in der Diskontrate des Neumaterialproduzenten auf das langfristige Marktgleichgewicht und die in dem kurzfristigen ablaufenden Anpassungsreaktion besprochen. Den jeweiligen Theoremen schließt sich wieder eine ausführliche verbale Interpretation und graphische Veranschaulichung an. In Theorem 21 sind die Auswirkungen einer Quotenverschärfung auf das langfristige Marktgleichgewicht zusammengefaßt, in Theorem 22 sind die Anpassungsreaktion der Trajektorien der Neumaterialmenge, des Schattenpreises und des Ressourcenbestandes dargestellt. Schließlich sind in Theorem 23 die Anpassungsreaktion des kurzfristigen Marktgleichgewichtes, während der Bestand und der Schattenpreis zu ihren neuen langfristigen gleichgewichtigen Werten konvergieren, dargestellt. Theorem 24 faßt die Wirkungen eines Anstiegs der Diskontrate auf das langfristige Marktgleichgewicht zusammen, Theorem 25 stellt die dynamischen Anpassungsreaktionen dar und in Theorem 26 die des kurzfristigen Marktgleichgewichtes.

Die Wirkung einer Quotenverschärfung

Gegeben der Ressourcenbestand ist ökologisch stabil und die dem Entsorger auferlegte Restriktion ist ökonomisch bindend, dann gelten die in den folgenden Theoremen 21-23, deren Beweise sich im Anhang 15.1.4 Seite 250ff. finden, zusammengefassten Ergebnisse einer Quotenverschärfung im langfristigen Marktgleichgewicht.

Theorem 21 *In Reaktion auf eine Quotenverschärfung sinkt der Ressourcenpreis* $\frac{dp^{R\sim}}{d\beta} < 0$ *und die Menge des Neumaterials* $\frac{dN^{\sim}}{d\beta} < 0$. *Der Ressourcenbestand steigt* $\frac{dB^{\sim}}{d\beta} > 0$ *und der Schattenpreis sinkt* $\frac{d\lambda^{N\sim}}{d\beta} < 0$. *Die in der Produktion eingesetzte Ressourcenmenge bzw. die Menge der Entsorgungsdienstleistungen zeigt keine eindeutige Reaktion* $\frac{dW^{\sim}}{d\beta} \lesseqgtr 0$ *und der Entsorgungspreis steigt* $\frac{dp^{W\sim}}{d\beta} > 0$. *Die Gewinne des Entsorgers zeigen keine eindeutige Reaktion* $\frac{d\Pi^{W\sim}}{d\beta} \lesseqgtr 0$. *Der Preis des Ressourceneinsatzes in der Güterproduktion zeigt keine eindeutige Reaktion* $\frac{dp^{RW\sim}}{d\beta} \lesseqgtr 0$.

(a) Sei $\frac{dp^{RW\sim}}{d\beta} > 0$. *Die Gütermenge sinkt* $\frac{dY^{\sim}}{d\beta} < 0$ *und der zugehörige Preis steigt* $\frac{dp^{\sim}}{d\beta} > 0$. *Die Gewinne des Güterproduzenten steigen* $\frac{d\Pi^{Y\sim}}{d\beta} > 0$.

(b) Sei $\frac{dp^{RW\sim}}{d\beta} < 0$. *Die Gütermenge steigt* $\frac{dY^{\sim}}{d\beta} > 0$ *und der zugehörige Preis sinkt* $\frac{dp^{\sim}}{d\beta} < 0$. *Die Gewinne des Güterproduzenten sinken* $\frac{d\Pi^{Y\sim}}{d\beta} < 0$.

Die Reaktion der Rezyklatmenge ist nicht eindeutige und von der Elastizität der Menge der Entsorgungsdienstleistungen abhängig $\frac{dR^{R\sim}}{d\beta} = W^{\sim}\left[1 + \eta\left(W^{\sim}, \beta\right)\right]$. *Die diskontierten Gewinne des Neumaterialproduzenten reagieren nicht eindeutig* $\frac{d\left(\int_0^\infty \Pi^{N\sim} e^{-r^N t} dt\right)}{d\beta} \lesseqgtr 0$.

Die Abbildung 7.1 veranschaulicht die Wirkung einer Quotenverschärfung auf das langfristige Marktgleichgewicht für den Fall, daß die in der Güterproduktion eingesetzte und entsorgte Ressourcenmenge sinkt. Eine Straffung der Entsorgungsquote verursacht auf dem Entsorgungsmarkt direkt einen Anstieg der totalen Grenzentsorgungskosten, weil gegeben eine zu entsorgende Ressourcenmenge ein größerer Anteil davon zu rezyklieren ist und somit der Grenzverlust

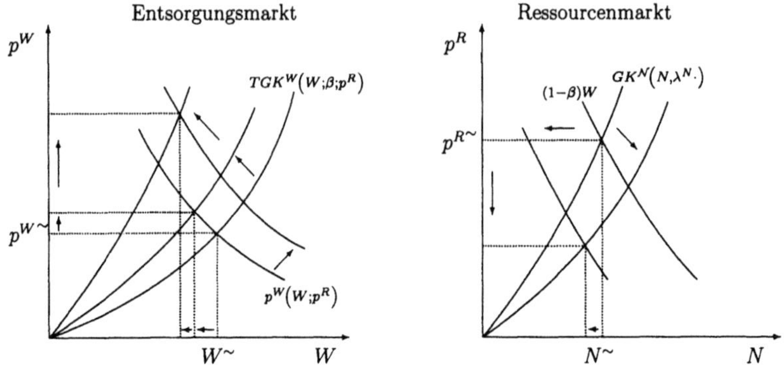

Abbildung 7.1: Der Anstieg der Entsorgungsquote

der Rezyklierung steigt. Die Kurve der totalen Grenzentsorgungskosten dreht sich nach oben und der Entsorger reduziert sein Angebot. Wegen der abnehmenden Grenzproduktivität der Ressource in der Güterproduktion ist der Güterproduzent bereit, für das geringere Angebot an Entsorgungsdienstleistungen einen höheren Preis zu zahlen. Folglich steigt der Preis für Entsorgungsdienstleistungen.

Diese Preissteigerung ruft auf dem Gütermarkt einen Anstieg der Grenzkosten hervor. In Reaktion darauf reduziert der Güterproduzent sein Angebot. Aus dem abnehmenden Grenznutzen folgt, daß der Konsument bereit ist für das geringere Angebot einen höheren Preis zu zahlen. Somit steigt der Güterpreis und die Gütermenge sinkt.

Der Rückgang der Gütermenge führt zu einem Rückgang des Ressourceneinsatzes in der Produktion und die bedingte Ressourcennachfrage sinkt. Die Nachfrage auf dem Ressourcenmarkt sinkt und damit auch die nach Neumaterial. Gegeben ein Ressourcenangebot senkt der von der gesunkenen Gütermenge ausgehende Nachfragerückgang die marginale Zahlungsbereitschaft des Güterproduzenten für die Ressource. Diese Senkung führt bei dem Neumaterialproduzenten zu einem Rückgang der Grenzerlöse. Der Neumaterialproduzent reduziert sein Angebot oder alternativ formuliert seine Ernte, um seine Grenzkosten den gesunkenen Grenzerlösen anzupassen. Der Ernterückgang führt zu einem Zuwachs des Bestandes. Weil der Bestand gestiegen ist, sinkt der Schattenpreis, der die zukünftigen Erträge einer Bestandseinheit marginal bewertet. Die Wirkung der Quotenverschärfung auf die diskontierten Gewinne des Neumaterialproduzenten ist unbestimmt. Der Rückgang des Ressourcenpreises und der der Ernte wirken gewinnmindernd und der Bestandsanstieg reduziert die Erntekosten und wirkt so gewinnsteigernd.

Der Rückgang des Ressourcenpreises wirkt zum einen direkt kontraktiv auf den Entsorgungsmarkt über einen Anstieg des Grenzverlustes der Rezyklierung und damit verbunden einen Anstieg in den totalen Grenzentsorgungskosten. Zum anderen wirkt diese Preisreduktion indirekt über den Gütermarkt und somit über die bedingte Faktornachfrage nach Entsorgungsdienstleistungen auf den Entsorgungsmarkt.

Auf dem Gütermarkt verursacht der Rückgang des Ressourcenpreises eine Senkung der Grenzkosten der Güterproduktion und gegeben eine marginale Zahlungsbereitschaft des Konsument weitet der Produzent sein Angebot aus. Der expansive Effekt des Rückgangs im Ressourcenpreis wirkt dem vorher beschriebenen kontraktiven der Preissteigerung in der Entsorgung entgegen. Die Reaktion des Preises für den Ressourceneinsatz in der Güterproduktion ist unbestimmt und diese Reaktion ist abhängig, davon welcher dieser beiden Preiseffekte auf dem Gütermarkt dominiert.

Der von dem Rückgang des Ressourcenpreises ausgelöste expansive Effekt in der Güterproduktion verursacht einen Anstieg in der bedingten Faktornachfrage nach Entsorgungsdienstleistungen. Die Nachfragefunktion auf dem Entsorgungsmarkt verschiebt sich nach außen. Der Rückgang des Ressourcenpreises wirkt somit zum einen direkt über einen Anstieg der totalen Grenzentsorgungskosten und zum andern indirekt durch einen Anstieg der bedingten Faktornachfrage nach den Entsorgungsdienstleistungen. Beide Effekte wirken preissteigernd auf dem Entsorgungsmarkt. Die Reaktion der entsorgten Ressourcenmenge ist unbestimmt und wird von der relativen Stärke dieser beiden Effekte bestimmt.

Steigt die entsorgte Ressourcenmenge in Reaktion auf eine Verschärfung der Entsorgungsquote an, dann sinken die Gewinne des Entsorgers und die rezyklierte Ressourcenmenge steigt an, weil erstens die zu erfüllende Entsorgungsquote steigt und zweitens die Ressourcenmenge selbst ansteigt.

Im Falle des Rückgangs der entsorgten Ressourcenmenge ist die Reaktion der Gewinne des Entsorgers nicht eindeutig, weil der Mengenrückgang gewinnsteigernd wirkt, der des Ressourcenpreises jedoch über den Kostenanstieg gewinnmindernd. Die Reaktion der Rezyklatmenge ist nicht eindeutig und wird von der Elastizität der entsorgten Ressourcenmenge in bezug auf die Entsorgungsquote bestimmt. Reagiert die Ressourcenmenge elastisch, dann sinkt die rezyklierte und andernfalls steigt sie an.

Die Prozesse auf dem Gütermarkt werden von der resultierenden Reaktion des Preises des Ressourceneinsatzes in der Güterproduktion bestimmt. Sinkt dieser, dann steigt die gehandelte Menge an und sowohl der Preis als auch die Gewinne des Produzenten sinken. Andernfalls sinkt die gehandelte Menge und sowohl der Preis als auch die Gewinne des Produzenten steigen an.

In diesem Kapitel wird ein langfristiges Marktgleichgewicht betrachtet und folglich muß der Anpassungsprozeß zu dem neuen langfristigen Gleichgewicht diskutiert werden. Zuerst werden in Theorem 22, dessen Beweis sich im Anhang 15.1.5 Seite 254ff. findet, die dynamischen Reaktionen der Neumaterialmenge, des Ressourcenbestandes und des Schattenpreises zusammengefaßt.

Theorem 22 *Die $\dot{N} = 0$-Isokline in der (N, B)-Ebene verschiebt sich nach unten. Die $\dot{\lambda}^N = 0$-*

und die $\dot{B} = 0$-Isokline verschieben sich in der (λ^N, B)-Ebene nach unten. Die neuen stabilen Sattelpfade liegen unterhalb der alten. Während der Anpassung an das neue langfristige Marktgleichgewicht steigt die Neumaterialmenge $\frac{d^2N(t)}{d\beta dt} > 0$ mit abnehmenden Zuwächsen an $\frac{d^3N(t)}{d\beta(dt)^2} < 0$. Ebenfalls wächst der Ressourcenbestand $\frac{d^2B(t)}{d\beta dt} > 0$ mit abnehmenden Zuwächsen an $\frac{d^3B(t)}{d\beta(dt)^2} < 0$. Der Schattenpreis sinkt $\frac{d^2\lambda^N(t)}{d\beta dt} < 0$ mit abnehmenden Reduktionen $\frac{d^3\lambda^N(t)}{d\beta(dt)^2} > 0$.

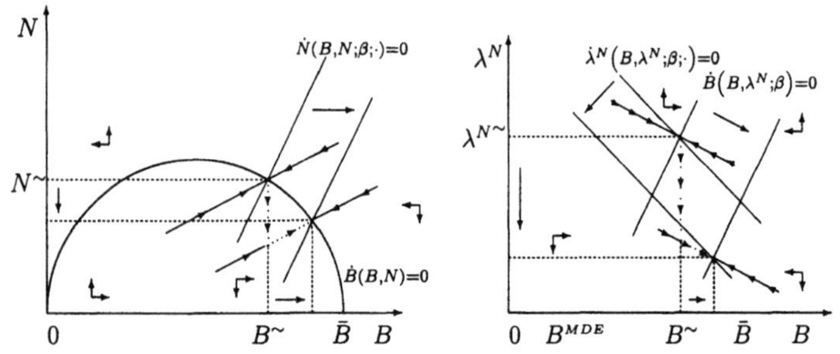

Abbildung 7.2: Die Quotenverschärfung

Die Phasendiagramme in Abbildung 7.2 Seite 110 veranschaulichen, daß in dem Zeitpunkt, in dem die Entsorgungsquote verschärft wird, die Neumaterialmenge überschießt. Der Bestand hingegen, weil vorherbestimmt, bleibt konstant. In den Folgeperioden bewirkt die im Vergleich zum ursprünglichen Niveau gesunkene Ernte ein Ansteigen des Bestandes und damit verbunden einen Rückgang des Schattenpreises bis das neue langfristige Marktgleichgewicht erreicht ist. In den Perioden nach der Quotenverschärfung steigt die Neumaterialmenge wieder an und als Folge reduzieren sich die Zuwächse des Bestandes und die Reduktion des Schattenpreises.

Die von dem Ansteigen des Ressourcenbestandes und dem Rückgang des Schattenpreises entlang des Pfades in das neue langfristige Gleichgewicht ausgelösten Anpassungsreaktionen sind in dem folgenden Theorem 23, dessen Beweis sich im Anhang 15.1.6 Seite 257ff. findet, zusammengefaßt und daran schließt sich wieder eine ausführliche verbale Diskussion und graphisch Veranschaulichung an. Während der Bewegung entlang des neuen stabilen Sattelpfades ist die Modellökonomie immer in einem kurzfristigen Gleichgewicht in dem die drei Märkte geräumt sind und der Ressourcenbestand und der Schattenpreis sich den neuen langfristigen Gleichgewichtswerten annähern.

Theorem 23 *Der steigende Ressourcenbestand und der sinkende Schattenpreis führen im kurzfristigen Marktgleichgewicht zu einem Anstieg der Neumaterialmenge $\frac{d\tilde{N}}{dt} > 0$ und zu einem Rückgang des Ressourcenpreises $\frac{d\tilde{p}^R}{dt} < 0$. Die Menge der Entsorgungsdienstleistungen steigt $\frac{d\tilde{W}}{dt} > 0$ und die Gewinne des Entsorgers zeigen keine eindeutige Reaktion $\frac{d\tilde{\Pi}^W}{dt} \lesseqgtr 0$. Der Preis der Entsorgungsdienstleistungen steigt $\frac{d\tilde{p}^W}{dt} > 0$ und der des Ressourceneinsatzes in der Güter-*

produktion sinkt $\frac{d\tilde{p}^{RW}}{dt} < 0$. *Die Gütermenge steigt* $\frac{d\tilde{Y}}{dt} > 0$ *und ihr Preis sinkt* $\frac{d\tilde{p}}{dt} < 0$. *Die Gewinne des Güterproduzenten reagieren uneinheitlich* $\frac{d\tilde{\Pi}^Y}{dt} \lessgtr 0$. *Die Rezyklatmenge steigt* $\frac{d\tilde{R}^R}{dt} > 0$. *Die Gewinne des Neumaterialproduzenten zeigen keine eindeutige Reaktion* $\frac{d\tilde{\Pi}^N}{dt} \lessgtr 0$.

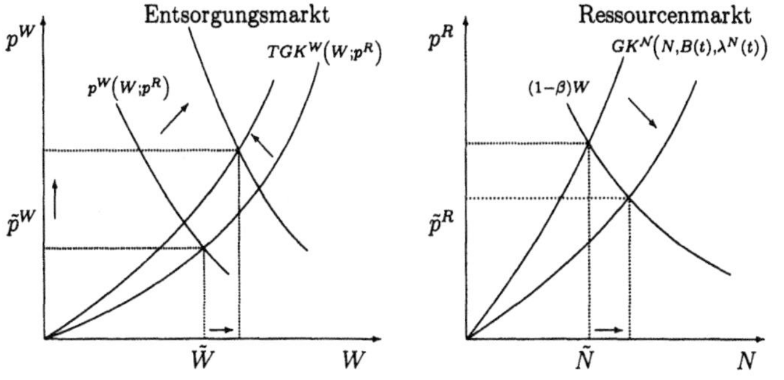

Abbildung 7.3: Die Anpassung an das langfristige Gleichgewicht

Die Abbildung 7.3 veranschaulicht die Auswirkung der Bestandsanpassung und eines Rückganges des Schattenpreises auf das kurzfristige Gleichgewicht des Güter-, des Entsorgungs- und des Ressourcenmarktes. Die Bestandszunahme und der Rückgang des Schattenpreises führt zu einem Rückgang der Grenzkosten der Neumaterialproduktion, d.h. die Angebotsfunktion des Produzenten dreht sich nach außen. Diese Reduktion der Grenzkosten veranlaßt den Produzenten bei einem gegebenen Preis sein Angebot auszudehnen. Die abnehmende Grenzproduktivität der Ressource impliziert, daß der Güterproduzent nur bei einem sinkenden Ressourcenpreis bereit ist seine Nachfrage auszuweiten. Die Bestandszunahme senkt die Grenzkosten der Neumaterialproduktion und wirkt so gewinnsteigernd, die Ausdehnung der Produktion steigert die Gewinne. Die Preisreduktion wirkt diesen beiden expansiven Effekten entgegen und die resultierende Reaktion der Gewinne des Neumaterialproduzenten ist unbestimmt.

Der gesunkene Ressourcenpreis wirkt direkt auf den Gütermarkt und den Entsorgungsmarkt. Auf dem Gütermarkt verursacht der Rückgang des Ressourcenpreises eine Verringerung der Grenzkosten und veranlaßt den Produzenten bei gegebenem Preis sein Angebot auszudehnen. Aus der abnehmenden marginalen Zahlungsbereitschaft des Konsumenten folgt, daß der Güterpreis sinken muß, damit die Angebotsausdehnung nachgefragt wird. Alternativ formuliert folgt aus dem abnehmenden Grenznutzen, daß der Konsument bereit ist für eine geringere Gütermenge einen höheren Preis zu zahlen. Die Ausdehnung der Güterproduktion wirkt gewinnmindernd, der Rückgang des Preises des Ressourceneinsatzes in der Güterproduktion senkt die Kosten und wirkt gewinnsteigernd. Die resultierende Gewinnreaktion ist unbestimmt.

Der gesunkene Ressourcenpreis und der damit verbundene gestiegene Ressourceneinsatz des Güterproduzenten bewirkt auf dem Entsorgungsmarkt einen Anstieg der bedingten Faktornachfrage nach Entsorgungsdienstleistungen. Die bedingte Faktornachfragefunktion verschiebt sich nach außen. Der Rückgang des Ressourcenpreises verursacht direkt einen Anstieg des Grenzverlustes in der Rezyklierung und damit verbunden einen Anstieg der totalen Grenzentsorgungskosten, d.h. die entsprechende Kurve dreht sich nach innen. Der Nachfrageanstieg dominiert den der totalen Grenzentsorgungskosten, weil die unvollkommene Rezyklierung der Ressource impliziert, daß die Wirkung der Änderung des Ressourcenpreises auf den Grenzverlust der Rezyklierung von der Quote gedämpft wird. Als Folge steigt die Menge an Entsorgungsdienstleistungen und ihr Preis. Der Mengenanstieg wirkt gewinnmindernd und der Anstieg des Ressourcenpreises über den induzierten Nachfrageanstieg, der den der totalen Grenzentsorgungskosten dominiert, gewinnsteigernd. Somit ist die Reaktion der Gewinne des Entsorgers unbestimmt.

Die Wirkung eines Anstiegs in der Diskontrate

Die in den folgenden Theoremen 24-26, deren Beweise sich Anhang 15.1.7 Seite 261ff. findet, zusammengefassten Ergebnisse eines Diskontratenanstieges im langfristigen Marktgleichgewicht gelten unter der Annahme, daß der Ressourcenbestand ökologisch stabil und die dem Entsorger auferlegte Restriktion ökonomisch bindend ist. Die Anpassungsreaktionen der Trajektorien sind in Theorem 25 und die des kurzfristigen Marktgleichgewichtes in Theorem 26 dargestellt.

Theorem 24 *In Reaktion auf eine Anstieg der Diskontrate des Neumaterialproduzenten sinkt der Ressourcenpreis* $\frac{dp^{R\sim}}{dr^N} < 0$ *und die Neumaterialmenge steigt* $\frac{dN^\sim}{dr^N} > 0$. *Der Ressourcenbestand* $\frac{dB^\sim}{dr^N} < 0$ *und der Schattenpreis* $\frac{d\lambda^{N\sim}}{dr^N} < 0$ *sinken. Die in der Güterproduktion eingesetzte Ressourcenmenge bzw. die Menge der Entsorgungsdienstleistungen* $\frac{dW^\sim}{dr^N} > 0$ *und der Entsorgungspreis* $\frac{dp^{W\sim}}{dr^N} > 0$ *steigen. Die Gewinne des Entsorgers zeigen keine eindeutige Reaktion* $\frac{d\Pi^{W\sim}}{dr^N} \lesseqgtr 0$. *Der Preis des Ressourceneinsatzes in der Güterproduktion sinkt* $\frac{dp^{RW\sim}}{dr^N} < 0$. *Die Gütermenge steigt* $\frac{dY^\sim}{dr^N} > 0$ *und der Güterpreis sinkt* $\frac{dp^\sim}{dr^N} < 0$. *Die Gewinne des Güterproduzenten zeigen keine eindeutige Reaktion* $\frac{d\Pi^{Y\sim}}{dr^N} \lesseqgtr 0$. *Die Rezyklatmenge steigt* $\frac{dR^{R\sim}}{dr^N} > 0$. *Die Gewinne des Neumaterialproduzenten zeigen keine eindeutige Reaktion* $\frac{d\left(\int_0^\infty \Pi^{N\sim} e^{-r^N t} dt\right)}{dr^N} \lesseqgtr 0$.

Die Wirkung eines Anstieges in der Diskontrate des Neumaterialproduzenten ist in der Abbildung 7.4 Seite 113 dargestellt. Ein Diskontratenanstieg bedeutet eine stärkere Gegenwartspräferenz und eine geringere Präferenz für zukünftige Erträge. Folglich sinkt der Schattenpreis als Bewertung der zukünftigen Erträge einer marginalen Bestandseinheit. Der Rückgang des Schattenpreises senkt die Grenzkosten des Neumaterialproduzenten und bei einem gegebenen Ressourcenpreis weitet dieser sein Angebot aus, d.h. die Grenzkostenkurve dreht sich nach außen. Aus der abnehmenden Grenzproduktivität der Ressource in der Güterproduktion folgt, daß das größere Angebot an Neumaterial nur zu einem geringeren Preis nachgefragt wird. Somit steigt die Neumaterialmenge an und der Ressourcenpreis sinkt. Die gestiegene Neumaterialmenge führt zu einem geringeren Ressourcenbestand und aus der Präferenzänderung des Neu-

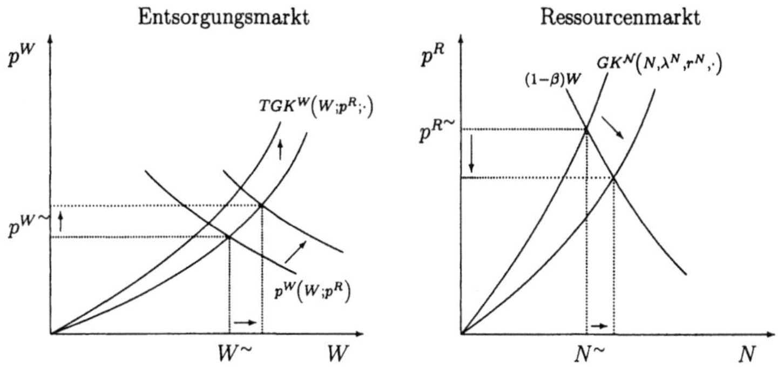

Abbildung 7.4: Der Anstieg der Diskontrate

materialproduzenten folgt, daß dieser geringere Bestand mit einem niedrigeren Schattenpreis bewertet wird. Der Rückgang in dem Ressourcenpreis senkt die Erlöse des Neumaterialproduzenten und wirkt gewinnmindernd. Ebenfalls wirkt der gesunkene Ressourcenbestand über den Anstieg der Erntekosten gewinnmindernd. Die geringere Diskontrate bedeutet eine geringere Bewertung zukünftiger Gewinne und wirkt folglich direkt gewinnmindernd. Diesen den Gewinn reduzierenden Faktoren wirkt die Ausdehnung der verkauften Neumaterialmenge entgegen und die Reaktion der Gewinne des Neumaterialproduzenten bleibt unbestimmt.

Der gesunkene Ressourcenpreis bewirkt eine Reduktion in den Grenzkosten des Güterproduzenten und bei einem gegebenen Güterpreis weitet dieser sein Angebot aus. Aus dem abnehmenden Grenznutzen des Gutes folgt, daß diese größere Gütermenge nur zu einem geringeren Preis nachgefragt wird. Somit sinkt der Güterpreis und die Menge steigt an. Die Ausdehnung der Güterproduktion und der damit einhergehende Anstieg des Ressourceneinsatzes führt zu einer gestiegenen Nachfrage nach Entsorgungsdienstleistungen und einer höheren marginalen Zahlungsbereitschaft für diese.

Auf dem Entsorgungsmarkt verursacht der Rückgang des Ressourcenpreises einen Anstieg der Nachfrage, d.h. die Nachfragekurve verschiebt sich nach außen. Gleichzeitig bewirkt der gesunkene Ressourcenpreis einen Anstieg des Grenzverlustes der Rezyklierung und damit einen Anstieg in den totalen Grenzentsorgungskosten. Die Kurve der totalen Grenzentsorgungskosten dreht sich nach oben. Der Entsorger sieht sich gleichzeitig einem Anstieg in den totalen Grenzentsorgungskosten und einem in den Grenzerlösen gegenüber. Diese beiden Effekte wirken entgegengesetzt auf sein Angebot. Jedoch folgt aus der nichtvollständigen Rezyklierung der eingesetzten Ressource, daß der Anstieg des Ressourcenpreises nicht gleich stark auf die Grenzerlöse und auf die totalen Grenzentsorgungskosten wirkt und somit dehnt der Entsorger sein Angebot aus. Der stärkere Anstieg in der marginalen Zahlungsbereitschaft des Güterproduzenten für die Entsorgungsdienstleistungen als der in den totalen Grenzentsorgungskosten läßt den Entsorgungspreis steigen. Die Reaktion der Gewinne des Entsorgers ist nicht eindeutig und abhängig davon, ob der Anstieg der Kosten oder der der Erlöse stärker ist.

Der Rückgang des Ressourcenpreises dominiert den Anstieg des Entsorgungspreises in seiner Wirkung auf den Preis des Ressourceneinsatzes in der Güterproduktion. Somit sinken die Grenzkosten des Güterproduzenten und die Gütermenge steigt und ihr Preis sinkt. Die Reaktion der Gewinne des Güterproduzenten ist nicht eindeutig.

Das folgende Theorem 25 dessen Beweis sich im Anhang 15.1.8 Seite 265ff. findet faßt die Reaktion der Trajektorien der Neumaterialmenge, des Ressourcenbestandes und des Schattenpreises zusammen.

Theorem 25 *In der (N, B)-Ebene verschiebt sich die $\dot{N} = 0$-Isokline nach oben und der neue stabile Sattelpfad liegt oberhalb des alten. Die $\dot{\lambda}^N = 0$- und die $\dot{B} = 0$-Isokline verschieben sich in der (λ^N, B)-Ebene nach unten und der neue stabile Sattelpfad liegt unterhalb des alten. Während der Anpassung an das neue langfristige Marktgleichgewicht sinkt die Neumaterialmenge $\frac{d^2N(t)}{dr^N dt} < 0$ mit abnehmenden Reduktionen $\frac{d^3N(t)}{dr^N (dt)^2} > 0$. Ebenfalls sinkt der Ressourcenbestand $\frac{d^2B(t)}{dr^N dt} < 0$ mit abnehmenden Reduktionen $\frac{d^3B(t)}{dr^N (dt)^2} > 0$. Der Schattenpreis steigt $\frac{d^2\lambda^N(t)}{dr^N dt} > 0$ mit abnehmenden Reduktionen $\frac{d^3\lambda^N(t)}{dr^N (dt)^2} < 0$.*

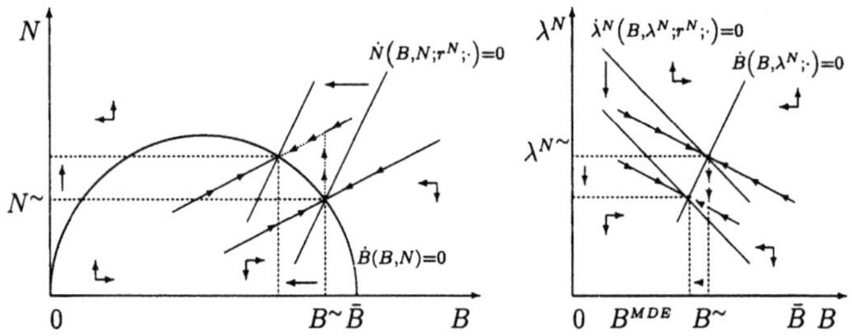

Abbildung 7.5: Der Anstieg der Diskontrate

Die Phasendiagramme in Abbildung 7.5 Seite 114 veranschaulichen, daß in dem Zeitpunkt in dem die Diskontrate ansteigt die Neumaterialmenge stark ansteigt und überschießt. Der Schattenpreis sinkt stark. Der Bestand hingegen, weil vorherbestimmt, bleibt konstant. In den Folgeperioden bewirkt die gestiegene Ernte einen Rückgang des Bestandes und damit verbunden einen Rückgang des Schattenpreises bis das neue langfristige Marktgleichgewicht erreicht ist. In den Perioden nach dem Anstieg der Diskontrate sinkt die geerntete Neumaterialmenge wieder und als Folge sinken der Bestand und der Schattenpreis langsamer.

Die von dem Rückgang des Ressourcenbestandes und dem des Schattenpreises entlang des neuen stabilen Sattelpfades in das neue langfristige Gleichgewicht ausgelösten Anpassungsreaktionen sind in dem folgenden Theorem 26, dessen Beweis sich im Anhang 15.1.9 Seite 267ff. findet, zusammengefaßt und daran schließt sich wieder eine ausführliche verbale Diskussion und graphisch Veranschaulichung an. Während der Bewegung entlang des neuen Pfades ist die Modellökonomie immer in einem kurzfristigen Gleichgewicht in dem die drei Märkte geräumt sind und der Ressourcenbestand und der Schattenpreis zu den neuen langfristigen Gleichgewichtswerten konvergieren.

Theorem 26 *Der Rückgang des Ressourcenbestandes und der des Schattenpreises führen im kurzfristigen Marktgleichgewicht zu einem Rückgang der Neumaterialmenge* $\frac{d\tilde{N}}{dt} < 0$ *und zu einem Anstieg des Ressourcenpreises* $\frac{d\tilde{p}^R}{dt} > 0$. *Die Menge der Entsorgungsdienstleistungen sinkt* $\frac{d\tilde{W}}{dt} < 0$ *und die Gewinne des Entsorgers zeigen keine eindeutige Reaktion* $\frac{d\tilde{\Pi}^W}{dt} \lesseqgtr 0$. *Der Preis der Entsorgungsdienstleistungen sinkt* $\frac{d\tilde{p}^W}{dt} < 0$ *und der des Ressourceneinsatzes in der Güterproduktion steigt* $\frac{d\tilde{p}^{RW}}{dt} > 0$. *Die Gütermenge sinkt* $\frac{d\tilde{Y}}{dt} < 0$ *und ihr Preis steigt* $\frac{d\tilde{p}}{dt} > 0$. *Die Gewinne des Güterproduzenten reagieren uneinheitlich* $\frac{d\tilde{\Pi}^Y}{dt} \lesseqgtr 0$. *Die Rezyklatmenge sinkt* $\frac{d\tilde{R}^R}{dt} < 0$. *Die diskontierten Gewinne des Neumaterialproduzenten zeigen keine eindeutige Reaktion* $\frac{d\left(\int_0^\infty \tilde{\Pi}^N e^{-r^N t} dt\right)}{dt} \lesseqgtr 0$.

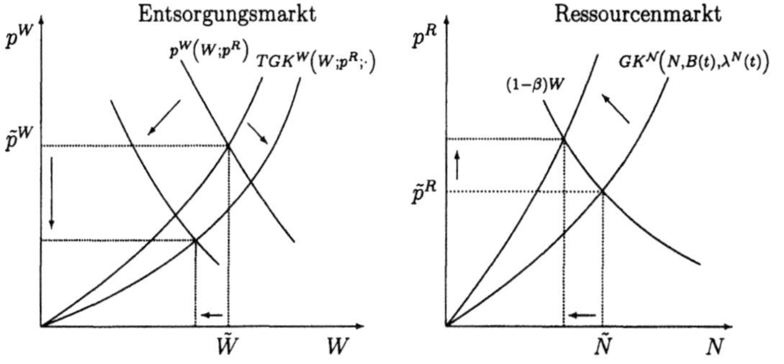

Abbildung 7.6: Die Anpassung an das langfristige Gleichgewicht

Die folgende Abbildung 7.6 Seite 115 veranschaulicht die Auswirkung des Rückgangs in dem Bestand und des Anstiegs in dem Schattenpreis auf das kurzfristige Gleichgewicht des Güter-, Entsorgungs- und Ressourcenmarktes. Sowohl der Anstieg des Schattenpreises als auch der Rückgang des Bestandes führen zu einem Anstieg der Grenzkosten des Neumaterialproduzenten. Die Angebotskurve dreht sich nach innen. Bei einem gegebenen Ressourcenpreis reduziert der Neumaterialproduzent sein Angebot, um seine Grenzkosten zu reduzieren. Aus der abnehmenden Grenzproduktivität der Ressource in der Güterproduktion folgt, daß der Güterproduzent bereit ist für das geringere Angebot einen höheren Preis zu zahlen. Als Folge sinkt die Menge an Neumaterial und ihr Preis steigt. Der sinkende Ressourcenbestand erhöht die Kosten und senkt die Gewinne der Neumaterialproduktion. Die geringere Neumaterialmenge wirkt gleichfalls gewinnreduzierend. Diesen beiden Effekten wirkt jedoch der gestiegene Ressourcenpreis, der die Erlöse steigert, entgegen. Folglich ist die Reaktion der Gewinne des Neumaterialproduzenten unbestimmt.

Auf dem Gütermarkt ruft der Ressourcenpreisanstieg einen Anstieg in den Grenzkosten der Güterproduktion hervor. Gegeben einen Güterpreis reduziert der Produzent sein Angebot und somit seine Grenzkosten. Aus dem abnehmenden Grenznutzen des Gutes folgt, daß der Konsument bereit ist einen höheren Preis für das geringere Güterangebot zu zahlen. Der Rückgang in der Güterproduktion und der in dem Ressourceneinsatz führt zu einer geringeren Nachfrage nach Entsorgungsdienstleistungen.

Der gestiegene Ressourcenpreis bewirkt direkt auf dem Entsorgungsmarkt einen Rückgang in dem Grenzverlust des Rezyklierens und senkt so die totalen Grenzentsorgungskosten. Die Angebotskurve der Entsorgungsdienstleistungen dreht sich nach innen. Gleichzeitig wirkt der Ressourcenpreisanstieg indirekt über den Gütermarkt reduzierend auf die Nachfrage, d.h. die Nachfragekurve verschiebt sich nach innen. Die unvollständige Rezyklierung der zu entsorgenden Ressource impliziert, daß die Wirkung der Ressourcenpreissteigerung stärker auf die Nachfrage als auf das Angebot wirkt. Somit sinkt die Menge der Entsorgungsdienstleistungen und ihr Preis. Die Gewinne des Entsorgers reagieren uneinheitlich, weil die Kosten und die Erlöse fallen.

Der Ressourcenpreis reagiert wieder stärker als der Entsorgungspreis und in Reaktion darauf steigt der Preis des Ressourceneinsatzes in der Güterproduktion. Folglich steigen die Grenzkosten des Güterproduzenten und die am Markt gehandelte Menge sinkt und ihr Preis steigt. Die Gewinne des Güterproduzenten reagieren ebenfalls nicht einheitlich, weil sowohl die Kosten als auch die Erlöse sinken.

7.2 Zusammenfassung

Dieses Kapitel hat das langfristige Marktgleichgewicht bestimmt und dessen Eigenschaften hergeleitet. Zusätzlich zu der Bedingung, daß die dem Entsorger auferlegte Regulierung ökonomisch bindet, ist in der Dynamisierung des statischen Modells eine weitere notwendig. Ist der Ressourcenbestand ökologisch stabil, folgen relativ eindeutig Ergebnisse aus der komparativen Statik und Dynamik einer Verschärfung der Entsorgungsquote und eines Anstiegs in der Diskontrate des Neumaterialproduzenten. Die Quotenverschärfung verdrängt wieder Neumaterial auf dem Ressourcenmarkt und führt zu einem Bestandszuwachs.

Für die im folgenden Kapitel vorgenommene Maximierung der sozialen Wohlfahrt ist die Definition der endogene Variablen als eine Funktion der Entsorgungsquote notwendig, weil die Reaktion der Akteure der Modellökonomie auf eine Änderung in der Regulierung ein zentrales Element der Bestimmung der optimalen Höhe der Entsorgungsquote darstellt.

Kapitel 8

Die langfristige Wohlfahrtsdiskussion

Die Vorgehensweise zur Diskussion der sozialen Wohlfahrt unter einer Quotenregulierung in der langen Frist verläuft analog zu der in der kurzen, siehe Kapitel 5 Seite 65ff. Dieses Kapitel ist wie folgt strukturiert. Zuerst wird die Erst-Beste Allokation beschrieben. Anschließend wird die soziale Wohlfahrt im langfristigen Marktgleichgewicht unter einer Quotenregulierung bestimmt, und es werden eventuelle Abweichungen von der Erst-Besten Allokation diskutiert. Bei der Wohlfahrtsdiskussion wird wieder auf das mögliche Auftreten von Randlösungen eingegangen. Das Kapitel schließt mit einigen kurzen Bemerkungen.

In der folgenden Wohlfahrtsdiskussion wird unterstellt, daß der Ressourcenbestand keinen intrinsischen Wert besitzt, sondern nur als Produktionsfaktor über die Kostenfunktion in die Funktion der sozialen Wohlfahrt eingeht. Als Maß für die soziale Wohlfahrt wird wieder die Summe aus der Konsumenten- und den Produzentenrenten abzüglich der Umweltschäden verwendet. Aus der Betrachtung der langen Frist folgt, daß in der Wohlfahrtsmaximierung zusätzlich die Bewegungsgleichung des Ressourcenbestandes (6.6), siehe Seite 86, und die des Schadstoffbestandes (6.1), siehe Seite 84, zu berücksichtigen ist

$$\dot{A} = D - \delta A. \tag{6.1}$$

Der Schadstoffbestand wächst in jeder Periode um die nichtrezyklierte Ressourcenmenge D, welche deponiert wird und so zur Akkumulation des Schadstoffbestandes beiträgt. Die nichtrezyklierte Ressourcenmenge entspricht der Neumaterialmenge $D = N$ und somit kann (6.1) geschrieben werden als

$$\dot{A} = N - \delta A. \tag{8.1}$$

Die Berücksichtigung des Ressourcen- und des Deponiebestandes in der Bestimmung der sozialen Wohlfahrt verlangt die Erweiterung der Begriffe der sozialen Grenzkosten des Ressourceneinsatzes, des sozialen Grenzerlöses der Rezyklierung und der sozialen Grenzvermeidungskosten auf die lange Frist. Für den Rest dieser Arbeit werden diese Begriffe folgenderweise definiert:

Definition 8.1 *Die langfristigen sozialen Grenzkosten des Ressourceneinsatzes sind definiert als die Summe aus den Grenzkosten der Neumaterialproduktion und der Entsorgung zuzüglich des Schattenpreises für den Ressourcenbestand und des Absolutbetrages des Schattenpreises für den Abfallbestand.*

Definition 8.2 *Der langfristige soziale Grenzerlös der Rezyklierung ist definiert als die Summe aus den eingesparten Grenzkosten der Neumaterialproduktion, des Schattenpreises für den Ressourcenbestand und des Absolutbetrages des Schattenpreises für den Abfallbestand.*

Definition 8.3 *Die langfristigen sozialen Grenzvermeidungskosten sind definiert als die Grenzkosten der Rezyklierung vermindert um die Grenzkosten der Neumaterialproduktion und des Schattenpreises des Ressourcenbestandes.*

Aus den Annahmen über die Wirkungen dieser beiden Bestände auf die soziale Wohlfahrt folgt, daß die Vorzeichen der beiden Schattenpreise unterschiedlich sind.

Unter der Bedingung, daß für die Rezyklatmenge $R^R = W - N$ gilt und mit $p^{RW}(W) = p^R(W) + p^W(W)$, siehe Abschnitt 3.1 Seite 26, lautet die Funktion der sozialen Wohlfahrt in einer Periode

$$\begin{aligned} SWF(Y, W, N; B; A) = \int_0^Y p(y)\,dy - c^Y\left(Y; p^{RW}(W)\right) + p^W(W)\,W \\ - c^W(W) + p^R(W - N) \\ - c^{WR}(W - N) + p^R N - c^N(N; B) - S(A). \end{aligned} \tag{8.2}$$

Die Definition des Preises für den Ressourceneinsatz in der Güterproduktion $p^{RW}(W) = p^R(W) + p^W(W)$, siehe Abschnitt 3.1 Seite 26, erlaubt (8.2) in folgender Form zu schreiben

$$\begin{aligned} SWF(Y, W, N; B; A) = \int_0^Y p(y)\,dy - c^Y\left(Y; p^{RW}(W)\right) + p^{RW}(W)\,W \\ - c^W(W) - c^{WR}(W - N) - c^N(N; B) - S(A). \end{aligned} \tag{8.3}$$

Sei die Diskontrate des Regulierers, die nicht mit der des Neumaterialproduzenten übereinstimmen muß, mit $r \in (0, 1)$ bezeichnet. Die Funktion der sozialen Wohlfahrt über alle Perioden lautet dann

$$\mathcal{SWF} = \int_0^\infty SWF(Y, W, N; B; A)\,e^{-rt}dt \tag{8.4}$$

und die Bewegungsgleichung des Ressourcenbestandes

$$\dot{B} = G(B) - N \quad \text{mit} \quad B(0) = B_0, \tag{6.6}$$

und die des Deponiebestandes mit dem Anfangsbestand A_0

$$\dot{A} = N - \delta A \quad \text{mit} \quad A(0) = A_0. \tag{8.1}$$

8.1 Die Erst-Beste Allokation

Zur Bestimmung der Erst-Besten Allokation, d.h. dem Maximum aus den in dieser Modellökonomie anfallenden Renten abzüglich der Umweltschäden, werden die Mengen und Preise als von der Entsorgungsquote unabhängig unterstellt. Wählt der Regulierer die Güter-, die eingesetzte und entsorgte Ressourcenmenge und die Entsorgungsquote als Entscheidungsvariable, dann bestimmt er indirekt mit der Wahl der Entsorgungsquote die Rezyklatmenge.

Dann lautet die Funktion der sozialen Wohlfahrt in einer Periode mit $W - N = \beta W$ und $N = (1-\beta) W$

$$SWF(Y, W, \beta; B; A) = \int_0^Y p(y)\,dy - c^Y\left(Y; p^{RW}(W)\right) + p^{RW}(W)\,W \\ - c^W(W) - c^{WR}(\beta W) - c^N\big((1-\beta)W; B\big) - S(A). \quad (8.5)$$

Die Funktion der sozialen Wohlfahrt über alle Perioden ist dann mit $r \in (0,1)$ als der Diskontrate des Regulierers gegeben durch

$$\mathcal{SWF} = \int_0^\infty SWF(Y, W, \beta; B; A)\,e^{-rt}dt \quad (8.6)$$

$$\text{u.d.N.: } \dot{B} = G(B) - (1-\beta)W, \quad \text{mit } B(0) = B_0, \quad (6.6)$$

$$\dot{A} = (1-\beta)W - \delta A, \quad \text{mit } A(0) = A_0. \quad (8.1)$$

Das Problem der Maximierung der sozialen Wohlfahrt lautet unter der Annahme, daß der Regulierer die Gütermenge, die eingesetzte und entsorgte Ressourcenmenge und die Entsorgungsquote voneinander unabhängig wählen kann

$$\max_{Y,W,\beta} \mathcal{SWF}(Y, W, \beta; B; A)$$
$$\text{u.d.N: } (6.6), (8.1), \text{ und } 0 \leq \beta < 1. \quad (8.7)$$

Die angenommenen Inada-Bedingungen, siehe Inada (1963), sichern, daß die Grenzkosten der Rezyklierung gegen unendlich streben, wenn die Entsorgungsquote gegen Eins strebt. Somit wird in der folgenden Bestimmung der Erst-Besten Allokation nur die untere Randlösung berücksichtigt. Die mögliche Randlösung am unteren Ende des zulässigen Intervalls der Entsorgungsquote wird kurz formal diskutiert, obwohl die kurzfristige Wohlfahrtsdiskussion der Erst-Besten Allokation in Kapitel 5.1.1 ab der Seite 67 die starke Vermutung zuläßt, daß die untere Randlösung wieder keine Erst-Beste Allokation ist.

Die zu dem dynamischen Maximierungsproblem (8.7) gehörende Momentanwert Hamiltonfunktion ist mit dem Schattenpreis $\lambda_1 \geq 0$ für den Ressourcenbestand, dem Schattenpreis $\lambda_2 \leq 0$ für den Deponiebestand und dem Kuhn-Tucker Parameter μ gegeben als

$$\mathcal{H}^{\mathcal{SWF}} = \mathcal{SWF}(Y, W, \beta; B; A) + \lambda_1\big(G(B) - (1-\beta)W\big) + \lambda_2\big((1-\beta)W - \delta A\big) + \mu\beta. \quad (8.8)$$

Die Formulierung des dynamischen Maximierungsproblems erlaubt die zu Beginn dieses Kapitels aufgestellten Definitionen 8.1-8.3 zu formalisieren.

Definition 8.1 *Die langfristigen sozialen Grenzkosten des Ressourceneinsatzes $LSGKR$ sind definiert als die Summe aus den Grenzkosten der Neumaterialproduktion und der Entsorgung zuzüglich des Schattenpreises für den Ressourcenbestand und des Absolutbetrages des Schattenpreises für den Abfallbestand, d.h.*

$$LSGKR(N,B,W) = c_N^N(N,B) + c_W^W(W) + \lambda_1 - \lambda_2. \tag{8.9}$$

Definition 8.2 *Der langfristige soziale Grenzerlös der Rezyklierung $LSGER$ ist definiert als die Summe aus den eingesparten Grenzkosten der Neumaterialproduktion, des Schattenpreises für den Ressourcenbestand und des Absolutbetrages des Schattenpreises für den Abfallbestand, d.h.*

$$LSGER(N,B,W) = c_N^N(N,B) + \lambda_1 - \lambda_2. \tag{8.10}$$

Definition 8.3 *Die langfristigen sozialen Grenzvermeidungskosten $LSGVK$ sind definiert als die Grenzkosten der Rezyklierung vermindert um die Grenzkosten der Neumaterialproduktion und des Schattenpreises des Ressourcenbestandes, d.h.*

$$LSGVK(N,B,W) = c_R^{WR}(R) - c_N^N(N,B) - \lambda_1. \tag{8.11}$$

Das kanonische Gleichungssystem läßt sich, wie im Anhang 16.1 Seite 274ff. ausgeführt, darstellen als

$$\frac{\partial \mathcal{H}^{SW\mathcal{F}}}{\partial Y} = p - c_Y^Y = 0, \tag{8.12}$$

$$\frac{\partial \mathcal{H}^{SW\mathcal{F}}}{\partial W} = p^{RW} - c_W^W - \beta c_R^{WR} - (1-\beta)\, c_N^N - (1-\beta)\,\lambda_1 + (1-\beta)\,\lambda_2 = 0, \tag{8.13}$$

$$\frac{\partial \mathcal{H}^{SW\mathcal{F}}}{\partial \beta} = -c_R^{WR} W + c_N^N W + \lambda_1 W - \lambda_2 W + \mu = 0, \tag{8.14}$$

$$\dot{\lambda}_1 = (r - G_B)\,\lambda_1 + c_B^N, \tag{8.15}$$

$$\dot{\lambda}_2 = (r + \delta)\,\lambda_2 + S_A. \tag{8.16}$$

Die Bewegungsgleichungen für die beiden Bestände lauten

$$\dot{B} = G(B) - (1-\beta)\,W, \tag{8.17}$$

$$\dot{A} = (1-\beta)\,W - \delta A. \tag{8.18}$$

Die Komplementaritätsbedingung ist gegeben durch

$$\mu \geq 0 \;\; (\mu = 0 \text{ falls } \beta > 0)\,, \tag{8.19}$$

Die zugehörigen Transversalitätsbedingungen lauten mit $(B^z(t), A^z(t))$ als ein Paar zulässiger Trajektorien

$$\lim_{t\to\infty} e^{-rt}\lambda_1\left[B^z(t) - \mathfrak{B}(t)\right] \geq 0, \tag{8.20}$$

$$\lim_{t\to\infty} e^{-rt}\lambda_2\left[A^z(t) - \mathfrak{A}(t)\right] \geq 0, \tag{8.21}$$

wobei $\mathfrak{B}$ und $\mathfrak{A}$ jeweils die Bestandstrajektorien repräsentieren, welche die soziale Wohlfahrt maximieren. Damit die beiden Transversalitätsbedingungen (8.20) und (8.21) erfüllt sind, muß angenommen werden, daß die beiden Schattenpreise jeweils von oben beschränkt sind. Dann ist die Transversalitätsbedingung (8.20) erfüllt, weil erstens der Ressourcenbestand nicht über $\bar{B}$ wachsen kann, siehe Abschnitt 6.3 Seite 86. Somit ist die Differenz innerhalb der eckigen Klammern beschränkt und zweitens konvergiert der Diskontfaktor gegen Null. Folglich gilt für den Grenzwert von (8.20)

$$\lim_{t\to\infty} e^{-rt}\lambda_1\left[B^z(t) - \mathfrak{B}(t)\right] = 0. \tag{8.22}$$

Die Transversalitätsbedingung (8.21) ist dann ebenfalls erfüllt, weil der Zuwachs des Abfallbestandes in einer Periode durch N^{MDE}, siehe (6.7) Seite 86 beschränkt ist. Somit existiert die folgende obere Schranke für die Bewegungsgleichung (8.1) Seite 117

$$\dot{A} = N^{MDE} - \delta A. \tag{8.23}$$

(8.23) ist eine lineare Differentialgleichung erster Ordnung und nach Sydsæter *et al.* (2000) 11.5 Seite 61, lautet die Lösung mit einem Anfangsbestand $A(0) = 0$

$$A^z(t) = \frac{N^{MDE}}{\delta}\left(1 - e^{-\delta t}\right),$$

und

$$\lim_{t\to\infty} A^z(t) = \frac{N^{MDE}}{\delta}.$$

Somit ist die Differenz innerhalb der eckigen Klammern von (8.20) beschränkt und endlich und mit der Konvergenz des Diskontfaktor gegen Null, folgt für die Transversalitätsbedingung

$$\lim_{t\to\infty} e^{-rt}\lambda_2\left[A^z(t) - \mathfrak{A}(t)\right] = 0. \tag{8.24}$$

Die endogenen Variablen des langfristigen Gleichgewichts der Erst-Besten Allokation werden mit einem Stern * gekennzeichnet. Erreicht die Modellökonomie ein solches Gleichgewicht, dann gilt für die Bewegungsgleichungen der Schattenpreise und der Bestände

$$0 = (r - G_B)\,\lambda_1^\star + c_B^N, \tag{8.25}$$

$$0 = (r + \delta)\,\lambda_2^\star + S_A, \tag{8.26}$$

$$0 = G(B^\star) - (1 - \beta^\star)\,W^\star, \tag{8.27}$$

$$0 = (1 - \beta^\star)\,W^\star - \delta A^\star. \tag{8.28}$$

Für den Rest dieser Arbeit wird angenommen, daß die Momentanwert Hamiltonfunktion konkav in den Kontroll- und Bestandsvariablen ist. Dann sind die von Mangasarian (1966) aufgestellten hinreichenden Bedingungen[1] erfüllt und die Lösung des kanonischen Gleichungssystems (8.12)-(8.16) und der Transversalitätsbedingungen (8.20) und (8.21) maximiert das Kontrollproblem (8.7).

Keine Rezyklierung

In diesem Fall folgt aus der Komplementaritätsbedingung (8.19) Seite 120, daß $\beta^\star = 0$ und $\mu^\star \geq 0$ ist. Aus den angenommenen Inada-Bedingungen, siehe Inada (1963), folgt, daß $c_R^{WR}(0) = 0$ gilt. Die folgende Diskussion wird auf den Fall, daß der Kuhn-Tucker Parameter echt positiv ist beschränkt. Die Diskussion des Falles, in dem dieser Parameter Null ist, verläuft äquivalent. Somit lautet das kanonische Gleichungssystem im langfristigen Gleichgewicht

$$\frac{\partial \mathcal{H}^{SW\mathcal{F}}}{\partial Y} = p - c_Y^Y = 0, \tag{8.12}$$

$$\frac{\partial \mathcal{H}^{SW\mathcal{F}}}{\partial W} = p^{RW} - c_W^W - c_N^N - \lambda_1^\star + \lambda_2^\star = 0, \tag{8.13.1}$$

$$\frac{\partial \mathcal{H}^{SW\mathcal{F}}}{\partial \beta} = c_N^N W^\star + \lambda_1^\star W^\star - \lambda_2^\star W^\star + \mu^\star = 0 \tag{8.14.1}$$

$$0 = (r - G_B)\,\lambda_1^\star + c_B^N, \tag{8.25}$$

$$0 = (r + \delta)\,\lambda_2^\star + S_A, \tag{8.26}$$

und die zugehörigen Bewegungsgleichungen der beiden Bestände

$$0 = G(B^\star) - W^\star, \tag{8.17.1}$$

$$0 = W^\star - \delta A^\star. \tag{8.18.1}$$

(8.12) verlangt eine Gütermenge, bei der die marginale Zahlungsbereitschaft des Konsumenten für das Konsumgut, d.h. der Preis, den Grenzkosten der Güterproduktion entspricht. (8.13.1) verlangt, daß der Preis des Ressourceneinsatzes in der Güterproduktion den sozialen Grenzkosten des Ressourceneinsatzes in der langen Frist entspricht, wobei in dem hier diskutierten Fall die Grenzkosten der Rezyklierung Null sind. (8.14.1) ist für eine Entsorgungsquote von Null in dem dargelegten Modellrahmen nicht erfüllt, weil alle Terme positiv sind.

Dieses Ergebnis wird in dem folgenden Theorem 27 festgehalten.

Theorem 27 *Eine Entsorgungsquote von Null ist mit der Erst-Besten Allokation unvereinbar.*

[1] In dem Orginalaufsatz wird ein fester Endzeitpunkt verlangt, welcher in den in dieser Arbeit dargestellten Kontrollproblemen nicht gefordert ist. Jedoch präsentieren Seierstad und Sydsæter (1997) Theorem 13 Seite 234ff. eine Erweiterung der hinreichenden Bedingungen von Mangasarian für einen unendlichen Zeithorizont und dieses Theorem ist ebenfalls nach Mangasarian benannt. So scheint es angebracht und üblich den Orginalartikel zu zitieren.

Der marginale Anstieg der sozialen Wohlfahrtsfunktion in der Entsorgungsquote für eine Entsorgungsquote von Null ist positiv. Eine Entsorgungsquote von Null kann unter Verwendung der Gütermenge, der eingesetzten Ressourcenmenge und der Entsorgungsquote als Entscheidungsvariablen des Regulierers keine Erst-Beste Allokation erreichen.

Die innere Lösung

Eine innere Lösung liegt vor, wenn die wohlfahrtsmaximierende Entsorgungsquote einen Wert aus dem Inneren des zulässigen Intervalls annimmt. Aus der Komplementaritätsbedingung (8.19) folgt, daß $\mu^* = 0$ gilt. Dann lautet das kanonische Gleichungssystem im langfristigen Gleichgewicht

$$\frac{\partial \mathcal{H}^{SW\mathcal{F}}}{\partial Y} = p - c_Y^Y = 0, \tag{8.12}$$

$$\frac{\partial \mathcal{H}^{SW\mathcal{F}}}{\partial W} = p^{RW} - c_W^W - \beta^* c_R^{WR} - (1-\beta^*)\, c_N^N - (1-\beta^*)\, \lambda_1^* + (1-\beta^*)\, \lambda_2^* = 0, \tag{8.13}$$

$$\frac{\partial \mathcal{H}^{SW\mathcal{F}}}{\partial \beta} = \left(-c_R^{WR} + c_N^N + \lambda_1^* - \lambda_2^*\right) W^* = 0, \tag{8.14.2}$$

$$0 = (r - G_B)\, \lambda_1^* + c_B^N, \tag{8.25}$$

$$0 = (r + \delta)\, \lambda_2^* + S_A. \tag{8.26}$$

mit den Bewegungsgleichungen der Bestände

$$0 = G(B^*) - (1-\beta^*)\, W^*, \tag{8.27}$$

$$0 = (1-\beta^*)\, W^* - \delta A^*. \tag{8.28}$$

(8.12) verlangt eine Gütermenge, bei der die marginale Zahlungsbereitschaft des Konsumenten für das Konsumgut, d.h. der Preis, den Grenzkosten der Güterproduktion entspricht. Die Bedingung (8.13) verlangt für die Erst-Beste Allokation im Fall einer echt inneren Lösung eine eingesetzte und entsorgte Ressourcenmenge so, daß der Preis des Ressourceneinsatzes in der Güterproduktion den sozialen Grenzkosten des Ressourceneinsatzes in der langen Frist entspricht. (8.14.2) verlangt eine Entsorgungsquote so, daß die Grenzkosten der Rezyklierung ihren sozialen Grenzerlösen entspricht. Zusätzlich sind sowohl die beiden Bestände als auch die zugehörigen Schattenpreise konstant, siehe (8.25)-(8.28).

Im folgenden wird das Differentialgleichungssystem hergeleitet, welches die Dynamik der beiden Bestände und der Schattenpreise beschreibt, um eine Aussage über die Stabilitätseigenschaften und die Erreichbarkeit der Erst-Besten Allokation im Fall einer inneren Lösung zu treffen. (8.12) definiert implizit die Gütermenge als $Y = Y\left(p^{RW}\right)$ mit $p^{RW}(W) = p^R(W) + p^W(W)$, siehe Abschnitt 3.1 Seite 26, und in Verbindung mit der bedingten Faktornachfrage des Güterproduzenten folgt eine implizite Definition der marginalen Zahlungsbereitschaft des Güterproduzenten für den Ressourceneinsatz

$$W - c^{Y}_{p^{RW}}\left(Y\left(p^{RW}\right), p^{RW}\right) = 0. \tag{3.10}$$

(3.10) definiert implizit $p^{RW} = p^{RW}(W)$ und Einsetzen dieser Funktion in (8.13) führt zu

$$\begin{aligned} p^{RW}(W) - c^{W}_{W}(W) - \beta c^{WR}_{R}(\beta W) - (1-\beta)\, c^{N}_{N}((1-\beta)\, W, B) \\ - (1-\beta)\,\lambda_1 + (1-\beta)\,\lambda_2 = 0. \end{aligned} \tag{8.29}$$

(8.29) definiert $W = W(\beta, \lambda_1, \lambda_2, B)$ und Einsetzen dieser Funktion in (8.14) ergibt

$$-c^{WR}_{R}(\beta W(\beta, \lambda_1, \lambda_2, B)) + c^{N}_{N}((1-\beta)\, W(\beta, \lambda_1, \lambda_2, B), B) + \lambda_1 - \lambda_2 = 0. \tag{8.30}$$

Die Gleichung (8.30) definiert die Entsorgungsquote in der langfristig Erst-Besten Allokation als $\beta = \beta(\lambda_1, \lambda_2, B)$. Einsetzen dieser Funktion in (8.29) führt zu

$$\begin{aligned} p^{RW}(W) - c^{W}_{W}(W) - \beta(\lambda_1, \lambda_2, B)\, c^{WR}_{R}(\beta(\lambda_1, \lambda_2, B)\, W) \\ - (1 - \beta(\lambda_1, \lambda_2, B))\, c^{N}_{N}\Big((1 - \beta(\lambda_1, \lambda_2, B))W, B\Big) \\ - \big(1 - \beta(\lambda_1, \lambda_2, B)\big)\lambda_1 + \big(1 - \beta(\lambda_1, \lambda_2, B)\big)\lambda_2 = 0. \end{aligned} \tag{8.31}$$

(8.31) definiert implizit die in der Güterproduktion eingesetzte und entsorgte Ressourcenmenge als $W = W(\lambda_1, \lambda_2, B)$. Einsetzen dieser Funktion und von $\beta = \beta(\lambda_1, \lambda_2, B)$ in die Bewegungsgleichungen der Bestände (8.27), (8.28) und die der Schattenpreise (8.25), (8.26) in der langfristig Erst-Besten Allokation führt zu

$$0 = G(B^{\star}) - \big(1 - \beta(\lambda_1^{\star}, \lambda_2^{\star}, B^{\star})\big)W(\lambda_1^{\star}, \lambda_2^{\star}, B^{\star}), \tag{8.32}$$

$$0 = \big(1 - \beta(\lambda_1^{\star}, \lambda_2^{\star}, B^{\star})\big)W(\lambda_1^{\star}, \lambda_2^{\star}, B^{\star}) - \delta A^{\star}, \tag{8.33}$$

$$0 = \big(r - G_B(B^{\star})\big)\lambda_1^{\star} + c^{N}_{B}\Big(\big(1 - \beta(\lambda_1^{\star}, \lambda_2^{\star}, B^{\star})\big)W(\lambda_1^{\star}, \lambda_2^{\star}, B^{\star}), B^{\star}\Big), \tag{8.34}$$

$$0 = (r + \delta)\,\lambda_2^{\star} + S_A(A^{\star}). \tag{8.35}$$

Das Gleichungssystem (8.32)-(8.35) definiert die Bestände und ihre Schattenpreise in der langfristig Erst-Besten Allokation. Das folgende Theorem 28, dessen Beweis sich im Anhang 16.1.1 Seite 276ff. findet, gibt eine Bedingung dafür an, daß die langfristig Erst-Beste Allokation stabil und erreichbar ist.

Theorem 28 *In der Umgebung der langfristig Erst-Beste Allokation existiert eine l-dimensionale stabile Mannigfaltigkeit, falls*

$$\Phi^{\star}_{1,2,3,4} = \frac{r}{2} \pm \sqrt{\left(\frac{r}{2}\right)^2 - \frac{K}{2} \pm \frac{1}{2}\sqrt{K^2 - 4r^2K - \frac{3r^2}{4} - 4\,|\mathrm{J}^{\star}|}}, \tag{8.36}$$

genau l Lösungen mit negativem Realteil, k Lösungen mit positivem Realteil besitzt und $l+k=4$, wobei $K=b_2-r^2$ gilt und b_2 die Summe der Hauptminoren der zweiten Ordnung der im langfristigen Gleichgewicht ausgewerteten Jacobi-Matrix des von (8.32) - (8.35) definierten Systems ist und $|J^*|$ die zu dieser Jacobi-Matrix gehörige Determinante darstellt. Die Modellökonomie erreicht die langfristig Erst-Beste Allokation genau dann, wenn der Angangswert des Ressourcen- und des Abfallbestandes in der l-dimensionalen stabilen Mannigfaltigkeit liegt.

Das Theorem 28 gibt eine Bedingung dafür an, daß zum einen die Erst-Beste Allokation prinzipiell erreichbar ist, also beispielsweise nicht die Stabilitätseigenschaften einer Quelle besitzt. Zweitens die Erst-Beste Allokation wird erreicht, wenn die Anfangsbestände der Ressource und des Abfalles in dieser stabilen Mannigfaltigkeit liegt. Ohne weitergehende Annahmen können keine zusätzlichen Aussagen über die Stabilitätseigenschaften der Erst-Besten Allokation getroffen werden.

8.2 Die soziale Wohlfahrt im langfristigen Marktgleichgewicht

Die in Abschnitt 8.1 hergeleitete Erst-Beste Allokation wird nun zur Bestimmung auftretender Abweichungen der im langfristigen Marktgleichgewicht unter der Quotenregulierung erreichten Allokation von der Erst-Besten verwendet. Wird ein langfristiges Marktgleichgewicht bei der Maximierung der sozialen Wohlfahrt berücksichtigt, dann sind die in der Ökonomie produzierten Mengen von der Entsorgungsquote abhängig. Die Entsorger bestimmen ihre Angebotsentscheidung in Abhängigkeit der Entsorgungsquote und folglich ist der Preis der Entsorgungsdienstleistungen eine Funktion der Entsorgungsquote. Durch ihn ist die Entsorgungsquote eine die übrigen Mengen und Preise des Gleichgewichtes auf dem Güter-, dem Entsorgungs- und dem Ressourcenmarkt mitbestimmende Größe. Der Regulierer hat somit unter der Nebenbedingung eines langfristigen Gleichgewichtes auf dem Güter-, Entsorgungs- und Ressourcenmarkt nur eine Entscheidungsvariable als Instrument zur Regulierung des Marktgleichgewichtes zur Verfügung. Die Funktion der sozialen Wohlfahrt in einer Periode lautet mit den in Abschnitt 7 implizit definierten Mengen und Preisen als Funktionen der Entsorgungsquote im langfristigen Marktgleichgewicht

$$
\begin{aligned}
&SWF\left(Y^{\sim}(\beta), W^{\sim}(\beta), B^{\sim}(\beta), p^{R^{\sim}}(\beta), p^{W^{\sim}}(\beta), \beta\right) \\
&\quad = \int_0^{Y^{\sim}(\beta)} p(y)\,dy - c^Y\left(Y^{\sim}(\beta); p^{R^{\sim}}(\beta) + p^{W^{\sim}}(\beta)\right) \\
&\quad + p^{W^{\sim}}(\beta)\,W^{\sim}(\beta) + p^{R^{\sim}}(\beta)\,\beta W^{\sim}(\beta) - c^W\left(W^{\sim}(\beta)\right) \\
&\quad - c^{WR}\left(\beta W^{\sim}(\beta)\right) + p^{R^{\sim}}(\beta)\,(1-\beta)\,W^{\sim}(\beta) \\
&\quad - c^N\left((1-\beta)\,W^{\sim}(\beta), B^{\sim}(\beta)\right) - S(A).
\end{aligned} \tag{8.37}
$$

Die Funktion der sozialen Wohlfahrt über alle Perioden ist mit $r \in (0,1)$ als der Diskontrate des Regulierers und unter der Nebenbedingung, daß die Modellökonomie in einem langfristigen Marktgleichgewicht ist, gegeben als

$$\mathcal{SWF}^{\sim} = \int_0^{\infty} SWF\big(Y^{\sim}(\beta), W^{\sim}(\beta), B^{\sim}(\beta), p^{R^{\sim}}(\beta), p^{W^{\sim}}(\beta), \beta\big) e^{-rt} dt \tag{8.38}$$

wobei der Dynamik des Abfallbestandes beschrieben wird durch

$$\dot{A} = (1-\beta) W^{\sim}(\beta) - \delta A, \quad \text{mit} \quad A(0) = A_0. \tag{8.39}$$

Wegen der Nebenbedingung einer in einem langfristigen Marktgleichgewicht ruhenden Modellökonomie gilt die Konstanz des Ressourcenbestandes. Die angenommenen Inada-Bedingungen, siehe Inada (1963) sichern, daß die Grenzkosten der Rezyklierung gegen unendlich streben, wenn die Entsorgungsquote gegen Eins strebt. Desweiteren sind wieder die Annahme der bindenden Regulierung (3.14) Seite 30 und die der Inada-Bedingungen mit der unteren Randlösung unvereinbar. Weil aus diesen beiden Annahmen folgt, daß bei einer Entsorgungsquote von Null der Ressourcenpreis negativ sein muß und dies steht im Widerspruch zu der angenommenen Eigenschaft der Ressource als ein Gut. Somit wird in der folgenden Bestimmung des Maximums der sozialen Wohlfahrt unter der Nebenbedingung eines langfristigen Marktgleichgewichtes nur die innere Lösung berücksichtigt. Das hier vorliegende dynamische Maximierungsproblem

$$\max_{\beta} \mathcal{SWF}^{\sim}(\beta) \text{ u.d.N.: (8.39) und } 0 < \beta < 1 \tag{8.40}$$

besitzt folglich im Gegensatz zu dem bei der Bestimmung der Erst-Besten Allokation (8.7) Seite 119 nur eine Zustandsvariable. Die zu dem dynamischen Maximierungsproblem (8.40) gehörende Momentanwert Hamiltonfunktion ist mit dem Schattenpreis $\lambda_2 \leq 0$ für den Deponiebestand gegeben als

$$\mathcal{H}^{\mathcal{SWF}^{\sim}} = \mathcal{SWF}^{\sim}(\beta) + \lambda_2\big((1-\beta) W^{\sim}(\beta) - \delta A\big). \tag{8.41}$$

Die endogenen Variablen des Maximums der sozialen Wohlfahrt unter der Nebenbedingung, daß die Modellökonomie sich in einem langfristigen Marktgleichgewicht unter einer Quotenregulierung befindet, werden mit einer Raute $^{\diamond}$ gekennzeichnet. Die Optimalitätsbedingung für die Entsorgungsquote läßt sich, wie im Anhang 16.2 Seite 284ff. ausgeführt, darstellen als

$$\begin{aligned} \frac{\partial \mathcal{H}^{\mathcal{SWF}^{\sim}}}{\partial \beta} = -c_R^{WR} W^{\sim} + c_N^{N} W^{\sim} + \lambda^{N^{\sim}} (1-\beta^{\diamond}) \frac{\partial W^{\sim}}{\partial \beta} - c_B^{N} \frac{\partial B^{\sim}}{\partial \beta} \\ + \lambda_2^{\diamond} \left((1-\beta^{\diamond}) \frac{\partial W^{\sim}}{\partial \beta} - W^{\sim} \right) = 0 \end{aligned} \tag{8.42}$$

und die Bewegungsgleichungen des Schattenpreises und des Deponiebestandes sind im langfristigen Gleichgewicht der Modellökonomie beschrieben durch

$$0 = (r+\delta)\lambda_2^{\diamond} + S_A, \tag{8.43}$$

$$0 = (1-\beta^{\diamond}) W^{\sim}(\beta^{\diamond}) - \delta A^{\diamond}, \tag{8.44}$$

und die zugehörige Transversalitätsbedingung lautet

$$\lim_{t\to\infty} e^{-rt}\left[A^z(t) - \mathfrak{A}(t)\right] \geq 0, \tag{8.45}$$

mit $A^z(t)$ als einer beliebigen zulässigen und $\mathfrak{A}$ als der die soziale Wohlfahrt maximierende Trajektorie des Abfallbestandes. In Abschnitt 8.1 Seite 121ff. wurde eine Begründung für die Erfülltheit der Transversalitätsbedingung (8.21) Seite 121 gegeben. Diese Begründung gilt gleichfalls für die Bedingung (8.45). Folglich ist die Transversalitätsbedingung (8.45) erfüllt. Zusätzlich ist wie im Anhang 16.2 Seite 287 gezeigt, die folgende Bedingung $\frac{\partial^2 \mathcal{H}^{SW\mathcal{F}}}{(\partial\beta)^2} < 0$ notwendig dafür, daß die von Mangasarian (1966) aufgestellten hinreichenden Bedingungen erfüllt sind. Für den Rest dieser Arbeit wird angenommen, daß $\frac{\partial^2 \mathcal{H}^{SW\mathcal{F}}}{(\partial\beta)^2} < 0$ gilt. Somit maximiert jede Lösung des kanonischen Gleichungssystem (8.42), (8.43), (8.44) (8.19) das Kontrollproblem des Regulierers (8.40).

Das folgenden Theorem 29 trifft eine Aussage über die mögliche Identität der langfristig Erst-Besten Allokation und dem Maximum der sozialen Wohlfahrt gegeben ein langfristiges Marktgleichgewicht unter einer Quotenregulierung, der Beweis findet sich im Anhang 16.2.1 Seite 287ff.

Theorem 29 *Das Maximum der langfristigen sozialen Wohlfahrtsfunktion unter der Nebenbedingung eines langfristigen Marktgleichgewichtes mit einer Quotenregulierung ist mit der langfristig Erst-Besten Allokation genau dann identisch, wenn kein Neumaterial geerntet wird und der Schattenpreis des Ressourcenbestandes Null ist.*

Das folgende Theorem 30 präsentiert eine implizite Darstellung der für diesen Fall optimalen Entsorgungsquote, die Herleitung dieser Darstellung ist im Anhang 16.2.1 Seite 288 dargelegt

Theorem 30 *Die die langfristige soziale Wohlfahrt maximierende Entsorgungsquote, gegeben ein langfristiges Marktgleichgewicht, wird beschrieben durch*

$$\frac{c_R^{WR} - c_N^N - \lambda^{N\sim}}{-\lambda_2^\circ} = \left[\left(1 - \frac{1-\beta^\circ}{\beta^\circ}\eta\left(W^\sim, \beta^\circ\right)\right) + \frac{\lambda^{N\sim}}{-\lambda_2^\circ W^\sim}\frac{\partial N^\sim}{\partial\beta} - \frac{-c_B^N \frac{\partial B^\sim}{\partial\beta}}{-\lambda_2^\circ W^\sim}\right]. \tag{8.42'}$$

Bevor die Bedingung (8.42′) interpretiert wird, sind einige Vorüberlegungen notwendig. Falls im langfristigen Marktgleichgewicht die sozialen Grenzvermeidungskosten in der langen Frist dem Schattenpreis des Abfallbestandes den Grenzkosten der Rezyklierung entsprechen, d.h.

$$c_R^{WR} - c_N^N - \lambda_1^* = -\lambda_2^* \tag{8.14.2}$$

gilt und ebenfalls die Neumaterialmenge und der Ressourcenbestand den Erst-Besten Mengen entsprechen, dann gilt die Identität des Schattenpreises des Ressourcenbestandes im langfristigen Marktgleichgewicht und des Schattenpreises des Ressourcenbestandes in der Erst-Besten Allokation, d.h.

$$\lambda^{N\sim} = \lambda_1^*. \tag{8.46}$$

Im langfristigen Marktgleichgewicht gilt für den Entsorgungspreis, siehe Abschnitt 7.1 Seite 100

$$p^W\left(W^{\sim},p^{R^{\sim}}\right)-c_W^W\left(W^{\sim}\right)-\beta\left(c_R^{WR}\left(\beta W^{\sim}\right)-p^{R^{\sim}}\right)=0. \tag{7.1}$$

Das Gewinnmaximierungsverhalten des Produzenten von Neumaterial, siehe Abschnitt 6.3 Seite 88, impliziert, daß im langfristigen Marktgleichgewicht

$$p^{R^{\sim}}=c_N^N\left(N^{\sim},B^{\sim}\right)+\lambda^{N^{\sim}} \tag{6.11}$$

gilt. Einsetzen von (6.11) und (8.14) in (7.1) mit (8.46) führt zu

$$p^W\left(W^{\sim},p^{R^{\sim}}\right)=c_W^W\left(W^{\sim}\right)+\beta\left(-\lambda_2^{\star}\right) \tag{8.47}$$

$$< c_W^W\left(W^{\sim}\right)-\lambda_2^{\star}. \tag{8.48}$$

Die nicht eindeutige Reaktion der eingesetzten und entsorgten Ressourcenmenge, siehe Theorem 21 Seite 107, verlangt wieder, daß in der Interpretation der Bedingung erster Ordnung für die wohlfahrfahrtsmaximierende Entsorgungsquote eine Fallunterscheidung vorgenommen wird. Für die nun folgende Interpretation sei zuerst angenommen, daß die eingesetzte und entsorgte Ressourcenmenge auf eine Quotenstraffung kontraktiv reagiert, d.h. $\frac{\partial W^{\sim}}{\partial \beta}<0$, und der Ressourcenbestand ökologisch stabil ist. Der erste Ausdruck innerhalb der runden Klammern auf der rechten Seite von (8.42′) ist dann größer als Eins. Werden die übrigen Terme dieser Seite gedanklich gleich Null gesetzt, d.h. die Wirkung einer Quotenstraffung auf den Ressourcenmarkt und den Ressourcenbestand werden vernachlässigt. Dann sind die langfristigen sozialen Grenzvermeidungskosten größer als der Schattenpreis des Abfallbestandes. Eine Quotenstraffung über den Punkt der Identität zwischen den Grenzvermeidungskosten und des Schattenpreises für den Abfallbestand reduziert die Kluft zwischen dem Entsorgungspreis und den langfristigen sozialen Grenzkosten des Ressourceneinsatzes im langfristigen Marktgleichgewicht[2]. Aus Theorem 21 Seite 107 folgt, daß der Entsorgungspreis in Reaktion auf eine Quotenstraffung steigt und wegen der angenommenen kontraktiven Reaktion der eingesetzten und entsorgten Ressourcenmenge sinken die Grenzkosten des Einsammelns. Der Schattenpreis des Abfallbestandes sinkt, weil die geerntete und deponierte Neumaterialmenge reduziert wird und damit der zukünftige Abfallbestand c.p. geringer ist. Der zweite Term ist negativ, weil gegeben ein langfristiges Marktgleichgewicht und einen ökologisch stabilen Ressourcenbestand die Neumaterialmenge in Reaktion auf eine Quotenverschärfung sinkt, siehe Theorem 21 Seite 107. Dies impliziert c.p. eine geringere Entsorgungsquote, weil der Rückgang der Neumaterialmenge die Grenzkosten der Neumaterialproduktion senkt und dadurch die Grenzvermeidungskosten steigert. Der dritte

[2] In einer Erst-Besten Allokation muß $p^{RW}=c_W^W+c_N^N+\lambda_1-\lambda_2$ gelten. Mit (8.46) und (6.11) folgt, daß, gegeben ein langfristiges Marktgleichgewicht, die Bedingung (8.47) äquivalent ist zu der, daß der Preis des Ressourceneinsatzes in der Güterproduktion den langfristigen sozialen Grenzkosten des Ressourceneinsatzes entsprechen muß.

Term der rechten Seite von (8.42′) ist negativ und dies impliziert c.p. eine geringere Entsorgungsquote, weil eine Quotenstraffung wegen dem dadurch induzierten Anstieg des Ressourcenbestandes, siehe Theorem 21 Seite 107, die Grenzkosten der Neumaterialproduktion senkt und dadurch die Grenzvermeidungskosten steigert.

Die Interpretation ändert sich für den Fall einer expansiven Reaktion der eingesetzten und entsorgten Ressourcenmenge auf eine Quotenverschärfung nur in dem einen folgenden Punkt. Der Ausdruck innerhalb der runden Klammern auf der rechten Seite von (8.42′) ist dann kleiner als Eins und folglich sind die sozialen Grenzvermeidungskosten in der langen Frist c.p. kleiner als der Schattenpreis des Abfallbestandes. Eine Quotensenkung über den Punkt der Identität zwischen den Grenzvermeidungskosten und des Schattenpreises für den Abfallbestand reduziert die Kluft zwischen dem Entsorgungspreis und den langfristigen sozialen Grenzkosten des Ressourceneinsatzes im langfristigen Marktgleichgewicht nur, wenn die Reaktion des Entsorgungspreises relativ schwach ist. Aus Theorem 21 Seite 107 folgt, daß der Entsorgungspreis in Reaktion auf eine Quotensenkung sinkt und wegen der angenommenen expansiven Reaktion der eingesetzten und entsorgten Ressourcenmenge sinken die Grenzkosten des Einsammelns. Der Schattenpreis des Abfallbestandes sinkt, weil die geerntete und deponierte Neumaterialmenge reduziert wird und damit der der zukünftige Abfallbestand c.p. geringer ist.

Das folgenden Theorem 31, dessen Beweis sich im Anhang 16.2.1 Seite 288 findet, faßt die Stabilitätseigenschaften des von (8.43) und (8.44) definierten Differentialgleichungssystems zusammen

Theorem 31 *Das langfristige Gleichgewicht ist ein Sattelpunkt und die Eigenwerte $\Phi_1^\circ > 0 > \Phi_2^\circ$ sind gegeben durch*

$$\Phi_{1,2}^\circ = -\frac{r}{2} \pm \frac{\sqrt{r^2 + 4\,(r+\delta)\,\delta}}{2}. \tag{8.49}$$

Der Regulierer setzt die Entsorgungsquote in der ersten Periode so, daß der Abfallbestand und die Entsorgungsquote auf dem stabilen Satttelpfad liegen. In den folgenden Perioden muß die Quote jeweils angepaßt werden, damit der stabile Sattelpfad nicht verlassen wird.

8.3 Zusammenfassung

Das vorliegende Kapitel besprach ausführlich die langfristige soziale Wohlfahrt ohne und mit der Nebenbedingung eines langfristigen Marktgleichgewichtes. Es hat sich gezeigt, daß eine Entsorgungsquote von Null nicht mit der Erst-Besten Allokation vereinbar ist und eine von Eins nicht mit einem Wohlfahrtsmaximum im langfristigen Marktgleichgewicht. Desweiteren hat die Diskussion gezeigt, daß mit einen ökologisch stabilen Ressourcenbestand eine Quotenregulierung keine langfristig Erst-Beste Allokation sichert. Die Erweiterung der Modellökonomie auf die lange Frist führte bei der Interpretation der wohlfahrtsmaximierenden Entsorgungsquote im Marktgleichgewicht zu zwei neuen in der Literatur, welche in dem die Arbeit einleitenden Kapitel 2.1.1 Seite 13 besprochen wurde, bislang undokumentierten Effekten. Erstens ist die Wirkung der Entsorgungsquote auf den Schattenpreis des Ressourcenbestandes bislang unbeschrieben und zweitens ist die der Entsorgungsquote auf die Kosten der Neumaterialproduktion wegen der ausgelösten Bestandsreaktion ebenfalls unbeschrieben.

Kapitel 9

Die Quotenanpassung an den Markteintritt

Dieses Kapitel behandelt die Frage der optimalen Anpassung einer Quote auf den Markteintritt eines weiteren Oligopolisten in den Entsorgungsmarkt. Als Modellrahmen zur adäquaten Diskussion der wohlfahrtsmaximierenden Quotenanpassung wird ein Differentialspiel gewählt, welches sich aus folgenden Gründen anbietet: Erstens, bietet nur ein langfristiges Gleichgewicht die Möglichkeit Bestandseffekte ausreichend zu berücksichtigen. Zweitens, erlaubt ein Differentialspiel die strategische Interaktion einer kleinen Anzahl von Entsorgern abzubilden und drittens, ist in einem Differentialspiel das Problem der Nichteindeutigkeit der in einem unendlich oft wiederholten Spiel möglichen teilspielperfekten Nash-Gleichgewichte zufriedenstellend gelöst[1].

Differentialspiele nehmen in der Literatur bislang noch keine große Rolle ein. Eine frühe Anmerkung über die mathematische Handhabung findet sich bei Feichtinger und Hartl (1986) in Kapitel A.7. Eine stärkere Einbettung in die Spieltheorie nehmen Fudenberg und Tirole (1995) vor. Umfassend diskutieren Dockner *et al.* (2000) die mathematischen Aspekte der Lösungsmethoden und den Stellenwert innerhalb der Spieltheorie. Eine ausführliche Sammlung von Beispielen und eine Darstellung von Anknüpfungspunkten zu verschiedenen Gebieten der Volkswirtschaftslehre begleitet ihre Diskussion.

Die von Dockner *et al.* (2000) dargestellten Beispiele suggerieren, daß entweder nur für äußerst einfache Modelle, welche eine geringe Zahl von ökonomischen Interaktionen abbilden, geschlossene Lösungen existieren, oder für Modelle mit linearen Bestandsdynamiken und einer quadratischen Zielfunktion. Somit erzwingt der Modellrahmen eines Differentialspiels die Wahl zwischen einer sehr einfachen Modellstruktur, die eine analytische Lösung zuläßt, oder ob eine numerische Approximation eines komplexeren Modells vorgenommen wird. Dieses Kapitel diskutiert ein Differentialspiel mit einer komplexen Struktur, damit die wesentlichen Annahmen dieser Arbeit beibehalten werden können.

Somit kann nur der Versuch unternommen werden, einen hinreichend großen Parameterraum

[1] Siehe die Einleitung zum Kapitel 6 Seite 83ff.

zu finden, der es ermöglicht, die Anpassung der wohlfahrtsmaximierenden Entsorgungsquote auf den Markteintritt eines weiteren marginalen Entsorgers abzubilden. Die numerische Approximation schwächt die Aussagekraft des in diesem Kapitel dargestellten Modells und seiner Ergebnisse stark ab, weil die Ergebnisse nur für die gewählten Parameterwerte gelten. Somit stellt dieses Kapitel ein numerisches Beispiel für die optimale Anpassung der Entsorgunsgquote auf den Markteintritt eines weiteren Entsorgers vor.

9.1 Die Elemente des Differentialspiels

Zur Beantwortung der Frage der wohlfahrtsmaximierenden Anpassung der Entsorgungsquote auf den Markteintritt eines weiteren Entsorgers wird das bisher verwendete Modell weiter vereinfacht. Es wird angenommen, daß die Entsorger nicht nur die Rückholung des Abfalles und die Rezyklierung selbigen vornehmen sondern zusätzlich auch das Neumaterial von einem sich regenerierenden Ressourcenbestand ernten. Weiter wird unterstellt, daß keine Kosten der Rückholung des Abfalles anfallen. Der Gütermarkt wird durch eine inverse Nachfragefunktion nach Neumaterial und Rezyklat berücksichtigt. Diese Nachfragefunktion kann als reduzierte Form des Gütermarktgleichgewichtes interpretiert werden.

9.1.1 Die Regenerationsfunktion und die Ressourcennachfrage

Die konkave Regenerationsfunktion des Ressourcenbestandes B ist gegeben durch

$$\dot{B} = B - B^2, \quad \text{mit } \bar{B} = 1 \quad \text{und } B_0 \text{ gegeben.} \tag{9.1}$$

Es wird wieder angenommen, daß das Neumaterial und das Rezyklat perfekte Substitute darstellen. Die inverse Nachfrage der Ressource R bestehend aus dem Neumaterial N und Rezyklat R^R, d.h. $R = N + R^R$, wird durch die Funktion

$$p(R) = (pp + R)^{\alpha} \quad \text{mit} \quad pp > 0 \quad \text{und} \quad \alpha < 0 \tag{9.2}$$

mit dem exogenen Parameter pp und der Preiselastizität der Nachfrage $\eta(R,p) = \frac{pp+R}{\alpha R}$ beschrieben.

9.1.2 Die Entsorger

Die Technologie zur Produktion des Neumaterials N oder, äquivalent formuliert, zur Ernte des Ressourcenbestandes wird durch die folgende Kostenfunktion beschrieben $C^N(N) = c^N \cdot N$ mit $c^N > 0$. Die Produktion des Rezyklats R^R wird durch die Kostenfunktion $C^R(R) = c^R \cdot R$ mit $c^R > 0$ dargestellt. Die Entsorgungsquote β liegt zwischen Null und Eins, d.h $0 < \beta < 1$. Die durch die Regulierung den Entsorgern auferlegte Restriktion, welche den

Entsorgern vorschreibt, einen von der Entsorgunsgquote bestimmten Prozentsatz der insgesamt eingesetzten Ressourcenmenge zu rezyklieren, wird wieder als ökonomisch bindend unterstellt.

Sei $n > 1$ und $n \in \mathbb{R}_+$ die Anzahl[2] der Entsorger und R_i die von Entsorger i angebotene Ressourcenmenge. Der Entsorger nimmt an, daß seine Konkurrenten eine stationäre Markov-Strategie[3] spielen. Ihr aggregiertes Ressourcenangebot wird mit $\Phi(B)$ bezeichnet.

Das Problem der Gewinnmaximierung des Entsorgers i lautet mit der Diskontrate $r^E \in (0,1)$ und t als dem Zeitindex

$$\max_{R_i(t)} \left\{ \int_0^\infty \left(p\Big(R_i(t) + \Phi\big(B(t)\big)\Big) R_i(t) - c^N (1-\beta) R_i(t) - c^R \beta R_i(t) \right) e^{-r^E t} dt \right\}, \tag{9.3}$$

$$\text{u.d.N.: } \dot{B}(t) = B(t) - B^2(t) - (1-\beta)\Big(R_i(t) + \Phi\big(B(t)\big)\Big). \tag{9.4}$$

Im folgenden wird der Index i und die Zeitindizierung t zur Vereinfachung der Notation vernachlässigt.

Die Momentanwert Hamiltonfunktion lautet mit $\lambda \geq 0$ als der adjungierten Kovariablen

$$\mathcal{H} = p\big(R + \Phi(B)\big)R - c^N (1-\beta) R + c^R \beta R + \lambda\Big(B - B^2 - (1-\beta)\big(R + \Phi(B)\big)\Big). \tag{9.5}$$

(9.5) beschreibt, gegeben die ökonomisch bindende Regulierung, den mit der der Ernte einer Neumaterialmenge N zum Zeitpunkt t verbundenen den totalen Gewinn. Dieser wird definiert als die Summe aus dem durch den Verkauf des Neumaterials und des wegen der Regulierung produzierten Rezyklats erzielten Gewinn und der mit dem Schattenpreis bewerteten Änderung des Ressourcenbestand. Der totale Gewinn läßt sich wieder in eine direkte Komponente durch den Verkauf des Neumaterials und des Rezyklates und in eine indirekte Komponente durch die induzierte Veränderung des Ressourcenbestandes, welcher mit dem Schattenpreis λ bewertet wird, siehe Feichtinger und Hartl (1986) Kap. 2.3, zerlegen.

Das kanonische Gleichungssystem ist gegeben durch

$$0 = p\big(R + \Phi(B)\big) + p_R\big(R + \Phi(B)\big)R - c^N (1-\beta) - c^R \beta - (1-\beta)\lambda, \tag{9.6}$$

$$\dot{\lambda} = \left(r^E + 1 - 2B - (1-\beta)\frac{\partial \Phi}{\partial B} \right)\lambda - p_R\big(R + \Phi(B)\big)R\frac{\partial \Phi}{\partial B}, \tag{9.7}$$

$$\dot{B} = B - B^2 - (1-\beta)\big(R - \Phi(B)\big) \tag{9.8}$$

und die Transversalitätsbedingung lautet mit $B^z(t)$ als einer zulässigen und $B^*(t)$ als der optimalen Trajektorie

$$\lim_{t\to\infty} e^{-r^E t}\lambda\left[B^z(t) - B^*(t)\right] \geq 0. \tag{9.9}$$

[2] Die Möglichkeit, daß die Anzahl der Entsorger keine natürliche Zahl ist, wird bei der Bestimmung der Auswirkungen einer Variation in der Anzahl der Entsorger auf ein Marktgleichgewicht immer stillschweigend vorausgesetzt.

[3] Eine stationäre Markov-Strategie ist eine Strategie, die nur auf die Bestandsvariable konditioniert ist. Solch einer Strategie liegt die Annahme zugrunde, daß alle relevanten Information der Vergangenheit in dem gegenwärtigen Zustand der Bestandsvariable enthalten sind. Eine tiefergehende Ausführung findet sich in Dockner *et al.* (2000) Kapitel 4.

Angenommen wird, daß die Momentanwert Hamiltonfunktion konkav in (R, B) ist.

(9.6) fordert im Optimum eine Ressourcenmenge eines individuellen Entsorgers so, daß der Grenzerlös der von dem Entsorger insgesamt angebotenen Ressourcenmenge der Summe aus den Grenzkosten der Ernte, der Rezyklierung und des Produktes aus dem Schattenpreis des Ressourcenbestandes und dem Anteil der Ressource, welcher nicht rezykliert wird. Zur Interpretation von (9.7) ist es angebracht diese Gleichung in der folgenden Form zu schreiben

$$\dot{\lambda} = r^E \lambda - \frac{\partial \mathcal{H}}{\partial B}. \tag{9.7'}$$

(9.7') verlangt, daß die Änderung des Schattenpreises des Ressourcenbestandes entlang der optimalen Trajektorie von den folgenden zwei Termen bestimmt wird: Erstens dem Produkt der subjektiven Diskontrate und des Schattenpreises und zweitens der Wirkung einer marginalen Erhöhung des Ressourcenbestandes auf den totalen Gewinn. Das Produkt aus der subjektiven Diskontrate und dem Schattenpreis kann interpretiert werden als der subjektive Zinsgewinn des Ertrages, welcher erzielt wird durch den Verkauf einer marginalen Einheit des Ressourcenbestandes, weil der Schattenpreis den Wert einer marginalen Bestandseinheit beschreibt. Der zweite Term gibt die Wirkung einer marginalen Bestandseinheit auf den totalen Gewinn des Neumaterialproduzenten wieder. Falls der subjektive Zinsgewinn größer ist als die Wirkung auf den totalen Gewinn, dann lohnt es sich für den Neumaterialproduzenten seine Ernte zu reduzieren und damit "in den Ressourcenbestand zu investieren". Schließlich beschreibt (9.8) die Dynamik des Ressourcenbestandes. Der Ressourcenbestand wächst, falls die geerntete Neumaterialmenge geringer ist, als der endogene Zuwachs des Bestandes. Andernfalls schrumpft der Ressourcenbestand.

Die Transversalitätsbedingung (9.9) ist in diesem Modellrahmen erfüllt, weil erstens der Schattenpreis von oben durch pp^α beschränkt ist, siehe (9.2) Seite 132. Zweitens ist die Differenz innerhalb der eckigen Klammern durch $\bar{B} = 1$ von oben beschränkt. Folglich ist in Verbindung mit $\lim_{t\to\infty} e^{-r^E t} = 0$ die Transversalitätsbedingung erfüllt.

Somit sind wegen der angenommenen Konkavität der Momentanwert Hamiltonfunktion (9.5) Seite 133 in (R, B) die von Mangasarian (1966) aufgestellten hinreichenden Bedingungen erfüllt und die Lösung des kanonischen Gleichungssystems (9.6)-(9.8) Seite 133 maximiert die Momentantwert Hamiltonfunktion und damit auch das dynamische Maximierungsproblem (9.4) Seite 133.

Wie im Anhang 17.1.2 Seite 291ff. gezeigt, folgt die individuelle Reaktionsfunktion der Entsorger aus der Lösung der folgenden Differentialgleichung

$$\frac{dR}{dB} = \mathfrak{S}\left(R, B; \Phi(B); \frac{\partial \Phi}{\partial B}; \beta; pp; c^N; c^R; \alpha; r^E\right). \tag{9.10}$$

9.2 Das Markov-Perfekte Nash-Gleichgewicht

In diesem Abschnitt wird unter der Annahme der Existenz eines symmetrischen Markov-Perfekten Nash-Gleichgewichtes eine Differentialgleichung beschrieben, deren Lösung die individuelle Reaktionsfunktion der Entsorger beschreibt. Diese Reaktionsfunktion erlaubt die Herleitung aller endogenen Variablen des symmetrischen Markov-Perfekten Nash-Gleichgewichtes.

Angenommen ein symmetrisches Gleichgewicht existiert, d.h. $(n-1)\,R = \Phi\,(B)$ und $\frac{\partial \Phi}{\partial B} = (n-1)\,\frac{\partial R}{\partial B}$ gilt, dann vereinfacht sich, wie im Anhang 17.2 Seite 292ff. gezeigt, die die individuelle Reaktionsfunktion der Entsorger definierende Differentialgleichung (9.10) Seite 134 zu

$$\frac{dR}{dB} = \gamma\left(R, B; n; \beta; pp; c^N; c^R; \alpha\, r^E\right). \tag{9.11}$$

Die Lösung der Differentialgleichung (9.11) beschreibt die individuelle Reaktionsfunktion der Entsorger unter der Annahme symmetrischen Verhaltens.
Sei mit $\Gamma\left(R, B; n; \beta; pp; c^N; c^R; \alpha\, r^E\right)$ die Lösung der Differentialgleichung (9.11) bezeichnet.

Die von Dockner *et al.* (2000) dargestellten Beispiele suggerieren, daß entweder nur für äußerst einfache Modelle, welche eine geringe Zahl von ökonomischen Interaktionen abbilden, geschlossene Lösungen existieren, oder für Modelle mit linearen Bestandsdynamiken und einer quadratischen Zielfunktion. Das hier dargestellte Differentialspiel besitzt im Vergleich zu denen aus Dockner *et al.* (2000) eine ausgesprochen komplexe Struktur und die funktionale Form des Grenzerlöses für ein Oligopol verhindert die Modellierung der diesem Kapitel zugrunde liegende Fragestellung als ein Differentialspiel mit einer quadratischen Zielfunktion.

Somit kann hier nur der Versuch unternommen werden einen hinreichend großen Parameterraum zu finden, der ermöglicht die Anpassung der wohlfahrtsmaximierenden Entsorgungsquote auf den Markteintritt eines weiteren marginalen Entsorger abzubilden. Die numerische Approximation schwächt die Aussagekraft des in diesem Kapitel dargestellten Modells und seiner Ergebnisse stark ab, weil die Ergebnisse nur für die gewählten Parameterwerte gelten. Somit stellt dieses Kapitel ein numerisches Beispiel für die optimale Anpassung der Entsorgunsgquote auf den Markteintritt eines weiteren Entsorgers vor.

Die folgende Tabelle gibt neben den Intervallen, in denen die Anzahl der Entsorger und die Entsorgungsquote variiert wird, die übrigen Modellparameter an

n	β	pp	α	c^R	c^N	r^E
4.07-4.09	0.1-0.875	16	$-\frac{1}{2}$	$\frac{1}{4}$	$\frac{1}{16}$	0.1

Die Anzahl der Entsorger wird jeweils um 0.01 erhöht und die Entsorgungsquote um 0.00625.

Die Wahl der numerischen Werte für die Grenzkosten der Rezyklierung und der Neumaterialproduktion sichern zum einen, daß die Regulierung ökonomisch bindet, weil die Funktion der Grenzkosten der Rezyklierung für positive Mengen oberhalb der Nachfragefunktion nach der Ressource verläuft. Dann rezyklieren die Entsorger nicht, wenn nicht reguliert wird. Zum anderen sind die Parameterwerte so gewählt, daß die Grenzkosten der Rezyklierung höher sind als die der Neumaterialproduktion. Dies sichert die Existenz eines Schnittpunkts zwischen der Nachfragefunktion nach der Ressource und der Funktion der Grenzkosten der Neumaterialproduktion, falls nicht reguliert wird.

Die folgende Abbildung 9.1 auf der Seite 136 veranschaulicht den Verlauf der Reaktionsfunktion für die gewählten Parameterwerte und für $n = 4.07$ und $\beta = 0.4375$. Einsetzen dieser

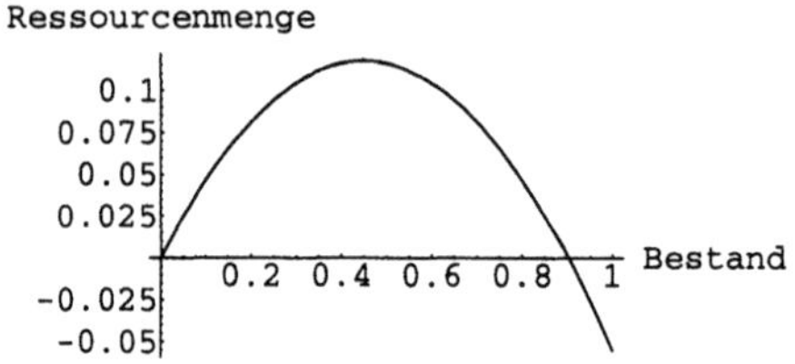

Abbildung 9.1: Die individuelle Reaktionsfunktion

Funktion in die Bewegungsleichung des Ressourcenbestandes im Gleichgewicht führt zu

$$0 = B - B^2 - (1 - \beta)\, n\Gamma\,(R, B; n; \beta; \cdot)\,. \tag{9.12}$$

Gleichung (9.12) definiert implizit den Ressourcenbestand im symmetrischen Markov-Perfekten Nash-Gleichgewicht. Die folgende Abbildung 9.2 auf der Seite 136 veranschaulicht den Schnittpunkt der Reaktionsfunktion mit der Regenerationsfunktion des Ressourcenbestandes für $n = 4.07$ und $\beta = 0.4375$.

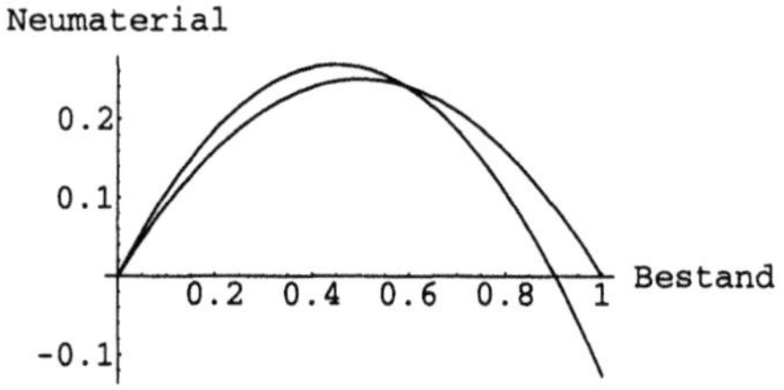

Abbildung 9.2: Das Gleichgewicht

In den folgenden Abbildungen 9.3-9.5 auf den Seiten 137-138 werden die Auswirkungen einer Steigerung der Quote von 0.1 bis 0.875 um jeweils 0.00625 und der Anzahl der Entsorger von 4.07 bis 4.09 um jeweils 0.01 auf die gleichgewichtigen Mengen veranschaulicht. Auf dem gesamten Intervall der Entsorgungsquote steigt die Menge der insgesamt eingesetzten und die der rezyklierten Ressource stark an. Somit reagieren die beiden Ressourcenmengen elastisch auf eine Quotenstraffung.

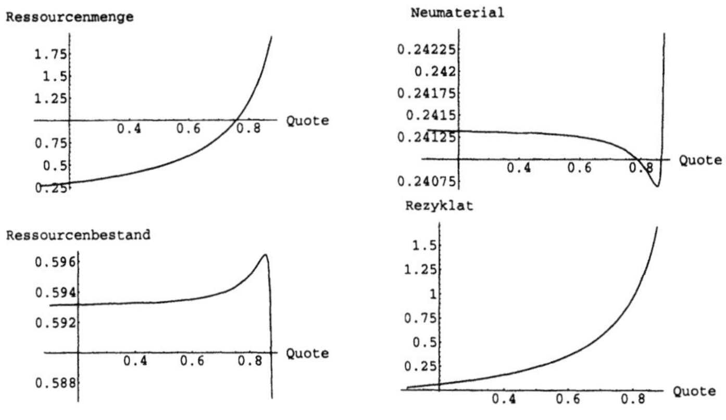

Abbildung 9.3: Anzahl der Entsorger: 4.07

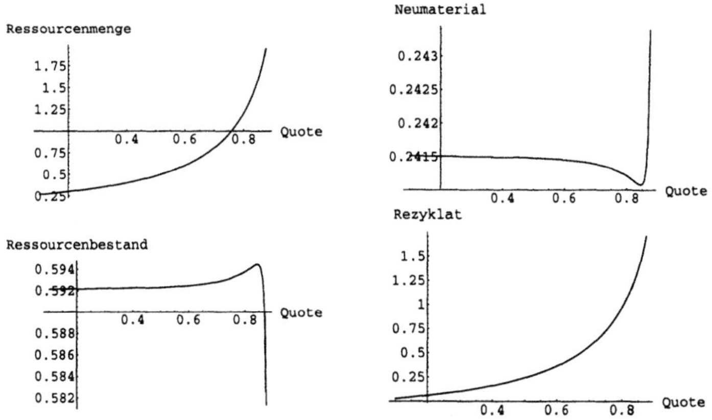

Abbildung 9.4: Anzahl der Entsorger: 4.08

Die geerntete Neumaterialmenge reagiert für den größten Teil des Intervalles der Entsorgungsquote äußerst unelastisch. Nähert sich die Quote dem oberen Rand des betrachteten Intervalles an, dann sinkt die Neumaterialmenge erst ab, bevor sie fast perfekt elastisch auf eine weitere Quotensteigerung reagiert. Der Ressourcenbestand verhält sich spiegelbildich zu der geernteten Menge an Neumaterial. Die folgende Tabelle gibt die Minima der geernteten Neumaterialmenge, die Maxima des Ressourcenbestandes, die Preiselastizität der Nachfrage $\eta(R,p)$ und die zugehörige Entsorgungsquote für die jeweilige Anzahl der Entsorger an.

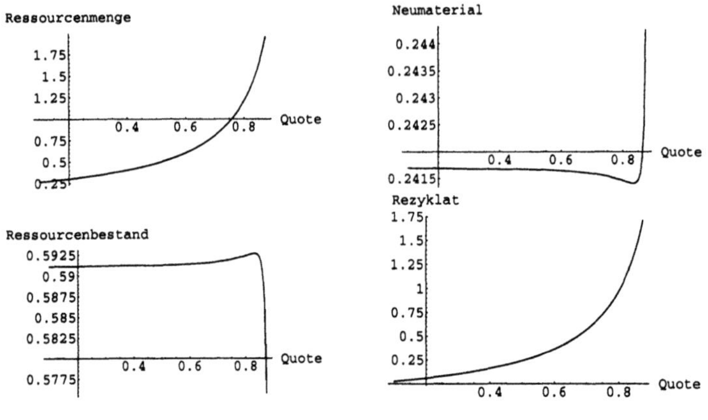

Abbildung 9.5: Anzahl der Entsorger: 4.09

n	4.07	4.08	4.09
N	0.240699	0.24108	0.241411
B	0.596442	0.594444	0.592678
$\eta(R,p)$	-225.9737	-207.8858	-192.4908
β	0.85626	0.84375	0.83125

Ein Ansteigen der Anzahl der Entsorger verschiebt die inneren Extrema der Neumaterialmenge und des Ressourcenbestandes nach "links", d.h. sie werden für eine niedrigere Entsorgungsquote erreicht. Desweiteren steigt die minimale Neumaterialmenge und der maximiale Bestand sinkt. Die individuelle Entscheidung, eine weitere marginale Bestandseinheit nicht zu ernten, entspricht einer Investition in den zukünftigen Ressourcenbestand. Steigt die Anzahl der Entsorger an, so verteilen sich die aus einer solchen Investition anfallenden Erträge auf eine größere Anzahl von Entsorgern und folglich wird die Investition in den zukünftigen Bestand unattraktiver und ein einzelner Entsorger erntet mehr. Im Gleichgewicht führt dies zu einem geringeren Ressourcenbestand. Der Absolutbetrag der Preiselastizität der Nachfrage sinkt von einem sehr großen Wert relativ stark ab. Die Nachfragefunktion nach der Ressource ist annährend linear und ein großer Wert ist unkritisch. Die Größe dieses Wertes mag auf den ersten Blick verwundern, jedoch basieren die Werte der Modellparameter nicht auf empirischen und folglich ist äußerste Vorsicht angebracht bei einer quantitativen Bewertung der Ergebnisse.

Die Abbildungen 9.3-9.5 zeigen, daß das Markov-Perfekte Nash-Gleichgewicht zusätzlich zu der Annahme einer ökonomisch bindenden Regulierung die eines im Gleichgewicht ökologisch stabilen Ressourcenbestand, siehe Abschnitt 6.3.2, erfüllt. Der gewählte Parameterraum bildet die wesentlichen Annahmen der langfristigen Modellerweiterung in Kapitel 6 ab. Der gewälte Parameterraum mag winzig erscheinen. Jedoch ist seine Größe hinreichend um ein ausführliches numerisches Beispiel für die wohlfahrtsmaximierende Anpassung der Entsorgungsquote darzustellen. Wie schon erwähnt basieren die gewählten Werte nicht auf empirischen und somit ist ein Vergleich mit empirischen Größen äußerst schwierig.

9.3 Die Wohlfahrtsdiskussion

Nach der Bestimmung der Wirkung einer Quotenverschärfung auf das Markov-Perfekte Nash-Gleichgewicht für unterschiedliche Anzahlen der Entsorger, kann jetzt die die soziale Wohlfahrt maximierende Entsorgungsquote in Abhängigkeit der Anzahl der Entsorger bestimmt werden. Als Funktion der sozialen Wohlfahrt wird die Summe aus der Konsumentenrente, der Gewinne und dem Nutzen des Ressourcenbestandes abzüglich eines mit dem Neumaterial verbundenen Umweltschadens gewählt. Es wird angenommen, daß der von der Ernte erzeugte Umweltschaden linear in der Ernte ist. $q_1 < 0$ bezeichnet den Grenzschaden. Es wird ebenso angenommen, daß der Nutzen des Ressourcenbestandes linear im Bestand ist und $q_2 > 0$ beschreibt den Grenznutzen. Gegeben ein Markov-Perfektes Nash-Gleichgewicht sind alle gleichgewichtigen Mengen von der Entsorgungsquote abhängig und der Regulierer hat nur das Instrument der Entsorgungsquote zur Maximierung der sozialen Wohlfahrt zur Verfügung. Folglich lautet die Funktion der sozialen Wohlfahrt mit den Mengen und dem Ressourcenbestand als Funktionen der Entsorgungsquote

$$SWF(\beta) = \int_0^{nR(\beta)} p(\mathrm{R})\, d\mathrm{R} - c^N (1-\beta)\, nR(\beta) - c^R \beta n R(\beta) + q_1 (1-\beta)\, nR(\beta) + q_2 B(\beta)\,. \quad (9.13)$$

Die numerischen Werte des Grenzschadens der Ernte und des Grenznutzen des Bestandes sind

q_1	q_2
-1	5

Die Abbildungen 9.6 und 9.7 auf den Seiten 139 und 140 zeigen die soziale Wohlfahrt als Funktion der Entsorgungsquote jeweils für eine gegebene Anzahl der Entsorger. Es zeigt sich, daß die die

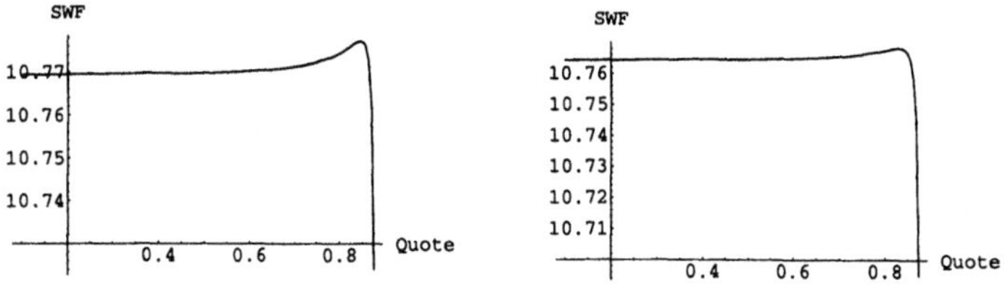

Abbildung 9.6: Die soziale Wohlfahrt für n=4.07 bzw. n=4.08

soziale Wohlfahrt maximierende Entsorgungsquote für die gewählten Parameterwerte im Inneren des Intervalls der Entsorgungsquote liegt. Die jeweiligen Maxima der sozialen Wohlfahrt sind in der folgenden Tabelle dargestellt

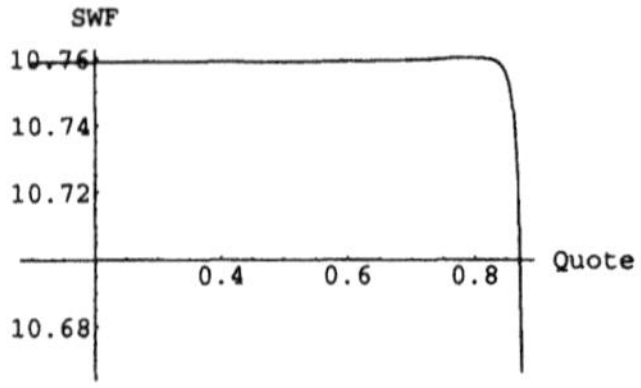

Abbildung 9.7: Die soziale Wohlfahrt für n=4.09

n	4.07	4.08	4.09
β	0.84375	0.83125	0.78125
SWF	10.7771	10.7681	10.7604

Ein Vergleich der Maxima ergibt, daß die wohlfahrtsmaximierende Entsorgungsquote geringer ist für eine höhere Anzahl der Entsorger. Die Ergebnisse einer Quotenänderung im Markov-Perfekten Nash-Gleichgewicht in Abschnitt 9.2 zeigen, daß der maximale Ressourcenbestand bei einer größeren Anzahl der Entsorger für eine niedrigere Entsorgungsquote erreicht wird und spiegelbildlich dazu wird die minimale Neumaterialmenge ebenfalls für eine geringere Entsorgungsquote erreicht. Die Annahmen, daß der Ressourcenbestand die soziale Wohlfahrt steigert[4] und mit der Ernte des Neumaterials ein Umweltschaden verbunden ist, sind mit den Ergebnissen aus Abschnitt 9.2 die treibende Ursache für die Anpassung der wohlfahrtsmaximierenden Entsorgungsquote auf den Markteintritt eines weiteren marginalen Entsorgers.

Desweiteren sinkt das Maximum der sozialen Wohlfahrt, wenn die Anzahl der Entsorger steigt. Die Ursache mag darin liegen, daß eine größere Anzahl der Entsorger den gleichgewichtigen Bestand reduziert und eine größere Menge an Neumaterial erntet.

9.4 Zusammenfassung

Dieses Kapitel stellte ein Differentialspiel vor, in dem die Entsorger gemeinsam einen Ressourcenbestand ausbeuten und einen von der Entsorgungsquote vorgeschriebenen Prozentsatz rezyklieren. Es wurde angenommen, daß die Entsorger eine Markov-Strategie spielen. Das Differentialspiel wurde für ein symmetrisches Gleichgewicht gelöst. Die unterstellten Markov-Strategien implizieren, daß das symmetrische Gleichgewicht teilspielperfekt ist. Die Komplexität dieses Spiels erlaubt nur eine numerische Lösung des Markov-Perfekten Nashgleichgewichts. Es wurde ein Intervall dargestellt, in dem die soziale Wohlfahrtsfunktion in Abhängigkeit von der Entsorgungsquote ein inneres Maximum besitzt und die die soziale Wohlfahrt maximierende Entsorgungsquote in Reaktion auf den Markteintritt weiterer Entsorger sinkt.

[4] Wird der Grenznutzen des Bestandes auf Null gesetzt, dann werden die Maxima am unteren Rand des zulässigen Intervalles der Entsorgungsquote erreicht.

Der gewählte Modellrahmen eines Differentialspiels zwang eine Entscheidung darüber zu treffen, ob die Fragestellung der Anpassung der wohlfahrtsmaximierenden Entsorgungsquote auf den Markteintritt eines weiteren marginalen Entsorgers in einer sehr einfachen Modellstruktur mit einer linearen Bestandsdynamik und einer quadratischen Gewinnfunktion für die Entsorger behandelt wird, oder ob eine numerische Approximation eines komplexeren Modells vorgenommen wird. Der Grund für die Entscheidung einer numerische Approximation ist die Möglichkeit in einem komplexeren Modell die zentralen Elemente der vorangehenden Kapitel zu integrieren. Schon allein die funktionale Form des Grenzerlöses für ein Oligopol verhindert die Modellierung der diesem Kapitel zugrunde liegende Fragestellung als ein Differentialspiel mit einer quadratischen Zielfunktion. Für die gewählten Parameter ist die Regulierung ökonomisch bindend und der gleichgewichtige Ressourcenbestand ökologisch stabil. Zusätzlich liegt das Maximum der Entsorgungsquote im Inneren des zulässigen Intervalls.

Somit wurde ein numerische Beispiel für die Antowrt auf eine äußerst komplexe Fragestellung gefunden. Diese Beispiel enthält alle wesentlichen Elemente der vorangehenden Kapitel. Eine mögliche Erweiterung ist die Verwendung alternativer Formen der Regenerationsfunktion, weil vermutlich der Bestandsdynamik eine zentrale Rolle zukommt. Die soziale Wohlfahrt ist in diesem Modell entscheidend von der geernteten Neumaterialmenge und dem des Ressourcenbestandes im Marktgleichgewicht bestimmt. Somit erscheint es naheliegend, daß die Neumaterialmenge und der Ressourcenbestand im Gleichgewicht von der Regenerationsfunktion bestimmt werden.

Teil IV

Schlusswort

Kapitel 10

Zusammenfassung und Ausblick

10.1 Zusammenfassung

Die vorliegende Arbeit diskutierte in einem umfassenden Modellrahmen die allokativen und normativen Eigenschaften einer Quotenregulierung des Entsorgungsmarktes. In der Betrachtung der kurzen Frist wurde, inspiriert von der gegenwärtigen Situation in der Bundesrepublik Deutschland, der Frage der Auswirkungen des unvollständigen Wettbewerbs auf dem Entsorgungsmarkt hinreichend Raum gewidmet.

Die Analyse der allokativen Eigenschaften einer Quotenregulierung auf ein Marktgleichgewicht zeigte, daß in der kurzen und der langen Frist eine Quotenstraffung eine Preissenkung auf dem Ressourcenmarkt auslöst und so zu einer Verdrängung von Neumaterial führt. Gleichzeitig bewirkt die Preissenkung eine Steigerung der Ressourcennachfrage seitens des Güterproduzenten und dies wirkt der kontraktiven Wirkung einer Quotenstraffung aufgrund eines Anstiegs der Grenzentsorgungskosten auf die Ressourcennachfrage entgegen. Somit besteht die Möglichkeit einer expansiven Reaktion der in der Güterproduktion eingesetzten Ressourcenmenge auf eine Quotenstraffung. Diese Expansion tritt genau dann auf, wenn die Rezyklatmenge elastisch auf eine Quotenänderung reagiert.

Bislang war in der Literatur zur Quotenregulierung, siehe bspw. Harford und Ogura (1983) und Ebert (1998), bekannt, daß, wenn die Grenzschäden den Grenzvermeidungskosten entsprechen, die marginale Zahlungsbereitschaft kleiner als die sozialen Grenzvermeidungskosten ist. Eine Quotenregulierung erreicht im allgemeinen nur eine Zweit-Beste Allokation. In dem Maximum der sozialen Wohlfahrt war die Entsorgungsquote so zu setzen, daß die sozialen Grenzvermeidungskosten kleiner sind als die Grenzschäden und so die Differenz zwischen der marginalen Zahlungsbereitschaft und den sozialen Grenzvermeidungskosten sinkt. Diese Verringerung des Abstands zwischen der marginalen Zahlungsbereitschaft und den sozialen Grenzvermeidungskosten wurde bislang rein durch die von einer Quotenänderung induzierten Mengenreaktion ausgelöst. Die vorliegende Arbeit zeigte neue Wirkungskanäle auf, die bei einer umfassenden Bestimmung der wohlfahrtsmaximierenden Entsorgungsquote zu berücksichtigen sind.

Die Berücksichtung eines Ressourcenmarktes bei der Analyse der normativen Eigenschaften einer Quotenregulierung führte zwei Erweiterungen innerhalb der Diskussion der kurzen Frist ein. Die erste Erweiterung besteht in der Definition der sozialen Grenzvermeidungskosten als Differenz zwischen den Grenzkosten der Rezyklierung und den eingesparten Grenzkosten der Neumaterialproduktion. Jede rezyklierte Abfalleinheit ersetzt auf dem Ressourcenmarkt eine Einheit Neumaterial. Gesellschaftlich werden somit die Grenzkosten der Neumaterialproduktion einer Einheit eingespart. Folglich sind die sozialen Grenzvermeidungskosten zu definieren als die Differenz aus den Grenzkosten der Rezyklierung und denen der Neumaterialproduktion. Die zweite Erweiterung besteht in der Erweiterung der auf dem Ressourcenmarkt ausgelösten Preissenkung, welche bei einer Quotenverschärfung neben der Mengenreaktion zusätzlich auf den Entsorgungspreis wirkt. Somit beeinflußt nicht nur die Mengenreaktion die Differenz zwischen der marginalen Zahlungsbereitschaft und den sozialen Grenzvermeidungskosten sondern auch die Reaktion des Ressourcenpreises

Die Integration eines Ressourcen- und eines Abfallbestandes in die Diskussion einer Quotenregulierung in der langen Frist führte zu zwei weiteren bislang undokumentierten Effekten bei der Bestimmung der wohlfahrtsmaximierenden Entsorgungsquote. Zum einen verursacht eine Quotenstraffung wieder einen Rückgang des Ressourcenpreises. Diese Preisenkung reduziert den Einsatz des Neumaterials und die Grenzkosten der Neumaterialproduktion. Folglich erhöht eine Quotenstraffung wieder die sozialen Grenzvermeidungskosten durch den zusätzlichen Effekt einer Reduktion des Neumaterialeinsatzes. Zum anderen ruft eine Quotenstraffung wegen des Rückgangs des eingesetzten Neumaterials einen Anstieg des Ressourcenbestandes hervor. Das Ansteigen des Bestandes senkt die Grenzkosten der Neumaterialproduktion und bewirkt so einen Rückgang in den sozialen Grenzvermeidungskosten.

Die Diskussion der Fragestellung einer wohlfahrtsmaximierenden Anpassung der Entsorgungsquote an den Markteintritt eines weiteren Entsorgers im Rahmen eines Differentialspiels in Kapitel 9 hat die formalen Schwierigkeiten aufgezeigt, die mit einer zufriedenstellenden Antwort verbunden sind. Ein abschließende allgemeine Lösung dieses Problems verbleibt kommenden Arbeiten.

10.2 Ausblick

Die vorliegende Arbeit bietet vielversprechende Anknüpfungspunkte für zukünftige Überlegungen hinsichtlich der Auswirkungen und Eigenschaften der Quotenregulierung. Die Anzahl der Entsorger kann durch die Einführung einer Null-Gewinn Bedingung endogenisiert werden. Dies erlaubt die Diskussion der Auswirkung einer Quotenregulierung auf die Anzahl der am Markt aktiven Entsorger. Zusätzlich kann eine Aussage über den Zusammenhang der Erst-Besten Anzahl der Entsorger und der Anzahl von Entsorgern, die bei einer Quoteregulierung am Markt aktiv sind, getroffen werden.

Alternativ kann der soziale Planer direkt über eine Lizenzvergabe die Anzahl der Entsorger bestimmen und zusätzlich eine Entsorgungsquote vorschreiben. Vermutlich kann durch die zusätzliche Bestimmung der am Markt aktiven Entsorger die Erst-Beste Allokation im Marktgleichgewicht erreicht werden.

Zu Beginn dieser Arbeit wurde auf die gegenwärtige Situation am deutschen Entsorgungsmarkt eingegangen und die Stellungnahme des Kartellamtspräsidenten angeführt, nach der die Duale System Deutschland AG in ihrer gegenwärtigen Form und die damit verbundene Marktmacht nicht über das Jahr 2006 geduldet wird. Schon jetzt ist abzusehen, daß dann mehr Entsorger am Markt aktiv sind. Die vorliegende Arbeit hilft dem Gesetzgeber, die Wirkungsweise der Quotenregulierung besser zu verstehen, und liefert Anhaltspunkte für eine wohlfahrtsmaximerende Anpassung an die dann gegebenen Umstände.

Teil V

Anhang

Kapitel 11

Das kurzfristige Modell

Die Annahmen an die Technologie des Güterproduzenten

$$c_Y^Y > 0, \quad c_{YY}^Y > 0, \quad c_{p^{RW}Y}^Y > 0, \quad c_{p^{RW}p^{RW}}^Y < 0. \tag{11.1}$$

Die Annahmen an die Nachfrage nach dem Konsumgut

$$p_Y = u_{YY}(Y) < 0. \tag{3.5}$$

Die Annahmen an die Technologie der Entsorger

$$c_W^W > 0, \quad c_{WW}^W > 0, \quad c_W^{WR} > 0, \quad c_{RR}^{WR} > 0. \tag{11.2}$$

Die Annahmen an die Technologie des Neumaterialproduzenten

$$C_N^N > 0, \quad C_{NN}^N > 0. \tag{11.3}$$

11.1 Das Gleichgewicht auf dem Gütermarkt

Das Gleichgewicht auf dem Gütermarkt wird beschrieben durch

$$p\left(\hat{Y}\right) - c_Y^Y\left(\hat{Y}; p^{RW}\right) = 0. \tag{3.7}$$

(3.7) definiert implizit $\hat{Y} = Y\left(p^{RW}\right)$. Einsetzen dieser Funktion in die Nachfragefunktion des Konsumenten (3.5) Seite 27 führt zu der Bezeichnung des Güterpreises im Gleichgewicht

$$\hat{p} = u_Y\left(\hat{Y}\left(p^{RW}\right)\right). \tag{3.8}$$

Einsetzen von $\hat{Y} = Y\left(p^{RW}\right)$ in die Gewinnfunktion des Güterproduzenten (3.1) führt zu

$$\hat{\Pi}^Y = p\left(\hat{Y}\right)\hat{Y} - c^Y\left(\hat{Y}; p^{RW}\right). \tag{3.9}$$

Einsetzen von $\hat{Y} = Y\left(p^{RW}\right)$ in die bedingte Faktornachfrage des Güterproduzenten nach der Ressourcenmenge führt zu der nachgefragten Ressourcenmenge bzw. Menge der Entsorgungsdienstleistungen im Gleichgewicht

$$\hat{R} = \hat{W} = c_{p^{RW}}^Y\left(\hat{Y}; p^{RW}\right), \quad \text{mit } p^{RW} = p^R + p^W. \tag{3.10}$$

Die Gleichung (3.10) definiert implizit die inverse Nachfragefunktion nach Entsorgungsdienstleistungen

$$\hat{p}^W = p^W \left(W \left(p^R \right) ; p^R \right). \tag{3.11}$$

11.1.1 Die komparative Statik der Steigerung eines der beiden Faktorpreise

Die folgende Herleitung der Reaktionen der endogenen Variablen des Gleichgewichtes auf dem Gütermarkt wird nur für eine Steigerung des Ressourcenpreises durchgeführt, weil die angenommene Technologie der Güterproduktion impliziert, daß eine Steigerung des Entsorgungspreises identische Reaktionen hervorruft.

Die Reaktion der Gütermenge

Implizites Differenzieren von (3.7) Seite 27 führt zu

$$\frac{d\hat{Y}}{dp^R} = \frac{c^Y_{Yp^{RW}}}{p_Y - c^Y_{YY}} < 0. \tag{11.4}$$

Das Vorzeichen folgt aus (11.1) Seite 151 und (3.6) Seite 27.

Die Reaktion des Güterpreises

Differenzieren von (3.8) Seite 27 führt zu

$$\frac{d\hat{p}}{dp^R} = u_{YY} \frac{\partial \hat{Y}}{\partial p^R} > 0. \tag{11.5}$$

Das Vorzeichen folgt aus (3.5) Seite 27 und (11.4) Seite 152.

Die Reaktion der Gewinne der Güterproduzenten

Implizites Differenzieren von (3.9) Seite 28 führt zu

$$\frac{d\hat{\Pi}^Y}{dp^R} = \left[p - c^Y_Y \right] \frac{\partial \hat{Y}}{\partial p^R} + p_Y \hat{Y} \frac{\partial \hat{Y}}{\partial p^R} - c^Y_{p^{RW}} \tag{11.6}$$

Die Summe innerhalb der Klammern entspricht der Bedingung erster Ordnung des Güterproduzenten für ein Gewinnmaximum (3.2) Seite 26 und ist folglich gleich Null. (11.6) vereinfacht sich zu

$$\frac{d\hat{\Pi}^Y}{dp^R} = p_Y \hat{Y} \frac{\partial \hat{Y}}{\partial p^R} - c^Y_{p^{RW}} \lesseqgtr 0 \tag{11.7}$$

Der erste Term von (11.7) ist wegen (3.5) Seite 27 in Verbindung mit (11.4) Seite 152 und der zweite Term ist wegen (11.1) Seite 151 negativ. Die resultierende Reaktion der Gewinne des Güterproduzenten ist somit unbestimmt.

Die Reaktion der bedingten Faktornachfrage nach der Ressource und den Entsorgungsdienstleistungen

Differenzieren von (3.10) Seite 28 führt zu

$$\frac{d\hat{R}}{dp^R} = \frac{\partial \hat{W}}{\partial p^R} = c^Y_{p^{RW}Y} \frac{\partial \hat{Y}}{\partial p^R} + c^Y_{p^{RW}p^{RW}} < 0. \tag{11.8}$$

Das Vorzeichen folgt aus (11.1) Seite 151 und (3.5) Seite 27 in Verbindung mit (11.4) Seite 152.

Die Reaktion der bedingten inversen Nachfrage nach Entsorgungsdienstleistungen

Implizites differenzieren von (3.10) Seite 28 führt zu

$$\frac{d\hat{p}^W}{dp^R} = -\frac{c^Y_{p^{RW}Y} \frac{\partial \hat{Y}}{\partial p^R} + c^Y_{p^{RW}p^{RW}}}{c^Y_{p^{RW}Y} \frac{\partial \hat{Y}}{\partial p^W} + c^Y_{p^{RW}p^{RW}}} = -1 < 0. \tag{11.9}$$

Zähler und Nenner sind bei der vorliegenden Modellierung identisch.

11.2 Die Entsorger unter einer Besteuerung

Die Gewinnfunktion eines Entsorgers lautet

$$\Pi^W_i = p^W (W_i + W_{-i}) W_i + p^R R_i - c^W (W_i) - c^{WR} (R_i) - t^W W_i + s^R R_i - t^D (W_i - R_i). \tag{3.22}$$

Die Bedingungen erster Ordnung für ein inneres Gewinnmaximum sind unter Vernachlässigung der Funktionsargumente gegeben durch

$$p^W + p^W_W W_i - c^W_W - t^W - t^D = 0, \tag{3.23}$$

und

$$p^R - c^R_R + s^R + t^D = 0. \tag{3.24}$$

Die Bedingung zweiter Ordnung fordert, daß die Hesse-Matrix negativ-definit ist und dies ist äquivalent zu

$$p^W_W + p^W_{WW} W_i - c^W_{WW} < 0, \tag{3.25}$$

$$-c^{WR}_{RR} < 0. \tag{3.26}$$

Totales differenzieren von (3.23) und (3.24) führt zu

$$\begin{bmatrix} p^W_W + p^W_{WW} W_i - c^W_{WW} & 0 \\ 0 & -c^{WR}_{RR} \end{bmatrix} \begin{bmatrix} dW_i \\ dR_i \end{bmatrix} = \begin{bmatrix} -\left(p^W_{p^R} + p^W_{Wp^R} W_i\right) dp^R \\ -dp^R \end{bmatrix}. \tag{11.10}$$

Die Determinante der Hesse-Matrix lautet

$$\Delta^W = -\left(p_W^W + p_{WW}^W W_i - c_{WW}^W\right) c_{RR}^{WR} > 0. \tag{11.11}$$

Die Wirkung einer Änderung in dem Ressourcenpreis auf die entsorgte Menge wird beschrieben durch

$$\frac{dW_i}{dp^R} = \frac{c_{RR}^{WR}}{\Delta^W} \left(p_{p^R}^W + p_{Wp^R}^W W_i\right) < 0. \tag{11.12}$$

Das Vorzeichen von (11.12) folgt aus der angenommenen strategischen Komplementarität folgt, wegen der der Term innerhalb der runden Klammern negativ ist, siehe (3.27) Seite 32, und dem positiven Vorzeichen der Determinanten der Hesse-Matrix (11.11) und den ansteigenden Grenzkosten der Rezyklierung (11.2) Seite 151.

Kapitel 12

Das kurzfristige Marktgleichgewicht

12.1 Das Gleichgewicht des Güter- und des Entsorgungsmarktes unter der Quotenregulierung

Das Gleichgewicht auf dem Güter- und dem Entsorgungsmarkt wird beschrieben durch

$$p^W\left(\check{W};p^R\right)+p^W_W\left(\check{W};p^R\right)\frac{\check{W}}{n}+p^R\beta-c^W_W\left(\frac{\check{W}}{n}\right)-\beta c^{WR}_R\left(\beta\frac{\check{W}}{n}\right)=0. \tag{4.1}$$

Äquivalent kann es wegen der angenommenen Symmetrie geschrieben werden als eine Funktion der von *einem* Entsorger entsorgte Menge

$$p^W\left(n\check{W}_i;p^R\right)+p^W_W\left(n\check{W}_i;p^R\right)\check{W}_i+p^R\beta-c^W_W\left(\check{W}_i\right)-\beta c^{WR}_R\left(\beta\check{W}_i\right)=0. \tag{12.1}$$

(4.1) definiert implizit $\check{W}=\check{R}=W\left(\beta,n,p^R\right)$. Einsetzen dieser Funktion mit $\check{W}=\check{W}_i+\check{W}_{-i}$ in die Gewinnfunktion eines Entsorgers (3.17) Seite 30 führt zu

$$\check{\Pi}^W_i=p^W\left(\check{W}_i+\check{W}_{-i};p^R\right)\check{W}_i-c^W\left(\check{W}_i\right)-\left(c^{WR}\left(\beta\check{W}_i\right)-p^R\beta\check{W}_i\right). \tag{4.2}$$

Einsetzen dieser Funktion in die Definitionsgleichung für die nachgefragte Menge an Entsorgungsdienstleistungen, gegeben ein Gleichgewicht auf dem Gütermarkt (3.10) auf der Seite 28 in Abschnitt 3.7 führt zu

$$W\left(p^R,\beta,n\right)-c^Y_{p^{RW}}\left(\hat{Y}\left(p^R+\check{p}^W\right);p^R+\check{p}^W\right)=0. \tag{4.3}$$

(4.3) definiert implizit $\check{p}^W=p^W\left(\beta,n,p^R\right)$. Einsetzen dieser Funktion in $p^{RW}=p^R+p^W$ führt zu der Definition des Preises für den Ressourceneinsatz in der Güterproduktion

$$\check{p}^{RW}=p^W\left(\beta,n,p^R\right)+p^R. \tag{4.4}$$

Einsetzen dieser Funktion in die Gleichgewichtsbedingung des Gütermarktes (3.7) auf der Seite 27 in Abschnitt 3.3 führt zu

$$p\left(\check{Y}\right)-c^Y_Y\left(\check{Y};\check{p}^{RW}\left(\beta,n,p^R\right)\right)=0. \tag{4.5}$$

Gleichung (4.5) definiert die Gütermenge als $\check{Y} = Y\left(\beta, n, p^R\right)$. Einsetzen dieser Funktion in die Gewinnfunktion des Güterproduzenten (3.1) Seite 26 in Verbindung mit $\check{p}^{RW} = p^{RW}\left(\beta, n, p^R\right)$ führt zu

$$\check{\Pi}^Y = p\big(Y\left(\beta, n, p^R\right)\big)Y\left(\beta, n, p^R\right) - c^Y\left(Y\left(\beta, n, p^R\right); p^{RW}\left(\beta, n, p^R\right)\right). \tag{4.6}$$

(4.5) definiert implizit $\check{Y} = Y\left(\beta, n, p^R\right)$. Einsetzen dieser Funktion in (3.5) Seite 27 führt zu dem Güterpreis

$$\check{p} = u_Y\Big(Y\left(\beta, n, p^R\right)\Big). \tag{4.7}$$

Die von der Regulierung auferlegte Restriktion ist bindend

$$p^R - c_R^{WR} < 0. \tag{3.14}$$

Die totalen Grenzkosten der Entsorgung sind definiert in der Gleichung (3.16) auf der Seite 30 in Abschnitt 3.4 und gegeben ein Gleichgewicht auf Güter- und dem Entsorgungsmarkt lauten selbige

$$TGK_i^W\left(\check{W}; \beta; n; p^R\right) = c_W^W\left(\frac{\check{W}}{n}\right) + \beta\left(c_R^{WR}\left(\beta\frac{\check{W}}{n}\right) - p^R\right). \tag{3.16}$$

Der Grenzerlös eines Entsorgers entspricht

$$GE_i^W\left(\check{W}; p^R; n\right) = p^W\left(\check{W}; p^R\right) + p_W^W\left(\check{W}; p^R\right)\frac{\check{W}}{n}. \tag{12.2}$$

Die Hahn-Bedingung lautet

$$p_W^W\left(\check{W}; p^R\right) + p_{WW}^W\left(\check{W}; p^R\right)\check{W} < 0. \tag{3.12}$$

und die Annahme der strategischen Komplementarität impliziert, daß

$$p_{p^R}^W\left(\check{W}; p^R\right) + p_{Wp^R}^W\left(\check{W}; p^R\right)\frac{\check{W}}{n} + \beta < 0. \tag{3.21}$$

12.1.1 Die komparative Statik der Quotenverschärfung

Die Reaktion der Menge an Entsorgungsdienstleistungen

Implizites Differenzieren von (4.1) Seite 36 führt zu

$$\frac{d\check{W}}{d\beta} = \frac{c_R^{WR} - p^R + \beta\frac{\check{W}}{n}c_{RR}^{WR}}{p_W^W + \frac{1}{n}\left(p_W^W + p_{WW}^W\check{W}\right) - \frac{1}{n}\left(c_{WW}^W + \beta^2 c_{RR}^{WR}\right)} < 0. \tag{12.3}$$

Das positive Vorzeichen des Zählers folgt aus der ökonomisch bindenden Regulierung (3.14) Seite 30 und (11.2) Seite 151. Das negative des Nenners folgt aus (11.8) Seite 153, der Hahn-Bedingung (3.12) Seite 29 in Absschnitt 3.4 und (11.2) Seite 151. Aus der Identität zwischen der Menge der Entsorgungsdienstleistungen und der der Ressource folgt, daß $\frac{\partial\check{W}}{\partial\beta} = \frac{\partial\check{R}}{\partial\beta}$ gilt.

Die Reaktion der Gewinne eines Entsorgers

Differenzieren von (4.2) Seite 37 führt zu

$$\frac{d\check{\Pi}^W}{d\beta} = \left[p^W + p^W_W \check{W}_i - c^W_W - \beta\left(c^{WR}_R - p^R\right)\right] \frac{\partial \check{W}_i}{\partial \beta} + p^W_W \check{W}_i \frac{\partial \check{W}_{-i}}{\partial \beta} - \left(c^{WR}_R - p^R\right) \check{W}_i \qquad (12.4)$$

Die Summe innerhalb der eckigen Klammer von (12.4) entspricht der Bedingung erster Ordnung für eine inneres Gewinnmaximum eines Entsorgers, siehe (3.18) Seite 30, und ist gleich Null. Aus der angenommenen Symmetrie des Gleichgewichtes auf dem Entsorgungsmarkt folgt, daß $\check{W}_i = \frac{\check{W}_i}{n}$ und $\frac{\partial \check{W}_{-i}}{\partial \beta} = \frac{n-1}{n}\frac{\partial \check{W}}{\partial \beta}$ gilt. Folglich vereinfacht sich (12.4) zu

$$\frac{d\check{\Pi}^W}{d\beta} = \frac{\check{W}}{n}\left[p^W_W \frac{n-1}{n}\frac{\partial \check{W}}{\partial \beta} - \left(c^{WR}_R - p^R\right)\right] \lesseqgtr 0. \qquad (12.5)$$

Das unbestimmte Vorzeichen von (12.5) folgt aus (12.3) Seite 156 und (3.14) Seite 30.

Die Reaktion des Preises der Entsorgungsdienstleistungen

Implizites Differenzieren von (4.3) Seite 37 führt zu

$$\frac{d\check{p}^W}{d\beta} = \frac{\frac{\partial \check{W}}{\partial \beta}}{c^Y_{p^{RW}Y}\frac{\partial \check{Y}}{\partial p^W} + c^Y_{p^{RW}p^{RW}}} > 0. \qquad (12.6)$$

Das negative Vorzeichen des Zählers folgt aus (12.3) Seite 156. Das negative des Nenners folgt aus (11.1) Seite 151 und (11.4) Seite 152.

Die Reaktion des Preises des Ressourceneinsatzes

Differenzieren von (4.4) Seite 37 führt zu

$$\frac{d\check{p}^{RW}}{d\beta} = \frac{\partial \check{p}^W}{\partial \beta} > 0. \qquad (12.7)$$

Das positive Vorzeichen folgt aus (12.6) Seite 157.

Die Reaktion der Gütermenge

Implizites Differenzieren von (4.5) Seite 37 führt zu

$$\frac{d\check{Y}}{d\beta} = \frac{c^Y_{Yp^{RW}}\frac{\partial \check{p}^W}{\partial \beta}}{p_Y - c^Y_{YY}} < 0. \qquad (12.8)$$

Das positive Vorzeichen des Zählers folgt aus (11.1) Seite 151 und (12.6) Seite 157. Das negative des Nenners aus (3.5) Seite 27 und (11.1) Seite 151.

Die Reaktion der Gewinne des Güterproduzenten

Differenzieren von (4.6) Seite 37 führt zu

$$\frac{d\check{\Pi}^Y}{d\beta} = \left[p - c_Y^Y\right] \frac{\partial \check{Y}}{\partial \beta} + p_Y Y \frac{\partial \check{Y}}{\partial \beta} - c_{p^{RW}}^Y \frac{\partial \check{p}^W}{\partial \beta} \tag{12.9}$$

Der Ausdruck innerhalb der eckigen Klammern entspricht der Bedingung erster Ordnung für ein Gewinnmaximum des Güterproduzenten (3.2) Seite 26 und ist gleich Null. (12.9) vereinfacht sich folglich zu

$$\frac{d\check{\Pi}^Y}{d\beta} = p_Y Y \frac{\partial \check{Y}}{\partial \beta} - c_{p^{RW}}^Y \frac{\partial \check{p}^W}{\partial \beta} \lesseqgtr 0. \tag{12.10}$$

Der erste Summand von (12.10) ist wegen (3.5) Seite 27 und (12.8) Seite 157 positiv. Der zweite Summand ist wegen (11.1) Seite 151 und (12.6) Seite 157 negativ.

Die Reaktion des Güterpreises

Differenzieren von (4.7) Seite 37 führt zu

$$\frac{d\check{p}}{d\beta} = u_{YY} \frac{\partial \check{Y}}{\partial \beta} > 0. \tag{12.11}$$

Das Vorzeichen der Ableitung folgt aus (3.5) Seite 27 und (12.8) Seite 157.

12.1.2 Die komparative Statik des Markteintrittes eines Entsorgers

Die Reaktion der Menge der Entsorgungsdienstleistungen

Implizites Differenzieren von (4.1) Seite 36 führt zu

$$\frac{d\check{W}}{dn} = \frac{\frac{\check{W}}{n^2}\left(p_W^W - c_{WW}^W - \beta^2 c_{RR}^{WR}\right)}{p_W^W + \frac{1}{n}\left(p_W^W + p_{WW}^W \check{W}\right) - \frac{1}{n}\left(c_{WW}^W + \beta^2 c_{RR}^{WR}\right)} > 0. \tag{12.12}$$

Das negative Vorzeichen des Zählers folgt aus der in der nachgefragten Menge fallenden inversen Nachfragefunktion nach Entsorgungsdienstleistungen, siehe Theorem 1 Seite 28 und (11.2) Seite 151. Das negative des Nenners folgt aus (11.8) Seite 153, der Hahn-Bedingung (3.12) Seite 29 und (11.2) Seite 151. Aus der Identität zwischen der Menge der Entsorgungsdienstleistungen und der der Ressource folgt, daß $\frac{\partial \check{W}}{\partial n} = \frac{\partial \check{R}}{\partial n}$ gilt.

Die Reaktion der Menge der Entsorgungsdienstleistungen *eines* Entsorgers Implizites Differenzieren von der das Gleichgewicht des Güter- und des Entsorgungsmarktes definierenden Gleichung als eine Funktion der Menge der Entsorgungsdienstleistungen *eines* Entsorgers (12.1) Seite 155 führt zu

$$\frac{d\check{W}_i}{dn} = -\frac{\left(p_W^W + p_{WW}^W\right)\check{W}_i}{np_W^W + n\left(p_W^W + p_{WW}^W \check{W}\right) - c_{WW}^W - \beta^2 c_{RR}^{WR}} < 0. \tag{12.13}$$

Das negative Vorzeichen des Zählers folgt aus (11.8) Seite 153 und (11.2) Seite 151. Das negative des Nenners folgt aus (11.8) Seite 153, der Hahn-Bedingung (3.12) Seite 29 und (11.2) Seite 151.

Die Reaktion der Gewinne eines Entsorgers

Differenzieren von (4.2) Seite 37 führt zu

$$\frac{d\check{\Pi}_i^W}{dn} = \left[p^W + p_W^W \check{W}_i - c_W^W - \beta \left(c_R^{WR} - p^R\right)\right] \frac{\partial \check{W}_i}{\partial n} + p_W^W \check{W}_i \frac{\partial \check{W}_{-i}}{\partial n}. \tag{12.14}$$

Die Summe innerhalb der eckigen Klammer von (12.14) entspricht der Bedingung erster Ordnung für eine inneres Gewinnmaximum eines Entsorgers, siehe (3.18) Seite 30, und ist gleich Null. Aus der angenommenen Symmetrie des Gleichgewichtes auf dem Entsorgungsmarkt folgt, daß $\check{W}_i = \frac{\check{W}_i}{n}$ und $\frac{d\check{W}_{-i}}{dn} = \frac{n-1}{n}\frac{d\check{W}}{dn}$ gilt. Folglich vereinfacht sich (12.14) zu

$$\frac{d\check{\Pi}_i^W}{dn} = p_W^W \frac{\check{W}}{n} \frac{n-1}{n} \frac{\partial \check{W}}{\partial n} < 0. \tag{12.15}$$

Das negative Vorzeichen von (12.15) folgt aus der in der nachgefragten Menge fallenden inversen Nachfragefunktion nach Entsorgungsdienstleistungen, siehe Theorem 1 Seite 28, und (12.12) Seite 158.

Die Reaktion des Preises der Entsorgungsdienstleistungen

Implizites Differenzieren von (4.3) Seite 37 führt zu

$$\frac{d\check{p}^W}{dn} = \frac{\frac{\partial \check{W}}{\partial n}}{c_{p^{RW}Y}^Y \frac{\partial \check{Y}}{\partial p^W} + c_{p^{RW}p^{RW}}^Y} < 0. \tag{12.16}$$

Das positive Vorzeichen des Zählers folgt aus (12.12) Seite 158. Das negative des Nenners folgt aus (11.1) Seite 151 und (11.4) Seite 152.

Die Reaktion des Preises des Ressourceneinsatzes

Differenzieren von (4.4) Seite 37 führt zu

$$\frac{d\check{p}^{RW}}{dn} = \frac{\partial \check{p}^W}{\partial n} < 0. \tag{12.17}$$

Das negative Vorzeichen folgt aus (12.16) Seite 159.

Die Reaktion der Gütermenge

Implizites Differenzieren von (4.5) Seite 37 führt zu

$$\frac{d\check{Y}}{dn} = \frac{c_{Yp^{RW}}^Y \frac{\partial \check{p}^W}{\partial n}}{p_Y - c_{YY}^Y} > 0. \tag{12.18}$$

Das negative Vorzeichen des Zählers folgt aus (11.1) Seite 151 und (12.16) Seite 159. Das negative des Nenners aus (3.5) Seite 27 und (11.1) Seite 151.

Die Reaktion der Gewinne des Güterproduzenten

Differenzieren von (4.6) Seite 37 führt zu

$$\frac{d\check{\Pi}^Y}{dn} = \left[p - c_Y^Y\right] \frac{\partial \check{Y}}{\partial n} + p_Y Y \frac{\partial \check{Y}}{\partial n} - c_{p^{RW}}^Y \frac{\partial \check{p}^W}{\partial n} \tag{12.19}$$

Der Ausdruck innerhalb der eckigen Klammern entspricht der Bedingung erster Ordnung für ein Gewinnmaximum des Güterproduzenten (3.2) Seite 26 und ist gleich Null. (12.9) vereinfacht sich folglich zu

$$\frac{d\check{\Pi}^Y}{dn} = p_Y Y \frac{\partial \check{Y}}{\partial n} - c_{p^{RW}}^Y \frac{\partial \check{p}^W}{\partial n} \lesseqgtr 0. \tag{12.20}$$

Der erste Summand von (12.20) ist wegen (3.5) Seite 27 und (12.18) Seite 159 negativ. Der zweite Summand ist wegen (11.1) Seite 151 und (12.16) Seite 159 positiv.

Die Reaktion des Güterpreises

Differenzieren von (4.7) Seite 37 führt zu

$$\frac{d\check{p}}{dn} = u_{YY} \frac{\partial \check{Y}}{\partial n} < 0. \tag{12.21}$$

Das Vorzeichen der Ableitung folgt aus (3.5) Seite 27 und (12.8) Seite 159.

12.1.3 Die komparative Statik der Ressourcenpreissteigerung

Die Reaktion der Menge an Entsorgungsdienstleistungen

Implizites Differenzieren von (4.1) Seite 36 führt zu

$$\frac{d\check{W}}{dp^R} = -\frac{p_{p^R}^W + p_{W p^R}^W \frac{\check{W}}{n} + \beta}{p_W^W + \frac{1}{n}\left(p_W^W + p_{WW}^W \check{W}\right) - \frac{1}{n}\left(c_{WW}^W + \beta^2 c_{RR}^{WR}\right)} < 0. \tag{12.22}$$

Das negative Vorzeichen des Zählers folgt aus der angenommenen strategischen Komplementarität (3.21) Seite 31 in Abschnitt 3.4. das negative des Nenners folgt aus (11.8) Seite 153, der Hahn-Bedingung (3.12) Seite 29 in Abschnitt 3.4 und (11.2) Seite 151.

Die Reaktion der Gewinne eines Entsorgers

Differenzieren von (4.2) Seite 37 führt zu

$$\frac{d\check{\Pi}_i^W}{dp^R} = \left[p^W + p_W^W \check{W}_i - c_W^W - \beta\left(c_R^{WR} - p^R\right)\right] \frac{\partial \check{W}_i}{\partial p^R} + p_W^W \check{W}_i \frac{\partial \check{W}_{-i}}{\partial p^R} + p_{p^R}^W \check{W}_i + \beta \check{W}_i \tag{12.23}$$

Die Summe innerhalb der eckigen Klammer von (12.14) entspricht der Bedingung erster Ordnung für eine inneres Gewinnmaximum eines Entsorgers, siehe (3.18) Seite 30, und ist gleich Null. Aus der angenommenen Symmetrie des Gleichgewichtes auf dem Entsorgungsmarkt folgt, daß

$\check{W}_i = \frac{\check{W}_i}{n}$ und $\frac{d\check{W}_{-i}}{dp^R} = \frac{n-1}{n}\frac{d\check{W}}{dp^R}$ gilt. Folglich vereinfacht sich (12.14) mit $p^W_{p^R} = -1$ siehe (11.9) Seite 153 zu

$$\frac{d\check{\Pi}_i^W}{dp^R} = \check{W}_i \left[p^W_W \frac{n-1}{n} \frac{\partial \check{W}}{\partial p^R} - (1-\beta) \right] \lesseqgtr 0. \tag{12.24}$$

Das positive Vorzeichen des ersten Summanden innerhalb den eckigen Klammern von (12.15) folgt aus (11.8) Seite 153 in Verbindung mit (12.22) Seite 160 und das Vorzeichen des zweiten ist negativ, weil die Entsorgungsquote zwischen Null und Eins liegt.

Die Reaktion des Preises der Entsorgungsdienstleistungen

Implizites Differenzieren von (4.3) Seite 37 führt zu

$$\begin{aligned} \frac{d\check{p}^W}{dp^R} &= \frac{\frac{\partial \check{W}}{\partial p^R} - c^Y_{p^W R Y} \frac{\partial \hat{Y}}{\partial p^R} - c^Y_{p^W R p^W R}}{c^Y_{p^W R Y} \frac{\partial \hat{Y}}{\partial p^W} + c^Y_{p^W R p^W R}}, \\ &= \frac{\frac{\partial \check{W}}{\partial p^R}}{c^Y_{p^W R Y} \frac{\partial \hat{Y}}{\partial p^W} + c^Y_{p^W R p^W R}} - 1 \lesseqgtr 0. \end{aligned} \tag{12.25}$$

Das positive Vorzeichen des Bruches folgt aus (12.22) Seite 160 und (11.8) Seite 153. Der Bruch ist ungleich Eins, weil der Zähler die totale Änderung der Menge der Entsorgungsdienstleistungen wiedergibt und der Zähler die partielle Änderung verursacht durch eine Änderung des Entsorgungspreises im Gleichgewicht auf dem Gütermarkt. Das Vorzeichen ist folglich unbestimmt.

Die Reaktion des Preises des Ressourceneinsatzes

Differenzieren von (4.4) Seite 37 führt zu

$$\frac{d\check{p}^{RW}}{dp^R} = \frac{\partial \check{p}^W}{\partial p^R} + 1$$

und Einsetzen von (12.25) Seite 161 ergibt

$$= \frac{\frac{\partial \check{W}}{\partial p^R}}{c^Y_{p^W R Y} \frac{\partial \hat{Y}}{\partial p^W} + c^Y_{p^W R p^W R}} > 0. \tag{12.26}$$

Das positive Vorzeichen folgt aus (12.22) Seite 160 und (11.8) Seite 153.

Die Reaktion der Gütermenge

Implizites Differenzieren von (4.5) Seite 37 führt zu

$$\frac{d\check{Y}}{dp^R} = \frac{1 + \frac{\partial \check{p}^W}{\partial p^R}}{p_Y - c^Y_{YY}} c^Y_{Y p^{RW}},$$

und mit (12.25)

$$= \frac{\partial \check{W}}{\partial p^R} \frac{c^Y_{Yp^{RW}}}{(p_Y - c^Y_{YY})\left(c^Y_{p^{WRY}} \frac{\partial \hat{Y}}{\partial p^W} + c^Y_{p^{WR}p^{WR}}\right)} < 0. \tag{12.27}$$

Das Vorzeichen der Ableitung folgt aus (11.1) Seite 151, (12.22) Seite 160, (3.5) Seite 27, (11.1) Seite 151, (11.4) Seite 152.

Die Reaktion der Gewinne des Güterproduzenten

Differenzieren von (4.6) Seite 37 führt zu

$$\frac{d\check{\Pi}^Y}{dp^R} = \left[p - c^Y_Y\right] \frac{\partial \check{Y}}{\partial p^R} + p_Y Y \frac{\partial \check{Y}}{\partial p^R} - c^Y_{p^{RW}} \left(1 + \frac{\partial \check{p}^W}{\partial p^R}\right) \tag{12.28}$$

Der Ausdruck innerhalb der eckigen Klammern entspricht der Bedingung erster Ordnung für ein Gewinnmaximum des Güterproduzenten (3.2) Seite 26 und ist gleich Null. (12.28) vereinfacht sich folglich zu

$$\frac{d\check{\Pi}^Y}{dp^R} = p_Y Y \frac{\partial \check{Y}}{\partial p^R} - c^Y_{p^{RW}} \left(1 + \frac{\partial \check{p}^W}{\partial p^R}\right). \tag{12.29}$$

Einsetzen von (12.25) Seite 161 in (12.29) führt zu

$$\frac{d\check{\Pi}^Y}{dp^R} = p_Y Y \frac{\partial \check{Y}}{\partial p^R} - c^Y_{p^{RW}} \frac{\frac{\partial \check{W}}{\partial p^R}}{c^Y_{p^{WRY}} \frac{\partial \hat{Y}}{\partial p^W} + c^Y_{p^{WR}p^{WR}}} \lesseqgtr 0. \tag{12.30}$$

Der erste Summand von (12.30) ist wegen (3.5) Seite 27 und (12.27) Seite 162 positiv. Der zweite Summand ist wegen (11.1) Seite 151, (12.22) Seite 160 und (11.4) Seite 152 negativ.

Die Reaktion des Güterpreises

Differenzieren von (4.7) Seite 37 führt zu

$$\frac{d\check{p}}{dp^R} = u_{YY} \frac{\partial \check{Y}}{\partial p^R} > 0. \tag{12.31}$$

Das Vorzeichen der Ableitung ist unbestimmt und die der einzelnen Ableitungen sind bestimmt in (3.5) Seite 27 und (12.8) Seite 159.

12.2 Das Gleichgewicht des Ressourcenmarktes

Das Gleichgewicht auf dem Ressourcenmarkt ist definiert durch

$$(1 - \beta)\, c^Y_{p^{RW}} \left(Y; \check{p}^R + p^W\right) - \left(C^N_N\right)^{-1} \left(\check{p}^R\right) = 0. \tag{4.8}$$

(4.8) definiert den Ressourcenpreis im partiellen Gleichgewicht auf dem Ressourcenmarkt als eine implizite Funktion der Entsorgungsquote, der Gütermenge und des Preises für Entsorgungsdienstleistungen $\check{p}^R = p^R\left(\beta, Y, p^W\right)$. Einsetzen dieser Funktion in die Angebotsfunktion des Neumaterialproduzenten (3.32) Seite 33 führt zu der gleichgewichtigen Menge an Neumaterial.

$$\breve{N} = \left(C_N^N\right)^{-1}\left(p^R\left(\beta, Y, p^W\right)\right). \tag{4.9}$$

Einsetzen von $\breve{N} = N\left(\beta, Y, p^W\right)$ und von $\breve{p}^R = p^R\left(\beta, Y, p^W\right)$ in die Gewinnfunktion des Produzenten von Neumaterials (3.29) Seite 33 führt zu dessen Gewinnen im Gleichgewicht auf dem Ressourcenmarkt

$$\breve{\Pi}^N = \breve{p}^R \breve{N} - C^N\left(\breve{N}\right). \tag{4.10}$$

(4.9) definiert $\breve{N} = N\left(\beta, Y, p^W\right)$. Einsetzen von $\breve{p}^R = p^R\left(\beta, Y, p^W\right)$ in die bedingte Faktornachfragefunktion des Güterproduzenten nach der Ressource (3.10) Seite 28 führt zu der Ressourcenmenge

$$\breve{R} = c^Y_{p^{RW}}\left(Y; p^R\left(\beta, Y, p^W\right) + p^W\right), \tag{4.11}$$

und unter Verwendung der Definition für die Rezyklatmenge folgt

$$\breve{R}^R = \beta c^Y_{p^{RW}}\left(Y; p^R\left(\beta, Y, p^W\right) + p^W\right) \tag{4.12}$$

12.2.1 Die komparative Statik der Quotenverschärfung

Die Reaktion des Ressourcenpreises

Implizites Differenzieren von (4.8) Seite 42 führt zu

$$\frac{d\breve{p}^R}{d\beta} = \frac{c^Y_{p^{RW}}}{(1-\beta)\, c^Y_{p^{RW}p^{RW}} - \frac{1}{C^N_{NN}}} < 0. \tag{12.32}$$

Das Vorzeichen folgt aus (11.1) Seite 151 und (11.3) Seite 151.

Die Reaktion der Neumaterialmenge

Differenzieren von (4.9) Seite 43 führt zu

$$\frac{d\breve{N}}{d\beta} = \frac{1}{C^N_{NN}} \frac{\partial \breve{p}^R}{\partial \beta} < 0. \tag{12.33}$$

Das Vorzeichen folgt aus (11.3) Seite 151 und (12.32) Seite 163.

Die Reaktion der Gewinne des Neumaterialproduzenten

Differenzieren von (4.10) Seite 43 führt zu

$$\frac{d\breve{\Pi}^N}{d\beta} = \left[p^R - C^N_N\right] \frac{\partial \breve{N}}{\partial \beta} + \frac{\partial \breve{p}^R}{\partial \beta} \breve{N}. \tag{12.34}$$

Der Ausdruck innerhalb der eckigen Klammern von (12.34) entspricht der Bedingung erster Ordnung für ein Gewinnmaximum (3.30) Seite 33 und ist gleich Null. Folglich vereinfacht sich (12.40) zu

$$\frac{d\breve{\Pi}^N}{d\beta} = \frac{\partial \breve{p}^R}{\partial \beta}\breve{N} < 0. \tag{12.35}$$

Das negative Vorzeichen von (12.41) folgt aus (12.32) Seite 163.

Die Reaktion der Ressourcenmenge

Differenzieren von (4.11) Seite 43 führt zu

$$\frac{d\breve{R}}{d\beta} = c^Y_{p^{RW}p^{RW}} \frac{\partial \breve{p}^R}{\partial \beta} > 0. \tag{12.36}$$

Das Vorzeichen folgt aus (11.1) Seite 151 und (12.32) Seite 163.

Die Reaktion der Rezyklatmenge

Differenzieren von (4.12) Seite 43 führt zu

$$\frac{d\breve{R}^R}{d\beta} = c^Y_{p^{RW}} + \beta c^Y_{p^{RW}p^{RW}} \frac{\partial \breve{p}^R}{\partial \beta} > 0. \tag{12.37}$$

Das Vorzeichen folgt aus (11.1) Seite 151 und (12.32) Seite 163.

12.2.2 Die komparative Statik des Anstiegs der Gütermenge

Die Reaktion des Ressourcenpreises

Implizites Differenzieren von (4.8) Seite 43 führt zu

$$\frac{d\breve{p}^R}{dY} = -\frac{(1-\beta)\, c^Y_{p^{RW}Y}}{(1-\beta)\, c^Y_{p^{RW}p^{RW}} - \frac{1}{C^N_{NN}}} > 0. \tag{12.38}$$

Das Vorzeichen folgt aus (11.1) Seite 151 und (11.3) Seite 151.

Die Reaktion der Neumaterialmenge

Differenzieren von (4.9) Seite 43 führt zu

$$\frac{d\breve{N}}{dY} = \frac{1}{C^N_{NN}} \frac{\partial \breve{p}^R}{\partial Y} > 0. \tag{12.39}$$

Das Vorzeichen folgt aus (11.3) Seite 151 und (12.38) Seite 164.

Die Reaktion der Gewinne des Neumaterialproduzenten

Differenzieren von (4.10) Seite 43 führt zu

$$\frac{d\breve{\Pi}^N}{dY} = \left[p^R - C_N^N\right] \frac{\partial \breve{N}}{\partial Y} + \frac{\partial \breve{p}^R}{\partial Y} \breve{N}. \tag{12.40}$$

Der Ausdruck innerhalb der eckigen Klammern von (12.40) entspricht der Bedingung erster Ordnung für ein Gewinnmaximum (3.30) Seite 33 und ist gleich Null. Folglich vereinfacht sich (12.40) zu

$$\frac{d\breve{\Pi}^N}{dY} = \frac{\partial \breve{p}^R}{\partial Y} \breve{N} > 0. \tag{12.41}$$

Das positive Vorzeichen von (12.41) folgt aus (12.38) Seite 164.

Die Reaktion der Ressourcenmenge

Differenzieren von (4.11) Seite 43 führt zu

$$\frac{d\breve{R}}{dY} = c^Y_{p^{RW}Y} + c^Y_{p^{RW}p^{RW}} \frac{\partial \breve{p}^R}{\partial Y}. \tag{12.42}$$

Das Vorzeichen des ersten Terms ist positiv und das des zweiten negativ. Sie folgen aus (11.1) Seite 151 und (12.38) Seite 164. Aus der Gleichgewichtsbedingung $(1-\beta)\,\breve{R} = \breve{N}$ folgt, daß wenn $\frac{d\breve{N}}{dY} > 0$ (12.39) auch $\frac{d\breve{R}}{dY} > 0$ ist.

Die Reaktion der Rezyklatmenge

Differenzieren von (4.12) Seite 43 führt zu

$$\frac{d\breve{R}^R}{dY} = \beta c^Y_{p^{RW}Y} + \beta c^Y_{p^{RW}p^{RW}} \frac{\partial \breve{p}^R}{\partial Y}. \tag{12.43}$$

Das Vorzeichen des ersten Terms ist positiv und das des zweiten negativ. Sie folgen aus (11.1) Seite 151 und (12.38) Seite 164. Aus der Definition des Rezyklats $\breve{R}^R = \beta\breve{R}$ folgt, daß wenn $\frac{d\breve{R}}{dY} > 0$ (12.42) auch $\frac{d\breve{R}^Y}{dY} > 0$ ist.

12.2.3 Die komparative Statik des Anstiegs des Entsorgungspreises

Die Reaktion des Ressourcenpreises

Implizites Differenzieren von (4.8) Seite 42 führt zu

$$\frac{d\breve{p}^R}{dp^W} = -\frac{(1-\beta)\,c^Y_{p^{RW}p^{RW}}}{(1-\beta)\,c^Y_{p^{RW}p^{RW}} - \frac{1}{C^N_{NN}}} \in (-1, 0) < 0. \tag{12.44}$$

Das Vorzeichen folgt aus (11.1) Seite 151 und (11.3) Seite 151.

Die Reaktion der Neumaterialmenge

Differenzieren von (4.9) Seite 43 führt zu

$$\frac{d\check{N}}{dp^W} = \frac{1}{C^N_{NN}} \frac{\partial \check{p}^R}{\partial p^W} < 0. \tag{12.45}$$

Das Vorzeichen folgt aus (11.3) Seite 151 und (12.44) Seite 165.

Die Reaktion der Gewinne des Neumaterialproduzenten

Differenzieren von (4.10) Seite 43 führt zu

$$\frac{d\check{\Pi}^N}{dp^W} = \left[p^R - C^N_N\right] \frac{\partial \check{N}}{\partial p^W} + \frac{\partial \check{p}^R}{\partial p^W}\check{N}. \tag{12.46}$$

Der Ausdruck innerhalb der eckigen Klammern von (12.46) entspricht der Bedingung erster Ordnung für ein Gewinnmaximum (3.30) Seite 33 und ist gleich Null. Folglich vereinfacht sich (12.46) zu

$$\frac{d\check{\Pi}^N}{dp^W} = \frac{\partial \check{p}^R}{\partial p^W}\check{N} < 0. \tag{12.47}$$

Das negative Vorzeichen von (12.41) folgt aus (12.38) Seite 164.

Die Reaktion der Ressourcenmenge

Differenzieren von (4.11) Seite 43 führt zu

$$\frac{d\check{R}}{dp^W} = c^Y_{p^{RW}p^{RW}} \left(1 + \frac{\partial \check{p}^R}{\partial p^W}\right) < 0. \tag{12.48}$$

Das Vorzeichen der Ableitungen folgt aus (11.3) Seite 151 und (12.44) Seite 165 in Verbindung mit $\frac{\partial \check{p}^R}{\partial p^W} \in (-1, 0)$.

Die Reaktion der Rezyklatmenge

Differenzieren von (4.12) Seite 43 führt zu

$$\frac{d\check{R}^R}{dp^W} = \beta c^Y_{p^{RW}p^{RW}} \left(1 + \frac{\partial \check{p}^R}{\partial p^W}\right) < 0. \tag{12.49}$$

Das Vorzeichen der Ableitungen folgt aus (11.3) Seite 151 und (12.44) Seite 165 in Verbindung mit $\frac{\partial \check{p}^R}{\partial p^W} \in (-1, 0)$.

12.3 Das Gleichgewicht des Güter-, des Entsorgungs- und des Ressourcenmarktes

Das Gleichgewicht des Güter-, des Entsorgungs- und des Ressourcenmarktes wird definiert durch

$$p^W\left(\tilde{W}; \tilde{p}^R\right) + p^W_W\left(\tilde{W}; \tilde{p}^R\right)\frac{\tilde{W}}{n} + \tilde{p}^R\beta - c^W_W\left(\frac{\tilde{W}}{n}\right) - \beta c^{WR}_R\left(\beta\frac{\tilde{W}}{n}\right) = 0, \tag{4.1}$$

$$(1-\beta)\,\tilde{W} - \left(C^N_N\right)^{-1}\left(\tilde{p}^R\right) = 0. \tag{4.13}$$

Die Gleichgewichtsbedingung des Güter- und des Entsorgungsmarktes (4.1) definiert implizit die Menge der Entsorgungsdienstleistungen als eine Funktion des Ressourcenpreises, der Entsorgungsquote und der Anzahl der Entsorger $\check{W} = W\left(\beta, n, p^R\right)$. Einsetzen dieser Funktion in (4.13) führt zu einer impliziten Definition des Ressourcenpreises im Gleichgewicht auf allen drei Märkten

$$(1-\beta)\check{W}\left(\beta, n, p^R\right) - \left(C_N^N\right)^{-1}\left(\tilde{p}^R\right) = 0. \tag{4.14}$$

(4.14) definiert $\tilde{p}^R = p^R(\beta, n)$. Einsetzen dieser Funktion in (4.1) führt zu einer die Menge der Entsorgungsdienstleistungen im Marktgleichgewicht definierenden Gleichung

$$p^W\left(\tilde{W}; p^R(\beta,n)\right) + p_W^W\left(\tilde{W}; p^R(\beta,n)\right)\frac{\tilde{W}}{n} + p^R(\beta,n)\beta - c_W^W\left(\frac{\tilde{W}}{n}\right) - \beta c_R^{WR}\left(\beta\frac{\tilde{W}}{n}\right) = 0. \tag{4.15}$$

(4.15) definiert $\tilde{W} = W(\beta, n)$. Einsetzen dieser Funktion mit $\tilde{W} = \tilde{W}_i + \tilde{W}_{-i}$ und $\tilde{p}^R = p^R(\beta, n)$ in die Gewinnfunktion eines Entsorgers (3.17) Seite 30 führt zu den Gewinnen im Marktgleichgewicht

$$\tilde{\Pi}_i^W = p^W\left(\tilde{W}_i + \tilde{W}_{-i}; \tilde{p}^R\right)\tilde{W}_i - c^W\left(\tilde{W}_i\right) - \left(c^{WR}\left(\beta\tilde{W}_i\right) - \tilde{p}^R\beta\tilde{W}_i\right) - F. \tag{4.16}$$

Einsetzen von $\tilde{W} = W(\beta, n)$ und $\tilde{p}^R = p^R(\beta, n)$ definiert durch (4.14) in die bedingte Faktornachfrage des Güterproduzenten nach Entsorgungsdienstleistungen (3.10) Seite 28 führt zu einer den Preis der Entsorgungsdienstleistungen definierenden Gleichung

$$W(\beta,n) - c_{p^{RW}}^Y\left(\hat{Y}\left(p^R(\beta,n), \tilde{p}^W\right); p^R(\beta,n) + \tilde{p}^W\right) = 0. \tag{4.17}$$

(4.17) definiert $\tilde{p}^W = p^W(\beta, n)$. Einsetzen dieser Funktion und von $\tilde{p}^R = p^R(\beta, n)$ in $p^{RW} = p^R + p^W$ ergibt

$$\tilde{p}^{RW} = p^R(\beta,n) + p^W(\beta,n) \tag{4.18}$$

Einsetzen von $\tilde{p}^{RW} = p^{RW}(\beta, n)$ in die das Gleichgewicht auf dem Gütermarkt definierenden Gleichung (3.7) Seite 27 führt zu einer die Gütermenge im Gleichgewicht definierenden Gleichung

$$p\left(\tilde{Y}\right) - c_Y^Y\left(\tilde{Y}; p^{RW}(\beta,n)\right) = 0. \tag{4.19}$$

(4.19) definiert $\tilde{Y} = Y(\beta, n)$. Einsetzen dieser Funktion in Verbindung mit $\tilde{p}^{RW} = p^{RW}(\beta, n)$ in die Gewinnfunktion des Güterproduzenten (3.1) Seite 26 führt zu

$$\tilde{\Pi}^Y = p(Y(\beta,n))Y(\beta,n) - c^Y\left(Y(\beta,n); p^{RW}(\beta,n)\right). \tag{4.20}$$

Einsetzen von $\tilde{Y} = Y(\beta, n)$ in die Definition der Nachfragefunktion des Konsumenten (3.5) Seite 27 führt zu einer den Güterpreis im Marktgleichgewicht definierenden Gleichung

$$\tilde{p} = u_Y\big(Y(\beta, n)\big). \tag{4.21}$$

(4.15) definiert $\tilde{W} = W(\beta, n)$ und somit auch $\tilde{R} = \tilde{W} = W(\beta, n)$. Eine Anwendung der Definition der Rezyklatmenge $R^R = \beta R$ auf $\tilde{R} = \tilde{W}$ führt zu

$$\tilde{R}^R = \beta W(\beta, n). \tag{4.22}$$

(4.22) definiert die Rezyklatmenge im Marktgleichgewicht $\tilde{R} = R(\beta, n)$. Das Einsetzen von $\tilde{p}^R = p^R(\beta, n)$ in die Angebotsfunktion des Neumaterialproduzenten (3.32) zu einer die Neumaterialmenge im Marktgleichgewicht definierenden Gleichung

$$\tilde{N} = \left(C_N^N\right)^{-1}\left(p^R(\beta, n)\right). \tag{4.23}$$

(4.23) definiert $\tilde{N} = N(\beta, n)$. Einsetzen dieser Funktion und von $\tilde{p}^R = p^R(\beta, n)$ in die Gewinnfunktion des Produzenten von Neumaterials (3.29) Seite 33 zu dessen Gewinnen im Gleichgewicht auf dem Ressourcenmarkt

$$\tilde{\Pi}^N = \tilde{p}^R \tilde{N} - C^N\left(\tilde{N}\right). \tag{4.24}$$

12.3.1 Die komparative Statik der Quotenverschärfung

Die Reaktion des Ressourcenpreises

Implizites differenzieren der Gleichung (4.14) Seite 47 führt zu

$$\frac{d\tilde{p}^R}{d\beta} = -\frac{(1-\beta)\frac{\partial \tilde{W}}{\partial \beta} - \tilde{W}}{(1-\beta)\frac{\partial \tilde{W}}{\partial p^R} - \frac{1}{C_{NN}^N}} < 0. \tag{12.50}$$

Die Ableitungen $\frac{\partial \tilde{W}}{\partial \beta} < 0$, $\frac{\partial \tilde{W}}{\partial p^R} < 0$ und ihre Vorzeichen sind in Gleichung (12.3) Seite 156 bzw. (12.22) Seite 160 bestimmt und diese sichern in Verbindung mit den steigenden Grenzkosten der Produktion von Neumaterial das negative Vorzeichen der Ableitung des Ressourcenpreises nach der Entsorgungsquote.

Die Reaktionen der Menge an Entsorgungsdienstleistungen

Die Wirkung einer Quotenverschärfung auf die Menge an Entsorgungsdienstleistungen kann zerlegt werden in eine Wirkung auf den Grenzerlös eines Entsorger und auf die totalen Grenzkosten der Entsorgung. Die Wirkung auf den Grenzerlös ist gegeben durch

$$\frac{d\widetilde{GE}_i^W}{d\beta} = \left[p_{p^R}^W + p_{Wp^R}^W \frac{\tilde{W}}{n}\right] \frac{\partial \tilde{p}^R}{\partial \beta} > 0. \tag{12.51}$$

Das positive Vorzeichen folgt zum einen aus der angenommenen strategischen Komplementarität zwischen der Ressource und den Entsorgungsdienstleistungen die sichert, daß die Summe in den eckigen Klammern negativ ist, siehe (3.21) Seite 31 Abschnitt 3.4, und zum anderen aus $\frac{\partial \tilde{p}^R}{\partial \beta} < 0$, siehe (12.50) Seite 168. Die Wirkung auf die totalen Grenzkosten eines Entsorgers, die definiert sind in (3.16) Seite 30 Abschnitt 3.4, ist gegeben durch

$$\frac{d\widetilde{TGK}^W}{d\beta} = c_R^{WR} - \tilde{p}^R + \frac{\beta \tilde{W}}{n} c_{RR}^{WR} - \beta \frac{\partial \tilde{p}^R}{\partial \beta} > 0. \tag{12.52}$$

Das positive Vorzeichen folgt aus der ökonomisch bindenden Regulierung, siehe (3.14) Seite 30 Abschnitt 3.4, und $\frac{\partial \tilde{p}^R}{\partial \beta} < 0$, siehe (12.50) Seite 168. Implizites differenzieren der Gleichung (4.15) Seite 47 führt zu der Reaktion der Menge an Entsorgungsdienstleistungen, $\tilde{W}$, auf eine Änderung in der Entsorgungsquote

$$\frac{d\tilde{W}}{d\beta} = \frac{-\left[p_{p^R}^W + p_{Wp^R}^W \frac{\tilde{W}}{n}\right] \frac{\partial \tilde{p}^R}{\partial \beta} + \left[c_R^{WR} - \tilde{p}^R + \frac{\beta \tilde{W}}{n} c_{RR}^{WR} - \beta \frac{\partial \hat{p}^R}{\partial \beta}\right]}{p_W^W + \frac{1}{n}\left[p_W^W + p_{WW}^W \tilde{W} - c_{WW}^W - \beta^2 c_{RR}^{WR}\right] + \left[p_{p^R}^W + p_{Wp^R}^W \frac{\tilde{W}}{n} + \beta\right] \frac{\partial \tilde{p}^R}{\partial W}} \lesseqgtr 0. \tag{12.53}$$

Das Vorzeichen des Zählers ist unbestimmt, weil sowohl der Grenzerlös steigt, siehe (12.51) Seite 168, als auch die totalen Grenzkosten der Entsorgung, siehe (12.52) Seite 169. Das negative Vorzeichen des Nenners folgt aus der Hahn-Bedingung (3.12) Seite 29 und den ansteigenden Grenzkosten der Entsorgung und der Rezyklierung (11.2) Seite 151 und der strategischen Komplementarität, siehe (3.21) Seite 31 Abschnitt 3.4 in Verbindung mit $\frac{\partial \tilde{p}^R}{\partial \beta} < 0$ (12.50) Seite 168.

Die Reaktion der Gewinne eines Entsorgers

Differenzieren der Gleichung (4.16) Seite 47 nach der Entsorgungsquote führt zu

$$\frac{d\tilde{\Pi}_i^W}{d\beta} = \left[p^W + p_W^W \check{W}_i - c_W^W - \beta\left(c_R^{WR} - p^R\right)\right] \frac{\partial \tilde{W}_i}{\partial \beta} + p_W^W \check{W}_i \frac{\partial \tilde{W}_{-i}}{\partial \beta} + \tilde{W}_i \left[p_{p^R}^W + \beta\right] \frac{\partial \tilde{p}^R}{\partial \beta} \tag{12.54}$$

Die Summe innerhalb der eckigen Klammer von (12.54) entspricht der Bedingung erster Ordnung für eine inneres Gewinnmaximum eines Entsorgers, siehe (3.18) Seite 30, und ist gleich Null. Aus der angenommenen Symmetrie des Gleichgewichtes auf dem Entsorgungsmarkt folgt, daß $\tilde{W}_i = \frac{\tilde{W}_i}{n}$ und $\frac{\partial \tilde{W}_{-i}}{\partial \beta} = \frac{n-1}{n} \frac{\partial \tilde{W}}{\partial \beta}$ gilt. Folglich vereinfacht sich (12.54) mit $p_{p^R}^W = -1$ siehe (11.9) Seite 153 zu

$$\frac{d\tilde{\Pi}_i^W}{d\beta} = \tilde{W}_i \left[p_W^W \frac{n-1}{n} \frac{\partial \tilde{W}}{\partial \beta} - (1-\beta) \frac{\partial \tilde{p}^R}{\partial \beta}\right] \lesseqgtr 0. \tag{12.55}$$

Das Vorzeichen des ersten Summanden in den eckigen Klammern wird von $\frac{\partial \tilde{W}}{\partial \beta} \lesseqgtr 0$ bestimmt, siehe (12.53) Seite 169. Das Vorzeichen des zweiten Summanden in den eckigen Klammern ist negativ, siehe (12.50) Seite 168.

Die Reaktion des Entsorgungspreises

Implizites Differenzieren der Gleichung (4.17) Seite 47 führt zu

$$\frac{d\tilde{p}^W}{d\beta} = \frac{\frac{\partial \tilde{W}}{\partial \beta} - \left[c^Y_{p^{RW}Y}\frac{\partial \hat{Y}}{\partial p^R} + c^Y_{p^{RW}p^{RW}}\right]\frac{\partial \tilde{p}^R}{\partial \beta}}{c^Y_{p^{RW}Y}\frac{\partial \hat{Y}}{\partial p^W} + c^Y_{p^{RW}p^{RW}}},$$

$$= \frac{\frac{\partial \tilde{W}}{\partial \beta}}{c^Y_{p^{RW}Y}\frac{\partial \hat{Y}}{\partial p^W} + c^Y_{p^{RW}p^{RW}}} - \frac{\partial \tilde{p}^R}{\partial \beta} \lesseqgtr 0. \tag{12.56}$$

Die Ableitung $\frac{\partial \tilde{W}}{\partial \beta} \lesseqgtr 0$ ist in (12.53) Seite 169 bestimmt. Die beiden Ableitungen $\frac{\partial \tilde{p}^R}{\partial \beta} < 0$ und $\frac{\partial \hat{Y}}{\partial p^W} < 0$ sind in der Gleichung (12.50) auf der Seite 168 bzw. (11.4) Seite 152.

Die Reaktion des Preises des Ressourceneinsatzes

Differenzieren von (4.18) Seite 47 führt zu

$$\frac{d\tilde{p}^{RW}}{d\beta} = \frac{\partial \tilde{p}^R}{\partial \beta} + \frac{\partial \tilde{p}^W}{\partial \beta}$$

und Einsetzen von (12.50) Seite 168 und von (12.56) Seite 168 ergibt

$$= \frac{\frac{\partial \tilde{W}}{\partial \beta}}{c^Y_{p^{RW}Y}\frac{\partial \hat{Y}}{\partial p^W} + c^Y_{p^{RW}p^{RW}}} \lesseqgtr 0. \tag{12.57}$$

Die Unbestimmtheit des Vorzeichens folgt aus (12.56) Seite 170.

Die Reaktion der Gütermenge

Implizites Differenzieren der Gleichung (4.19) Seite 47 führt zu

$$\frac{d\tilde{Y}}{d\beta} = c^Y_{Yp^{RW}}\frac{\frac{\partial \tilde{p}^R}{\partial \beta} + \frac{\partial \tilde{p}^W}{\partial \beta}}{p_Y - c^Y_{YY}},$$

und mit (12.56)

$$= \frac{c^Y_{Yp^{RW}}}{p_Y - c^Y_{YY}}\frac{\frac{\partial \tilde{W}}{\partial \beta}}{c^Y_{p^{RW}Y}\frac{\partial \hat{Y}}{\partial p^W} + c^Y_{p^{RW}p^{RW}}} \lesseqgtr 0. \tag{12.58}$$

Die Unbestimmtheit des Vorzeichens folgt aus (11.1) Seite 151, (12.53) Seite 169 und (11.4) Seite 152

Die Reaktion der Gewinne des Güterproduzenten

Differenzieren der Gleichung (4.20) Seite 48 führt zu

$$\frac{d\tilde{\Pi}^Y}{d\beta} = [p - c^Y_Y]\frac{\partial \tilde{Y}}{\partial \beta} + p_Y\tilde{Y}\frac{\partial \tilde{Y}}{\partial \beta} - c^Y_{p^{RW}}\left(\frac{\partial \tilde{p}^R}{\partial \beta} + \frac{\partial \tilde{p}^W}{\partial \beta}\right) \tag{12.59}$$

Der Ausdruck innerhalb der eckigen Klammern entspricht der Bedingung erster Ordnung für ein Gewinnmaximum des Güterproduzenten (3.2) Seite 26 und ist gleich Null. (12.59) vereinfacht sich unter Verwendung von (12.50) Seite 168 und von (12.56) Seite 170 folglich zu

$$\frac{d\tilde{\Pi}^Y}{d\beta} = p_Y \tilde{Y} \frac{\partial \tilde{Y}}{\partial \beta} - c^Y_{p^{RW}} \frac{\frac{\partial \tilde{W}}{\partial \beta}}{c^Y_{p^{RW}Y} \frac{\partial \tilde{Y}}{\partial p^W} + c^Y_{p^{RW}p^{RW}}} \tag{12.60}$$

Schließlich kann (12.60) mit (12.58) geschrieben werden als

$$\frac{d\tilde{\Pi}^Y}{d\beta} = \left[p_Y \tilde{Y} \frac{c^Y_{Yp^{RW}}}{p_Y - c^Y_{YY}} - c^Y_{p^{RW}} \right] \frac{\frac{\partial \tilde{W}}{\partial \beta}}{c^Y_{p^{RW}Y} \frac{\partial \tilde{Y}}{\partial p^W} + c^Y_{p^{RW}p^{RW}}} \lesseqgtr 0. \tag{12.61}$$

Das unbestimmte Vorzeichen folgt aus (3.5) Seite 27, (11.1) Seite 151, (12.53) Seite 169 und (11.4) Seite 152.

Die Reaktion des Güterpreises

Differenzieren der Gleichung (4.21) Seite 48 führt zu

$$\frac{d\tilde{p}}{d\beta} = u_{YY} \frac{\partial \tilde{Y}}{\partial \beta} \lesseqgtr 0. \tag{12.62}$$

Die Ableitung $\frac{\partial \tilde{Y}}{\partial \beta} \lesseqgtr 0$ ist in Gleichung (12.58) auf der Seite 170 bestimmt.

Die Reaktion der Rezyklatmenge

Differenzieren der Gleichung (4.22) Seite 48 führt zu

$$\frac{d\tilde{R}^R}{d\beta} = \tilde{W} + \beta \frac{\partial \tilde{W}}{\partial \beta} \lesseqgtr 0. \tag{12.63}$$

Die Ableitung $\frac{\partial \tilde{W}}{\partial \beta} \lesseqgtr 0$ ist in Gleichung (12.53) auf der Seite 169 bestimmt. Gleichung (12.63) kann äquivalent geschrieben werden als

$$\frac{d\tilde{R}^R}{d\beta} \frac{\beta}{\beta \tilde{W}} = 1 + \frac{\beta}{\tilde{W}} \frac{\partial \tilde{W}}{\partial \beta} \tag{12.64}$$

und Verwendung der Definition einer Elastizität $\eta(a, b) = \frac{\partial a}{\partial b} \frac{b}{a}$, läßt sich Gleichung (12.64) darstellen als

$$\eta\left(\tilde{R}^R, \beta\right) = 1 + \eta\left(\tilde{W}, \beta\right), \tag{12.65}$$

oder mit der Identität $\tilde{R}^Y = \tilde{W}$

$$\eta\left(\tilde{R}^R, \beta\right) = 1 + \eta\left(\tilde{R}^Y, \beta\right). \tag{12.66}$$

Die Reaktion der Neumaterialmenge

Differenzieren der Gleichung (4.23) Seite 48 führt zu

$$\frac{d\tilde{N}}{d\beta} = \frac{1}{C_{NN}^{N}} \frac{\partial \tilde{p}^{R}}{\partial \beta} < 0. \tag{12.67}$$

Das Vorzeichen der Ableitung folgt aus dem der Ableitung des Ressourcenpreises $\frac{\partial \tilde{p}^R}{\partial \beta} < 0$, (12.50) Seite 168, und den steigenden Grenzkosten der Neumaterialproduktion.

Die Reaktion der Gewinnes des Neumaterialproduzenten

Differenzieren der Gleichung (4.24) Seite 48 führt zu

$$\frac{d\tilde{\Pi}^{N}}{d\beta} = \left[\tilde{p}^{R} - C_{N}^{N}\right] \frac{\partial \tilde{N}}{\partial \beta} + \tilde{N} \frac{\partial \tilde{p}^{R}}{\partial \beta} \tag{12.68}$$

Der Ausdruck innerhalb der eckigen Klammern von (12.68) entspricht der Bedingung erster Ordnung für ein Gewinnmaximum des Neumaterialproduzenten (3.30) Seite 33 und ist gleich Null. Somit vereinfacht sich (12.68) zu

$$\frac{d\tilde{\Pi}^{N}}{d\beta} = \tilde{N} \frac{\partial \tilde{p}^{R}}{\partial \beta} < 0. \tag{12.69}$$

Das negative Vorzeichen von (12.69) folgt aus (12.50) Seite 168.

12.3.2 Die komparative Statik des Markteintrittes eines Entsorgers

Die Reaktion des Ressourcenpreises

Implizites Differenzieren der Gleichung (4.14) Seite 47 führt zu

$$\frac{d\tilde{p}^{R}}{dn} = -\frac{(1-\beta)\frac{\partial \check{W}}{\partial n}}{(1-\beta)\frac{\partial \check{W}}{\partial p^{R}} - \frac{1}{C_{NN}^{N}}} > 0. \tag{12.70}$$

Die beiden Ableitungen $\frac{\partial \check{W}}{\partial n} > 0$, $\frac{\partial \check{W}}{\partial p^R} < 0$ und ihre Vorzeichen sind in der Gleichung (12.12) Seite 158 bzw. in der Gleichung (12.22) Seite 160 bestimmt.

Die Reaktion der Menge an Entsorgungsdienstleistungen

Für die Bestimmung der Reaktion der Menge der Entsorgungsdienstleistungen bzw. der Ressourcenmenge wird die implizite Ableitung des Ressourcenpreises nach der Menge der Entsorgungsdienstleistungen im partiellen Gleichgewicht des Ressourcenmarktes benötigt, siehe (4.13) Seite 46, und diese ist gegeben durch

$$\frac{d\check{p}^{R}}{dW} = (1-\beta)\, C_{NN}^{N} > 0. \tag{12.71}$$

Das Vorzeichen folgt aus (11.3) Seite 151. Implizites Differenzieren der Gleichung (4.15) Seite 47 führt zu

$$\frac{d\tilde{W}}{dn} = \frac{-\frac{\tilde{W}}{n^2}\left[c^W_{WW} + \beta^2 c^{WR}_{RR} - p^W_W\right]}{p^W_W + \frac{1}{n}\left[p^W_W + p^W_{WW}\tilde{W} - c^W_{WW} - \beta^2 c^{WR}_{RR}\right] + \left[p^W_{p^R} + p^W_{Wp^R}\frac{\tilde{W}}{n} + \beta\right]\frac{\partial\tilde{p}^R}{\partial W}} > 0. \qquad (12.72)$$

Das negative Vorzeichen des Zählers folgt aus den ansteigenden Grenzkosten der Entsorgung und der Rezyklierung (11.2) Seite 151 und der in der nachgefragten Menge fallenden inversen Nachfragefunktion nach Entsorgungsdienstleistungen, siehe Theorem 1 Seite 28. Das negative des Nenners folgt aus der in der nachgefragten Menge fallenden inversen Nachfragefunktion nach Entsorgungsdienstleistungen, siehe Theorem 1 Seite 28 der Hahn-Bedingung (3.12) Seite 29 und den ansteigenden Grenzkosten der Entsorgung und der Rezyklierung (11.2) Seite 151 und der strategischen Komplementarität, siehe (3.21) Seite 31 Abschnitt 3.4, in Verbindung mit $\frac{\partial\tilde{p}^R}{\partial W} > 0$ (12.71) Seite 172.

Die Reaktion der Gewinne eines Entsorgers

Differenzieren der Gleichung (4.16) Seite 47 führt zu

$$\frac{d\tilde{\Pi}^W_i}{dn} = \left[p^W + p^W_W\check{W}_i - c^W_W - \beta\left(c^{WR}_R - p^R\right)\right]\frac{\partial\tilde{W}_i}{\partial n} + p^W_W\check{W}_i\frac{\partial\tilde{W}_{-i}}{\partial n} + \tilde{W}_i\left[p^W_{p^R} + \beta\right]\frac{\partial\tilde{p}^R}{\partial n} \qquad (12.73)$$

Die Summe innerhalb der eckigen Klammer von (12.73) entspricht der Bedingung erster Ordnung für eine inneres Gewinnmaximum eines Entsorgers, siehe (3.18) Seite 30, und ist gleich Null. Aus der angenommenen Symmetrie des Gleichgewichtes auf dem Entsorgungsmarkt folgt, daß $\tilde{W}_i = \frac{\tilde{W}_i}{n}$ und $\frac{\partial\tilde{W}_{-i}}{\partial n} = \frac{n-1}{n}\frac{\partial\tilde{W}}{\partial n}$ gilt. Folglich vereinfacht sich (12.73) mit $p^W_{p^R} = -1$ siehe (11.9) Seite 153 zu

$$\frac{d\tilde{\Pi}^W_i}{dn} = \tilde{W}_i\left[p^W_W\frac{n-1}{n}\frac{\partial\tilde{W}}{\partial n} - (1-\beta)\frac{\partial\tilde{p}^R}{\partial n}\right] < 0. \qquad (12.74)$$

Das negative Vorzeichen des ersten Summanden in den eckigen Klammern folgt aus (11.8) Seite 153 und (12.72) Seite 173 Das negative Vorzeichen des zweiten Summanden in den eckigen Klammern folgt aus (12.70) Seite 172.

Die Reaktion des Entsorgungspreises

Implizites Differenzieren von (4.17) Seite 47 führt zu

$$\begin{aligned}\frac{d\tilde{p}^W}{dn} &= \frac{\frac{\partial\tilde{W}}{\partial n} - \left[c^Y_{p^{RW}Y}\frac{\partial\hat{Y}}{\partial p^R} + c^Y_{p^{RW}p^{RW}}\right]\frac{\partial\tilde{p}^R}{\partial n}}{c^Y_{p^{RW}Y}\frac{\partial\hat{Y}}{\partial p^W} + c^Y_{p^{RW}p^{RW}}},\\ &= \frac{\frac{\partial\tilde{W}}{\partial n}}{c^Y_{p^{RW}Y}\frac{\partial\hat{Y}}{\partial p^W} + c^Y_{p^{RW}p^{RW}}} - \frac{\partial\tilde{p}^R}{\partial n} < 0. \end{aligned} \qquad (12.75)$$

Die Ableitung $\frac{\partial \tilde{W}}{\partial n} > 0$ ist in Gleichung (12.72) Seite 173 bestimmt und die Ableitung $\frac{\partial \hat{Y}}{\partial p^R} < 0$ in Gleichung (11.4) Seite 152. Die beiden Ableitungen $\frac{\partial \tilde{p}^R}{\partial n} > 0$ sind in Gleichung (12.70) Seite 172.

Die Reaktion des Preises des Ressourceneinsatzes

Differenzieren von (4.18) Seite 47 führt zu

$$\frac{d\tilde{p}^{RW}}{dn} = \frac{\partial \tilde{p}^R}{\partial n} + \frac{\partial \tilde{p}^W}{\partial n}$$

und Einsetzen von (12.70) Seite 172 und von (12.75) Seite 172 ergibt

$$= \frac{\frac{\partial \tilde{W}}{\partial n}}{c^Y_{p^{RW}Y}\frac{\partial \hat{Y}}{\partial p^W} + c^Y_{p^{RW}p^{RW}}} < 0. \tag{12.76}$$

Die Ableitung $\frac{\partial \tilde{W}}{\partial n} > 0$ ist in Gleichung (12.72) Seite 173 bestimmt und die Ableitung $\frac{\partial \hat{Y}}{\partial p^R} < 0$ in Gleichung (11.4) Seite 152.

Die Reaktion der Gütermenge

Implizites Differenzieren (4.19) Seite 47 führt zu

$$\frac{d\tilde{Y}}{dn} = c^Y_{Yp^{RW}} \frac{\frac{\partial \tilde{p}^R}{\partial n} + \frac{\partial \tilde{p}^W}{\partial n}}{p_Y - c^Y_{YY}},$$

und mit (12.75)

$$= \frac{c^Y_{Yp^{RW}}}{p_Y - c^Y_{YY}} \frac{\frac{\partial \tilde{W}}{\partial n}}{c^Y_{p^{RW}Y}\frac{\partial \hat{Y}}{\partial p^W} + c^Y_{p^{RW}p^{RW}}} > 0. \tag{12.77}$$

Die Ableitung $\frac{\partial \tilde{W}}{\partial n} > 0$ ist in Gleichung (12.70) Seite 172 bestimmt und mit (11.1) Seite 151 und (11.4) Seite 152 folgt das positive Vorzeichen.

Die Reaktion der Gewinne des Güterproduzenten

Implizites Differenzieren der Gleichung (4.20) Seite 48 führt zu

$$\frac{d\tilde{\Pi}^Y}{dn} = \left[p - c^Y_Y\right] \frac{\partial \tilde{Y}}{\partial n} + p_Y \tilde{Y} \frac{\partial \tilde{Y}}{\partial n} - c^Y_{p^{RW}} \left(\frac{\partial \tilde{p}^R}{\partial n} + \frac{\partial \tilde{p}^W}{\partial n} \right) \tag{12.78}$$

Der Ausdruck innerhalb der eckigen Klammern entspricht der Bedingung erster Ordnung für ein Gewinnmaximum des Güterproduzenten (3.2) Seite 26 und ist gleich Null. (12.78) vereinfacht sich unter Verwendung von (12.70) Seite 172 und von (12.75) Seite 173 folglich zu

$$\frac{d\tilde{\Pi}^Y}{dn} = p_Y \tilde{Y} \frac{\partial \tilde{Y}}{\partial n} - c^Y_{p^{RW}} \frac{\frac{\partial \tilde{W}}{\partial n}}{c^Y_{p^{RW}Y}\frac{\partial \hat{Y}}{\partial p^W} + c^Y_{p^{RW}p^{RW}}} \lesseqgtr 0. \tag{12.79}$$

Das unbestimmte Vorzeichen folgt aus (3.5) Seite 27, (11.1) Seite 151, (12.72) Seite 173 und (11.4) Seite 152.

Die Reaktion des Güterpreises

Differenzieren von (4.21) Seite 48 führt zu

$$\frac{d\tilde{p}}{dn} = u_{YY}\frac{\partial \tilde{Y}}{\partial n} < 0. \tag{12.80}$$

Die Ableitung $\frac{\partial \tilde{Y}}{\partial n} > 0$ ist in Gleichung (12.77) Seite 174 bestimmt.

Die Reaktion der Rezyklatmenge

Differenzieren von (4.22) Seite 48 führt zu

$$\frac{d\tilde{R}^R}{dn} = \beta\frac{\partial \tilde{W}}{\partial n} > 0. \tag{12.81}$$

Die Ableitung $\frac{\partial \tilde{W}}{\partial n} > 0$ ist in Gleichung (12.72) Seite 173 bestimmt.

Die Reaktion der Neumaterialmenge

Differenzieren von (4.23) Seite 48 führt zu

$$\frac{d\tilde{N}}{dn} = \frac{1}{C^N_{NN}}\frac{\partial \tilde{p}^R}{\partial n} > 0. \tag{12.82}$$

Das Vorzeichen der Ableitung folgt aus dem der Ableitung des Ressourcenpreises $\frac{\partial \tilde{p}^R}{\partial n} > 0$, siehe (12.70) Seite 172.

Die Reaktion der Gewinnes des Neumaterialproduzenten

Differenzieren der Gleichung (4.24) Seite 48 führt zu

$$\frac{d\tilde{\Pi}^N}{dn} = \left[\tilde{p}^R - C^N_N\right]\frac{\partial \tilde{N}}{\partial n} + \tilde{N}\frac{\partial \tilde{p}^R}{\partial n} \tag{12.83}$$

Der Ausdruck innerhalb der eckigen Klammern von (12.83) entspricht der Bedingung erster Ordnung für ein Gewinnmaximum des Neumaterialproduzenten (3.30) Seite 33 und ist gleich Null. Somit vereinfacht sich (12.83) zu

$$\frac{d\tilde{\Pi}^N}{dn} = \tilde{N}\frac{\partial \tilde{p}^R}{\partial n} > 0. \tag{12.84}$$

Das positive Vorzeichen von (12.84) folgt aus (12.50) Seite 168.

12.4 Das Gleichgewicht des Güter-, des Entsorgungs- und des Ressourcenmarkts unter einer Besteuerung

Das Gleichgewicht auf den drei Märkten ist beschrieben durch

$$p^W\left(\grave{W};\grave{p}^R\right) + p^W_W\left(\grave{W};\grave{p}^R\right)\frac{\grave{W}}{n} - c^W_W\left(\frac{\grave{W}}{n}\right) - t^W - t^D = 0, \tag{4.25}$$

$$\grave{W} - n\left(c^{WR}_R\right)^{-1}\left(\grave{p}^R + s^R + t^D\right) - \left(C^N_N\right)^{-1}\left(\grave{p}^R\right) = 0. \tag{4.26}$$

Die Gleichgewichtsbedingung des Güter- und des Entsorgungsmarktes (4.25) definiert implizit die Menge der Entsorgungsdienstleistungen als eine Funktion der Anzahl der Entsorger, des Ressourcenpreises und der beiden Steuersätze $W = W\left(t^W, t^D, n, p^R\right)$. Einsetzen dieser Funktion in (4.26) führt zu einer impliziten Definition des Ressourcenpreises im Gleichgewicht auf allen drei Märkten

$$W\left(t^W, t^D, n, \grave{p}^R\right) - n\left(c_R^{WR}\right)^{-1}\left(\grave{p}^R + s^R + t^D\right) - \left(C_N^N\right)^{-1}\left(\grave{p}^R\right) = 0. \tag{4.27}$$

(4.27) definiert $\grave{p}^R = p^R\left(t^W, s^R, t^D, n\right)$. Einsetzen dieser Funktion in (4.25) führt zu einer die Menge der Entsorgungsdienstleistungen im Marktgleichgewicht definierenden Gleichung

$$p^W\left(\grave{W}; p^R\left(t^W, s^R, t^D, n\right)\right) + p_W^W\left(\grave{W}; p^R\left(t^W, s^R, t^D, n\right)\right)\frac{\grave{W}}{n} - c_W^W\left(\frac{\grave{W}}{n}\right) - t^W - t^D = 0. \tag{4.28}$$

(4.28) definiert $\grave{W} = W\left(t^W, s^R, t^D, n\right)$. Einsetzen von $\grave{p}^R = p^R\left(t^W, s^R, t^D, n\right)$ in die aggregierte Angebotsfunktion des Rezyklats führt zu der Rezyklatmenge im Marktgleichgewicht.

$$\grave{R}^R = n\left(c_R^{WR}\right)^{-1}\left(p^R\left(t^W, s^R, t^D, n\right) + s^R + t^D\right). \tag{4.29}$$

(4.29) definiert $\grave{R}^R = R^R\left(t^W, s^R, t^D, n\right)$. Einsetzen dieser Funktion und $\grave{p}^R = p^R\left(t^W, s^R, t^D, n\right)$ und $\grave{W} = W\left(t^W, s^R, t^D, n\right)$ mit $\grave{W} = \grave{W}_i + \grave{W}_{-i}$ in die Gewinnfunktion eines Entsorgers (3.17) Seite 30 führt zu den Gewinnen im Marktgleichgewicht

$$\grave{\Pi}_i^W = p^W\left(\grave{W}_i + \grave{W}_{-i}; \grave{p}^R\right)\grave{W}_i + \grave{p}^R\grave{R}_i^R - c^W\left(\grave{W}_i\right) - c^{WR}\left(\grave{R}_i^R\right) - t^W\grave{W}_i + s^R\grave{R}_i^R - t^D\left(\grave{W}_i - \grave{R}_i^R\right). \tag{4.30}$$

Einsetzen von $\grave{W} = W\left(t^W, s^R, t^D, n\right)$ und $\grave{p}^R = p^R\left(t^W, s^R, t^D, n\right)$ in die bedingte Faktornachfrage des Güterproduzenten nach Entsorgungsdienstleistungen (3.10) Seite 28 führt zu einer den Preis der Entsorgungsdienstleistungen definierenden Gleichung

$$W\left(t^W, s^R, t^D, n\right) - c_{pRW}^Y\left(\hat{Y}\left(p^R\left(t^W, s^R, t^D, n\right), p^W\right); p^R\left(t^W, s^R, t^D, n\right) + p^W\right) = 0. \tag{4.31}$$

(4.31) definiert $\grave{p}^W = p^W\left(t^W, s^R, t^D, n\right)$. Einsetzen von $\grave{p}^R = p^R\left(t^W, s^R, t^D, n\right)$ und $\grave{p}^W = p^W\left(t^W, s^R, t^D, n\right)$ in $p^{RW} = p^R + p^W$ führt zu

$$\grave{p}^{RW} = p^R\left(t^W, s^R, t^D, n\right) + p^W\left(t^W, s^R, t^D, n\right). \tag{4.32}$$

(4.32) definiert den Preis des Ressourceneinsatzes in der Güterproduktion. Einsetzen dieser Funktion in die das Gleichgewicht auf dem Gütermarkt definierenden Gleichung (3.7) Seite 27 führt zu der Gütermenge im Marktgleichgewicht

$$p\left(\grave{Y}\right) - c_Y^Y\left(\grave{Y}; p^{RW}\left(t^W, s^R, t^D, n\right)\right) = 0. \tag{4.33}$$

(4.33) definiert $\grave{Y} = Y\left(t^W, s^R, t^D, n\right)$. Einsetzen dieser Funktion in Verbindung mit $\grave{p}^{RW} = p^{RW}\left(t^W, s^R, t^D, n\right)$ in die Gewinnfunktion des Güterproduzenten (3.1) Seite 26 führt zu

$$\grave{\Pi}^Y = p\Big(Y\left(t^W, s^R, t^D, n\right)\Big)Y\left(t^W, s^R, t^D, n\right) - c^Y\Big(Y\left(t^W, s^R, t^D, n\right); p^{RW}\left(t^W, s^R, t^D, n\right)\Big). \quad (4.34)$$

Einsetzen von $\grave{Y} = Y\left(t^W, s^R, t^D, n\right)$ in die Definition der Nachfragefunktion des Konsumenten (3.5) Seite 27 führt zu dem Güterpreis im Marktgleichgewicht

$$\grave{p} = u_Y\Big(Y\left(t^W, s^R, t^D, n\right)\Big). \quad (4.35)$$

Das Einsetzen von $\tilde{p}^R = p^R\left(t^W, s^R, t^D, n\right)$ in die Angebotsfunktion des Neumaterialproduzenten (3.32) Seite 33 führt zu einer die Neumaterialmenge im Marktgleichgewicht definierenden Gleichung

$$\grave{N} = \left(C_N^N\right)^{-1}\Big(p^R\left(t^W, s^R, t^D, n\right)\Big). \quad (4.36)$$

Schließlich führt das Einsetzen der Neumaterialmenge $\grave{N} = N\left(t^W, s^R, t^D, n\right)$ und des Ressourcenpreises $\grave{p}^R = p^R\left(t^W, s^R, t^D, n\right)$ in die Gewinnfunktion des Produzenten von Neumaterials (3.29) Seite 33 zu dessen Gewinnen im Gleichgewicht auf dem Ressourcenmarkt

$$\grave{\Pi}^N = \grave{p}^R\grave{N} - C^N\left(\grave{N}\right). \quad (4.37)$$

12.4.1 Die komparative Statik der Steuer auf die entsorgte Ressourcenmenge

Die Reaktion des Ressourcenpreises

Differenzieren der durch (4.25) Seite 54 implizit definierten Funktion $W = W\left(p^R, n, t^W, t^D\right)$ nach dem Ressourcenpreis führt zu

$$\frac{dW}{dp^R} = -\frac{p_{p^R}^W + p_{Wp^R}^W\frac{W}{n}}{p_W^W + \frac{1}{n}\left(p_W^W + p_{WW}^W W - c_{WW}^W\right)} < 0. \quad (12.85)$$

Das negative Vorzeichen des Zählers folgt aus der angenommenen strategischen Komplementarität (3.27) Seite 31 in Abschnitt 3.4.2 und das negative des Nenners folgt aus der Hahn-Bedingung (3.12) Seite 29 in Abschnitt 3.4 in Verbindung mit der fallenden Nachfragefunktion und den steigenden Grenzkosten. Differenzieren der durch Gleichung (4.25) Seite 54 implizit definierten Funktion $W = W\left(p^R, n, t^W, t^D\right)$ nach den Steuern auf die entsorgte Ressourcenmenge führt zu

$$\frac{dW}{dt^W} = \frac{1}{p_W^W + \frac{1}{n}\left(p_W^W + p_{WW}^W W - c_{WW}^W\right)} < 0. \quad (12.86)$$

Differenzieren von (4.27) führt zu der Reaktion des Ressourcenpreises auf eine Änderung in der Besteuerung der entsorgten Ressourcenmenge

$$\frac{d\grave{p}^R}{dt^W} = -\frac{\frac{\partial W}{\partial t^W}}{\frac{\partial W}{\partial p^R} - \frac{n}{c_{RR}^{WR}} - \frac{1}{C_{NN}^N}} \tag{12.87}$$

oder mit (12.85) und (12.86)

$$= \frac{1}{p_{p^R}^W + p_{Wp^R}^W \frac{W}{n} + \left(p_W^W + \frac{1}{n}\left(p_W^W + p_{WW}^W W\right) - c_{WW}^W\right)\left(\frac{n}{c_{RR}^{WR}} + \frac{1}{C_{NN}^N}\right)} < 0. \tag{12.88}$$

Das negative Vorzeichen folgt aus der angenommenen strategischen Komplementarität (3.27) Seite 32 und (12.86) in Verbindung mit den angenommenen steigenden Grenzkosten.

Die Reaktion der entsorgten Ressourcenmenge

Implizites Differenzieren von (4.28) Seite 54 führt zu

$$\frac{d\grave{W}}{dt^W} = \frac{1 - \left(p_{p^R}^W + p_{Wp^R}^W \frac{\grave{W}}{n}\right) \frac{\partial \grave{p}^R}{\partial t^W}}{p_W^W + \frac{1}{n}\left(p_W^W + p_{WW}^W W\right) - c_{WW}^W} < 0. \tag{12.89}$$

Der Zähler ist positiv, weil der zweite Summand des Zählers kleiner Eins ist, vgl. (12.88). Das negative Vorzeichen des Nenners folgt aus der Hahn-Bedingung (3.12) Seite 29 in Abschnitt 3.4 in Verbindung mit der fallenden Nachfragefunktion und den steigenden Grenzkosten.

Die Reaktion der Rezyklatmenge

Differenzieren von (4.29) Seite 54 führt zu

$$\frac{d\grave{R}^R}{dt^W} = \frac{n}{c_{RR}^{WR}} \frac{\partial \grave{p}^R}{\partial t^W} < 0. \tag{12.90}$$

Das negative Vorzeichen folgt aus (12.88) Seite 178.

Die Reaktion der Gewinne eines Entsorgers

Differenzieren von (4.30) Seite 54 führt zu

$$\begin{aligned} \frac{d\grave{\Pi}^W}{dt^W} = {} & \left(p^W + p_W^W \grave{W}_i - c_W^W - t^W - t^D\right) \frac{\partial \grave{W}_i}{\partial t^W} + p_W^W \grave{W}_i \frac{\partial \grave{W}_{-i}}{\partial t^W} - \grave{W}_i \\ & + \left(\grave{p}^R - c_R^{WR} - t^R + t^D\right) \frac{\partial \grave{R}_i^R}{\partial t^W} + \left(\frac{\partial p^W}{\partial p^R} \grave{W}_i + \grave{R}_i^R\right) \frac{\partial \grave{p}^R}{\partial t^W}. \end{aligned} \tag{12.91}$$

Die Summen in den ersten beiden Klammer entsprechen den Bedingungen erster Ordnung des Entsorgers (3.23) und (3.24) Seite 32 und sind gleich Null. Folglich vereinfacht sich (12.91) zu

$$\frac{d\grave{\Pi}^W}{dt^W} = p_W^W \grave{W}_i \frac{\partial \grave{W}_{-i}}{\partial t^W} - \grave{W}_i + \left(\frac{\partial p^W}{\partial p^R} \grave{W}_i + \grave{R}_i^R\right) \frac{\partial \grave{p}^R}{\partial t^W}. \tag{12.92}$$

Aus der angenommenen Symmetrie des Marktgleichgewichtes folgt, daß $\frac{\partial \grave{W}}{\partial t^W} = \frac{n-1}{n}\frac{\partial \grave{W}_{-i}}{\partial t^W}$, $\grave{W}_i = \frac{1}{n}\grave{W}$ und $\grave{R}_i^R = \frac{1}{n}\grave{R}^R$ gilt. Somit kann (12.92) geschrieben werden als

$$\frac{d\grave{\Pi}^W}{dt^W} = p_W^W \frac{\grave{W}}{n}\frac{n-1}{n}\frac{\partial \grave{W}}{\partial t^W} - \frac{\grave{W}}{n} + \left(\frac{\partial p^W}{\partial p^R}\frac{\grave{W}}{n} + \frac{\grave{R}^R}{n}\right)\frac{\partial \grave{p}^R}{\partial t^W} \lesseqgtr 0. \qquad (12.93)$$

Der erste Term der Ableitung (12.93) ist wegen (12.89) positiv, der zweite ist negativ und der dritte ist wegen $\frac{\partial p^W}{\partial p^R} = -1$ in Verbindung mit der Ungleichung $W \geq R$ und (12.88) positiv.

Die Reaktion des Entsorgungspreises

Implizites Differenzieren von (4.31) Seite 55 führt zu

$$\frac{d\grave{p}^W}{dt^W} = \frac{\frac{\partial \grave{W}}{\partial t^W} - \left(c^Y_{p^{RW}Y}\frac{\partial \hat{Y}}{\partial p^R} + c^Y_{p^{RW}p^{RW}}\right)\frac{\partial \grave{p}^R}{\partial t^W}}{c^Y_{p^{RW}Y}\frac{\partial \hat{Y}}{\partial p^W} + c^Y_{p^{RW}p^{RW}}}. \qquad (12.94)$$

Die Ableitungen der bedingten Faktornachfragefunktion des Güterproduzenten nach den beiden Faktorpreisen sind wegen der angenommenen Komplementarität identisch und (12.94) kann äquivalent geschrieben werden als

$$\frac{d\grave{p}^W}{dt^W} = \frac{\frac{\partial \grave{W}}{\partial t^W}}{c^Y_{p^{RW}Y}\frac{\partial \hat{Y}}{\partial p^W} + c^Y_{p^{RW}p^{RW}}} - \frac{\partial \grave{p}^R}{\partial t^W} > 0. \qquad (12.95)$$

Das Vorzeichen von (12.95) folgt aus (12.89) Seite 178, (11.1) Seite 151, (11.4) Seite 152 und (12.88) Seite 178.

Die Reaktion des Preises des Ressourceneinsatzes

Differenzieren von (4.32) Seite 55 führt zu

$$\frac{d\grave{p}^{RW}}{dt^W} = \frac{\partial \grave{p}^R}{\partial t^W} + \frac{\partial \grave{p}^W}{\partial t^W}$$

und Einsetzen von (12.88) Seite 178 und von (12.95) Seite 179

$$= \frac{\frac{\partial \grave{W}}{\partial t^W}}{c^Y_{p^{RW}Y}\frac{\partial \hat{Y}}{\partial p^W} + c^Y_{p^{RW}p^{RW}}} > 0. \qquad (12.96)$$

Das Vorzeichen von (12.96) folgt aus (12.89) Seite 178, (11.1) Seite 151 und (11.4) Seite 152.

Die Reaktion der Gütermenge

Implizites Differenzieren von (4.33) Seite 55 führt zu

$$\frac{d\grave{Y}}{dt^W} = \frac{c^Y_{Yp^{RW}}\left(\frac{\partial \grave{p}^R}{\partial t^W} + \frac{\partial \grave{p}^W}{\partial t^W}\right)}{p_Y - c^Y_{YY}}$$

und mit (12.95) folgt

$$= \frac{c^Y_{Yp^{RW}}}{p_Y - c^Y_{YY}}\frac{\frac{\partial \grave{W}}{\partial t^W}}{c^Y_{p^{RW}Y}\frac{\partial \hat{Y}}{\partial p^W} + c^Y_{p^{RW}p^{RW}}} < 0. \qquad (12.97)$$

Das Vorzeichen von (12.97) folgt aus (11.1) Seite 151, (12.89) Seite 178 und (11.4) Seite 152.

Die Reaktion der Gewinne des Güterproduzenten

Differenzieren von (4.34) Seite 55 führt zu

$$\frac{d\grave{\Pi}^Y}{dt^W} = \left(p - c_Y^Y\right) \frac{\partial \grave{Y}}{\partial t^W} + p_Y \grave{Y} \frac{\partial \grave{Y}}{\partial t^W} - c_{p^{RW}}^Y \left(\frac{\partial \grave{p}^R}{\partial t^W} + \frac{\partial \grave{p}^W}{\partial t^W} \right). \tag{12.98}$$

Die Summe innerhalb der ersten Klammern entspricht der Bedingung erster Ordnung für ein Gewinnmaximum des Güterproduzenten (3.2) Seite 26 und ist gleich Null. Einsetzen von (12.88) Seite 178 und (12.95) Seite 179 vereinfacht (12.98) zu

$$\frac{d\grave{\Pi}^Y}{dt^W} = p_Y \grave{Y} \frac{\partial \grave{Y}}{\partial t^W} - c_{p^{RW}}^Y \frac{\frac{\partial \grave{W}}{\partial t^W}}{c_{p^{RW}Y}^Y \frac{\partial \hat{Y}}{\partial p^W} + c_{p^{RW}p^{RW}}^Y} \lessgtr 0. \tag{12.99}$$

Die Unbestimmtheit des Vorzeichens folgt aus (3.5) Seite 27, (12.97) Seite 179, (11.1) Seite 151 und (12.89) Seite 178.

Die Reaktion des Güterpreises

Differenzieren von (4.35) Seite 55 führt zu

$$\frac{d\grave{p}}{dt^W} = u_{YY} \frac{\partial \grave{Y}}{\partial t^W} > 0. \tag{12.100}$$

Das Vorzeichen von (12.100) folgt aus (3.5) Seite 27 und (12.97) Seite 179.

Die Reaktion der Neumaterialmenge

Differenzieren von (4.36) Seite 55 führt zu

$$\frac{d\grave{N}}{dt^W} = \frac{1}{C_{NN}^N} \frac{\partial \grave{p}^R}{\partial t^W} < 0. \tag{12.101}$$

Das Vorzeichen von (12.101) folgt aus (12.88) Seite 178.

Die Reaktion der Gewinne des Neumaterialproduzenten

Differenzieren von (4.37) Seite 55 führt zu

$$\frac{d\grave{\Pi}^N}{dt^W} = \left(\grave{p}^R - C_N^N\right) \frac{\partial \grave{N}}{\partial t^W} + \grave{N} \frac{\partial \grave{p}^R}{\partial t^W}. \tag{12.102}$$

Die Summe innerhalb der runden Klammern entspricht der Bedingung erster Ordnung für ein Gewinnmaximum des Produzenten (3.30) Seite 33 und ist gleich Null. (12.102) vereinfacht sich zu

$$\frac{d\grave{\Pi}^N}{dt^W} = \grave{N} \frac{\partial \grave{p}^R}{\partial t^W} < 0. \tag{12.103}$$

Das negative Vorzeichen von (12.103) folgt aus (12.88) Seite 178.

12.4.2 Die Wirkung der Subvention des Rezyklates

Die Reaktion des Ressourcenpreises

Differenzieren von (4.27) führt zu der Reaktion des Ressourcenpreises auf eine Änderung in der Besteuerung des Rezyklates

$$\frac{d\grave{p}^R}{ds^R} = \frac{\frac{n}{c_{RR}^{WR}}}{\frac{\partial W}{\partial p^R} - \frac{n}{c_{RR}^{WR}} - \frac{1}{C_{NN}^N}} \in (-1, 0) < 0. \tag{12.104}$$

Das negative Vorzeichen folgt aus (12.85) Seite 177 und den angenommenen steigenden Grenzkosten.

Die Reaktion der entsorgten Ressourcenmenge

Implizites Differenzieren von (4.28) Seite 54 führt zu

$$\frac{d\grave{W}}{ds^R} = -\frac{\left(p_{p^R}^W + p_{Wp^R}^W \frac{\grave{W}}{n}\right) \frac{\partial \grave{p}^R}{\partial s^R}}{p_W^W + \frac{1}{n}\left(p_W^W + p_{WW}^W W\right) - c_{WW}^W} > 0. \tag{12.105}$$

Das Vorzeichen des Zählers ist positiv, wegen der angenommenen strategischen Komplementarität (3.27) Seite 32 und (12.105). Das negative Vorzeichen des Nenners folgt aus der Hahn-Bedingung (3.12) Seite 29 in Abschnitt 3.4 in Verbindung mit der fallenden Nachfragefunktion und den steigenden Grenzkosten.

Die Reaktion der Rezyklatmenge

Differenzieren von (4.29) Seite 54 führt zu

$$\frac{d\grave{R}^R}{ds^R} = \frac{n}{c_{RR}^{WR}} \left(\frac{\partial \grave{p}^R}{\partial s^R} + 1\right) > 0. \tag{12.106}$$

Das positive Vorzeichen folgt aus (12.104) Seite 181.

Die Reaktion der Gewinne eines Entsorgers

Differenzieren von (4.30) Seite 54 führt zu

$$\begin{aligned}\frac{d\grave{\Pi}^W}{ds^R} = &\left(p^W + p_W^W \grave{W}_i - c_W^W - t^W - t^D\right) \frac{\partial \grave{W}_i}{\partial s^R} + p_W^W \grave{W}_i \frac{\partial \grave{W}_{-i}}{\partial s^R} + \grave{R}_i^R \\ &+ \left(\grave{p}^R - c_R^{WR} + s^R + t^D\right) \frac{\partial \grave{R}_i^R}{\partial s^R} + \left(\frac{\partial p^W}{\partial p^R} \grave{W}_i + \grave{R}_i^R\right) \frac{\partial \grave{p}^R}{\partial s^R}.\end{aligned} \tag{12.107}$$

Die Summen in den ersten beiden Klammer entsprechen den Bedingungen erster Ordnung des Entsorgers (3.23) und (3.24) Seite 32 und sind gleich Null. Folglich vereinfacht sich (12.107) zu

$$\frac{d\grave{\Pi}^W}{ds^R} = p_W^W \grave{W}_i \frac{\partial \grave{W}_{-i}}{\partial s^R} + \grave{R}_i^R + \left(\frac{\partial p^W}{\partial p^R} \grave{W}_i + \grave{R}_i^R\right) \frac{\partial \grave{p}^R}{\partial s^R}. \tag{12.108}$$

Aus der angenommenen Symmetrie des Marktgleichgewichtes folgt, daß $\frac{\partial \grave{W}}{\partial s^R} = \frac{n-1}{n}\frac{\partial \grave{W}_{-i}}{\partial s^R}$, $\grave{W}_i = \frac{1}{n}\grave{W}$ und $\grave{R}_i^R = \frac{1}{n}\grave{R}^R$ gilt. Somit kann (12.108) geschrieben werden als

$$\frac{d\grave{\Pi}^W}{ds^R} = p_W^W \frac{\grave{W}}{n}\frac{n-1}{n}\frac{\partial \grave{W}}{\partial s^R} + \frac{\grave{R}^R}{n} + \left(\frac{\partial p^W}{\partial p^R}\frac{\grave{W}}{n} + \frac{\grave{R}^R}{n}\right)\frac{\partial \grave{p}^R}{\partial s^R} \lesseqgtr 0. \tag{12.109}$$

Der erste Term der Ableitung (12.109) ist wegen (12.105) negativ, der zweite ist positiv und der dritte ist wegen $\frac{\partial p^W}{\partial p^R} = -1$ in Verbindung mit der Ungleichung $W \geq R$ und (12.104) positiv.

Die Reaktion des Entsorgungspreises

Implizites Differenzieren von (4.31) Seite 55 führt zu

$$\frac{d\grave{p}^W}{ds^R} = \frac{\frac{\partial \grave{W}}{\partial s^R} - \left(c^Y_{p^{RW}Y}\frac{\partial \hat{Y}}{\partial p^R} + c^Y_{p^{RW}p^{RW}}\right)\frac{\partial \grave{p}^R}{\partial s^R}}{c^Y_{p^{RW}Y}\frac{\partial \hat{Y}}{\partial p^W} + c^Y_{p^{RW}p^{RW}}}. \tag{12.110}$$

Die Ableitungen der bedingten Faktornachfragefunktion des Güterproduzenten nach den beiden Faktorpreisen sind wegen der angenommenen Komplementarität identisch und (12.110) kann äquivalent geschrieben werden als

$$\frac{d\grave{p}^W}{ds^R} = \frac{\frac{\partial \grave{W}}{\partial s^R}}{c^Y_{p^{RW}Y}\frac{\partial \hat{Y}}{\partial p^W} + c^Y_{p^{RW}p^{RW}}} - \frac{\partial \grave{p}^R}{\partial s^R} \lesseqgtr 0. \tag{12.111}$$

Die Unbestimmt des Vorzeichens von (12.111) folgt aus (12.105) Seite 181, (11.1) Seite 151, (11.4) Seite 152 und (12.104) Seite 181.

Die Reaktion des Preises des Ressourceneinsatzes

Differenzieren von (4.32) Seite 55 führt zu

$$\frac{d\grave{p}^{RW}}{ds^R} = \frac{\partial \grave{p}^R}{\partial s^R} + \frac{\partial \grave{p}^W}{\partial s^R}$$

und Einsetzen von (12.104) Seite 181 und von (12.95) Seite 179

$$= \frac{\frac{\partial \grave{W}}{\partial t^W}}{c^Y_{p^{RW}Y}\frac{\partial \hat{Y}}{\partial p^W} + c^Y_{p^{RW}p^{RW}}} < 0. \tag{12.112}$$

Das negative Vorzeichen von (12.112) folgt aus (12.89) Seite 178, (11.1) Seite 151 und (11.4) Seite 152.

Die Reaktion der Gütermenge

Implizites Differenzieren von (4.33) Seite 55 führt zu

$$\frac{d\grave{Y}}{ds^R} = \frac{c^Y_{Yp^{RW}}\left(\frac{\partial \grave{p}^R}{\partial s^R} + \frac{\partial \grave{p}^W}{\partial s^R}\right)}{p_Y - c^Y_{YY}}$$

und mit (12.111) folgt

$$= \frac{c^Y_{Y p^{RW}}}{p_Y - c^Y_{YY}} \frac{\frac{\partial \grave{W}}{\partial s^R}}{c^Y_{p^{RW} Y} \frac{\partial \hat{Y}}{\partial p^W} + c^Y_{p^{RW} p^{RW}}} > 0. \tag{12.113}$$

Das positive Vorzeichens von (12.113) folgt aus (12.105) Seite 181, (11.1) Seite 151, (12.105) Seite 181 und (11.4) Seite 152.

Die Reaktion der Gewinne des Güterproduzenten

Differenzieren von (4.34) Seite 55 führt zu

$$\frac{d\grave{\Pi}^Y}{ds^R} = \left(p - c^Y_Y\right) \frac{\partial \grave{Y}}{\partial s^R} + p_Y \grave{Y} \frac{\partial \grave{Y}}{\partial s^R} - c^Y_{p^{RW}} \left(\frac{\partial \grave{p}^R}{\partial s^R} + \frac{\partial \grave{p}^W}{\partial s^R} \right). \tag{12.114}$$

Die Summe innerhalb der ersten Klammern entspricht der Bedingung erster Ordnung für ein Gewinnmaximum des Güterproduzenten (3.2) Seite 26 und ist gleich Null. Einsetzten von (12.104) Seite 181 und (12.111) Seite 182 vereinfacht (12.114) zu

$$\frac{d\grave{\Pi}^Y}{ds^R} = p_Y \grave{Y} \frac{\partial \grave{Y}}{\partial s^R} - c^Y_{p^{RW}} \frac{\frac{\partial \grave{W}}{\partial s^R}}{c^Y_{p^{RW} Y} \frac{\partial \hat{Y}}{\partial p^W} + c^Y_{p^{RW} p^{RW}}} \lesseqgtr 0. \tag{12.115}$$

Die Unbestimmtheit des Vorzeichens folgt aus (3.5) Seite 27, (12.113) Seite 183, (11.1) Seite 151 und (12.105) Seite 181.

Die Reaktion des Güterpreises

Differenzieren von (4.35) Seite 55 führt zu

$$\frac{d\grave{p}}{ds^R} = u_{YY} \frac{\partial \grave{Y}}{\partial s^R} < 0. \tag{12.116}$$

Das Vorzeichen von (12.116) folgt aus (3.5) Seite 27 und (12.113) Seite 183.

Die Reaktion der Neumaterialmenge

Differenzieren von (4.36) Seite 55 führt zu

$$\frac{d\grave{N}}{ds^R} = \frac{1}{C^N_{NN}} \frac{\partial \grave{p}^R}{\partial s^R} < 0. \tag{12.117}$$

Das Vorzeichen von (12.117) folgt aus (12.104) Seite 181.

Die Reaktion der Gewinne des Neumaterialproduzenten

Differenzieren von (4.37) Seite 55 führt zu

$$\frac{d\grave{\Pi}^N}{ds^R} = \left(\grave{p}^R - C^N_N\right) \frac{\partial \grave{N}}{\partial s^R} + \grave{N} \frac{\partial \grave{p}^R}{\partial s^R}. \tag{12.118}$$

Die Summe innerhalb der runden Klammern entspricht der Bedingung erster Ordnung für ein Gewinnmaximum des Produzenten (3.30) Seite 33 und ist gleich Null. (12.118) vereinfacht sich zu

$$\frac{d\grave{\Pi}^N}{ds^R} = \grave{N}\frac{\partial \grave{p}^R}{\partial s^R} < 0. \tag{12.119}$$

Das negative Vorzeichen von (12.119) folgt aus (12.104) Seite 181.

12.4.3 Die komparative Statik der Steuer auf die deponierte Ressourcenmenge

Die Reaktion des Ressourcenpreises

Differenzieren der durch (4.25) Seite 54 implizit definierten Funktion $W = W\left(p^R, n, t^W, t^D\right)$ nach den Steuern auf die deponierte Ressourcenmenge führt zu

$$\frac{dW}{dt^D} = \frac{1}{p_W^W + \frac{1}{n}\left(p_W^W + p_{WW}^W W - c_{WW}^W\right)} < 0. \tag{12.120}$$

Differenzieren von (4.27) führt zu der Reaktion des Ressourcenpreises auf eine Änderung in der Besteuerung der deponierten Ressourcenmenge

$$\frac{d\grave{p}^R}{dt^D} = -\frac{\frac{\partial W}{\partial t^D} - \frac{n}{c_{RR}^{WR}}}{\frac{\partial W}{\partial p^R} - \frac{n}{c_{RR}^{WR}} - \frac{1}{C_{NN}^N}} < 0. \tag{12.121}$$

Das negative Vorzeichen folgt aus (12.120) Seite 184, (12.85) Seite 177 und den angenommenen steigenden Grenzkosten.

Die Reaktion der entsorgten Ressourcenmenge

Implizites Differenzieren von (4.28) Seite 54 führt zu

$$\frac{d\grave{W}}{dt^D} = \frac{1 - \left(p_{p^R}^W + p_{Wp^R}^W \frac{\grave{W}}{n}\right)\frac{\partial \grave{p}^R}{\partial t^D}}{p_W^W + \frac{1}{n}\left(p_W^W + p_{WW}^W \grave{W} - c_{WW}^W\right)} \lesseqgtr 0. \tag{12.122}$$

Das Vorzeichen des Zählers ist unbestimmt, weil der zweite Summand des Zählers negativ ist, vgl. (12.121). Das negative Vorzeichen des Nenners folgt aus der Hahn-Bedingung (3.12) Seite 29 in Abschnitt 3.4 in Verbindung mit der fallenden Nachfragefunktion und den steigenden Grenzkosten.

Die Reaktion der Rezyklatmenge

Differenzieren von (4.29) Seite 54 führt zu

$$\frac{d\grave{R}^R}{dt^D} = \frac{n}{c_{RR}^{WR}}\left(\frac{\partial \grave{p}^R}{\partial t^D} + 1\right) \lesseqgtr 0. \tag{12.123}$$

Das Vorzeichen ist unbestimmt und die Preisreaktion ist in (12.121) Seite 184 beschrieben. Gilt $\frac{\partial \grave{W}}{\partial t^D} > 0$, dann folgt aus der Marktgleichgewichtsbedingung in Verbindung mit $\frac{\partial \grave{N}}{\partial t^D} < 0$ (12.134) Seite 187, daß $\frac{\partial \grave{R}^R}{\partial t^D} > 0$ ist.

Die Reaktion der Gewinne eines Entsorgers

Differenzieren von (4.30) Seite 54 führt zu

$$\frac{d\grave{\Pi}_i^W}{dt^D} = \left(p^W + p_W^W \grave{W}_i - c_W^W - t^W - t^D\right)\frac{\partial \grave{W}_i}{\partial t^D} + p_W^W \grave{W}_i \frac{\partial \grave{W}_{-i}}{\partial t^D} - \left(\grave{W}_i - \grave{R}_i^R\right) + \left(\grave{p}^R - c_R^{WR} - t^R + t^D\right)\frac{\partial \grave{R}_i^R}{\partial t^D} + \left(\frac{\partial p^W}{\partial p^R}\grave{W}_i + \grave{R}_i^R\right)\frac{\partial \grave{p}^R}{\partial t^D}. \quad (12.124)$$

Die Summen in den ersten beiden Klammer entsprechen den Bedingungen erster Ordnung des Entsorgers (3.23) und (3.24) Seite 32 und sind gleich Null. Folglich vereinfacht sich (12.124) zu

$$\frac{d\grave{\Pi}_i^W}{dt^D} = p_W^W \grave{W}_i \frac{\partial \grave{W}_{-i}}{\partial t^D} - \left(\grave{W}_i - \grave{R}_i^R\right) + \left(\frac{\partial p^W}{\partial p^R}\grave{W}_i + \grave{R}_i^R\right)\frac{\partial \grave{p}^R}{\partial t^D}. \quad (12.125)$$

Aus der angenommenen Symmetrie des Marktgleichgewichtes folgt, daß $\frac{\partial \grave{W}}{\partial t^D} = \frac{n-1}{n}\frac{\partial \grave{W}_{-i}}{\partial t^D}$, $\grave{W}_i = \frac{1}{n}\grave{W}$ und $\grave{R}_i^R = \frac{1}{n}\grave{R}^R$ gilt. Somit kann (12.125) geschrieben werden als

$$\frac{d\grave{\Pi}_i^W}{dt^D} = p_W^W \frac{\grave{W}}{n}\frac{n-1}{n}\frac{\partial \grave{W}}{\partial t^D} - \frac{\grave{W} - \grave{R}^R}{n} + \left(\frac{\partial p^W}{\partial p^R}\frac{\grave{W}}{n} + \frac{\grave{R}^R}{n}\right)\frac{\partial \grave{p}^R}{\partial t^D} \lesseqgtr 0. \quad (12.126)$$

Der erste Term der Ableitung (12.126) ist wegen (12.122) unbestimmt, der zweite ist negativ und der dritte ist wegen $\frac{\partial p^W}{\partial p^R} = -1$ in Verbindung mit der Ungleichung $W \geq R$ und (12.121) positiv.

Die Reaktion des Entsorgungspreises

Implizites Differenzieren von (4.31) Seite 55 führt zu

$$\frac{d\grave{p}^W}{dt^D} = \frac{\frac{\partial \grave{W}}{\partial t^D} - \left(c^Y_{p^{RW}Y}\frac{\partial \grave{Y}}{\partial p^R} + c^Y_{p^{RW}p^{RW}}\right)\frac{\partial \grave{p}^R}{\partial t^D}}{c^Y_{p^{RW}Y}\frac{\partial \grave{Y}}{\partial p^W} + c^Y_{p^{RW}p^{RW}}}. \quad (12.127)$$

Die Ableitungen der bedingten Faktornachfragefunktion des Güterproduzenten nach den beiden Faktorpreisen sind wegen der angenommenen Komplementarität identisch und (12.127) kann äquivalent geschrieben werden als

$$\frac{d\grave{p}^W}{dt^D} = \frac{\frac{\partial \grave{W}}{\partial t^D}}{c^Y_{p^{RW}Y}\frac{\partial \grave{Y}}{\partial p^W} + c^Y_{p^{RW}p^{RW}}} - \frac{\partial \grave{p}^R}{\partial t^D} \lesseqgtr 0. \quad (12.128)$$

Die Unbestimmt des Vorzeichens von (12.128) folgt aus (12.122) Seite 184, (11.1) Seite 151, (11.4) Seite 152 und (12.121) Seite 184.

Die Reaktion des Preises des Ressourceneinsatzes

Differenzieren von (4.32) Seite 55 führt zu

$$\frac{d\grave{p}^{RW}}{dt^D} = \frac{\partial \grave{p}^R}{\partial t^D} + \frac{\partial \grave{p}^W}{\partial t^D}$$

und Einsetzen von (12.121) Seite 184 und von (12.128) Seite 185

$$= \frac{\frac{\partial \grave{W}}{\partial t^D}}{c^Y_{p^{RW}Y} \frac{\partial \hat{Y}}{\partial p^W} + c^Y_{p^{RW}p^{RW}}} < 0. \tag{12.129}$$

Das negative Vorzeichen von (12.112) folgt aus (12.89) Seite 178, (11.1) Seite 151 und (11.4) Seite 152.

Die Reaktion der Gütermenge

Implizites Differenzieren von (4.33) Seite 55 führt zu

$$\frac{d\grave{Y}}{dt^D} = \frac{c^Y_{Yp^{RW}} \left(\frac{\partial \grave{p}^R}{\partial t^D} + \frac{\partial \grave{p}^W}{\partial t^D} \right)}{p_Y - c^Y_{YY}}$$

und mit (12.128) folgt

$$= \frac{c^Y_{Yp^{RW}}}{p_Y - c^Y_{YY}} \frac{\frac{\partial \grave{W}}{\partial t^D}}{c^Y_{p^{RW}Y} \frac{\partial \hat{Y}}{\partial p^W} + c^Y_{p^{RW}p^{RW}}} \lessgtr 0. \tag{12.130}$$

Die Unbestimmtheit des Vorzeichens (12.130) folgt aus der Unbestimmtheit von (12.122) Seite 184. Die Vorzeichen der übrigen partiellen Ableitungen sind bestimmt in (11.1) Seite 151, (12.122) Seite 184 und (11.4) Seite 152.

Die Reaktion der Gewinne des Güterproduzenten

Differenzieren von (4.34) Seite 55 führt zu

$$\frac{d\grave{\Pi}^Y}{dt^D} = \left(p - c^Y_Y\right) \frac{\partial \grave{Y}}{\partial t^D} + p_Y \grave{Y} \frac{\partial \grave{Y}}{\partial t^D} - c^Y_{p^{RW}} \left(\frac{\partial \grave{p}^R}{\partial t^D} + \frac{\partial \grave{p}^W}{\partial t^D} \right). \tag{12.131}$$

Die Summe innerhalb der ersten Klammern entspricht der Bedingung erster Ordnung für ein Gewinnmaximum des Güterproduzenten (3.2) Seite 26 und ist gleich Null. Einsetzten von (12.121) Seite 184 und (12.128) Seite 185 vereinfacht (12.131) zu

$$\frac{d\grave{\Pi}^Y}{dt^D} = p_Y \grave{Y} \frac{\partial \grave{Y}}{\partial t^D} - c^Y_{p^{RW}} \frac{\frac{\partial \grave{W}}{\partial t^D}}{c^Y_{p^{RW}Y} \frac{\partial \hat{Y}}{\partial p^W} + c^Y_{p^{RW}p^{RW}}} \lessgtr 0. \tag{12.132}$$

Die Unbestimmtheit des Vorzeichens folgt aus (3.5) Seite 27, (12.130) Seite 186, (11.1) Seite 151 und (12.122) Seite 184.

Die Reaktion des Güterpreises

Differenzieren von (4.35) Seite 55 führt zu

$$\frac{d\grave{p}}{dt^D} = u_{YY} \frac{\partial \grave{Y}}{\partial t^D} \lessgtr 0. \tag{12.133}$$

Das Vorzeichen von (12.133) folgt aus (3.5) Seite 27 und (12.130) Seite 186.

Die Reaktion der Neumaterialmenge

Differenzieren von (4.36) Seite 55 führt zu

$$\frac{d\grave{N}}{dt^D}=\frac{1}{C_{NN}^N}\frac{\partial\grave{p}^R}{\partial t^D}<0. \tag{12.134}$$

Das Vorzeichen von (12.134) folgt aus (12.121) Seite 184.

Die Reaktion der Gewinne des Neumaterialproduzenten

Differenzieren von (4.37) Seite 55 führt zu

$$\frac{d\grave{\Pi}^N}{dt^D}=\left(\grave{p}^R-C_N^N\right)\frac{\partial\grave{N}}{\partial t^D}+\grave{N}\frac{\partial\grave{p}^R}{\partial t^D}. \tag{12.135}$$

Die Summe innerhalb der runden Klammern entspricht der Bedingung erster Ordnung für ein Gewinnmaximum des Produzenten (3.30) Seite 33 und ist gleich Null. (12.135) vereinfacht sich zu

$$\frac{d\grave{\Pi}^N}{dt^D}=\grave{N}\frac{\partial\grave{p}^R}{\partial t^D}<0. \tag{12.136}$$

Das negative Vorzeichen von (12.136) folgt aus (12.121) Seite 184.

12.4.4 Die Wirkung des Markteintritts eines Entsorgers

Für eine einfache Herleitung der Ergebnisse der komparativen Statik bezogen auf die Anzahl der Entsorger werden die entsorgte Ressourcenmenge und der Ressourcenpreis im Marktgleichgewicht, wie folgt definiert. (4.26) definiert implizit den Ressourcenpreis als $p^R=p^R(W,n,\cdot)$ und Einsetzen dieser Funktion in (4.25) Seite 54 führt zu

$$p^W\left(\grave{W};p^R\left(\grave{W},n,\cdot\right)\right)+p_W^W\left(\grave{W};p^R\left(\grave{W},n,\cdot\right)\right)\frac{\grave{W}}{n}-c_W^W\left(\frac{\grave{W}}{n}\right)-t^W-t^D=0, \tag{4.28'}$$

(4.28′) definiert implizit die Menge der Entsorgungsdienstleistungen im Marktgleichgewicht unter einer Besteuerung der Entsorger als $\grave{W}=W(n,\cdot)$. Einsetzen dieser Funktion in (4.26) Seite 54 führt zu

$$W(n,\cdot)-n\left(c_R^{WR}\right)^{-1}\left(\grave{p}^R+s^R+t^D\right)-\left(C_N^N\right)^{-1}\left(\grave{p}^R\right)=0. \tag{4.27'}$$

(4.27′) definiert implizit den Ressourcenpreis im Marktgleichgewicht unter einer Besteuerung der Entsorger $\grave{p}^R=p^R(n,\cdot)$. Die impliziten Ableitungen von $p^R=p^R(W,n,\cdot)$ sind gegeben durch

$$\frac{dp^R}{dn}=-\frac{\left(c_R^{WR}\right)^{-1}}{\frac{n}{c_{RR}^{WR}}+\frac{1}{C_{NN}^N}}<0 \tag{12.137}$$

und

$$\frac{dp^R}{dW}=\frac{1}{\frac{n}{c_{RR}^{WR}}+\frac{1}{C_{NN}^N}}>0. \tag{12.138}$$

Die Reaktion der entsorgten Menge

Differenzieren von (4.28′) Seite 187 führt zu

$$\frac{d\grave{W}}{\partial n} = -\frac{-\frac{\grave{W}}{n^2}\left(p_W^W - c_{WW}^W\right) + \left(p_{p^R}^W + p_{Wp^R}^W \grave{W}\right)\frac{\partial p^R}{\partial n}}{p_W^W + \frac{1}{n}\left(p_W^W + p_{WW}^W \grave{W}\right) - \frac{1}{n}c_{WW}^W + \left(p_{p^R}^W + p_{Wp^R}^W \grave{W}\right)\frac{\partial p^R}{\partial W}} > 0. \tag{12.139}$$

Der Zähler ist positiv wegen der fallenden Nachfragefunktion nach den Entsorgungsdienstleistungen und den steigenden Grenzkosten des Einsammelns in Verbindung mit der strategischen Komplementarität (3.21) Seite 31 und (12.137). Der Nenner ist negativ wegen der fallenden Nachfragefunktion nach den Entsorgungsdienstleistungen, der Hahn-Bedingung (3.12) Seite 29 und den steigenden Grenzkosten des Einsammelns in Verbindung mit der strategischen Komplementarität (3.21) Seite 31 und (12.137).

Die Reaktion des Ressourcenpreises

Implizites Differenzieren von (4.27′) Seite 54 führt zu

$$\frac{d\grave{p}^R}{dn} = \frac{\frac{\partial \grave{W}}{\partial n} - \left(c_R^{WR}\right)^{-1}}{\frac{n}{c_{RR}^{WR}} + \frac{1}{C_{NN}^N}} \lessgtr 0. \tag{12.140}$$

Das Vorzeichen des Zählers unbestimmt. Der Nenner von (12.140) ist wegen den ansteigenden Grenzkosten positiv.

Die Reaktion der Rezyklatmenge

Differenzieren von (4.29) Seite 54 führt zu

$$\frac{d\grave{R}^R}{dn} = \left(c_R^{WR}\right)^{-1} + \frac{n}{c_{RR}^{WR}}\frac{\partial \grave{p}^R}{\partial n}$$

und mit (12.140)

$$= \left(c_R^{WR}\right)^{-1} + n\frac{\frac{\partial \grave{W}}{\partial n} - n\left(c_R^{WR}\right)^{-1}}{n + \frac{c_{RR}^{WR}}{C_{NN}^N}}$$

$$= \frac{\frac{c_{RR}^{WR}}{C_{NN}^N}\left(c_R^{WR}\right)^{-1} + n\frac{\partial \grave{W}}{\partial n}}{n + \frac{c_{RR}^{WR}}{C_{NN}^N}} > 0. \tag{12.141}$$

Das Vorzeichen von (12.141) ist wegen $n \geq 2$, den ansteigenden Grenzkosten und (12.139) Seite 188 positiv.

Die Reaktion der Gewinne eines Entsorgers

Differenzieren von (4.30) Seite 54 führt zu

$$\frac{d\grave{\Pi}_i^W}{dn} = \left(p^W + p_W^W \grave{W}_i - c_W^W - t^W - t^D\right)\frac{\partial \grave{W}_i}{\partial n} + \left(p^R + s^R + t^D - c_R^{WR}\right)\frac{\partial \grave{R}_i^R}{\partial n}$$
$$+ \left(p_{p^R}^W \grave{W}_i + \grave{R}_i^R\right)\frac{\partial \grave{p}^R}{\partial n} + p_W^W \grave{W}_i \frac{\partial \grave{W}_{-i}}{\partial n} \tag{12.142}$$

Die Summen innerhalb der ersten beiden Klammern entsprechen den Bedingungen erster Ordnung für ein Gewinnmaximum eines Entsorgers (3.23) und (3.24) Seite 32 und sind gleich Null. Folglich vereinfacht sich (12.142) zu

$$\frac{d\grave{\Pi}_i^W}{dn} = \left(p_{p^R}^W \grave{W}_i + \grave{R}_i^R\right) \frac{\partial \grave{p}^R}{\partial n} + p_W^W \grave{W}_i \frac{\partial \grave{W}_{-i}}{\partial n} \tag{12.143}$$

Aus der Annahme eines symmetrischen Gleichgewichtes auf dem Entsorgungsmarkt folgt $\frac{\partial \grave{W}_{-i}}{\partial n} = \frac{\partial \grave{W}}{\partial n}$, $\grave{W}_i = \frac{\grave{W}}{n}$ und $\grave{R}_i^R = \frac{\grave{R}^R}{n}$. In Verbindung mit $\frac{\partial \grave{p}^W}{\partial \grave{p}^R} = -1$ (11.9) Seite 153 kann (12.143) wie folgt dargestellt werden

$$\frac{d\grave{\Pi}_i^W}{dn} = -\frac{1}{n}\left(\grave{W} - \grave{R}^R\right) \frac{\partial \grave{p}^R}{\partial n} + p_W^W \frac{\grave{W}}{n} \frac{n-1}{n} \frac{\partial \grave{W}}{\partial n} \lesseqgtr 0. \tag{12.144}$$

Das Vorzeichen von (12.144) ist wegen (12.140) Seite 188, (11.8) Seite 153 und (12.139) Seite 188 unbestimmt.

Die Reaktion des Preises der Entsorgungsdienstleistungen

Implizites Differenzieren von (4.31) Seite 55 führt zu

$$\begin{aligned} \frac{d\grave{p}^W}{dn} &= \frac{\frac{\partial \grave{W}}{\partial n} - \left(c_{p^{RW}Y}^Y \frac{\partial \hat{Y}}{\partial p^R} + c_{p^{RW}p^{RW}}^Y\right) \frac{\partial \grave{p}^R}{\partial n}}{c_{p^{RW}Y}^Y \frac{\partial \hat{Y}}{\partial p^R} + c_{p^{RW}p^{RW}}^Y} \\ &= \frac{\frac{\partial \grave{W}}{\partial n}}{c_{p^{RW}Y}^Y \frac{\partial \hat{Y}}{\partial p^R} + c_{p^{RW}p^{RW}}^Y} - \frac{\partial \grave{p}^R}{\partial n} \lesseqgtr 0. \end{aligned} \tag{12.145}$$

Die Unbestimmtheit des Vorzeichens folgt aus (12.139) Seite 188, (11.1) Seite 151, (11.4) Seite 152 und (12.140) Seite 188.

Die Reaktion des Preises des Ressourceneinsatzes

Differenzieren von (4.32) Seite 55 führt zu

$$\frac{d\grave{p}^{RW}}{dn} = \frac{\partial \grave{p}^R}{\partial n} + \frac{\partial \grave{p}^W}{\partial n}$$

und Einsetzen von (12.140) Seite 188 und von (12.145) Seite 189

$$= \frac{\frac{\partial \grave{W}}{\partial n}}{c_{p^{RW}Y}^Y \frac{\partial \hat{Y}}{\partial p^W} + c_{p^{RW}p^{RW}}^Y} < 0. \tag{12.146}$$

Das negative Vorzeichen von (12.146) folgt aus (12.139) Seite 188, (11.1) Seite 151 und (11.4) Seite 152.

Die Reaktion der Gütermenge

Implizites Differenzieren von (4.33) Seite 55 führt zu

$$\frac{d\grave{Y}}{dn} = \frac{c^{Y}_{Yp^{RW}}\left(\frac{\partial \grave{p}^{R}}{\partial n} + \frac{\partial \grave{p}^{W}}{\partial n}\right)}{p_{Y} - c^{Y}_{YY}}$$

mit (12.140) Seite 188 und (12.145) Seite 189

$$= \frac{c^{Y}_{Yp^{RW}} \frac{\partial \grave{W}}{\partial n}}{\left(c^{Y}_{p^{RW}Y} \frac{\partial \hat{Y}}{\partial p^{R}} + c^{Y}_{p^{RW}p^{RW}}\right)\left(p_{Y} - c^{Y}_{YY}\right)} > 0. \tag{12.147}$$

Die Reaktion der Gewinne des Güterproduzenten

Differenzieren von (4.34) Seite 55 führt zu

$$\frac{d\grave{\Pi}^{Y}}{dn} = \left(p - c^{Y}_{Y}\right)\frac{\partial \grave{Y}}{\partial n} + p_{Y}\grave{Y}\frac{\partial \grave{Y}}{\partial n} - c^{Y}_{p^{RW}}\left(\frac{\partial \grave{p}^{R}}{\partial n} + \frac{\partial \grave{p}^{W}}{\partial n}\right) \tag{12.148}$$

Der Ausdruck innerhalb der ersten Klammern entspricht der Bedingung erster Ordnung für ein Gewinnmaximum des Güterproduzenten (3.2) Seite 26 und ist gleich Null. In Verbindung mit (12.140) Seite 188 und (12.145) Seite 189 läßt sich (12.148) schreiben als

$$\frac{d\grave{\Pi}^{Y}}{dn} = p_{Y}\grave{Y}\frac{\partial \grave{Y}}{\partial n} - c^{Y}_{p^{RW}} \frac{\frac{\partial \grave{W}}{\partial n}}{c^{Y}_{p^{RW}Y}\frac{\partial \hat{Y}}{\partial p^{R}} + c^{Y}_{p^{RW}p^{RW}}} \lesseqgtr 0. \tag{12.149}$$

Die Unbestimmtheit des Vorzeichens von (12.149) folgt aus (3.5) Seite 27, (12.147) Seite 190, (11.1) Seite 151, (12.139) Seite 188, (11.4) Seite 152.

Die Reaktion des Güterpreises

Differenzieren von (4.35) Seite 55 führt zu

$$\frac{d\grave{p}}{dn} = u_{Y}\frac{\partial \grave{Y}}{\partial n} < 0. \tag{12.150}$$

Die Reaktion der Neumaterialmenge

Differenzieren von (4.36) Seite 55 führt zu

$$\frac{d\grave{N}}{dn} = \frac{1}{C^{N}_{NN}}\frac{\partial \grave{p}^{R}}{\partial n} \lesseqgtr 0. \tag{12.151}$$

Das Vorzeichen folgt aus den steigenden Grenzkosten und (12.140) Seite 188.

Die Reaktion der Gewinne des Neumaterialproduzenten

Differenzieren von (4.37) Seite 55 führt zu

$$\frac{d\grave{\Pi}^N}{dn} = \left(\grave{p}^R - C_N^N\right)\frac{\partial \grave{N}}{\partial n} + \frac{\partial \grave{p}^R}{\partial n}\grave{N} \tag{12.152}$$

Der Ausdruck innerhalb der Klammern entspricht der Bedingung erster Ordnung für ein Gewinnmaximum des Neumaterialproduzenten (3.30) Seite 33 und ist gleich Null. (12.152) vereinfacht sich zu

$$\frac{d\grave{\Pi}^N}{dn} = \frac{\partial \grave{p}^R}{\partial n}\grave{N} \lesseqgtr 0. \tag{12.153}$$

Das Vorzeichen folgt (12.140) Seite 188.

Kapitel 13

Die kurzfristige Wohlfahrtsdiskussion

Die Funktion der sozialen Wohlfahrt ist mit $W = R^R - N$ definiert als

$$\begin{aligned} SWF(Y,W,N) = \int_0^Y p(y)\,dy - c^Y\left(Y; p^R(W) + p^W(W)\right) + p^W(W)\,W \\ + p^R(W)(W-N) - nc^W\left(\frac{W}{n}\right) \\ - nc^{WR}\left(\frac{W-N}{n}\right) - F + p^R N - C^N(N) - S(N). \end{aligned} \quad (5.4)$$

13.1 Die Erst-Beste Allokation

Das Problem der Maximierung des sozialen Wohlfahrt lautet

$$\max_{Y,W,N} SWF(Y,W,N). \quad (5.5)$$

13.1.1 Die Referenzallokation für die Bewertung der Quotenregulierung

Die Verwendung der Entsorgungsquote β erlaubt die Menge des Neumaterials als $N = (1-\beta)W$ zuschreiben. Das Maximierungsproblem (5.5) lautet dann

$$\max_{Y,W,\beta} SWF(Y,W,(1-\beta)W) \quad \text{u.d.N.: } 0 \leq \beta \leq 1. \quad (5.6)$$

Die Lagrangefunktion des Problems (5.6) ist mit dem Kuhn-Tucker Parameter μ gegeben durch

$$\begin{aligned} \mathcal{L}^{SWF(\beta)}(Y,W,\beta,\mu) = \int_0^Y p(y)\,dy - c^Y\left(Y; p^R(W) + p^W(W)\right) + p^W(W)\,W \\ - nc^W\left(\frac{W}{n}\right) - nc^{WR}\left(\frac{\beta W}{n}\right) - F \\ + p^R(W)\,W - C^N\left((1-\beta)W\right) - S\left((1-\beta)W\right) + \mu\beta. \end{aligned} \quad (5.7)$$

Die Bedingungen erster Ordnung lauten unter Vernachlässigung der Funktionsargumente und mit $c^Y_{p^{RW}} = W$, siehe Abschnitt 3.1 Seite 26

$$\frac{\partial \mathcal{L}^{SWF(\beta)}}{\partial Y} = p - c^Y_Y = 0, \tag{5.8}$$

$$\frac{\partial \mathcal{L}^{SWF(\beta)}}{\partial W} = p^W + p^R - c^W_W - \beta c^{WR}_R - C^N_N (1-\beta) - S_D (1-\beta) = 0, \tag{5.9}$$

$$\frac{\partial \mathcal{L}^{SWF(\beta)}}{\partial \beta} = \left[C^N_N + S_D - c^{WR}_R\right] W + \mu = 0 \tag{5.10}$$

und die Komplementaritätsbedingung ist gegeben durch

$$\mu \geq 0 \;\; (\mu = 0 \;\text{ falls }\; -\beta < 0)\,. \tag{5.11}$$

Die Bedingung zweiter Ordnung fordert die Konkavität der Funktion der sozialen Wohlfahrt und diese Bedingung ist äquivalent zu der, daß die Hesse-Matrix, welche gegeben ist durch

$$\begin{bmatrix} a_{11} & 0 & 0 \\ 0 & a_{22} & a_{23} \\ 0 & a_{32} & a_{33} \end{bmatrix}, \tag{13.1}$$

$$a_{11} = p_Y - c^Y_{YY} < 0, \tag{13.2}$$

$$a_{22} = -\frac{1}{n}\left(c^W_{WW} - \beta^2 c^{WR}_{RR}\right) - (1-\beta)^2\left(C^N_{NN} + S_{DD}\right) < 0, \tag{13.3}$$

$$a_{23} = -c^{WR}_R - \frac{\beta W}{n} c^{WR}_{RR} + C^N_N + S_D + (1-\beta) W \left(C^N_{NN} + S_{DD}\right), \tag{13.4}$$

$$a_{32} = -c^{WR}_R - \frac{\beta W c^{WR}_{RR}}{n} + C^N_N + S_D + (1-\beta) W \left(C^N_{NN} + S_{DD}\right), \tag{13.5}$$

$$a_{33} = \left(C^N_{NN} + S_{DD} - \frac{1}{n} c^{WR}_{RR}\right) W, \tag{13.6}$$

negativ definit ist. Die Vorzeichen der Hauptminoren müssen die folgenden Bedingungen erfüllen

$$-a_{11} > 0 \;\wedge\; a_{11}a_{22} > 0 \;\wedge\; -a_{11}a_{22}a_{33} + a_{32}a_{23}a_{11} > 0. \tag{13.7}$$

Die ersten beiden Ungleichung sind erfüllt und die dritte kann, weil $a_{23} = a_{32}$ gilt, in folgender Form geschrieben werden

$$a_{11}\left(a_{22}a_{33} - a_{23}^2\right) > 0. \tag{13.8}$$

Eine hinreichende Bedingung, daß die Funktion der sozialen Wohlfahrt in der hier vorliegenden Darstellung strikt konkav und damit das Maximum global ist, lautet

$$a_{33} = C^N_{NN} + S_{DD} - \frac{1}{n} c^{WR}_{RR} > 0. \tag{5.12}$$

13.1.2 Die Referenzallokation für die Bewertung der Besteuerung

Das Maximierungsproblem (5.5) lautet mit $N = W - R^R$

$$\max_{Y,W,R^R} SWF(Y, W, R^R, W - R^R) \quad \text{u.d.N. } R^R \geq 0. \tag{5.13}$$

oder ausgeschrieben

$$\max_{Y,W,R^R}\left\{\int_0^Y p(y)\,dy - c^Y\left(Y; p^R(W)+p^W(W)\right) + p^W(W)\,W - nc^W\left(\frac{W}{n}\right)\right.$$
$$\left. - nc^{WR}\left(\frac{R^R}{n}\right) - F + p^R(W)\,W - C^N(W-R^R) - S(W-R^R)\right\}. \tag{5.14}$$

u.d.N.: $R^R \geq 0$.

Die Lagrangefunktion des Problems (5.14) lautet mit dem Kuhn-Tucker Parametern μ

$$\mathcal{L}^{SWF}\left(Y,W,R^R\right) = SWF\left(Y,W,R^R\right) + \mu R^R. \tag{13.9}$$

Die Bedingungen erster Ordnung lauten unter Vernachlässigung der Funktionsargumente und mit $c^Y_{p^RW} = W$, siehe Abschnitt 3.1 Seite 26

$$\frac{\partial \mathcal{L}^{SWF}}{\partial Y} = p - c^Y_Y = 0, \tag{5.16}$$
$$\frac{\partial \mathcal{L}^{SWF}}{\partial W} = p^W + p^R - c^W_W - C^N_N - S_D = 0, \tag{5.17}$$
$$\frac{\partial \mathcal{L}^{SWF}}{\partial R^R} = C^N_N + S_D - c^{WR}_R + \mu = 0. \tag{5.18}$$

Die Hesse-Matrix der sozialen Wohlfahrtsfunktion (5.14) ist gegeben durch

$$\begin{bmatrix} p_Y - c^Y_{YY} & 0 & 0 \\ 0 & -\frac{1}{n}c^W_{WW} - C^N_{NN} - S_{DD} & C^N_{NN} + S_{DD} \\ 0 & C^N_{NN} + S_{DD} & \frac{1}{n}c^{WR}_{RR} - C^N_{NN} - S_{DD} \end{bmatrix} \tag{13.10}$$

Die Bedingung zweiter Ordnung fordert die Konkavität der Funktion der sozialen Wohlfahrt und diese ist streng konkav und das Maximum global, falls die Matrix (13.10) negativ definit ist, d.h. die folgenden drei Ungleichungen müssen erfüllt sein

$$0 < p_Y - c^Y_{YY}, \tag{13.11}$$
$$0 < -\left(p_Y - c^Y_{YY}\right)\left(\frac{1}{n}c^W_{WW} + C^N_{NN} + S_{DD}\right), \tag{13.12}$$
$$0 < -\left(p_Y - c^Y_{YY}\right)\Big(\left(\frac{1}{n}c^W_{WW} + C^N_{NN} + S_{DD}\right)\left(\frac{1}{n}c^{WR} - C^N_{NN} - S_{DD}\right) - \left(C^N_{NN} + S_{DD}\right)^2\Big) \tag{13.13}$$

Die erste Ungleichung (13.11) ist erfüllt, siehe (3.5) Seite 27 und (11.1) Seite 151. Die zweite Ungleichung (13.12) ist wegen (13.11), den steigenden Grenzkosten (11.2) Seite 151, (11.3) Seite 151 und dem ansteigenden Grenzschaden, siehe Abschnitt 3.2 Seite 27 erfüllt. Die dritte Ungleichung (13.13) ist erfüllt, falls die folgende hinreichende Bedingung erfüllt ist

$$C^N_{NN} + S_{DD} - \frac{1}{n}c^{WR}_{RR} > 0. \tag{5.12}$$

13.2 Die soziale Wohlfahrt im Marktgleichgewicht

13.2.1 Die soziale Wohlfahrt in dem Marktgleichgewicht unter einer Quotenregulierung

Die soziale Wohlfahrt ist definiert durch

$$\begin{aligned} SWF&\left(\tilde{Y}(\beta),\tilde{W}(\beta),\tilde{p}^R(\beta),\tilde{p}^W(\beta),\beta\right)\\ &=\int_0^{\tilde{Y}(\beta)} p(y)\,dy - c^Y\left(\tilde{Y}(\beta),\tilde{p}^R(\beta)+\tilde{p}^W(\beta)\right)\\ &\quad+\tilde{p}^W(\beta)\tilde{W}(\beta)-nc^W\left(\frac{\tilde{W}(\beta)}{n}\right)-nc^{WR}\left(\frac{\beta\tilde{W}(\beta)}{n}\right)\\ &\quad-F+\tilde{p}^R(\beta)\tilde{W}(\beta)-C^N\left((1-\beta)\tilde{W}(\beta)\right)-S\left((1-\beta)\tilde{W}(\beta)\right) \end{aligned} \quad (5.20)$$

Das zugehörige Maximierungsproblem lautet

$$\max_{\beta} SWF\left(\tilde{Y}(\beta),\tilde{W}(\beta),\tilde{p}^R(\beta),\beta\right) \quad \text{s.t.: } 0\leq\beta\leq 1. \quad (5.21)$$

Die Lagrange-Funktion ist definiert durch

$$\mathcal{L}(\beta)=SWF\left(\tilde{Y}(\beta),\tilde{W}(\beta),\tilde{p}^R(\beta),\tilde{p}^W(\beta),\beta\right). \quad (5.22)$$

Die Bedingung erster Ordnung in Bezug für eine optimale Entsorgungsquote für ein Maximum der Lagrange-Funktion lautet unter Vernachlässigung der Indizes

$$\begin{aligned} &\left[p-c_Y^Y\right]\frac{\partial\tilde{Y}}{\partial\beta}-c_{pRW}^Y\frac{\partial\tilde{p}^R}{\partial\beta}-c_{pRW}^Y\frac{\partial\tilde{p}^W}{\partial\beta}+\tilde{W}\frac{\partial\tilde{p}^R}{\partial\beta}+\tilde{W}\frac{\partial\tilde{p}^W}{\partial\beta}\\ &\quad+\left[\tilde{p}^R+\tilde{p}^W-c_W^W-\beta c_R^{WR}-(1-\beta)C_N^N-(1-\beta)S_E\right]\frac{\partial\tilde{W}}{\partial\beta}\\ &\quad-c_R^{WR}\tilde{W}+C_N^N\tilde{W}+S_D\tilde{W}=0. \end{aligned} \quad (13.14)$$

Die bedingte Faktornachfrage des Güterproduzenten nach der Ressource bzw. den Entsorgungsdienstleistungen entspricht in einem Marktgleichgewicht der angebotenen Menge und somit gilt $c_{pRW}^Y = W$ (4.15) Seite 47 und (13.14) vereinfacht sich zu

$$\begin{aligned} &\left[p-c_Y^Y\right]\frac{\partial\tilde{Y}}{\partial\beta}+\left[\tilde{p}^R+\tilde{p}^W-c_W^W-\beta c_R^{WR}-(1-\beta)C_N^N-(1-\beta)S_D\right]\frac{\partial\tilde{W}}{\partial\beta}\\ &\quad-c_R^{WR}\tilde{W}+C_N^N\tilde{W}+S_D\tilde{W}=0. \end{aligned} \quad (13.15)$$

Einsetzen der Bedingung für ein Gleichgewicht auf dem Gütermarkt (3.7) Seite 27 vereinfacht (13.15) zu

$$\begin{aligned} &\left[\tilde{p}^R+\tilde{p}^W-c_W^W-\beta c_R^{WR}-(1-\beta)C_N^N-(1-\beta)S_D\right]\frac{\partial\tilde{W}}{\partial\beta}\\ &\quad-c_R^{WR}\tilde{W}+C_N^N\tilde{W}+S_D\tilde{W}=0. \end{aligned} \quad (13.16)$$

Die Annahme des vollständigen Wettbewerbes auf dem Ressourcenmarkt impliziert, daß $p^R = C_N^N$ und (13.16) kann geschrieben werden als

$$[\tilde{p}^R\beta + \tilde{p}^W - c_W^W - \beta c_R^{WR} - (1-\beta) S_D] \frac{\partial \tilde{W}}{\partial \beta} + [\tilde{p}^R + S_D - c_R^{WR}] \tilde{W} = 0. \tag{13.17}$$

Einsetzen der Bedingung für ein simultanes Gleichgewicht auf dem Güter- und dem Entsorgungsmarkt (4.1) vereinfacht (13.17) zu

$$-\left[p_W^W \frac{\tilde{W}}{n} + (1-\beta) S_D\right] \frac{\partial \tilde{W}}{\partial \beta} + [\tilde{p}^R + S_D - c_R^{WR}] \tilde{W} = 0. \tag{5.23}$$

Die Bedingung zweiter Ordnung ist gegeben durch

$$\begin{aligned} -&\left[p_W^W \frac{\tilde{W}}{n} + (1-\beta) S_D\right] \frac{\partial^2 \tilde{W}}{\partial \beta^2} + S_D \frac{\partial \tilde{W}}{\partial \beta} \\ &- \left[\frac{1}{n}\left(p_W^W + p_{WW}^W \tilde{W}\right) + (1-\beta) S_{DD}\right] \left(\frac{\partial \tilde{W}}{\partial \beta}\right)^2 + [\tilde{p}^R + S_D - c_R^{WR}] \frac{\partial \tilde{W}}{\partial \beta} \\ &+ \left[\frac{\partial \tilde{p}^R}{\partial \beta} + \left((1-\beta)\frac{\partial \tilde{W}}{\partial \beta} - \tilde{W}\right) S_{DD} - \left(\tilde{W} + \beta \frac{\partial \tilde{W}}{\partial \beta}\right) c_{RR}^{WR}\right] \tilde{W} < 0. \end{aligned} \tag{13.18}$$

Der Beweis des Theorems 14:

Damit die Erst-Beste Allokation im inneren des zulässigen Intervalles der Entsorgungsquote erreicht wird, müssen die folgenden drei Bedingungen erster Ordnung, siehe Abschnitt 5.1.1 Seite 69, erfüllt sein

$$\frac{\partial SWF}{\partial Y} = p - c_Y^Y = 0, \tag{5.8}$$

$$\frac{\partial SWF}{\partial W} = p^W + p^R - c_W^W - \beta c_R^{WR} - C_N^N (1-\beta) - S_D (1-\beta) = 0, \tag{5.9.2}$$

$$\frac{\partial SWF}{\partial \beta} = [C_N^N + S_D - c_R^{WR}] W = 0 \tag{5.10.2}$$

In dem kurzfristigen Marktgleichgewicht gilt, daß der Preis des Konsumgutes den Grenzkosten entspricht, siehe Abschnitt 3.3 Gleichung (3.7) Seite 27, folglich ist die Bedingung (5.8) erfüllt. Der Produzent von Neumaterial verkauft im Marktgleichgewicht zu einem Ressourcenpreis, der seinen Grenzkosten entspricht und einsetzen der Gleichgewichtsbedingung des Güter- und Entsorgungsmarktes in (5.9.2) führt zu

$$-p_W^W \frac{\tilde{W}}{n} - S_D (1-\beta) = 0, \tag{13.19}$$

$$[\tilde{p}^R + S_D - c_R^{WR}] \tilde{W} = 0. \tag{13.20}$$

Die Bedingung (13.20) fordert die Quote so zu setzen, daß der soziale Grenzerlös der Rezyklierung den Grenzkosten der Rezyklierung entspricht. (13.19) verlangt eine eingesetzte Ressourcenmenge in der Höhe, daß der Preisaufschlag eines Entsorgers auf den Preis der Entsorgung der in der Güterproduktion eingesetzten Ressourcenmenge dem durch diese Ressourcenmenge trotz Rezyklierung ausgelösten Grenzschaden entspricht. Damit nun die im Marktgleichgewicht unter einer Quotenregulierung erreichte Allokation mit der Erst-Besten Allokation übereinstimmt muß: Erstens der Preisaufschlag eines Entsorgers dem von der entsorgten Ressourcenmenge verursachten Grenzschaden entsprechen, d.h.

$$-p_W^W \frac{\tilde{W}}{n} = S_D (1 - \beta), \tag{13.19'}$$

und Zweitens die Bedingung (13.20) erfüllt sein.

Die implizite Bestimmung der Entsorgungsquote:

Die Bedingung erster Ordung für die die wohlfahrtsmaximierenden Entsorgungsquote im Marktgleichgewicht unter einer Quotenregulierung (5.23) Seite 73 kann geschrieben werden als

$$S_D \left[\tilde{W} - (1 - \beta) \frac{\partial \tilde{W}}{\partial \beta} \right] - p_W^W \frac{\tilde{W}}{n} \frac{\partial \tilde{W}}{\partial \beta} = \left[c_R^{WR} - \tilde{p}^R \right] \tilde{W} \tag{13.21}$$

(13.21) kann äquivalent geschrieben werden als

$$\frac{c_R^{WR} - \tilde{p}^R}{S_D} = 1 - \frac{1 - \beta}{\tilde{W}} \frac{\partial \tilde{W}}{\partial \beta} - p_W^W \frac{1}{n S_D} \frac{\partial \tilde{W}}{\partial \beta}. \tag{13.22}$$

Unter Verwendung der Definition einer Elastizität $\eta(u, v) = \frac{\partial u}{\partial v} \frac{v}{u}$

$$\frac{c_R^{WR} - \tilde{p}^R}{S_D} = 1 - \frac{1 - \beta}{\beta} \eta \left(\tilde{W}, \beta \right) - \eta \left(\tilde{W}, \beta \right) \frac{1}{\eta \left(\tilde{W}, p^W \right)} \frac{p^W}{n \beta S_D}. \tag{5.24}$$

13.2.2 Die soziale Wohlfahrt in dem Marktgleichgewicht unter einer Besteuerung

Die soziale Wohlfahrtsfunktion lautet

$$\begin{aligned} SWF \left(\grave{Y}(\cdot), \grave{p}^R(\cdot), \grave{p}^W(\cdot), \grave{W}(\cdot), \grave{R}^R(\cdot), t^W, s^R, t^D \right) = \\ \int_0^{\grave{Y}} p(y)\, dy - c^Y \left(\grave{Y}; \grave{p}^R + \grave{p}^W \right) + \grave{p}^W \grave{W} - n c^W \left(\frac{\grave{W}}{n} \right) \\ - n c^{WR} \left(\frac{\grave{R}^R}{n} \right) - F + \grave{p}^R \grave{W} - C^N (\grave{W} - \grave{R}^R) - S(\grave{W} - \grave{R}^R). \end{aligned} \tag{5.26}$$

Das Problem der Maximierung der sozialen Wohlfahrt in dem Marktgleichgewicht unter einer Besteuerung ist gegeben durch

$$\max_{t^W, s^R, t^D} SWF \left(\grave{Y}, \grave{p}^R, \grave{p}^W, \grave{W}, \grave{R}^R, t^W, s^R, t^D \right) \tag{5.27}$$

Die drei Bedingungen erster Ordnung für $\tau \in \left\{t^W, s^R, t^D\right)$ lauten

$$\begin{aligned}\left[p - c_Y^Y\right] \frac{\partial \grave{Y}}{\partial \tau} - \left[c_{p^{RW}}^Y - \grave{W}\right] \left[\frac{\partial \grave{p}^R}{\partial \tau} + \frac{\partial \grave{p}^W}{\partial \tau}\right] & \\ + \left[\grave{p}^W - c_W^W + \grave{p}^R - C_N^N - S_D\right] \frac{\partial \grave{W}}{\partial \tau} - \left[c_R^{WR} - C_N^N - S_D - \mu\right] \frac{\partial \grave{R}^R}{\partial \tau} &= 0. \end{aligned} \tag{13.23}$$

Einsetzen der Bedingung für das Gleichgewicht auf dem Gütermarkt (3.7) Seite 27 vereinfacht (13.23) zu

$$\begin{aligned}- \left[c_{p^{RW}}^Y - \grave{W}\right] \left[\frac{\partial \grave{p}^R}{\partial \tau} + \frac{\partial \grave{p}^W}{\partial \tau}\right] + \left[\grave{p}^W - c_W^W + \grave{p}^R - C_N^N - S_D\right] \frac{\partial \grave{W}}{\partial \tau} & \\ - \left[c_R^{WR} - C_N^N - S_D\right] \frac{\partial \grave{R}^R}{\partial \tau} &= 0. \end{aligned} \tag{13.24}$$

Im Marktgleichgewicht entspricht die bedingte Faktornachfrage des Güterproduzenten $c_{p^{RW}}^Y$ der eingesetzten bzw. entsorgten Ressourcenmenge $\grave{W}$, siehe (4.28) Seite 54 und (13.24) kann geschrieben werden als

$$\left[\grave{p}^W - c_W^W + \grave{p}^R - C_N^N - S_D\right] \frac{\partial \grave{W}}{\partial \tau} - \left[c_R^{WR} - C_N^N - S_D\right] \frac{\partial \grave{R}^R}{\partial \tau} = 0. \tag{13.25}$$

Einsetzen der Gleichgewichtsbedingung für den Entsorgungsmarkt unter der Besteuerung (4.25) Seite 54 in (13.25) führt zu

$$\left[-\grave{p}_W^W \grave{W} + t^W + t^D + \grave{p}^R - C_N^N - S_D\right] \frac{\partial \grave{W}}{\partial \tau} - \left[c_R^{WR} - C_N^N - S_D\right] \frac{\partial \grave{R}^R}{\partial \tau} = 0. \tag{13.26}$$

In dem Marktgleichgewicht maximiert der Produzent von Neumaterial seine Gewinne und in diesem Modellrahmen entsprechen seine Grenzkosten folglich dem Ressourcenpreis, siehe (3.30) Seite 33 und (13.26) vereinfacht sich zu

$$\left[-\grave{p}_W^W \grave{W} + t^W + t^D - S_D\right] \frac{\partial \grave{W}}{\partial \tau} - \left[c_R^{WR} - \grave{p}^R - S_D\right] \frac{\partial \grave{R}^R}{\partial \tau} = 0. \tag{13.27}$$

Gleichzeitig maximieren die Entsorger ihre Gewinne. Einsetzen der Bedingung erster Ordnung für den gewinnmaximierende Rezyklatmenge (3.24) Seite 32 in (13.27) führt zu

$$\left[-\grave{p}_W^W \frac{\grave{W}}{n} + t^W + t^D - S_D\right] \frac{\partial \grave{W}}{\partial \tau} - \left[s^R + t^D - S_D\right] \frac{\partial \grave{R}^R}{\partial \tau} = 0. \tag{5.29}$$

Kapitel 14

Die langfristige Modellerweiterung

14.1 Der preisnehmende Entsorger unter einer Quotenregulierung

Das Angebot des Entsorgers an Entsorgungsdienstleistungen unter vollständigem Wettbewerb als $W^E = W^E\left(p^W; p^R; \beta\right)$ ist implizit definiert durch die Bedingung erster Ordnung für ein inneres Gewinnmaximum

$$p^W - c_W^W\left(W^E\right) - \beta\left(c_R^{WR}\left(\beta W^E\right) - p^R\right) = 0, \tag{6.3}$$

siehe Abschnitt 6.2 Seite 85. Die Wirkung einer Steigerung des Entsorgungspreises auf das Angebot an Entsorgungsdienstleistungen ist gegeben durch

$$\frac{\partial W^E}{\partial p^W} = \frac{1}{c_{WW}^W + \beta^2 c_{RR}^{WR}} > 0, \tag{14.1}$$

und die einer Steigerung des Ressourcenpreises

$$\frac{\partial W^E}{\partial p^R} = \frac{\beta}{c_{WW}^W + \beta^2 c_{RR}^{WR}} > 0, \tag{14.2}$$

und die einer Quotenverschärfung

$$\frac{\partial W^E}{\partial \beta} = \frac{-\left(c_R^{WR} - p^R\right) - \beta W c_{RR}^{WR}}{c_{WW}^W + \beta^2 c_{RR}^{WR}} < 0. \tag{14.3}$$

Die jeweiligen Vorzeichen der Ableitungen folgen aus den ansteigenden Grenzkosten des Entsorgers (11.2) Seite 151 bzw. der ökonomisch bindenden Regulierung (3.14) Seite 30. Anzumerken bleibt, daß zwischen (14.1) und (14.2) folgender Zusammenhang gilt

$$\frac{\partial W^E}{\partial p^W} > \frac{\partial W^E}{\partial p^R} > 0$$

oder äquivalent formuliert

$$\beta\frac{\partial W^E}{\partial p^W} = \frac{\partial W^E}{\partial p^R} > 0. \tag{14.4}$$

14.2 Der Neumaterialproduzent

Die Annahmen an die Kostenfunktion der Neumaterialproduktion

$$c_N^N > 0, \quad c_{NN}^N > 0, \quad c_B^N < 0, \quad c_{NB}^N < 0, \quad c_{BB}^N > 0, \tag{14.5}$$

und an die Regenerationsfunktion

$$G_B \lesseqgtr 0, \quad G_{BB} < 0. \tag{14.6}$$

Das Kontrollproblem des Neumaterialproduzenten lautet mit $r^N \in (0,1)$ und dem Anfangsbestand der Ressource B_0

$$\max_N \int_0^\infty \left(p^R N(t) - c^N(N(t), B(t))\right) e^{-r^N t} dt,$$
$$\text{s.t.: } \dot{B} = G(B(t)) - N(t), \quad B(0) = B_0, \quad \lim_{t\to\infty} B(t) \geq 0. \tag{6.9}$$

Solange keine Unklarheiten resultieren werden im folgenden zur Erleichterung der Notation die Zeitindizes vernachlässigt. Die Momentanwert Hamiltonfunktion ist mit λ^N als der adjungierten Kovariablen gegeben durch

$$\mathcal{H}^N = p^R N - c^N(N, B) + \lambda^N\big(G(B) - N\big). \tag{6.10}$$

Das kanonische Gleichungssystem wird beschrieben durch

$$0 = p^R - c_N^N(N, B) - \lambda^N, \tag{6.11}$$
$$\dot{\lambda}^N = \left(r^N - G_B(B)\right)\lambda^N + c_B^N(N, B), \tag{6.12}$$
$$\dot{B} = G(B) - N, \tag{6.6}$$

Sei $(N^*(t), B^*(t))$ eine zulässige Lösung des Gleichungssystems (6.11), (6.12) und (6.6). Die Transversalitätsbedingung lautet mit $B^z(t)$ als beliebige zulässige Bestandstrajektorie

$$\lim_{t\to\infty} e^{-r^N t}\lambda^N(t)\left[B^z(t) - B^*(t)\right] \geq 0. \tag{6.13}$$

Aus (6.12) folgt in Verbindung mit $c_B^N < 0$ (14.5) und dem positiven Schattenpreis, daß in einem Steady-State

$$r^N - G_B > 0 \tag{6.18}$$

gelten muß.

(6.11) definiert implizit $N = N\left(B, \lambda^N, p^R\right)$ mit den folgenden partiellen Ableitungen

$$\frac{dN}{dB} = -\frac{c_{BN}^N}{c_{NN}^N} > 0, \tag{14.7}$$
$$\frac{dN}{d\lambda^N} = -\frac{1}{c_{NN}^N} < 0, \tag{14.8}$$
$$\frac{dN}{dp^R} = \frac{1}{c_{NN}^N} > 0. \tag{14.9}$$

Arrows hinreichende Bedingungen fordern unter anderem, daß die über N maximierte Hamiltonfunktion (6.10) konkav im Ressourcenbestand B ist, siehe Theorem 14 Seite 236 Seierstad und Sydsæter (1997). Die maximierte Momentanwert Hamiltonfunktion lautet

$$\mathcal{H}^N(N(B,\cdot),B,\cdot) = p^R N(B,\cdot) - c^N(N(B,\cdot),B) + \lambda^N(G(B) - N(B,\cdot)) \tag{14.10}$$

und die erste Ableitung nach dem Bestand

$$\frac{d\mathcal{H}^N(N(B,\cdot),\cdot)}{dB} = \left[p^R - c_N^N - \lambda^N\right]\frac{\partial N}{\partial B} - c_B^N + \lambda^N G_B$$

und wegen (6.11) Seite 88

$$= -c_B^N + \lambda^N G_B \tag{14.11}$$

und die zweite Ableitung nach dem Bestand

$$\frac{d^2\mathcal{H}^N(N(B,\cdot),B,\cdot)}{(dB)^2} = -c_{BB}^N + \lambda^N G_{BB} - c_{NB}^N\frac{\partial N^{\max}}{\partial B}$$

und wegen (14.7) Seite 202

$$= -c_{BB}^N + \lambda^N G_{BB} + \frac{\left(c_{NB}^N\right)^2}{c_{NN}^N}. \tag{6.14}$$

Das Vorzeichen von (6.14) ist wegen den Annahmen an die Technologie der Neumaterialproduktion (14.5) Seite 202 und denen an die Regenerationsfunktion (14.6) Seite 202 unbestimmt. Ist (6.14) negativ, dann ist die über den Ressourcenbestand maximierte Hamiltonfunktion konkav.

14.3 Der Steady-State und die dynamischen Eigenschaften

In dem Steady-State sind sowohl der Schattenpreis als auch der Ressourcenbestand konstant und der Neumaterialproduzent maximiert seine Gewinne. Die endogenen Variablen werden mit einem Stern * gekennzeichnet. Der Steady-State ist definiert durch

$$0 = p^R - c_N^N(N^*,B^*) - \lambda^{N*}, \tag{6.11}$$

$$0 = \left(r^N - G_B(B^*)\right)\lambda^{N*} + c_B^N(N^*,B^*), \tag{6.16}$$

$$0 = G(B^*) - N^*. \tag{6.17}$$

Die diskontierten Gewinne des Neumaterialproduzenten lauten im Steady-State

$$\int_0^\infty \Pi^N\left(p^R,r^N\right)e^{-r^N t}dt = \left[p^R N^*\left(p^R,r^N\right) - c^N\left(N^*\left(p^R,r^N\right),B^*\left(p^R,r^N\right)\right)\right]\frac{1}{r^N}. \tag{6.19}$$

14.3.1 Das Differentialgleichungssystem (6.20), (6.6)

Total Differenzieren von (6.11) Seite 88 nach der Zeit t ergibt

$$0 = c_{NN}^{N}(N,B)\,\dot{N} + c_{NB}^{N}(N,B)\,\dot{B} + \dot{\lambda}^{N}. \tag{14.12}$$

und Auflösen nach $\dot{N}$ führt zu folgender Differentialgleichung

$$\dot{N} = -\frac{1}{c_{NN}^{N}(N,B)}\left(c_{NB}^{N}(N,B)\,\dot{B} + \dot{\lambda}^{N}\right)$$

und mit (6.6) Seite 86 und (6.12) Seite 88

$$\dot{N} = -\frac{1}{c_{NN}^{N}(N,B)}\left(c_{NB}^{N}(N,B)\cdot\left(G(B)-N\right) + \left(r^{N} - G_{B}(B)\right)\lambda^{N} + c_{B}^{N}(N,B)\right). \tag{14.13}$$

Aus (6.11) folgt $\lambda^{N} = p^{R} - c_{N}^{N}(N,B)$ und Einsetzen in (14.13) führt zu

$$\dot{N} = -\frac{1}{c_{NN}^{N}(N,B)}\Big(c_{NB}^{N}(N,B)\cdot\left(G(B)-N\right) + \left(r^{N} - G_{B}(B)\right)\left(p^{R} - c_{N}^{N}(N,B)\right) + c_{B}^{N}(N,B)\Big). \tag{6.20}$$

(6.20) definiert gemeinsam mit (6.6) ein autonomes Differentialgleichungssystem, welches das Verhalten des Neumaterials und des Ressourcenbestandes in einer Umgebung beschreibt.

Die lineare Approximation zur Bestimmung des Stabilitätsverhaltens

Das folgende autonome Differentialgleichungssystem

$$\dot{N} = -\frac{1}{c_{NN}^{N}(N,B)}\Big(c_{NB}^{N}(N,B)\left(G(B)-N\right) + \left(r^{N} - G_{B}(B)\right)\left(p^{R} - c_{N}^{N}(N,B)\right) + c_{B}^{N}(N,B)\Big), \tag{6.20}$$

$$\dot{B} = G(B) - N, \tag{6.6}$$

wird um den Gleichgewichtspunkt (N^{*}, B^{*}), bei dem $\dot{N} = \dot{B} = 0$ gilt, linearisiert. Zur Erleichterung der Darstellung werden in diesem Abschnitt die beiden Bewegungsgleichungen des autonomen Differentialgleichungssystem (6.20) und (6.6) wie folgt abgekürzt

$$\dot{N} = \dot{N}^{N}\left(N,B;p^{R};r^{N}\right),$$
$$\dot{B} = \dot{B}(N,B).$$

Bevor die Linearisierung vorgenommen wird, werden die partiellen Ableitungen von (6.20) und (6.6) ausgewertet am Gleichgewichtspunkt (N^{*}, B^{*}) bestimmt. Differenzieren von (6.20) nach der geernteten Menge an Neumaterial und auswerten am Gleichgewichtspunkt führt zu

$$\frac{\partial \dot{N}^N}{\partial N} = -\frac{1}{\left(c_{NN}^N\right)^2}\Bigg[\Big(\underbrace{(G-N)}_{\dot{B}=0} c_{NBN}^N - c_{NB}^N - \left(r^N - G_B\right) c_{NN}^N + c_{BN}^N\Big) c_{NN}^N$$

$$-c_{NNN}^N \underbrace{\Big((G-N)\, c_{NB}^N + \left(r^N - G_B\right)\left(p^R - c_N^N\right) + c_B^N\Big)}_{\dot{N}=0}\Bigg],$$

oder vereinfacht

$$\frac{\partial \dot{N}^N}{\partial N} = r^N - G_B > 0. \tag{14.14}$$

Das Vorzeichen von (14.14) folgt aus (6.18) Seite 90. Differenzieren von (6.20) nach dem Ressourcenbestand und auswerten am Gleichgewichtspunkt führt zu

$$\frac{\partial \dot{N}^N}{\partial B} = -\frac{1}{\left(c_{NN}^N\right)^2}\Bigg[\Big(\underbrace{(G-N)}_{\dot{B}=0} c_{NBB}^N + c_{NB}^N G_B - \left(p^R - c_N^N\right) G_{BB} - \left(r^N - G_B\right) c_{NB}^N$$

$$+ c_{BB}^N\Big) c_{NN}^N - \underbrace{\Big((G-N)\, c_{NB}^N + \left(r^N - G_B\right)\left(p^R - c_N^N\right) + c_B^N\Big)}_{\dot{N}=0} c_{NNB}^N\Bigg],$$

oder vereinfacht

$$\frac{\partial \dot{N}^N}{\partial B} = -\frac{c_{NB}^N G_B - \left(p^R - c_N^N\right) G_{BB} - \left(r^N - G_B\right) c_{NB}^N + c_{BB}^N}{c_{NN}^N} \lesseqgtr 0. \tag{14.15}$$

Gilt $G_B < 0$, dann ist wegen $p^R - c_N^N = \lambda^N > 0$ (6.11) Seite 88, $r^N - G_B > 0$ (6.18) Seite 90 und den Annahmen an die Technologie der Neumaterialproduktion (14.5) Seite 202 bzw. die Regenerationsfunktion (14.6) Seite 202 die partielle Ableitung $\frac{\partial \dot{N}^N}{\partial B} < 0$.
Differenzieren nach dem Ressourcenpreis

$$\frac{\partial \dot{N}^N}{\partial p^R} = -\frac{r^N - G_B}{c_{NN}^N} < 0, \tag{14.16}$$

bzw. nach der nach der Diskontrate

$$\frac{\partial \dot{N}^N}{\partial r^N} = -\frac{p^R - c_N^N}{c_{NN}^N} < 0. \tag{14.17}$$

Das Vorzeichen von (14.16) folgt aus (6.18) Seite 90 in Verbindung mit den ansteigenden Grenzkosten der Neumaterialernte (14.5) Seite 202. Das von (14.17) folgt aus (6.11) Seite 88 in Verbindung mit der Positivität des Schattenpreises und den ansteigenden Grenzkosten der Neumaterialernte (14.5) Seite 202. Differenzieren von (6.6) nach dem Ressourcenbestand führt zu

$$\frac{\partial \dot{B}}{\partial B} = G_B \gtrless 0, \tag{14.18}$$

bzw. der Neumaterialmenge

$$\frac{\partial \dot{B}}{\partial N} = -1 < 0. \tag{14.19}$$

Die hier vorgenommene Art der Linearisierung folgt der Darstellung von Gandolfo (1997) Kapitel 21.4. Seite 360ff. Sei $(N^{\backprime}, B^{\backprime})$ definiert als

$$N^{\backprime} = N - N^{*}, \tag{14.20}$$

$$B^{\backprime} = B - B^{*}. \tag{14.21}$$

Die beiden neuen Variablen $(N^{\backprime}, B^{\backprime})$ genügen dem autonomen Differentialgleichungssystem

$$\dot{N}^{\backprime} = \dot{N}^{N}\left(N^{\backprime} + N^{*}; B^{\backprime} + B^{*}; \cdot\right), \tag{14.22}$$

$$\dot{B}^{\backprime} = \dot{B}^{N}\left(N^{\backprime} + N^{*}, B^{\backprime} + B^{*}; \cdot\right). \tag{14.23}$$

Die Gültigkeit der beiden Gleichungen (14.22) und (14.23) ist offensichtlich, sobald die Definitionen von $(N^{\backprime}, B^{\backprime})$, siehe (14.20) und (14.21), in (14.22) und (14.23) eingesetzt werden. Die Darstellung der beiden rechten Seiten von (14.22) und (14.23) wird mittels der Taylor-Reihe, siehe Sydsæter *et al.* (2000) 8.17 Seite 44, um $(N^{\backprime}, B^{\backprime}) = (0, 0)$ approximiert. Die Approximation lautet unter Vernachlässigung der beiden exogenen Parameter p^{R} und r^{N} als Argumente von $\dot{N}^{N}$ und $\dot{B}$

$$\dot{N}^{\backprime} = \dot{N}^{N} + \frac{\partial \dot{N}^{N}}{\partial N} N^{\backprime} + \frac{\partial \dot{N}^{N}}{\partial B} B^{\backprime} + \Gamma^{N}\left(N^{\backprime}, B^{\backprime}\right), \tag{14.24}$$

$$\dot{B}^{\backprime} = \dot{B} + \frac{\partial \dot{B}}{\partial N} N^{\backprime} + \frac{\partial \dot{B}}{\partial B} B^{\backprime} + \Gamma^{B}\left(N^{\backprime}, B^{\backprime}\right), \tag{14.25}$$

wobei $\Gamma^{N}(\cdot)$ und $\Gamma^{B}(\cdot)$ jeweils alle Terme höherer Ordnung der entsprechenden Taylor-Approximation darstellen. Weil (N^{*}, B^{*}) ein Gleichgewichtspunkt des Differentialgleichungssystems (6.20) und (6.6) darstellen, gilt $\dot{N}^{N}(N^{*}, B^{*}) = 0$ und $\dot{B}(N^{*}, B^{*}) = 0$. Folglich vereinfacht sich die Taylor-Approximation (14.24) und (14.25) zu

$$\dot{N}^{\backprime} = \frac{\partial \dot{N}^{N}}{\partial N} N^{\backprime} + \frac{\partial \dot{N}}{\partial B} B^{\backprime} + \Gamma^{N}\left(N^{\backprime}, B^{\backprime}\right), \tag{14.26}$$

$$\dot{B}^{\backprime} = \frac{\partial \dot{B}}{\partial N} N^{\backprime} + \frac{\partial \dot{B}}{\partial B} B^{\backprime} + \Gamma^{B}\left(N^{\backprime}, B^{\backprime}\right), \tag{14.27}$$

und äquivalent kann die lineare Approximation in der Matrixschreibweise dargestellt werden als

$$\begin{bmatrix} \dot{N}^{\backprime} \\ \dot{B}^{\backprime} \end{bmatrix} = \begin{bmatrix} \frac{\partial \dot{N}^{N}}{\partial N} & \frac{\partial \dot{N}^{N}}{\partial B} \\ \frac{\partial \dot{B}}{\partial N} & \frac{\partial \dot{B}}{\partial B} \end{bmatrix} \cdot \begin{bmatrix} N^{\backprime} \\ B^{\backprime} \end{bmatrix}. \tag{14.28}$$

Anzumerken bleibt, daß die Matrix aus (14.28) der am Gleichgewichtspunkt ausgewerteten Jacobi-Matrix des von (6.20) und (6.6) Seite 91 definierten Differentialgleichungssystems entspricht. Zur Erleichterung der Darstellung wird die Jacobi-Matrix gegebenenfalls, wie folgt abgekürzt

$$\mathcal{J}^{N} = \begin{bmatrix} \frac{\partial \dot{N}^{N}}{\partial N} & \frac{\partial \dot{N}^{N}}{\partial B} \\ \frac{\partial \dot{B}}{\partial N} & \frac{\partial \dot{B}}{\partial B} \end{bmatrix}. \tag{14.29}$$

Die Vorzeichen der Koeffizienten der Jacobi-Matrix (14.29) am Gleichgewichtspunkt sind für $G_B < 0$ bestimmt worden in $\frac{\partial \dot{N}^N}{\partial N} > 0$ (14.14) Seite 205, $\frac{\partial \dot{N}^N}{\partial B} < 0$ (14.15) Seite 205 und $\frac{\partial \dot{B}}{\partial N} < 0$ (14.19) Seite 206, $\frac{\partial \dot{B}}{\partial B} < 0$ (14.18) Seite 205.

Sei die Determinante der Matrix des linearisierten Systems (14.28) bezeichnet mit

$$\Delta^N = \begin{vmatrix} \frac{\partial \dot{N}^N}{\partial N} & \frac{\partial \dot{N}^N}{\partial B} \\ \frac{\partial \dot{B}}{\partial N} & \frac{\partial \dot{B}}{\partial B} \end{vmatrix} = \frac{\partial \dot{N}^N}{\partial N}\frac{\partial \dot{B}}{\partial B} - \frac{\partial \dot{N}^N}{\partial B}\frac{\partial \dot{B}}{\partial N} \lesseqgtr 0. \tag{14.30}$$

Das Vorzeichen der Determinanten ist unbestimmt, das Vorzeichen des ersten Terms ist wegen (14.14) und (14.18) negativ und das des zweiten Terms ist unbestimmt, weil das Vorzeichen von G_B unbestimmt ist. Gilt im Gleichgewichtspunkt $G_B < 0$, dann ist $\Delta^N < 0$.

Einsetzen von (14.14), (14.15), (14.18) und (14.19) in (14.30) führt zu

$$\Delta^N = \left(r^N - G_B\right) G_B - \frac{c^N_{NB} G_B - \left(p^R - c^N_N\right) G_{BB} - \left(r^N - G_B\right) c^N_{NB} + c^N_{BB}}{c^N_{NN}}. \tag{14.30$'$}$$

Das linearisierte Differentialgleichungssystem (14.28) Seite 206 erfüllt die Bedingungen des Hartman-Grobman Theorems, siehe Gandolfo (1997) S.362, welches besagt, daß die lokalen Eigenschaften des linearisierten Systems denen des nichtlinearisierten entspricht, falls die Matrix des linearen Systems entweder keine charakteristischen Wurzeln mit einem Realteil gleich Null oder rein imaginäre Wurzeln besitzt. Folglich gilt es im nächsten Schritt die charakteristischen Wurzeln bzw. die Eigenwerte der Matrix des linearen System und damit auch des approximierten Systems zu bestimmen und anschließend eine Aussage über die Stabilität des linearen Systems und damit gemäß dem Hartman-Grobman Theorems auch für das nichtlinearisierte zu treffen.

Die Eigenwerte des linearisierten Systems: Die charakteristische Gleichung der Matrix des linearisierten Systems (14.28) Seite 206, welche die beiden Eigenwerte Φ_1 und Φ_2 definiert, ist gegeben durch

$$\begin{vmatrix} \frac{\partial \dot{N}^N}{\partial N} - \Phi & \frac{\partial \dot{N}^N}{\partial B} \\ \frac{\partial \dot{B}}{\partial N} & \frac{\partial \dot{B}}{\partial B} - \Phi \end{vmatrix} = 0,$$

$$\Phi^2 - \Phi\left(\frac{\partial \dot{N}^N}{\partial N} + \frac{\partial \dot{B}}{\partial B}\right) + \Delta^N = 0. \tag{14.31}$$

Auflösen von (14.31) nach Φ_i mit $i = 1, 2$ führt zu

$$\Phi_i = \frac{1}{2}\left(\frac{\partial \dot{N}^N}{\partial N} + \frac{\partial \dot{B}}{\partial B}\right) \pm \frac{1}{2}\sqrt{\left(\frac{\partial \dot{N}^N}{\partial N} + \frac{\partial \dot{B}}{\partial B}\right)^2 - 4\Delta^N}. \tag{14.32}$$

Einsetzen von (14.14) Seite 205 und (14.18) Seite 205 in (14.32) ergibt

$$\Phi_i = \frac{r^N}{2} \pm \frac{1}{2}\sqrt{\left(r^N\right)^2 - 4\Delta^N}, \quad i = 1, 2. \tag{14.33}$$

Aus der Unbestimmtheit des Vorzeichens der Determinanten folgt, daß die Vorzeichen der beiden Eigenwerte (14.33) unbestimmt sind. Gilt $G_B < 0$ und dann folglich auch $\Delta^N < 0$, dann folgt für die Eigenwerte (14.33)

$$\Phi_1 = \frac{r^N}{2} + \frac{1}{2}\sqrt{(r^N)^2 - 4\Delta^N} > r^N > 0, \tag{6.23}$$

$$\Phi_2 = \frac{r^N}{2} - \frac{1}{2}\sqrt{(r^N)^2 - 4\Delta^N} < 0. \tag{6.24}$$

Für den Rest dieses Kapitels wird nur noch der Fall, daß $G_B < 0$ gilt diskutiert, weil sonst keine weitere Aussagen über das Stabilitätsverhalten der beiden Differentialgleichungssysteme (6.20), (6.6) und (6.21), (6.22) getroffen werden können.

Die Eigenvektoren des linearisierten Systems: Die zu den in (6.23) bzw. (6.24) Seite 91 beschriebenen Eigenwerte Φ_1 und Φ_2 gehörenden Eigenvektoren $\mathbf{z_1} = (z_1^1, z_1^2)^\top$ und $\mathbf{z_2} = (z_2^1, z_2^2)^\top$ ergeben sich aus der Lösung des folgenden Gleichungssystem für $i = 1, 2$

$$\left(\frac{\partial \dot{N}^N}{\partial N} - \Phi_i\right) z_i^1 + \frac{\partial \dot{N}^N}{\partial B} z_i^2 = 0, \tag{14.34}$$

$$\frac{\partial \dot{B}}{\partial N} z_i^1 + \left(\frac{\partial \dot{B}}{\partial B} - \Phi_i\right) z_i^2 = 0. \tag{14.35}$$

Aus (14.35) folgt

$$z_i^1 = \frac{\Phi_i - \frac{\partial \dot{B}}{\partial B}}{\frac{\partial \dot{B}}{\partial N}} z_i^2. \tag{14.36}$$

Weil die Determinante des Gleichungssystems (14.34) und (14.35) gleich Null ist, siehe (14.31) Seite 207, kann eine der beiden Unbekannten frei gewählt werden. Sei $(z_i^1)^2 + (z_i^2)^2 = 1$ und eingesetzt in die Quadrierung von (14.36) führt zu

$$1 = \left(\left(\frac{\Phi_i - \frac{\partial \dot{B}}{\partial B}}{\frac{\partial \dot{B}}{\partial N}}\right)^2 + 1\right) \left(z_i^2\right)^2,$$

$$z_i^2 = \frac{\frac{\partial \dot{B}}{\partial N}}{\sqrt{\left(\Phi_i - \frac{\partial \dot{B}}{\partial B}\right)^2 + \left(\frac{\partial \dot{B}}{\partial N}\right)^2}}. \tag{14.37}$$

Einsetzen von (14.37) in (14.34) ergibt

$$\left(\frac{\partial \dot{N}^N}{\partial N} - \Phi_i\right) z_i^1 + \frac{\frac{\partial \dot{N}^N}{\partial B}\frac{\partial \dot{B}}{\partial N}}{\sqrt{\left(\Phi_i - \frac{\partial \dot{B}}{\partial B}\right)^2 + \left(\frac{\partial \dot{B}}{\partial N}\right)^2}} = 0. \tag{14.38}$$

Auflösen von (14.38) nach z_i^1 führt zu

$$z_i^1 = \frac{\frac{\partial \dot{N}^N}{\partial B}\frac{\partial \dot{B}}{\partial N}}{\sqrt{\left(\Phi_i - \frac{\partial \dot{B}}{\partial B}\right)^2 + \left(\frac{\partial \dot{B}}{\partial N}\right)^2}} \frac{1}{\Phi_i - \frac{\partial \dot{N}^N}{\partial N}}. \tag{14.39}$$

Skalarmultiplikation von (14.37) und (14.39) mit $\frac{\sqrt{\left(\Phi_i - \frac{\partial \dot{B}}{\partial B}\right)^2 + \left(\frac{\partial \dot{B}}{\partial N}\right)^2}}{\frac{\partial \dot{B}}{\partial N}}$ erlaubt die beiden Eigenvektoren $\mathbf{z_1}$ und $\mathbf{z_2}$ in folgender Form darzustellen

$$\mathbf{z_i} = \begin{bmatrix} z_i^1 \\ z_i^2 \end{bmatrix} = \begin{bmatrix} \frac{\frac{\partial \dot{N}^N}{\partial B}}{\Phi_i - \frac{\partial \dot{N}^N}{\partial N}} \\ 1 \end{bmatrix}, \quad i = 1, 2.$$

Falls $G_B < 0$ und somit auch $\frac{\partial \dot{N}^N}{\partial B} < 0$ und $\Phi_2 < 0$, dann gilt $z_2^1 > 0$.

Die alternative Bestimmung der Eigenvektoren: Die zu den in (6.23) bzw. (6.24) Seite 91 beschriebenen Eigenwerte Φ_1 und Φ_2 gehörenden Eigenvektoren $\mathbf{z_1} = (z_1^1, z_1^2)^\top$ und $\mathbf{z_2} = (z_2^1, z_2^2)^\top$ ergeben sich aus der Lösung des folgenden Gleichungssystem für $i = 1, 2$

$$\left(\frac{\partial \dot{N}^N}{\partial N} - \Phi_i\right) z_i^1 + \frac{\partial \dot{N}^N}{\partial B} z_i^2 = 0, \tag{14.34}$$

$$\frac{\partial \dot{B}}{\partial N} z_i^1 + \left(\frac{\partial \dot{B}}{\partial B} - \Phi_i\right) z_i^2 = 0. \tag{14.35}$$

Aus (14.34) folgt

$$z_i^1 = \frac{\frac{\partial \dot{N}^N}{\partial B}}{\Phi_i - \frac{\partial \dot{N}^N}{\partial N}} z_i^2. \tag{14.36'}$$

Weil die Determinante des Gleichungssystems (14.34) und (14.35) gleich Null ist, kann eine der beiden Unbekannten frei gewählt werden. Sei $(z_i^1)^2 + (z_i^2)^2 = 1$ und eingesetzt in die Quadrierung von (14.36′) führt zu

$$1 = \left(\left(\frac{\frac{\partial \dot{N}^N}{\partial B}}{\Phi_i - \frac{\partial \dot{N}^N}{\partial N}}\right)^2 + 1\right) (z_i^2)^2,$$

$$z_i^2 = \frac{\Phi_i - \frac{\partial \dot{N}^N}{\partial N}}{\sqrt{\left(\frac{\partial \dot{N}^N}{\partial B}\right)^2 + \left(\Phi_i - \frac{\partial \dot{N}^N}{\partial N}\right)^2}}. \tag{14.37'}$$

Einsetzen von (14.37′) in (14.35) ergibt

$$\frac{\partial \dot{B}}{\partial N} z_i^1 + \frac{\left(\frac{\partial \dot{B}}{\partial B} - \Phi_i\right)\left(\Phi_i - \frac{\partial \dot{N}^N}{\partial N}\right)}{\sqrt{\left(\frac{\partial \dot{N}^N}{\partial B}\right)^2 + \left(\Phi_i - \frac{\partial \dot{N}^N}{\partial N}\right)^2}} = 0. \tag{14.38'}$$

Auflösen von (14.38′) nach z_i^1 führt zu

$$z_i^1 = \frac{\left(\Phi_i - \frac{\partial \dot{B}}{\partial B}\right)\left(\Phi_i - \frac{\partial \dot{N}^N}{\partial N}\right)}{\sqrt{\left(\frac{\partial \dot{N}^N}{\partial B}\right)^2 + \left(\Phi_i - \frac{\partial \dot{N}^N}{\partial N}\right)^2}} \frac{1}{\frac{\partial \dot{B}}{\partial N}}. \tag{14.39'}$$

Skalarmultiplikation von (14.37′) und (14.39′) mit $\frac{\sqrt{\left(\frac{\partial \dot{N}^N}{\partial B}\right)^2+\left(\Phi_i-\frac{\partial \dot{N}^N}{\partial N}\right)^2}}{\Phi_i-\frac{\partial \dot{N}^N}{\partial N}}$ erlaubt die beiden Eigenvektoren $\mathbf{z}_1$ und $\mathbf{z}_2$ in folgender Form darzustellen

$$\mathbf{z}_i = \begin{bmatrix} z_i^1 \\ z_i^2 \end{bmatrix} = \begin{bmatrix} \frac{\Phi_i - \frac{\partial \dot{B}}{\partial B}}{\frac{\partial \dot{B}}{\partial N}} \\ 1 \end{bmatrix},$$

und mit (14.18) bzw. (14.19) Seite 206

$$= \begin{bmatrix} G_B(B^*) - \Phi_i \\ 1 \end{bmatrix}, \quad i = 1,2. \tag{6.25}$$

Das Vorzeichen von z_2^1 ist für den negativen Eigenwert $\Phi_2 < 0$ ist positiv. Gilt $G_B < 0$, dann folgt aus (6.25), daß $z_2^1 > 0$ ist. Gilt andererseits $G_B > 0$, dann folgt aus (6.25′), daß $z_2^1 > 0$ ist.

Die Lösung des linearisierten Systems: Das in Abschnitt 14.3.1 Seite 204 hergeleitete Differentialgleichungssystem

$$\begin{bmatrix} \dot{N}^{\backprime} \\ \dot{B}^{\backprime} \end{bmatrix} = \begin{bmatrix} \frac{\partial \dot{N}^N}{\partial N} & \frac{\partial \dot{N}^N}{\partial B} \\ \frac{\partial \dot{B}}{\partial N} & \frac{\partial \dot{B}}{\partial B} \end{bmatrix} \cdot \begin{bmatrix} N^{\backprime} \\ B^{\backprime} \end{bmatrix}, \tag{14.28}$$

wird im folgenden gelöst. $N^{\backprime}$ und $B^{\backprime}$ wurden in (14.20) und (14.21) Seite 206 definiert als Abweichungen vom Gleichgewichtspunkt des ursprünglichen Differentialgleichungssystems

$$N^{\backprime} = N - N^*, \tag{14.20}$$

$$B^{\backprime} = B - B^*. \tag{14.21}$$

Aus der Zeitinvarianz des Gleichgewichtpunktes folgt für die erste Ableitung von $N^{\backprime}$ und $B^{\backprime}$ nach der Zeit

$$\dot{N}^{\backprime} = \dot{N}, \tag{14.40}$$

$$\dot{B}^{\backprime} = \dot{B}. \tag{14.41}$$

Somit kann (14.28) unter Verwendung von (14.20), (14.21) und der Abkürzung der Jacobi-Matrix (14.29) Seite 206 geschrieben werden als

$$\begin{bmatrix} \dot{N} \\ \dot{B} \end{bmatrix} = \mathcal{J}^N \begin{bmatrix} N \\ B \end{bmatrix} - \mathcal{J}^N \begin{bmatrix} N^* \\ B^* \end{bmatrix}. \tag{14.42}$$

Die in (14.42) enthaltene homogene Differentialgleichung lautet

$$\begin{bmatrix} \dot{N} \\ \dot{B} \end{bmatrix} = \mathcal{J}^N \begin{bmatrix} N \\ B \end{bmatrix}. \tag{14.43}$$

Weil nur der Fall $G_B < 0$ betrachtet wird, sind die Eigenwerte Φ_1 und Φ_2 reell und ungleich, siehe (6.23) und (6.24) Seite 91. Die zugehörigen Eigenvektoren $\mathbf{z}_1 = (z_1^1, z_1^2)^\top$ und $\mathbf{z}_2 = (z_2^1, z_2^2)^\top$

sind definiert in (6.25) Seite 91. Nach Gandolfo (1997) Abschnitt 18.1.2 Seite 240ff. lautet die allgemeine Lösung von (14.43)

$$\begin{bmatrix} N(t) \\ B(t) \end{bmatrix} = A_1 \begin{bmatrix} \frac{\frac{\partial \dot{N}^N}{\partial B}}{\Phi_1 - \frac{\partial \dot{N}^N}{\partial N}} \\ 1 \end{bmatrix} e^{\Phi_1 t} + A_2 \begin{bmatrix} \frac{\frac{\partial \dot{N}^N}{\partial B}}{\Phi_2 - \frac{\partial \dot{N}^N}{\partial N}} \\ 1 \end{bmatrix} e^{\Phi_2 t}, \tag{14.44}$$

wobei A_i für $i = 1, 2$ unbekannte Konstanten sind, die durch die Anfangs-, bzw. Endbedingungen definiert werden. Die in (6.25) Seite 91 bestimmten Eigenvektoren erlauben die Lösung des homogenen Differentialgleichungssystems (14.44) in folgender Form zu schreiben

$$\begin{bmatrix} N(t) \\ B(t) \end{bmatrix} = A_1 \mathbf{z_1} e^{\Phi_1 t} + A_2 \mathbf{z_1} e^{\Phi_2 t}. \tag{14.45}$$

Die Bestimmung einer speziellen Lösung des nichthomogenen Differentialgleichungssystems (14.28) Seite 206 erfolgt mittels der Methode der unbestimmten Koeffizienten, siehe Gandolfo (1997) Abschnitt 18.1.3 Seite 245. Sei N^u und B^u eine Lösung, wobei N^u und B^u unbestimmte Koeffizienten sind. Einsetzen dieser Lösung in (14.28) Seite 206 und Umstellen der Terme führt zu

$$\mathcal{J}^N \cdot \begin{bmatrix} N^u \\ B^u \end{bmatrix} = \mathcal{J}^N \cdot \begin{bmatrix} N^* \\ B^* \end{bmatrix},$$

offensichtlich gilt wegen $\Delta^N < 0$

$$\begin{bmatrix} N^u \\ B^u \end{bmatrix} = \begin{bmatrix} N^* \\ B^* \end{bmatrix}. \tag{14.46}$$

Folglich ist der Gleichgewichtspunkt eine spezielle Lösung des nichthomogenen Differentialgleichungssystem (14.28) Seite 206.

Die allgemeine Lösung der Differentialgleichung (14.28) Seite 206 lautet dann unter Verwendung der homogenen Lösung (14.45) Seite 211 und der speziellen Lösung (14.46) Seite 211

$$\begin{bmatrix} N(t) \\ B(t) \end{bmatrix} = A_1 \mathbf{z_1} e^{\Phi_1 t} + A_2 \mathbf{z_2} e^{\Phi_2 t} + \begin{bmatrix} N^* \\ B^* \end{bmatrix}. \tag{14.47}$$

Aus der Annahme $G_B < 0$ und somit auch $\Delta^N < 0$ und $\Phi_1 > 0 > \Phi_2$ folgt, daß das Gleichgewicht des linearisierten Systems ein Sattelpunkt ist, siehe Gandolfo (1997) Seite 358. Der instabile Arm des Sattels wird beschrieben durch

$$\begin{bmatrix} N(t) \\ B(t) \end{bmatrix} = A_1 \mathbf{z_1} e^{\Phi_1 t} + \begin{bmatrix} N^* \\ B^* \end{bmatrix} \tag{14.48}$$

und der stabile Arm durch

$$\begin{bmatrix} N(t) \\ B(t) \end{bmatrix} = A_2 \mathbf{z_2} e^{\Phi_2 t} + \begin{bmatrix} N^* \\ B^* \end{bmatrix}. \tag{14.49}$$

Für die Bestimmung der unbekannten Konstanten A_2 in der Beschreibung des stabilen Arms des Sattels (14.49) wird dieser für $t = 0$ bestimmt und mit $B(0) = B_0$ folgt mit dem Eigenvektor $\mathbf{z_2}$, siehe (6.25) Seite 91

$$N(0) = A_2 \frac{\frac{\partial \dot{N}^N(N^*,B^*)}{\partial B}}{\Phi_2 - \frac{\partial \dot{N}(N^*,B^*)}{\partial N}} + N^*,$$
$$B_0 = A_2 + B^*. \tag{14.50}$$

Aus (14.50) folgt, daß

$$A_2 = B_0 - B^*$$

gilt. Der stabile Arm des Sattels lautet für den Anfangswert des Bestandes B_0

$$\begin{bmatrix} N(t) \\ B(t) \end{bmatrix} = (B_0 - B^*)\,\mathbf{z_2} e^{\Phi_2 t} + \begin{bmatrix} N^* \\ B^* \end{bmatrix}. \tag{6.26}$$

Die Isoklinen

In der (B, N)-Ebene ist die $\dot{N} = 0$-Isokline implizit definiert durch

$$0 = -\frac{1}{c_{NN}^N(N,B)} \Big(c_{NB}^N(N,B) \cdot (G(B) - N)$$
$$+ \left(r^N - G_B(B)\right)\left(p^R - c_N^N(N,B)\right) + c_B^N(N,B) \Big), \tag{14.51}$$

oder zur Vereinfachung der Darstellung abgekürzt

$$0 = \dot{N}^N\left(N, B; p^R; r^N\right). \tag{14.51'}$$

Die Steigung wird beschrieben durch

$$\left.\frac{\partial N}{\partial B}\right|_{\dot{N}=0} = -\frac{\frac{\partial \dot{N}^N}{\partial B}}{\frac{\partial \dot{N}^N}{\partial N}} > 0, \quad \Leftarrow G_B < 0. \tag{14.52}$$

Die Vorzeichen der partiellen Ableitungen im Zähler und im Nenner von (14.52) sind in (14.15) Seite 205 bzw. in (14.14) Seite 205 bestimmt.

In der (B, N)-Ebene ist die $\dot{B} = 0$ Isokline implizit definiert durch

$$0 = G(B) - N \tag{14.53}$$

oder zur Vereinfachung der Darstellung abgekürzt

$$0 = \dot{B}(N, B). \tag{14.53'}$$

Die Steigung wird beschrieben durch

$$\left.\frac{\partial N}{\partial B}\right|_{\dot{B}=0} = -\frac{\frac{\partial \dot{B}}{\partial B}}{\frac{\partial \dot{B}}{\partial N}}$$

und mit (14.18) Seite 205 bzw. (14.19) Seite 206

$$\left.\frac{\partial N}{\partial B}\right|_{\dot{B}=0} = G_B \lesseqgtr 0. \tag{14.54}$$

14.3.2 Das Differentialgleichungsysstem (6.21), (6.22)

Einsetzen von $N = N\left(B, \lambda^N, p^R\right)$ implizit definiert durch (6.11) Seite 88 in (6.12) und (6.6) Seite 88, vereinfacht das kanonische Gleichungssystem zu

$$\dot{\lambda}^N = \left(r^N - G_B(B)\right)\lambda^N + c_B^N\Big(N\left(B, \lambda^N, p^R\right), B\Big), \tag{6.21}$$

$$\dot{B} = G(B) - N\left(B, \lambda^N, p^R\right). \tag{6.22}$$

Die folgenden partiellen Ableitungen von (6.21) werden benötigt

$$\frac{\partial \dot{\lambda}^N}{\partial p^R} = c_{NB}^N \frac{\partial N}{\partial p^R}$$

und mit (14.9) Seite 202

$$= \frac{c_{NB}^N}{c_{NN}^N} < 0. \tag{14.55}$$

Das Vorzeichen folgt aus der Technologie der Neumaterialproduktion (14.5) Seite 202.

$$\frac{\partial \dot{\lambda}^N}{\partial r^N} = \lambda^N > 0. \tag{14.56}$$

Die lineare Approximation

Die hier vorgenommene lineare Approximation verläuft analog zu der in Abschnitt 14.3.1 Seite 204ff. Folglich werden nur die wesentlichen Schritte dargestellt. Die lineare Approximation lautet mit $\lambda^{N\backprime}$ und $B^\backprime$ als Abweichungen vom Steady-State

$$\begin{bmatrix} \dot{\lambda}^{N\backprime} \\ \dot{B}^\backprime \end{bmatrix} = \begin{bmatrix} \frac{\partial \dot{\lambda}^N}{\partial \lambda^N} & \frac{\partial \dot{\lambda}^N}{\partial B} \\ \frac{\partial \dot{B}}{\partial \lambda^N} & \frac{\partial \dot{B}}{\partial B} \end{bmatrix} \cdot \begin{bmatrix} \lambda^{N\backprime} \\ B^\backprime \end{bmatrix} \tag{14.57}$$

Die einzelnen Einträge der Jacobi-Matrix $\mathcal{J}^N$ in (14.57) sind

$$\frac{\partial \dot{\lambda}^N}{\partial \lambda^N} = \left(r^N - G_B\right) + c_{BN}^N \frac{\partial N^{\max}}{\partial \lambda^N},$$

und mit (14.8) Seite 202

$$= \left(r^N - G_B\right) - c_{BN}^N \frac{1}{c_{NN}^N} > 0. \tag{14.58}$$

Das Vorzeichen der Ableitung folgt aus (6.18) Seite 90 und der Technologie der Neumaterialproduktion (14.5) Seite 202.

$$\frac{\partial \dot{\lambda}^N}{\partial B} = -G_{BB}\lambda^N + c_{BN}^N \frac{\partial N}{\partial B} + c_{BB}^N,$$

und mit (14.7) Seite 202

$$= -G_{BB}\lambda^N - c_{BN}^N \frac{c_{BN}^N}{c_{NN}^N} + c_{BB}^N > 0. \tag{14.59}$$

Das Vorzeichen der Ableitung folgt aus (6.14) Seite 88.

$$\frac{\partial \dot{B}}{\partial \lambda^N} = -\frac{\partial N}{\partial \lambda^N},$$

und mit (14.8) Seite 202

$$= \frac{1}{c_{NN}^N} > 0. \tag{14.60}$$

Das Vorzeichen der Ableitung folgt aus der Technologie der Neumaterialproduktion (14.5) Seite 202.

$$\frac{\partial \dot{B}}{\partial B} = G_B - \frac{\partial N}{\partial B}$$

und mit (14.7) Seite 202

$$= G_B + \frac{c_{NB}^N}{c_{NN}^N} \lesseqgtr 0. \tag{14.61}$$

Die Determinante der alternativen Jacobi-Matrix $\mathcal{J}^N$ in (14.57) Seite 213 ist für $G_B < 0$

$$\Delta^N = \frac{\partial \dot{\lambda}^N}{\partial \lambda^N}\frac{\partial \dot{B}}{\partial B} - \frac{\partial \dot{\lambda}^N}{\partial B}\frac{\partial \dot{B}}{\partial \lambda^N} < 0. \tag{14.62}$$

Einsetzen von (14.58), (14.59), (14.61) und (14.60) in (14.62) führt zu

$$\left(\left(r^N - G_B\right) - c_{BN}^N \frac{1}{c_{NN}^N}\right)\left(G_B + \frac{c_{NB}^N}{c_{NN}^N}\right) - \frac{-G_{BB}\lambda^N - c_{BN}^N \frac{c_{BN}^N}{c_{NN}^N} + c_{BB}^N}{c_{NN}^N} \tag{14.63}$$

Ersetzen von $\lambda^N = p^R - c_N^N$, siehe (6.11) Seite 88, und ausmultiplizieren führt zu

$$\left(r^N - G_B\right) G_B - \left(\frac{c_{BN}^N}{c_{NN}^N}\right)^2 - \frac{c_{BN}^N}{c_{NN}^N} G_B + \left(r^N - G_B\right)\frac{c_{BN}^N}{c_{NN}^N}$$
$$- \frac{-G_{BB}\left(p^R - c_N^N\right) - \frac{\left(c_{BN}^N\right)^2}{c_{NN}^N} + c_{BB}^N}{c_{NN}^N}.$$

Schließlich zeigt ein Sortieren der Terme die Identität dieser Determiante und der des anderen Diffferentialgleichungssystems, siehe (14.30) Seite 207

$$\left(r^N - G_B\right) G_B - \frac{c_{BN}^N G_B - \left(p^R - c_N^N\right) G_{BB} - \left(r^N - G_B\right) c_{BN}^N + c_{BB}^N}{c_{NN}^N}. \tag{14.30'}$$

Die Eigenwerte: Die charakteristische Gleichung der Matrix des linearisierten Differentialgleichungssystems (14.57) Seite 213, welche die beiden Eigenwerte $'\Phi_1$ und $'\Phi_2$ definiert, ist gegeben durch

$$\begin{vmatrix} \frac{\partial \dot{\lambda}^N}{\partial \lambda^N} - {}'\Phi & \frac{\partial \dot{\lambda}^N}{\partial B} \\ \frac{\partial \dot{B}}{\partial \lambda^N} & \frac{\partial \dot{B}}{\partial B} - {}'\Phi \end{vmatrix} = 0,$$

$${}'\Phi^2 - {}'\Phi\left(\frac{\partial \dot{\lambda}^N}{\partial \lambda^N} + \frac{\partial \dot{B}}{\partial B}\right) + \Delta^N = 0. \tag{14.64}$$

Auflösen von (14.64) nach $'\Phi_i$ mit $i = 1, 2$ führt zu

$$'\Phi_i = \frac{1}{2}\left(\frac{\partial\dot\lambda^N}{\partial\lambda^N} + \frac{\partial\dot B}{\partial B}\right) \pm \frac{1}{2}\sqrt{\left(\frac{\partial\dot\lambda^N}{\partial\lambda^N} + \frac{\partial\dot B}{\partial B}\right)^2 - 4\Delta^N}. \tag{14.65}$$

Einsetzen von (14.58) Seite 213 und (14.61) Seite 214 in (14.32) ergibt

$$'\Phi_i = \frac{r^N}{2} \pm \frac{1}{2}\sqrt{(r^N)^2 - 4\Delta^N}, \quad i = 1, 2. \tag{14.66}$$

Ein Vergleich von (14.66) mit den Eigenwerten des anderen Differentialgleichungssystems, siehe (14.66) Seite 215, zeigt, daß diese identisch sind. Somit wird auf die Indizierung ' verzichtet

Die Eigenvektoren: Die zu den in (6.23) bzw. (6.24) Seite 91 beschriebenen Eigenwerte Φ_1 und Φ_2 gehörenden Eigenvektoren $'\mathbf{z}_1 = ('z_1^1, 'z_1^2)^\top$ und $'\mathbf{z}_2 = ('z_2^1, 'z_2^2)^\top$ des Differentialgleichungssystem (6.21), (6.22) ergeben sich aus der Lösung des folgenden Gleichungssystem für $i = 1, 2$

$$\left(\frac{\partial\dot\lambda^N}{\partial\lambda^N} - \Phi_i\right)'z_i^1 + \frac{\partial\dot\lambda^N}{\partial B}'z_i^2 = 0, \tag{14.67}$$

$$\frac{\partial\dot B}{\partial\lambda^N}'z_i^1 + \left(\frac{\partial\dot B}{\partial B} - \Phi_i\right)'z_i^2 = 0. \tag{14.68}$$

Aus (14.68) folgt

$$'z_i^1 = \frac{\Phi_i - \frac{\partial\dot B}{\partial B}}{\frac{\partial\dot B}{\partial\lambda^N}}'z_i^2. \tag{14.69}$$

Weil die Determinante des Gleichungssystems (14.67) und (14.68) gleich Null ist, siehe (14.64) Seite 214, kann eine der beiden Unbekannten frei gewählt werden. Sei $('z_i^1)^2 + ('z_i^2)^2 = 1$ und eingesetzt in die Quadrierung von (14.69) führt zu

$$1 = \left(\left(\frac{\Phi_i - \frac{\partial\dot B}{\partial B}}{\frac{\partial\dot B}{\partial\lambda^N}}\right)^2 + 1\right)('z_i^2)^2,$$

$$'z_i^2 = \frac{\frac{\partial\dot B}{\partial\lambda^N}}{\sqrt{\left(\Phi_i - \frac{\partial\dot B}{\partial B}\right)^2 + \left(\frac{\partial\dot B}{\partial\lambda^N}\right)^2}}. \tag{14.70}$$

Einsetzen von (14.70) in (14.67) ergibt

$$\left(\frac{\partial\dot\lambda^N}{\partial\lambda^N} - \Phi_i\right)'z_i^1 + \frac{\frac{\partial\dot\lambda^N}{\partial B}\frac{\partial\dot B}{\partial\lambda^N}}{\sqrt{\left(\Phi_i - \frac{\partial\dot B}{\partial B}\right)^2 + \left(\frac{\partial\dot B}{\partial\lambda^N}\right)^2}} = 0. \tag{14.71}$$

Auflösen von (14.71) nach $'z_i^1$ führt zu

$$'z_i^1 = \frac{\frac{\partial\dot\lambda^N}{\partial B}\frac{\partial\dot B}{\partial\lambda^N}}{\sqrt{\left(\Phi_i - \frac{\partial\dot B}{\partial B}\right)^2 + \left(\frac{\partial\dot B}{\partial\lambda^N}\right)^2}}\frac{1}{\Phi_i - \frac{\partial\dot\lambda^N}{\partial\lambda^N}}. \tag{14.72}$$

Skalarmultiplikation von (14.70) und (14.72) mit $\frac{\sqrt{\left(\Phi_i - \frac{\partial \dot{B}}{\partial B}\right)^2 + \left(\frac{\partial \dot{B}}{\partial \lambda^N}\right)^2}}{\frac{\partial \dot{B}}{\partial \lambda^N}}$ erlaubt die beiden Eigenvektoren $'\mathbf{z}_1$ und $'\mathbf{z}_2$ in folgender Form darzustellen

$$'\mathbf{z}_i = \begin{bmatrix} 'z_i^1 \\ 'z_i^2 \end{bmatrix} = \begin{bmatrix} \frac{\frac{\partial \dot{\lambda}^N}{\partial B}}{\Phi_i - \frac{\partial \dot{\lambda}^N}{\partial \lambda^N}} \\ 1 \end{bmatrix}, \quad i = 1, 2. \tag{14.73}$$

Da $G_B < 0$ angenommen ist, gilt $\frac{\partial \dot{\lambda}^N}{\partial B} < 0$ und $\Phi_2 < 0$. Dann gilt $'z_2^1 > 0$.

Die alternative Bestimmung der Eigenvektoren: Die zu den in (6.23) bzw. (6.24) Seite 91 beschriebenen Eigenwerte Φ_1 und Φ_2 gehörenden Eigenvektoren $'\mathbf{z}_1 = ('z_1^1, 'z_1^2)^\top$ und $'\mathbf{z}_2 = ('z_2^1, 'z_2^2)^\top$ des Differentialgleichungssystem (6.21), (6.22) ergeben sich aus der Lösung des folgenden Gleichungssystem für $i = 1, 2$

$$\left(\frac{\partial \dot{\lambda}^N}{\partial \lambda^N} - \Phi_i\right) 'z_i^1 + \frac{\partial \dot{\lambda}^N}{\partial B} 'z_i^2 = 0, \tag{14.67}$$

$$\frac{\partial \dot{B}}{\partial \lambda^N} 'z_i^1 + \left(\frac{\partial \dot{B}}{\partial B} - \Phi_i\right) z_i^2 = 0. \tag{14.68}$$

Aus (14.67) folgt

$$'z_i^1 = \frac{\frac{\partial \dot{\lambda}^N}{\partial B}}{\Phi_i - \frac{\partial \dot{\lambda}^N}{\partial \lambda^N}} 'z_i^2. \tag{14.69'}$$

Weil die Determinante des Gleichungssystems (14.67) und (14.68) gleich Null ist, kann eine der beiden Unbekannten frei gewählt werden. Sei $('z_i^1)^2 + ('z_i^2)^2 = 1$ und eingesetzt in die Quadrierung von (14.69') führt zu

$$1 = \left(\left(\frac{\frac{\partial \dot{\lambda}^N}{\partial B}}{\Phi_i - \frac{\partial \dot{\lambda}^N}{\partial \lambda^N}}\right)^2 + 1\right) ('z_i^2)^2,$$

$$'z_i^2 = \frac{\Phi_i - \frac{\partial \dot{\lambda}^N}{\partial \lambda^N}}{\sqrt{\left(\frac{\partial \dot{\lambda}^N}{\partial B}\right)^2 + \left(\Phi_i - \frac{\partial \dot{\lambda}^N}{\partial \lambda^N}\right)^2}}. \tag{14.70'}$$

Einsetzen von (14.70') in (14.68) ergibt

$$\frac{\partial \dot{B}}{\partial \lambda^N} 'z_i^1 + \frac{\left(\frac{\partial \dot{B}}{\partial B} - \Phi_i\right)\left(\Phi_i - \frac{\partial \dot{\lambda}^N}{\partial \lambda^N}\right)}{\sqrt{\left(\frac{\partial \dot{\lambda}^N}{\partial B}\right)^2 + \left(\Phi_i - \frac{\partial \dot{\lambda}^N}{\partial \lambda^N}\right)^2}} = 0. \tag{14.71'}$$

Auflösen von (14.71') nach $'z_i^1$ führt zu

$$'z_i^1 = \frac{\left(\Phi_i - \frac{\partial \dot{B}}{\partial B}\right)\left(\Phi_i - \frac{\partial \dot{\lambda}^N}{\partial \lambda^N}\right)}{\sqrt{\left(\frac{\partial \dot{\lambda}^N}{\partial B}\right)^2 + \left(\Phi_i - \frac{\partial \dot{\lambda}^N}{\partial \lambda^N}\right)^2}} \frac{1}{\frac{\partial \dot{B}}{\partial \lambda^N}}. \tag{14.72'}$$

Skalarmultiplikation von (14.70′) und (14.72′) mit $\frac{\sqrt{\left(\frac{\partial\dot{\lambda}^N}{\partial B}\right)^2+\left(\Phi_i-\frac{\partial\dot{\lambda}^N}{\partial\lambda^N}\right)^2}}{\Phi_i-\frac{\partial\dot{\lambda}^N}{\partial\lambda^N}}$ erlaubt die beiden Eigenvektoren ${}'\mathbf{z}_1$ und ${}'\mathbf{z}_2$ in folgender Form darzustellen

$$
{}'\mathbf{z}_i = \begin{bmatrix} {}'z_i^1 \\ {}'z_i^2 \end{bmatrix} = \begin{bmatrix} \frac{\Phi_i - \frac{\partial \dot{B}}{\partial B}}{\frac{\partial \dot{B}}{\partial \lambda^N}} \\ 1 \end{bmatrix},
$$

und mit (14.60) bzw. (14.61) Seite 214

$$
= \begin{bmatrix} \left(\Phi_i - G_B\left(B^*\right)\right) c_{NN}^N - c_{NB}^N \\ 1 \end{bmatrix}, \quad i = 1, 2. \tag{6.27}
$$

Wegen (14.73) Seite 216 ist das Vorzeichen ${}'z_2^1 > 0$.

Die Lösung des linearisierten Systems: Der stabile Arm des Sattels der Lösung des linearisierten alternativen Systems lautet für den Anfangswert des Bestandes B_0

$$
\begin{bmatrix} \lambda^N(t) \\ B(t) \end{bmatrix} = \left(B_0 - B^*\right) \mathbf{z}_2 e^{\Phi_2 t} + \begin{bmatrix} \lambda^{N*} \\ B^* \end{bmatrix}. \tag{6.28}
$$

Die Isoklinen

In der $\left(B, \lambda^N\right)$-Ebene ist die $\dot{\lambda}^N = 0$-Isokline implizit definiert durch

$$
0 = \left(r^N - G_B(B)\right) \lambda^N + c_B^N\Big(N\left(B, \lambda^N, p^R\right), B\Big), \tag{14.74}
$$

Die Steigung der $\dot{\lambda}^N = 0$-Isokline wird beschrieben durch

$$
\left.\frac{\partial \lambda^N}{\partial B}\right|_{\dot{\lambda}^N=0} = -\frac{-G_{BB}\lambda^N + c_{BN}^N \frac{\partial N^{\max}}{\partial B} + c_{BB}^N}{r^N - G_B + c_{BN}^N \frac{\partial N^{\max}}{\partial \lambda^N}} < 0. \tag{14.75}
$$

Das Vorzeichen folgt aus (6.14) Seite 88.

In der $\left(B, \lambda^N\right)$-Ebene ist die $\dot{B} = 0$-Isokline implizit definiert durch

$$
0 = G_B(B) - N\left(B, \lambda^N, p^R\right), \tag{14.76}
$$

Die Steigung der $\dot{B} = 0$-Isokline wird beschrieben durch

$$
\left.\frac{\partial \lambda^N}{\partial B}\right|_{\dot{B}=0} = -\frac{G_B - \frac{\partial N^{\max}}{\partial B}}{-\frac{\partial N^{\max}}{\partial \lambda^N}} \tag{14.77}
$$

und mit (14.7) bzw. (14.8) Seite 202

$$
= -G_B c_{NN}^N - c_{NB}^N \lesseqgtr 0. \tag{14.78}
$$

Das Vorzeichen von (14.78) ist unbestimmt. Jedoch wird in dieser Arbeit der Fall betrachtet in dem $G_B < 0$ gilt und dann ist das Vorzeichen von (14.78) eindeutig positiv.

14.4 Die komparative Dynamik für $G_B(B^*) < 0$

Die im folgenden verwendete Methodik zur Bestimmung der komparativen Dynamik findet sich allgemein bei Gandolfo (1997) Abschnitt 20.6 Seite 324 und speziell in Verbindung mit einem sich regenerierenden Ressourcenbestand bei Caputo (1989). Total Differenzieren des des Steady-States (6.11), (6.16) und (6.17) führt zu

$$\begin{bmatrix} -c_{NN}^N & -1 & -c_{NB}^N \\ c_{BN}^N & r^N - G_B & c_{BB}^N - G_{BB}\lambda^{N*} \\ -1 & 0 & G_B \end{bmatrix} \cdot \begin{bmatrix} dN^* \\ d\lambda^{N*} \\ dB^* \end{bmatrix} = \begin{bmatrix} -dp^R & 0 \\ 0 & -\lambda^{N*} dr^N \\ 0 & 0 \end{bmatrix} \tag{14.79}$$

Die Determinante der Koeffizientenmatrix des Gleichungssystems (14.79) lautet

$$\Delta_1^N = -c_{NN}^N G_B \left(r^N - G_B\right) + c_{BB}^N - G_{BB}\lambda^{N*} - c_{NB}^N \left(r^N - G_B\right) + G_B c_{BN}^N > 0. \tag{14.80}$$

Das Vorzeichen der Determinanten (14.80) folgt aus der Technologie des Neumaterialproduzenten (14.5) Seite 202, der ökologischen Stabilität $G_B(B^*) < 0$ Abschnitt 6.3.2 Seite 93 und $r^N - G_B > 0$ (6.18) Seite 90.

14.4.1 Die Wirkung einer Steigerung des Ressourcenpreises

Die Reaktion der Neumaterialmenge

Eine Anwendung von Cramer's Regel auf das Gleichungssystem (14.79) Seite 218 führt zu der Ableitung der geernteten Neumaterialmenge nach dem Ressourcenpreis

$$\frac{\partial N^*}{\partial p^R} = -\frac{r^N - G_B}{\Delta_1^N} G_B > 0. \tag{14.81}$$

Das Vorzeichen von (14.81) folgt aus $\Delta_1^N > 0$ (14.80) und der ökologischen Stabilität $G_B(B^*) < 0$ Abschnitt 6.3.2 Seite 93.

Die Reaktion des Ressourcenbestandes

Eine Anwendung von Cramer's Regel auf das Gleichungssystem (14.79) Seite 218 führt zu der Ableitung des Ressourcenbestandes nach dem Ressourcenpreis

$$\frac{\partial B^*}{\partial p^R} = -\frac{1}{\Delta_1^N}\left(r^N - G_B\right) < 0. \tag{14.82}$$

Das Vorzeichen von (14.82) folgt aus $\Delta_1^N > 0$ (14.80) und (6.18) Seite 90.

Die Reaktion des Schattenpreises

Eine Anwendung von Cramer's Regel auf das Gleichungssystem (14.79) Seite 218 führt zu der Ableitung des Schattenpreises nach dem Ressourcenpreis

$$\frac{\partial \lambda^{N*}}{\partial p^R} = \frac{1}{\Delta_1^N}\left(c_{BB}^N - G_{BB}\lambda^{N*} + G_B c_{BN}^N\right) > 0. \tag{14.83}$$

Das Vorzeichen von (14.83) folgt aus $\Delta_1^N > 0$ (14.80), der Technologie des Neumaterialproduzenten (14.5) Seite 202, den Eigenschaften der Regenerationsfunktion (14.6) Seite 202 und der ökologischen Stabilität $G_B(B^*) < 0$ Abschnitt 6.3.2 Seite 93.

Die Anpassungsdynamik des Neumaterials

Differenzieren der Bewegungsgleichung der Neumaterialmenge entlang des stabilen Arms des Sattels (6.26) Seite 91 nach dem Ressourcenpreis führt zu

$$\frac{\partial N(t)}{\partial p^R} = -\frac{\partial B^*}{\partial p^R} z_2^1 e^{\Phi_2 t} + (B_0 - B^*)\left(\frac{\partial z_2^1}{\partial p^R} + z_2^1 \frac{\partial \Phi_2}{\partial p^R} t\right) e^{\Phi_2 t} + \frac{\partial N^*}{\partial p^R}.$$

Die Änderung tritt ein im alten Steady-State, d.h. $B_0 = B^*$, folglich gilt

$$= -\frac{\partial B^*}{\partial p^R} z_2^1 e^{\Phi_2 t} + \frac{\partial N^*}{\partial p^R}$$

und mit (14.81) bzw. mit (14.82) Seite 218

$$= \frac{r^N - G_B}{\Delta^N}\left(z_2^1 e^{\Phi_2 t} - G_B\right) > 0. \tag{14.84}$$

Differenzieren von (14.84) nach der Zeit t führt zu

$$\frac{\partial^2 N(t)}{\partial p^R \partial t} = \frac{r^N - G_B}{\Delta^N} z_2^1 \Phi_2 e^{\Phi_2 t} < 0, \tag{14.85}$$

und

$$\frac{\partial^3 N(t)}{\partial p^R (\partial t)^2} = \frac{r^N - G_B}{\Delta^N} z_2^1 (\Phi_2)^2 e^{\Phi_2 t} > 0. \tag{14.86}$$

Die Vorzeichen der beiden Ableitungen folgen aus (6.18) Seite 90, (14.80) Seite 218 und (6.24) Seite 91.

Die Anpassungsdynamik des Ressourcenbestandes

Differenzieren der Bewegungsgleichung des Bestandes entlang des stabilen Arms des Sattels nach dem Ressourcenpreis (6.26) Seite 91 führt zu

$$\frac{\partial B(t)}{\partial p^R} = -\frac{\partial B^*}{\partial p^R} e^{\Phi_2 t} + (B_0 - B^*)\frac{\partial \Phi_2}{\partial p^R} t e^{\Phi_2 t} + \frac{\partial B^*}{\partial p^R}.$$

Die Änderung tritt ein im alten Steady-State, d.h. $B_0 = B^*$, folglich gilt wegen $\Phi_2 < 0$ und $e^{\Phi_2 t} < 1$

$$\frac{\partial B(t)}{\partial p^R} = \frac{\partial B^*}{\partial p^R}\left(1 - e^{\Phi_2 t}\right) < 0, \tag{14.87}$$

für $t = 0$ folgt für (14.87)

$$\frac{\partial B(0)}{\partial p^R} = 0. \tag{14.88}$$

Differenzieren von (14.87) nach der Zeit t führt zu

$$\frac{\partial^2 B(t)}{\partial p^R \partial t} = -\frac{\partial B^*}{\partial p^R} \Phi_2 e^{\Phi_2 t} < 0, \tag{14.89}$$

und

$$\frac{\partial^3 B(t)}{\partial p^R (\partial t)^2} = -\frac{\partial B^*}{\partial p^R} (\Phi_2)^2 e^{\Phi_2 t} > 0. \tag{14.90}$$

Die Anpassungsdynamik des Schattenpreises

Differenzieren der Bewegungsgleichung des Schattenpreises entlang des stabilen Arms des Sattels nach dem Ressourcenpreis (6.28) Seite 92 führt zu

$$\frac{\partial \lambda^N(t)}{\partial p^R} = -\frac{\partial B^*}{\partial p^R} {'z_2^1} e^{\Phi_2 t} + (B_0 - B^*) \left(\frac{\partial' z_2^1}{\partial p^R} + {'z_2^1} \frac{\partial \Phi_2}{\partial p^R} t \right) e^{\Phi_2 t} + \frac{\partial \lambda^{N*}}{\partial p^R}.$$

Die Änderung tritt ein im alten Steady-State, d.h. $B_0 = B^*$, folglich gilt

$$= -\frac{\partial B^*}{\partial p^R} {'z_2^1} e^{\Phi_2 t} + \frac{\partial \lambda^{N*}}{\partial p^R}$$

und mit (14.83) bzw. mit (14.82) Seite 218

$$= \frac{1}{\Delta^N} \left(c_{BB}^N - G_{BB} \lambda^{N*} + G_B c_{BN}^N + \left(r^N - G_B\right) {'z_2^1} e^{\Phi_2 t} \right) > 0. \tag{14.91}$$

Differenzieren von (14.91) nach der Zeit t führt zu

$$\frac{\partial^2 \lambda^N(t)}{\partial p^R \partial t} = \frac{\left(r^N - G_B\right) {'z_2^1} \Phi_2 e^{\Phi_2 t}}{\Delta^N} > 0, \tag{14.92}$$

und

$$\frac{\partial^3 \lambda^N(t)}{\partial p^R (\partial t)^2} = \frac{\left(r^N - G_B\right) {'z_2^1} (\Phi_2)^2 e^{\Phi_2 t}}{\Delta^N} > 0. \tag{14.93}$$

Die Vorzeichen der beiden Ableitungen folgen aus (6.18) Seite 90, (14.80) Seite 218, (6.24) Seite 91 und (6.27) Seite 92.

Die Reaktion der diskontierten Gewinne des Neumaterialproduzenten

Differenzieren der diskontierten Gewinne des Neumaterialproduzenten (6.19) Seite 90 nach dem Ressourcenpreis führt zu

$$\frac{\partial \left(\int_0^\infty \Pi^N e^{-r^N t} dt \right)}{\partial p^R} = \left[\left(p^R - c_N^N\right) \frac{\partial N^*}{\partial p^R} - c_B^N \frac{\partial B^*}{\partial p^R} + N^* \right] \frac{1}{r^N} \tag{14.94}$$

und mit (14.81) Seite 218 bzw. (14.82) Seite 218

$$= \left[N^* - \left[\left(p^R - c_N^N\right) \frac{r^N - G_B}{\Delta^N} G_B + c_B^N \frac{r^N - G_B}{\Delta^N} \right] \right] \frac{1}{r^N}$$

$$= \left[N^* - \left[\left(p^R - c_N^N\right) G_B - c_B^N \right] \frac{r^N - G_B}{\Delta^N} \right] \frac{1}{r^N}$$

und mit $\lambda^N = p^R - c_N^N$ siehe (6.11) Seite 88

$$= \left[N^* - \left[\lambda^N G_B - c_B^N \right] \frac{r^N - G_B}{\Delta^N} \right] \frac{1}{r^N}$$

und mit $0 = r^N \lambda^N - G_B \lambda^N + c_B^N$ siehe (6.12)

$$= \left[N^* - r^N \lambda^N \frac{r^N - G_B}{\Delta^N} \right] \frac{1}{r^N} \lessgtr 0. \tag{14.95}$$

Die Neumaterialmenge im Steady-State N^* ist positiv und der zweite Term ist $r^N - G_B > 0$ (6.18) Seite 90 und $\Delta^N > 0$ (14.80) Seite 218 positiv. Folglich ist das Vorzeichen von (14.95) unbestimmt.

Die Wirkung auf die $\dot{N} = 0$-Isokline

Die Wirkung des Anstiegs in dem Ressourcenpreis auf die $\dot{N} = 0$-Isokline in der (N, B)-Ebene wird beschrieben durch

$$\left. \frac{\partial N}{\partial p^R} \right|_{\dot{N}=0} = - \left. \frac{\frac{\partial \dot{N}}{\partial p^R}}{\frac{\partial \dot{N}}{\partial N}} \right|_{\dot{N}=\dot{B}=0} \tag{14.96}$$

und mit (14.16) Seite 205 bzw. (14.14) Seite 205

$$\left. \frac{\partial N}{\partial p^R} \right|_{\dot{N}=0} = \frac{1}{c_{NN}^N} > 0. \tag{14.97}$$

Die Wirkung auf die $\dot{\lambda}^N = 0$-Isokline

Die Wirkung des Anstiegs in dem Ressourcenpreis auf die $\dot{\lambda}^N = 0$-Isokline in der $\left(\lambda^N, B\right)$-Ebene wird beschrieben durch

$$\left. \frac{\partial \lambda^N}{\partial p^R} \right|_{\dot{B}=0} = - \left. \frac{\frac{\partial \dot{\lambda}^N}{\partial p^R}}{\frac{\partial \dot{\lambda}^N}{\partial \lambda^N}} \right|_{\dot{\lambda}^N=\dot{B}=0}$$

und mit (14.55) Seite 213 bzw. (14.58) Seite 213

$$= - \frac{\frac{c_{BN}^N}{c_{NN}^N}}{\left(r^N - G_B\right) - \frac{c_{BN}^N}{c_{NN}^N}} > 0$$

$$= - \frac{c_{BN}^N}{\left(r^N - G_B\right) c_{NN}^N - c_{BN}^N} > 0. \tag{14.98}$$

Die Wirkung auf die $\dot{\mathbf{B}} = 0$-Isokline

Die Wirkung des Anstiegs in dem Ressourcenpreis auf die $\dot{B} = 0$-Isokline in der $\left(B, \lambda^N\right)$-Ebene wird beschrieben durch

$$\left.\frac{\partial \lambda^N}{\partial p^R}\right|_{\dot{B}=0} = -\left.\frac{-\frac{\partial N^{\max}}{\partial p^R}}{-\frac{\partial N^{\max}}{\partial \lambda^N}}\right|_{\dot{\lambda}^N=\dot{B}=0}$$

und mit (14.9) bzw. (14.8) Seite 202

$$= 1 > 0. \tag{14.99}$$

14.4.2 Die Wirkung einer Steigerung der Diskontrate

Die Reaktion der Neumaterialmenge

Eine Anwendung von Cramer's Regel auf das Gleichungssystem (14.79) Seite 218 führt zu der Ableitung des Neumaterials nach der Diskontrate

$$\frac{\partial N^*}{\partial r^N} = -\frac{1}{\Delta_1^N} \lambda^{N*} G_B > 0. \tag{14.100}$$

Die einzelnen Vorzeichen der Terme der Ableitung (14.100) sind $\Delta_1^N > 0$ (14.80) Seite 218 und der ökologischen Stabilität $G_B\left(B^*\right) < 0$ Abschnitt 6.3.2 Seite 93.

Die Reaktion des Ressourcenbestandes

Eine Anwendung von Cramer's Regel auf das Gleichungssystem (14.79) Seite 218 führt zu der Ableitung des Ressourcenbestandes nach der Diskontrate ist

$$\frac{\partial B^*}{\partial r^N} = -\frac{1}{\Delta_1^N} \lambda^{N*} < 0. \tag{14.101}$$

Das Vorzeichen der Ableitung (14.101) folgt aus $\Delta_1^N > 0$ (14.80) Seite 218.

Die Reaktion des Schattenpreises

Eine Anwendung von Cramer's Regel auf das Gleichungssystem (14.79) Seite 218 führt zu der Ableitung des Schattenpreises nach der Diskontrate ist

$$\frac{\partial \lambda^{N*}}{\partial r^N} = \frac{\lambda^{N*}}{\Delta_1^N} \left(c_{NN}^N G_B + c_{NB}^N\right) < 0. \tag{14.102}$$

Das Vorzeichen der Ableitung (14.101) folgt aus $\Delta_1^N > 0$ (14.80) Seite 218, der Technologie des Neumaterialproduzenten (14.5) Seite 202 und der ökologischen Stabilität $G_B\left(B^*\right) < 0$ Abschnitt 6.3.2 Seite 93.

Die Anpassungsdynamik der Neumaterialmenge

Differenzieren der Bewegungsgleichung der Neumaterialmenge entlang des stabilen Arms des Sattels nach der Diskontrate (6.26) Seite 91 führt zu

$$\frac{\partial N(t)}{\partial r^N} = -\frac{\partial B^*}{\partial r^N} z_2^1 e^{\Phi_2 t} + (B_0 - B^*) \left(\frac{\partial z_2^1}{\partial r^N} e^{\Phi_2 t} + z_2^1 \frac{\partial \Phi_2}{\partial r^N} t e^{\Phi_2 t} \right) + \frac{\partial N^*}{\partial r^N}.$$

Die Änderung tritt ein im alten Steady-State, d.h. $B_0 = B^*$, folglich gilt

$$= -\frac{\partial B^*}{\partial r^N} z_2^1 e^{\Phi_2 t} + \frac{\partial N^*}{\partial r^N} > 0. \tag{14.103}$$

Die Vorzeichen der einzelnen Terme der Ableitung (14.103) sind bestimmt worden in Theorem 17 Seite 91, (14.17) Seite 222, (6.25) Seite 91. Für $t = 0$ folgt mit $z_2^1 = G_B(B^*) - \Phi_2$ siehe (6.25′) Seite 210 für die Ableitung (14.103)

$$\frac{\partial N(0)}{\partial r^N} = -\frac{\lambda^{N*}}{\Delta^N} \Phi_2 > 0. \tag{14.104}$$

Differenzieren von (14.103) nach der Zeit t führt zu

$$\frac{\partial^2 N(t)}{\partial r^N \partial t} = \frac{\lambda^{N*}}{\Delta^N} z_2^1 \Phi_2 e^{\Phi_2 t} < 0, \tag{14.105}$$

und

$$\frac{\partial^3 N(t)}{\partial r^N (\partial t)^2} = \frac{\lambda^{N*}}{\Delta^N} z_2^1 (\Phi_2)^2 e^{\Phi_2 t} > 0. \tag{14.106}$$

Die Vorzeichen der einzelnen Terme der Ableitungen (14.105) bzw. (14.106) sind bestimmt worden in Theorem (17) Seite 91, (14.80) Seite 218, (6.24) Seite 91, (6.25) Seite 91.

Die Anpassungsdynamik des Ressourcenbestandes

Differenzieren der Bewegungsgleichung des Bestandes entlang des stabilen Arms des Sattels nach der Diskontrate (6.26) Seite 91 führt zu

$$\frac{\partial B(t)}{\partial r^N} = -\frac{\partial B^*}{\partial r^N} e^{\Phi_2 t} + (B_0 - B^*) \frac{\partial \Phi_2}{\partial r^N} t e^{\Phi_2 t} + \frac{\partial B^*}{\partial r^N}.$$

Die Änderung tritt ein im alten Steady-State, d.h. $B_0 = B^*$, folglich gilt wegen $\Phi_2 < 0$ (6.24) Seite 91 und $e^{\Phi_2 t} < 1$

$$\frac{\partial B(t)}{\partial r^N} = \frac{\partial B^*}{\partial r^N} \left(1 - e^{\Phi_2 t}\right) < 0. \tag{14.107}$$

Das Vorzeichen der Ableitung (14.107) folgt aus (14.101) Seite 222. Für $t = 0$ folgt für (14.107)

$$\frac{\partial B(0)}{\partial r^N} = 0. \tag{14.108}$$

Differenzieren von (14.107) nach der Zeit t führt zu

$$\frac{\partial^2 B(t)}{\partial r^N \partial t} = -\frac{\partial B^*}{\partial r^N}\Phi_2 e^{\Phi_2 t} < 0, \tag{14.109}$$

und

$$\frac{\partial^3 B(t)}{\partial r^N (\partial t)^2} = -\frac{\partial B^*}{\partial r^N}(\Phi_2)^2 e^{\Phi_2 t} > 0. \tag{14.110}$$

Die Vorzeichen der einzelnen Terme der Ableitungen (14.109) bzw. (14.110) sind bestimmt worden in (14.101) Seite 222 und (6.24) Seite 91.

Die Anpassungsdynamik des Schattenpreises

Differenzieren der Bewegungsgleichung des Schattenpreises entlang des stabilen Arms des Sattels nach der Diskontrate (6.28) Seite 92 führt zu

$$\frac{\partial \lambda^N(t)}{\partial r^N} = -\frac{\partial B^*}{\partial r^N}{}'z_2^1 e^{\Phi_2 t} + (B_0 - B^*)\left(\frac{\partial' z_2^1}{\partial r^N} + {}'z_2^1\frac{\partial \Phi_2}{\partial r^N}t\right)e^{\Phi_2 t} + \frac{\partial \lambda^{N*}}{\partial r^N}.$$

Die Änderung tritt ein im alten Steady-State, d.h. $B_0 = B^*$, folglich gilt

$$= -\frac{\partial B^*}{\partial r^N}{}'z_2^1 e^{\Phi_2 t} + \frac{\partial \lambda^{N*}}{\partial r^N}$$

und mit (14.102) bzw. mit (14.101) Seite 222

$$= \frac{\lambda^{N*}}{\Delta^N}\left(c_{NN}^N G_B + c_{BN}^N + {}'z_2^1 e^{\Phi_2 t}\right) < 0. \tag{14.111}$$

Das Vorzeichen von (14.111) ist wegen der Technologie der Neumaterialproduktion (14.5) Seite 202, der ökologischen Stabilität Abschnitt 6.3.2 Seite 93 und ${}'z_2^1 < 0$ (6.27) Seite 92 negativ. Zum Zeitpunkt $t = 0$ folgt für (14.111)

$$\frac{\partial \lambda^N(0)}{\partial r^N} = \frac{\lambda^{N*}}{\Delta^N}\left(c_{NN}^N G_B + c_{BN}^N + {}'z_2^1\right) < 0. \tag{14.112}$$

Differenzieren von (14.111) nach der Zeit t führt zu

$$\frac{\partial^2 \lambda^N(t)}{\partial r^N \partial t} = -\frac{\lambda^{N*}{}'z_2^1 \Phi_2 e^{\Phi_2 t}}{\Delta^N} < 0, \tag{14.113}$$

und

$$\frac{\partial^3 \lambda^N(t)}{\partial r^N (\partial t)^2} = -\frac{\lambda^{N*}{}'z_2^1 (\Phi_2)^2 e^{\Phi_2 t}}{\Delta^N} > 0. \tag{14.114}$$

Die Vorzeichen der beiden Ableitungen folgen aus (6.18) Seite 90, (14.80) Seite 218, (6.24) Seite 91 und (6.27) Seite 92.

Die Reaktion der diskontierten Gewinne des Neumaterialproduzenten

Differenzieren der diskontierten Gewinne des Neumaterialproduzenten (6.19) Seite 90 nach der Diskontrate führt zu

$$\frac{\partial\left(\int_0^\infty \Pi^{\mathcal{N}} e^{-r^N t} dt\right)}{\partial r^N} = \left[\left(p^R - c_N^N\right)\frac{\partial N^*}{\partial r^N} - c_B^N \frac{\partial B^*}{\partial r^N} + N^*\right]\frac{1}{r^N} - \frac{\Pi^{\mathcal{N}}}{\left(r^N\right)^2}$$

und mit (14.100) Seite 222 bzw. (14.101) Seite 222

$$= \left[N^* - \left[\left(p^R - c_N^N\right) G_B\left(B^*\right) - c_B^N\right]\frac{\lambda^{N*}}{\Delta^N}\right]\frac{1}{r^N} - \frac{\Pi^{\mathcal{N}}}{\left(r^N\right)^2}$$

und mit $\lambda^{N*} = p^R - c_N^N$ siehe (6.11) Seite 88

$$= \left[N^* - \left[\lambda^{N*} G_B\left(B^*\right) - c_B^N\right]\frac{\lambda^{N*}}{\Delta^N}\right]\frac{1}{r^N} - \frac{\Pi^{\mathcal{N}}}{\left(r^N\right)^2}$$

und mit $0 = r^N \lambda^{N*} - G_B \lambda^{N*} + c_B^N$ siehe (6.12) Seite 88

$$= \left[N^* - r^N \lambda^{N*} \frac{\lambda^{N*}}{\Delta^N}\right]\frac{1}{r^N} - \frac{\Pi^{\mathcal{N}}}{\left(r^N\right)^2} \lesseqgtr 0. \tag{14.115}$$

Die Neumaterialmenge im Steady-State N^* ist positiv und der zweite Term ist wegen dem positiven Schattenpreis und der positiven Determinanten (14.80) Seite 218 positiv. Folglich ist das Vorzeichen von (14.115) unbestimmt.

Die Wirkung auf die $\dot{N} = 0$-Isokline

Die Wirkung des Anstiegs der Diskontrate auf die $\dot{N}$-Isokline in der (B, N)-Ebene wird beschrieben durch

$$\left.\frac{\partial N}{\partial r^N}\right|_{\dot{N}=0} = -\left.\frac{\frac{\partial \dot{N}}{\partial r^N}}{\frac{\partial \dot{N}}{\partial N}}\right|_{\dot{N}=\dot{B}=0} \tag{14.116}$$

und mit (14.17) Seite 205 bzw. (14.14) Seite 205

$$\left.\frac{\partial N}{\partial r^N}\right|_{\dot{N}=0} = \frac{p^R - c_N^N}{\left(r^N - G_B\right) c_{NN}^N} > 0. \tag{14.117}$$

Die Wirkung auf die $\lambda^N = 0$-Isokline

Die Wirkung des Anstiegs der Diskontrate auf die $\dot{\lambda}^N = 0$-Isokline in der $\left(B, \lambda^N\right)$-Ebene wird beschrieben durch

$$\left.\frac{\partial \lambda^N}{\partial r^N}\right|_{\dot{B}=0} = -\left.\frac{\frac{\partial \dot{\lambda}^N}{\partial r^N}}{\frac{\partial \dot{\lambda}^N}{\partial \lambda^N}}\right|_{\dot{\lambda}^N=\dot{B}=0}$$

und mit (14.56) Seite 213 bzw. (14.58) Seite 213

$$= -\frac{\lambda^N}{\left(r^N - G_B\right) - \frac{c_{BN}^N}{c_{NN}^N}} < 0. \tag{14.118}$$

Kapitel 15

Das langfristige Marktgleichgewicht

15.1 Das langfristige Gleichgewicht des Güter-, des Entsorgungs- und des Ressourcenmarktes

Die endogenen Variablen des Marktgleichgewichtes werden mit einer hochgestellten Tilde $^{\sim}$ gekennzeichnet. Das langfristige Gleichgewicht auf dem Güter-, Entsorgungs- und Ressourcenmarkt ist durch die folgenden drei Gleichungen bestimmt

$$p^W\left(W^{\sim};p^{R^{\sim}}\right)+p^{R^{\sim}}\beta-c_W^W(W)-\beta c_R^{WR}\left(\beta W^{\sim}\right)=0, \tag{7.1}$$

$$\dot{N}^N\left(N^{\sim},B^{\sim},p^{R^{\sim}};r^N\right)=0, \tag{7.2}$$

$$G\left(B^{\sim}\right)-N^{\sim}=0. \tag{7.3}$$

(7.1) definiert das Gleichgewicht auf dem Güter- und Entsorgungsmarkt unter vollständigem Wettbewerb auf diesen beiden Märkten, wobei die Definition der inversen bedingten Nachfrage nach den Entsorgungsdienstleistungen das Gütermarktgleichgewicht beinhaltet, siehe Theorem 1 Seite 28. Selbiges kann ebenso unter Verwendung der Funktion des Angebotes an Entsorgungsdienstleistungen des preisnehmenden Entsorgers $W^E=W^E\left(p^W;p^R;\beta\right)$ (6.5) Seite 85 und der Definition der bedingten Faktornachfrage des Güterproduzenten (3.10) Seite 28 äquivalent definiert werden als

$$c_{p^{RW}}^{Y}\left(\hat{Y}\left(p^R,\check{p}^W\right);p^R+\check{p}^W\right)-W^E\left(\check{p}^W;p^R;\beta\right)=0. \tag{7.4}$$

Unter Verwendung der Tatsache, daß die Menge des Neumaterials der Menge der nichtrezyklierten Ressource entspricht, d.h. $N^{\sim}=(1-\beta)\,W^{\sim}$, kann das langfristige Marktgleichgewicht definierende Gleichungssystem (7.1)-(7.3) geschrieben werden als

$$p^W\left(W^{\sim};p^{R^{\sim}}\right)+p^{R^{\sim}}\beta-c_W^W\left(W^{\sim}\right)-\beta c_R^{WR}\left(\beta W^{\sim}\right)=0, \tag{7.5}$$

$$\dot{N}^N\left((1-\beta)\,W^{\sim},B^{\sim},p^{R^{\sim}};r^N\right)=0, \tag{7.6}$$

$$G\left(B^{\sim}\right)-(1-\beta)\,N^{\sim}=0. \tag{7.7}$$

(7.5) definiert implizit die Menge der Entsorgungsdienstleistungen im Gleichgewicht des Güter- und Entsorgungsmarktes als $\check{W}=W\left(p^R,\beta\right)$ und (7.7) definiert implizit den Ressourcenbestand im Bestandsgleichgewicht als $B = B\big((1-\beta)\,W\big)$. Einsetzen dieser beiden Funktionen in (7.6) führt zu

$$\dot{N}^N\Big((1-\beta)\,W\left(p^{R\sim},\beta\right), B\Big((1-\beta)\,W\left(p^{R\sim},\beta\right),\beta\Big), p^{R\sim}; r^N\Big) = 0. \tag{7.8}$$

(7.8) definiert implizit den Ressourcenpreis im langfristigen Marktgleichgewicht als $p^{R\sim} = p^R\left(\beta, r^N\right)$. Einsetzen dieser Funktion und $B = B\big((1-\beta)\,W\big)$ in (7.6) unter Verwendung von $(1-\beta)\,W^{\sim} = N^{\sim}$ ergibt

$$\dot{N}^N\Big(N^{\sim}, B\left(N^{\sim}\right), p^R\left(\beta, r^N\right); r^N\Big) = 0. \tag{7.8'}$$

(7.8′) definiert implizit die geerntete Neumaterialmenge im langfristigen Marktgleichgewicht als $N^{\sim} = N\left(\beta, r^N\right)$. Einsetzen selbiger Funktion in (7.7) führt zu

$$G\left(B^{\sim}\right) - (1-\beta)\,N^{\sim}\left(\beta, r^N\right) = 0. \tag{7.9}$$

(7.9) definiert implizit den Ressourcenbestand im langfristigen Marktgleichgewicht als $B^{\sim} = B\left(\beta, r^N\right)$. Einsetzen von $p^{R\sim} = p^R\left(\beta, r^N\right)$ in (7.5) führt zu

$$p^W\Big(W^{\sim}; p^R\left(\beta, r^N\right)\Big) + p^R\left(\beta, r^N\right)\beta - c_W^W\left(W^{\sim}\right) - \beta c_R^{WR}\left(\beta W^{\sim}\right) = 0 \tag{7.10}$$

und (7.10) definiert implizit die Menge der Entsorgungsdienstleistungen im langfristigen Marktgleichgewicht als $W^{\sim} = W\left(\beta, r^N\right)$. $W^{\sim}$ erlaubt eine alternative Definition der Neumaterialmenge im langfristigen Marktgleichgewicht

$$N^{\sim} = (1-\beta)\,W\left(\beta, r^N\right). \tag{7.11}$$

Einsetzen des Ressourcenpreises $p^{R\sim} = p^R\left(\beta, r^N\right)$ und der Menge der Entsorgungsdienstleistungen $W^{\sim} = W\left(\beta, r^N\right)$ in die Gewinnfunktion des preisnehmenden Entsorgers (6.2) Seite 85 ergibt die Gewinne im langfristigen Marktgleichgewicht

$$\begin{aligned} \Pi^{W\sim} = {} & p^W\Big(W\left(\beta, r^N\right); p^R\left(\beta, r^N\right)\Big)W\left(\beta, r^N\right) + p^R\left(\beta, r^N\right)\beta W\left(\beta, r^N\right) \\ & - c^W\Big(W\left(\beta, r^N\right)\Big) - c^{WR}\Big(\beta W\left(\beta, r^N\right)\Big). \end{aligned} \tag{7.12}$$

Einsetzen von $p^{R\sim} = p^R\left(\beta, r^N\right)$ in die äquivalente Definition des Gleichgewichtes auf dem Güter- und Entsorgungsmarkt (7.4) Seite 100 führt zu einer den Preis der Entsorgungsdienstleistungen definierenden Gleichung

$$c_{p^{RW}}^Y\Big(\hat{Y}\left(p^R\left(\beta, r^N\right), p^{W\sim}\right); p^R\left(\beta, r^N\right) + p^{W\sim}\Big) - W^E\Big(p^{W\sim}; p^R\left(\beta, r^N\right); \beta\Big) = 0. \tag{7.13}$$

(7.13) definiert $p^{W\sim} = p^W\left(\beta, r^N\right)$. Der Preis des Ressourceneinsatzes in der Güterproduktion ist definiert als

$$p^{RW\sim} = p^R\left(\beta, r^N\right) + p^W\left(\beta, r^N\right). \tag{7.14}$$

Einsetzen von $p^{RW\sim} = p^{RW}\left(\beta, r^N\right)$ in die das Gleichgewicht auf dem Gütermarkt definierende Gleichung (3.7) Seite 27 führt zu der Gütermenge im langfristigen Marktgleichgewicht

$$p\left(Y^{\sim}\right) - c_Y^Y\left(Y^{\sim}; p^{RW}\left(\beta, r^N\right)\right) = 0. \tag{7.15}$$

Die Gleichung (7.15) definiert $Y^{\sim} = Y\left(\beta, r^N\right)$. Einsetzen dieser Funktion in Verbindung mit $p^{RW\sim} = p^{RW}\left(\beta, r^N\right)$ in die Gewinnfunktion des Güterproduzenten (3.1) Seite 26 führt zu

$$\Pi^{Y\sim} = p\left(Y\left(\beta, r^N\right)\right)Y\left(\beta, r^N\right) - c^Y\left(Y\left(\beta, r^N\right); p^{RW}\left(\beta, r^N\right)\right). \tag{7.16}$$

Einsetzen von $Y^{\sim} = Y\left(\beta, r^N\right)$ in die Definition der Nachfragefunktion des Konsumenten (3.5) Seite 27 führt zu dem Güterpreis im langfristigen Marktgleichgewicht

$$p^{\sim} = u_Y\left(Y\left(\beta, r^N\right)\right). \tag{7.17}$$

Eine Anwendung der Definition der Rezyklatmenge $R^{R\sim} = \beta R^{\sim}$ mit $R^{\sim} = W^{\sim}$ auf $W^{\sim} = W\left(\beta, r^N\right)$ führt zu

$$R^{R\sim} = \beta W\left(\beta, r^N\right). \tag{7.18}$$

Gleichung (7.18) definiert die Rezyklatmenge im langfristigen Marktgleichgewicht als $R^{R\sim} = R^R\left(\beta, r^N\right)$. Einsetzen der Funktionen $p^{R\sim} = p^R\left(\beta, r^N\right)$, $N^{\sim} = N\left(\beta, r^N\right)$ und $B^{\sim} = B\left(\beta, r^N\right)$ in die Funktion der diskontierten Gewinne des Neumaterialproduzenten (6.19) Seite 90 führt zu

$$\int_0^{\infty} \Pi^{N\sim} e^{-r^N t} dt = \left[p^R\left(\beta, r^N\right) N\left(\beta, r^N\right) - c^N\left(N\left(\beta, r^N\right), B\left(\beta, r^N\right)\right)\right]\frac{1}{r^N}. \tag{7.19}$$

Einsetzen von $p^{R\sim} = p^R\left(\beta, r^N\right)$, $N^{\sim} = N\left(\beta, r^N\right)$ und $B^{\sim} = B\left(\beta, r^N\right)$ in die Optimalitätsbedingung des Neumaterialproduzenten für das Neumaterial (6.11) Seite 88 ergibt

$$\lambda^{N\sim} = p^R\left(\beta, r^N\right) - c_N^N\left(N\left(\beta, r^N\right), B\left(\beta, r^N\right)\right). \tag{7.20}$$

Die Gleichung (7.20) definiert den Schattenpreis im langfristigen Marktgleichgewicht als $\lambda^{N\sim} = \lambda^N\left(\beta, r^N\right)$. Einsetzen dieser Funktion und von und $B^{\sim} = B\left(\beta, r^N\right)$ (6.15) Seite 88 führt zu der Angebotsfunktion des Neumaterialproduzenten

$$GK^N = c_N^N\left(N, B\left(\beta, r^N\right)\right) + \lambda^N\left(\beta, r^N\right). \tag{7.21}$$

Für die Bestimmung des Stabilitätsverhaltens wird die Gleichgewichtsbedingung des Güter- und Entsorgungsmarktes in das kanonische Gleichungssystem des Neumaterialproduzenten eingesetzt und anschließend die beiden Differentialgleichungssysteme, welche zum einen das dynamische Verhalten des Neumaterials und des Ressourcenbestandes und zum anderen das des Schattenpreises und des Ressourcenbestandes in einer kleinen Umgebung des Steady-States beschreiben, hergeleitet. Eine Analyse der resultierenden Differentialgleichungssysteme erlaubt eine

Aussage über das Stabilitätsverhalten des langfristigen Marktgleichgewichtes zu treffen. Ersetzen von W durch $\frac{1}{1-\beta}N$ in (7.1) führt zu der folgenden Defintion des Gleichgewichtes auf dem Güter- und Entsorgungsmarkt

$$p^W\left(\frac{\check{N}}{1-\beta}; p^R\right) + p^R\beta - c_W^W\left(\frac{\check{N}}{1-\beta}\right) - \beta c_R^{WR}\left(\frac{\beta\check{N}}{1-\beta}\right) = 0. \tag{7.1'}$$

(7.1') definiert implizit den Ressourcenpreis als $\check{p}^R = p^R(N,\beta)$. Einsetzen dieser Funktion in das kanonische Gleichungsystem führt zu

$$0 = \check{p}^R(N,\beta) - c_N^N(N,B) - \lambda^N, \tag{15.1}$$

$$\dot{\lambda}^N = \left(r^N - G_B(B)\right)\lambda^N + c_B^N(N,B), \tag{15.2}$$

$$\dot{B} = G(B) - N. \tag{15.3}$$

(15.1), (15.2) und (15.3) definiert das langfristige Marktgleichgewicht, falls der Schattenpreis und der Ressourcenbestand konstant sind. Gleichung (15.1) definiert implizit $N = N\left(B, \lambda^N, \beta\right)$ und Einsetzen dieser Funktion in (15.2) und in (15.3) führt zu dem folgenden Differentialgleichungssystem, welches das dynamische Verhalten des Schattenpreises und des Ressourcenbestandes in einer Umgebung des langfristigen Marktgleichgewichtes beschreibt,

$$\dot{\lambda}^N = \left(r^N - G_B(B)\right)\lambda^N + c_B^N\Big(N\left(B, \lambda^N, \beta\right), B\Big), \tag{7.24}$$

$$\dot{B} = G(B) - N\left(B, \lambda^N, \beta\right). \tag{7.25}$$

Implizites Differenzieren von $\check{W} = W\left(p^R, \beta\right)$ definiert durch (7.5) Seite 100 nach dem Ressourcenpreis ergibt

$$\frac{d\check{W}}{dp^R} = -\frac{p_{p^R}^W + \beta}{p_W^W - c_{WW}^W - \beta^2 c_{RR}^{WR}}$$

und mit (11.9) Seite 153

$$= \frac{1-\beta}{p_W^W - c_{WW}^W - \beta^2 c_{RR}^{WR}} < 0. \tag{15.4}$$

Das negative Vorzeichen von (15.4) folgt aus der fallenden inversen Nachfragefunktion nach Entsorgungsdienstleistungen siehe Theorem 1 Seite 28 und den ansteigenden Grenzkosten des Entsorgers (11.2) Seite 151.

Implizites Differenzieren von $\check{W} = W\left(p^R, \beta\right)$ definiert durch (7.5) Seite 100 nach der Entsorgungsquote ergibt

$$\frac{d\check{W}}{d\beta} = \frac{\left(c_R^{WR} - p^R\right) + \beta\check{W}c_{RR}^{WR}}{p_W^W - c_{WW}^W - \beta^2 c_{RR}^{WR}} < 0. \tag{15.5}$$

Das negative Vorzeichen von (15.5) folgt aus der fallenden inversen Nachfragefunktion nach Entsorgungsdienstleistungen siehe Theorem 1 Seite 28, der bindenden Regulierung (3.14) Seite 30 und den ansteigenden Grenzkosten des Entsorgers (11.2) Seite 151.

Implizites Differenzieren von $B = B\big((1-\beta)\,W\big)$ definiert durch (7.7) Seite 100 nach der Menge der Entsorgungsdienstleistungen führt zu

$$\frac{dB}{dW} = \frac{1-\beta}{G_B} < 0. \tag{15.6}$$

Das Vorzeichen von (15.6) folgt aus der angenommenen ökologischen Stabilität Abschnitt 6.3.2 Seite 93.

Implizites Differenzieren von $B = B\big((1-\beta)\,W\big)$ definiert durch (7.7) Seite 100 nach der Entsorgungsquote führt zu

$$\frac{dB}{d\beta} = -\frac{\beta}{G_B} > 0. \tag{15.7}$$

Das Vorzeichen von (15.6) folgt aus der angenommenen ökologischen Stabilität Abschnitt 6.3.2 Seite 93.

(7.4) Seite 100 definiert implizit $\check{p}^W = p^W\left(p^R;\beta\right)$ und die Ableitung des Entsorgungspreises nach dem Ressourcenpreis lautet

$$\frac{d\check{p}^W}{dp^R} = -\frac{c^Y_{p^RW Y}\frac{\partial \hat{Y}}{\partial p^R} + c^Y_{p^RW p^RW} - \frac{\partial W^E}{\partial p^R}}{c^Y_{p^RW Y}\frac{\partial \hat{Y}}{\partial p^W} + c^Y_{p^RW p^RW} - \frac{\partial W^E}{\partial p^W}}$$

und mit $\frac{\partial W^E}{\partial p^R} = \beta\frac{\partial W^E}{\partial p^W}$ (14.4) Seite 201

$$= -\frac{c^Y_{p^RW Y}\frac{\partial \hat{Y}}{\partial p^R} + c^Y_{p^RW p^RW} - \beta\frac{\partial W^E}{\partial p^R}}{c^Y_{p^RW Y}\frac{\partial \hat{Y}}{\partial p^W} + c^Y_{p^RW p^RW} - \frac{\partial W^E}{\partial p^W}} \in (-1,0)\,. \tag{15.8}$$

Das Vorzeichen der partiellen Ableitung (15.8) folgt aus der Normalität der Ressource bzw. der Entsorgungsdienstleistungen (11.1) Seite 151, $\frac{\partial \hat{Y}}{\partial p^W} = \frac{\partial \hat{Y}}{\partial p^R} < 0$ (11.4) Seite 152, der im Ressourcenpreis fallenden Ressourcennachfrage (11.1) Seite 151 und (14.1) Seite 201. Differenzieren von $\check{p}^W = p^W\left(p^R;\beta\right)$ nach der Entsorgungsquote ergibt

$$\frac{d\check{p}^W}{d\beta} = \frac{\frac{\partial W^E}{\partial \beta}}{c^Y_{p^RW Y}\frac{\partial \hat{Y}}{\partial p^W} + c^Y_{p^RW p^RW} - \frac{\partial W^E}{\partial p^W}} > 0. \tag{15.9}$$

Das Vorzeichen der partiellen Ableitung (15.9) folgt aus $\frac{\partial W^E}{\partial \beta} < 0$ (14.3) Seite 201, der Normalität der Ressource bzw. der Entsorgungsdienstleistungen (11.1) Seite 151, $\frac{\partial \hat{Y}}{\partial p^W} < 0$ (11.4) Seite 152, der im Ressourcenpreis fallenden Ressourcennachfrage (11.1) Seite 151 und $\frac{\partial W^E}{\partial p^W} < 0$ (14.1) Seite 201.

Ersetzen von W durch $\frac{N}{1-\beta}$ in (7.1) Seite 100 führt zu

$$p^W\left(\frac{\check{N}}{1-\beta};p^R\right) + p^R\beta - c^W_W\left(\frac{\check{N}}{1-\beta}\right) - \beta c^{WR}_R\left(\frac{\beta\check{N}}{1-\beta}\right) = 0. \tag{7.1'}$$

Implizites Differenzieren von $\check{p}^R = p^R(N,\beta)$ definiert durch (7.1′) nach der Neumaterialmenge führt zu

$$\frac{d\check{p}^R}{dN} = -\frac{1}{1-\beta}\left[\frac{p_W^W - c_{WW}^W - \beta^2 c_{RR}^{WR}}{p_{p^R}^W + \beta}\right]$$

und mit $p_{p^R}^W = -1$ (11.9) Seite 153

$$= \frac{p_W^W - c_{WW}^W - \beta^2 c_{RR}^{WR}}{(1-\beta)^2} < 0. \tag{15.10}$$

Das Vorzeichen von (15.10) folgt aus der fallenden inversen Nachfragefunktion nach den Entsorgungsdienstleistungen, siehe Theorem 1 Seite 28 und den ansteigenden Grenzkosten des Entsorgers (11.2) Seite 151.

Implizites Differenzieren von $\check{p}^R = p^R(N,\beta)$ definiert durch (7.1′) nach der Entsorgungsquote führt zu

$$\frac{d\check{p}^R}{d\beta} = -\frac{\frac{N}{(1-\beta)^2}\left[p_W^W - c_{WW}^W - \beta c_{RR}^{WR}\right] + \left[\check{p}^R - c_R^{WR}\right]}{p_{p^R}^W + \beta}$$

und mit $p_{p^R}^W = -1$ (11.9) Seite 153

$$= \frac{\frac{N}{(1-\beta)^2}\left[p_W^W - c_{WW}^W - \beta c_{RR}^{WR}\right] + \left[\check{p}^R - c_R^{WR}\right]}{1-\beta} < 0. \tag{15.11}$$

Das Vorzeichen von (15.11) folgt aus der fallenden inversen Nachfragefunktion nach den Entsorgungsdienstleistungen, siehe Theorem 1 Seite 28 und den ansteigenden Grenzkosten des Entsorgers (11.2) Seite 151.

Differenzieren von $N = N\left(B,\lambda^N,\beta\right)$ implizit definiert durch (15.1) Seite 230 nach der Entsorgungsquote führt zu

$$\frac{dN}{d\beta} = -\frac{\frac{\partial\check{p}^R}{\partial\beta}}{\frac{\partial\check{p}^R}{\partial N} - c_{NN}^N} < 0. \tag{15.12}$$

Das Vorzeichen folgt aus (15.11), (15.10) Seite 232 und der Technologie der Neumaterialproduktion (14.5) Seite 202.

Differenzieren von $N = N\left(B,\lambda^N,\beta\right)$ implizit definiert durch (15.1) Seite 230 nach dem Ressourcenbestand führt zu

$$\frac{dN}{dB} = \frac{c_{NB}^N}{\frac{\partial\check{p}^R}{\partial N} - c_{NN}^N} > 0. \tag{15.13}$$

Das Vorzeichen folgt aus (15.10) Seite 232 und der Technologie der Neumaterialproduktion (14.5) Seite 202.

Differenzieren von $N = N\left(B, \lambda^N, \beta\right)$ implizit definiert durch (15.1) Seite 230 nach dem Ressourcenbestand führt zu

$$\frac{dN}{d\lambda^N} = \frac{1}{\frac{\partial \check{p}^R}{\partial N} - c^N_{NN}} < 0. \tag{15.14}$$

Das Vorzeichen folgt aus (15.10) Seite 232 und der Technologie der Neumaterialproduktion (14.5) Seite 202.

Total Differenzieren des Gleichungssystems (15.1), (15.2) und (15.3) Seite 230 führt zu

$$\begin{bmatrix} \frac{\partial \check{p}^R}{\partial N} - c^N_{NN} & -1 & -c^N_{NB} \\ c^N_{BN} & r^N - G_B & c^N_{BB} - G_{BB}\lambda^{N\sim} \\ -1 & 0 & G_B \end{bmatrix} \cdot \begin{bmatrix} dN^\sim \\ d\lambda^{N\sim} \\ dB^\sim \end{bmatrix} = \begin{bmatrix} -\frac{\partial \check{p}^R}{\partial \beta} d\beta & 0 \\ 0 & -\lambda^{N\sim} dr^N \\ 0 & 0 \end{bmatrix} \tag{15.15}$$

Die Determinante $\Delta_1^\sim$ der Jacobi-Matrix ist gegeben durch

$$\begin{aligned} \Delta_1^\sim = \left(\frac{\partial \check{p}^R}{\partial N} - c^N_{NN}\right)\left(r^N - G_B\right) G_B \\ + \left(c^N_{BB} - G_{BB}\lambda^{N\sim}\right) - c^N_{NB}\left(r^N - G_B\right) + G_{BB} c^N_{BN} > 0. \end{aligned} \tag{15.16}$$

Anwenden der Cramerschen Regel führt zu folgenden Ableitungen

$$\frac{dN^\sim}{d\beta} = -\frac{1}{\Delta_1^\sim}\frac{\partial \check{p}^R}{\partial \beta}\left(r^N - G_B\right) G_B < 0, \tag{15.86'}$$

$$\frac{d\lambda^{N\sim}}{d\beta} = \frac{1}{\Delta_1^\sim}\frac{\partial \check{p}^R}{\partial \beta}\left(c^N_{BB} - G_{BB}\lambda^{N\sim} + G_B c^N_{BN}\right) < 0, \tag{15.98}$$

$$\frac{dB^\sim}{d\beta} = -\frac{1}{\Delta_1^\sim}\frac{\partial \check{p}^R}{\partial \beta}\left(r^N - G_B\right) > 0, \tag{15.87'}$$

$$\frac{dN^\sim}{dr^N} = -\frac{\lambda^{N\sim} G_B}{\Delta_1^\sim} > 0, \tag{15.132'}$$

$$\frac{d\lambda^{N\sim}}{dr^N} = -\frac{1}{\Delta_1^\sim}\left(\left(\frac{\partial \check{p}^R}{\partial N} - c^N_{NN}\right)\lambda^{N\sim} G_B + \lambda^{N\sim} c^N_{NB}\right) < 0, \tag{15.143}$$

$$\frac{dB^\sim}{dr^N} = -\frac{\lambda^{N\sim}}{\Delta_1^\sim} < 0. \tag{15.87'}$$

15.1.1 Das Differentialgleichungssystem (7.22), (7.23)

Zuerst wird die Herleitung des Differentialgleichungssystem (7.22), (7.23) dargestellt. Anschließend werden die Stabilitätseigenschaften diskutiert und die explizite Lösung der linearen Approximation bestimmt.

Total Differenzieren von (7.1') nach der Zeit führt zu

$$0 = \frac{\partial \check{p}^R}{\partial N}\dot{N} - c^N_{NN}\dot{N} - c^N_{NB}\dot{B} - \dot{\lambda}^N,$$

oder äquivalent

$$\dot{N} = \frac{c^N_{NB}}{\frac{\partial \check{p}^R}{\partial N} - c^N_{NN}}\dot{B} + \frac{1}{\frac{\partial \check{p}^R}{\partial N} - c^N_{NN}}\dot{\lambda}^N$$

und mit (15.2), (15.3)

$$\dot{N} = \frac{c^N_{NB}\left(G\left(B\right) - N\right)}{\frac{\partial \check{p}^R}{\partial N} - c^N_{NN}} + \frac{\left(r^N - G_B\left(B\right)\right)\lambda^N + c^N_B\left(N,B\right)}{\frac{\partial \check{p}^R}{\partial N} - c^N_{NN}}.$$

und schlieslich mit $\lambda^N = \check{p}^R - c^N_N$ (15.1) zu

$$\dot{N} = \frac{c^N_{NB}\left(G\left(B\right) - N\right) + \left(r^N - G_B\left(B\right)\right)\left(\check{p}^R - c^N_N\right) + c^N_B\left(N,B\right)}{\frac{\partial \check{p}^R}{\partial N} - c^N_{NN}}. \tag{15.17}$$

Gegebenenfalls wird (15.17) wie folgt abgekürzt

$$\dot{N} = \dot{N}\left(N, B; r^N\right), \tag{7.22}$$

Das Differentialgleichungssystem, welches das dynamische Verhalten des Neumaterials und des Ressourcenbestandes in einer Umgebung des langfristigen Marktgleichgewichtes beschreibt, lautet somit

$$\dot{N} = \dot{N}\left(N, B; r^N\right), \tag{7.22}$$

$$\dot{B} = G\left(B\right) - N. \tag{7.23}$$

Bevor das Differentialgleichungsystem (7.22) und (7.23) linear approximiert werden kann, müssen noch die partiellen Ableitung der Bewegungsgleichung des Neumaterials im langfristigen Marktgleichgewicht bestimmt werden. Differenzieren von (15.17) nach der Neumaterialmenge führt zu

$$\frac{d\dot{N}}{dN} = \frac{\left(c^N_{NBN}\left(G\left(B\right) - N\right) + \left(r^N - G_B\right)\left(\frac{\partial \check{p}^R}{\partial N} - c^N_{NN}\right)\right)\left(\frac{\partial \check{p}^R}{\partial N} - c^N_{NN}\right)}{\left(\frac{\partial \check{p}^R}{\partial N} - c^N_{NN}\right)^2} + \frac{-\left(c^N_{NB}\left(G\left(B\right) - N\right) + \left(r^N - G_B\right)\left(\check{p}^R - c^N_{NN}\right) + c^N_B\right)\left(\frac{\partial^2 \check{p}^R}{(\partial N)^2} - c^N_{NNN}\right)}{\left(\frac{\partial \check{p}^R}{\partial N} - c^N_{NN}\right)^2}.$$

Im langfristigen Marktgleichgewicht gilt $\dot{B} = 0$, d.h. $G\left(B\right) - N = 0$ und $\dot{N} = 0$ oder äquivalent formuliert $c^N_{NB}\left(G\left(B\right) - N\right) + \left(r^N - G_B\left(B\right)\right)\left(\check{p}^R - c^N_N\right) + c^N_B = 0$. Folglich vereinfacht sich die obige Ableitung zu

$$\frac{\partial \dot{N}}{\partial N} = r^N - G_B > 0. \tag{15.18}$$

Differenzieren von (15.17) nach dem Ressourcenbestand führt zu

$$\frac{d\dot{N}}{dB} = \frac{\left(c^N_{NBB}\left(G\left(B\right)-N\right)+c^N_{NB}G_B-G_{BB}\left(\check{p}^R-c^N_N\right)\right)\left(\frac{\partial\check{p}^R}{\partial N}-c^N_{NN}\right)}{\left(\frac{\partial\check{p}^R}{\partial N}-c^N_{NN}\right)^2}$$
$$+\frac{\left(\left(r^N-G_B\right)c^N_{NB}+c^N_{BB}\right)\left(\frac{\partial\check{p}^R}{\partial N}-c^N_{NN}\right)}{\left(\frac{\partial\check{p}^R}{\partial N}-c^N_{NN}\right)^2}$$
$$-\frac{\left(c^N_{NB}\left(G\left(B\right)-N\right)+\left(r^N-G_B\right)\left(\check{p}^R-c^N_N\right)+c^N_B\right)\left(\frac{\partial^2\check{p}^R}{(\partial N))^2}-c^N_{NNN}\right)}{\left(\frac{\partial\check{p}^R}{\partial N}-c^N_{NN}\right)^2} \quad (15.19)$$

Im langfristigen Marktgleichgewicht gilt $\dot{B}=0$, d.h. $G(B)-N=0$ und $\dot{N}=0$ oder äquivalent $c^N_{NB}\left(G\left(B\right)-N\right)+\left(r^N-G_B\left(B\right)\right)\left(\check{p}^R-c^N_N\right)+c^N_B=0$. Folglich vereinfacht sich die obige Ableitung zu

$$\frac{d\dot{N}}{dB} = \frac{c^N_{NB}G_B-G_{BB}\left(\check{p}^R-c^N_N\right)+\left(r^N-G_B\right)c^N_{NB}+c^N_{BB}}{\frac{\partial\check{p}^R}{\partial N}-c^N_{NN}} \quad (15.20)$$

Differenzieren von (15.17) nach der Entsorgungsquote führt zu

$$\frac{d\dot{N}}{d\beta} = \frac{\frac{\partial\check{p}^R}{\partial\beta}}{\frac{\partial\check{p}^R}{\partial N}-c^N_{NN}}-\frac{\left(c^N_{NB}\left(G\left(B\right)-N\right)+\left(r^N-G_B\left(B\right)\right)\left(\check{p}^R-c^N_N\right)+c^N_B\right)\frac{\partial^2\check{p}^R}{\partial N\partial\beta}}{\left(\frac{\partial\check{p}^R}{\partial N}-c^N_{NN}\right)^2}$$

Im langfristigen Marktgleichgewicht ist die Neumaterialmenge konstant, d.h. $\dot{N}=0$ oder äquivalent formuliert $c^N_{NB}\left(G\left(B\right)-N\right)+\left(r^N-G_B\left(B\right)\right)\left(\check{p}^R-c^N_N\right)+c^N_B=0$. Folglich vereinfacht sich die obige Ableitung zu

$$\frac{d\dot{N}}{d\beta} = \frac{\frac{\partial\check{p}^R}{\partial\beta}}{\frac{\partial\check{p}^R}{\partial N}-c^N_{NN}} > 0. \quad (15.21)$$

Differenzieren von (15.17) nach der Diskontrate führt zu

$$\frac{d\dot{N}}{dr^N} = \frac{\check{p}^R-c^N_N}{\frac{\partial\check{p}^R}{\partial N}-c^N_{NN}} < 0. \quad (15.22)$$

Die lineare Approximation

Zur Bestimmung des Stabilitätsverhaltens wird das Differentialgleichungssystem (7.22) und (7.23) um den Gleichgewichtspunkt $(N^{\sim}, B^{\sim})$, bei dem $\dot{N}=\dot{B}=0$ gilt, linearisiert. Die hier vorgenommene Art der Linearisierung folgt der Darstellung von Gandolfo (1997) Kapitel 21.4. Seite 360ff. Sei $(N^{\frown}, B^{\frown})$ definiert als Abweichungen vom Gleichgewichtspunkt des Differentialgleichungssystem (7.22) und (7.23)

$$N^{\frown} = N - N^{\sim}, \quad (15.23)$$

$$B^{\frown} = B - B^{\sim}. \quad (15.24)$$

Die beiden neuen Variablen $(N^\frown, B^\frown)$ genügen dem System

$$\dot{N}^\frown = \dot{N}\left(N^\frown + N^\sim; B^\frown + B^\sim; \cdot\right), \tag{15.25}$$

$$\dot{B}^\frown = \dot{B}\left(N^\frown + N^\sim, B^\frown + B^\sim\right). \tag{15.26}$$

Die Gültigkeit der beiden Gleichungen (15.25) und (15.26) ist offensichtlich, sobald die Definitionen von $(N^\frown, B^\frown)$, siehe (15.23) und (15.24), eingesetzt werden. Die Darstellung der beiden rechten Seiten von (15.25) und (15.26) mittels der Taylor-Reihe, siehe Sydsæter *et al.* (2000) 8.19 Seite 45, um den Gleichgewichtspunkt $(N^\frown, B^\frown) = (0,0) = (N^\sim, B^\sim)$ lautet unter Vernachlässigung der Argumente von $\dot{N}$ und $\dot{B}$

$$\dot{N}^\frown = \dot{N} + \frac{\partial \dot{N}}{\partial N} N^\frown + \frac{\partial \dot{N}}{\partial B} B^\frown + \Gamma^{N^\frown}(N^\sim, B^\sim), \tag{15.27}$$

$$\dot{B}^\frown = \dot{B} + \frac{\partial \dot{B}}{\partial N} N^\frown + \frac{\partial \dot{B}}{\partial B} B^\frown + \Gamma^{B^\frown}(N^\sim, B^\sim), \tag{15.28}$$

mit $\Gamma^{N^\frown}$ und $\Gamma^{B^\frown}$ als den Termen höherer Ordnung. Weil $(N^\sim, B^\sim)$ ein Gleichgewichtspunkt des Differentialgleichungssystems (7.22) und (7.23) darstellt, gilt $\dot{N} = 0$ und $\dot{B} = 0$. Folglich vereinfacht sich die Taylor-Darstellung (15.27) und (15.28) zu

$$\dot{N}^\frown = \frac{\partial \dot{N}}{\partial N} N^\frown + \frac{\partial \dot{N}}{\partial B} B^\frown + \Gamma^{N^\frown}(N^\sim, B^\sim), \tag{15.29}$$

$$\dot{B}^\frown = \frac{\partial \dot{B}}{\partial N} N^\frown + \frac{\partial \dot{B}}{\partial B} B^\frown + \Gamma^{B^\frown}(N^\sim, B^\sim), \tag{15.30}$$

und die lineare Approximation kann in der Matrixschreibweise dargestellt werden als

$$\begin{bmatrix} \dot{N}^\frown \\ \dot{B}^\frown \end{bmatrix} = \begin{bmatrix} \frac{\partial \dot{N}}{\partial N} & \frac{\partial \dot{N}}{\partial B} \\ \frac{\partial \dot{B}}{\partial N} & \frac{\partial \dot{B}}{\partial B} \end{bmatrix} \cdot \begin{bmatrix} N^\frown \\ B^\frown \end{bmatrix}. \tag{15.31}$$

Die partiellen Ableitungen von (15.31) sind bestimmt worden in $\frac{\partial \dot{N}}{\partial N} > 0$ (15.18) Seite 234, $\frac{\partial \dot{N}}{\partial B} > 0$ (15.20) Seite 235, $\frac{\partial \dot{B}}{\partial N} < 0$ (14.19) Seite 206 und und $\frac{\partial \dot{B}}{\partial B} < 0$ (14.18) Seite 205. Die Vorzeichen der einzelnen Einträge der Jacobi-Matrix in (15.31) sind gegeben durch

$$\begin{bmatrix} + & - \\ - & - \end{bmatrix}. \tag{15.32}$$

Zur Erleichterung der Darstellung wird die Jacobi-Matrix mit $\mathcal{J}^\sim$ abgekürzt. Die Determinante der Matrix des linearisierten Systems (15.31) sei mit $\Delta^\sim < 0$ bezeichnet und diese wird beschrieben durch

$$\Delta^\sim = \left(r^N - G_B\right) G_B + \left(\frac{c^N_{NB} G_B - G_{BB}\left(\check{p}^R - c^N_N\right) + \left(r^N - G_B\right) c^N_{NB} + c^N_{BB}}{\frac{\partial \check{p}^R}{\partial N} - c^N_{NN}} \right) < 0. \tag{15.33}$$

Das linearisierte System (15.31) erfüllt die Bedingungen des Hartman-Grobman Theorems, welches besagt, daß für eine kleine Umgebung um den Gleichgewichtspunkt die Eigenschaften des linearisierten Systems mit denen des ursprünglichen übereinstimmen, siehe Gandolfo (1997) S.362. Aus dem negativen Vorzeichen der Determinanten folgt, daß das Differentialgleichungssystem (7.22) und (7.23) Seite 102, welches das dynamische Marktgleichgewicht (7.1)-(7.3) Seite 100 beschreibt, einen Sattelpunkt darstellt, siehe Gandolfo (1997) Seite 358. Dann folgt aus Sydsæter *et al.* (2000) 11.60 Seite 71, daß die beiden Eigenwerte, bezeichnet mit $\Phi_1^{\sim}$ und $\Phi_2^{\sim}$, der Jacobi-Matrix des Differentialgleichungssystems (7.22) und (7.23) Seite 102 reell sind und unterschiedliche Vorzeichen haben.

Die Eigenwerte des linearisierten Systems: Die charakteristische Gleichung der Matrix des linearisierten Systems (15.31) Seite 236, welche die beiden Eigenwerte Φ_1 und Φ_2 definiert, ist gegeben durch

$$\begin{vmatrix} \frac{\partial \dot{N}}{\partial N} - \Phi & \frac{\partial \dot{N}}{\partial B} \\ \frac{\partial \dot{B}}{\partial N} & \frac{\partial \dot{B}}{\partial B} - \Phi \end{vmatrix} = 0,$$

$$\Phi^2 - \Phi\left(\frac{\partial \dot{N}}{\partial N} + \frac{\partial \dot{B}}{\partial B}\right) + \Delta^{\sim} = 0. \tag{15.34}$$

Auflösen von (15.34) nach Φ_i mit $i = 1, 2$ führt zu

$$\Phi_i = \frac{1}{2}\left(\frac{\partial \dot{N}}{\partial N} + \frac{\partial \dot{B}}{\partial B}\right) \pm \frac{1}{2}\sqrt{\left(\frac{\partial \dot{N}}{\partial N} + \frac{\partial \dot{B}}{\partial B}\right)^2 - 4\Delta^{\sim}}. \tag{15.35}$$

Einsetzen von (15.18) Seite 234 und (14.18) Seite 205 in (15.35) ergibt

$$\Phi_i = \frac{r^N}{2} \pm \frac{1}{2}\sqrt{(r^N)^2 - 4\Delta^{\sim}}, \quad i = 1, 2. \tag{15.36}$$

Aus dem ngeativen Vorzeichen der Determinanten folgt, daß die Vorzeichen der beiden Eigenwerte (15.36) reell und unterschiedlich sind.

$$\Phi_1 = \frac{r^N}{2} + \frac{1}{2}\sqrt{(r^N)^2 - 4\Delta^{\sim}} > r^N > 0, \tag{15.37}$$

$$\Phi_2 = \frac{r^N}{2} - \frac{1}{2}\sqrt{(r^N)^2 - 4\Delta^{\sim}} < 0. \tag{15.38}$$

Die Eigenvektoren des linearisierten Systems

Die zu den Eigenwerten Φ_1 und Φ_2 gehörenden Eigenvektoren seien $\mathbf{z}_1^{\sim} = (z_1^{1\sim}, z_1^{2\sim})^{\top}$ und $\mathbf{z}_2^{\sim} = (z_2^{1\sim}, z_2^{2\sim})^{\top}$. Diese lassen sich bestimmen durch die Lösung des folgenden Gleichungssystem für $i = 1, 2$

$$\left(\frac{\partial \dot{N}}{\partial N} - \Phi_i^{\sim}\right) z_i^{1\sim} + \frac{\partial \dot{N}}{\partial B} z_i^{2\sim} = 0, \tag{15.39}$$

$$\frac{\partial \dot{B}}{\partial N} z_i^{1\sim} + \left(\frac{\partial \dot{B}}{\partial B} - \Phi_i^{\sim}\right) z_i^{2\sim} = 0. \tag{15.40}$$

Aus (15.40) folgt

$$z_i^{1\sim} = \frac{\Phi_i^{\sim} - \frac{\partial \dot{B}}{\partial B}}{\frac{\partial \dot{B}}{\partial N}} z_i^{2\sim}. \tag{15.41}$$

Aus der Definition der Eigenwerte, siehe Sydsæter *et al.* (2000) 21.3, folgt, daß die Determinante des Gleichungssystems (15.39) und (15.40) gleich Null ist. Somit kann eine der beiden Unbekannten frei gewählt werden. Sei $(z_i^{1\sim})^2 + (z_i^{2\sim})^2 = 1$ und eingesetzt in die Quadrierung von (15.41) führt zu

$$1 = \left(\left(\frac{\Phi_i^{\sim} - \frac{\partial \dot{B}}{\partial B}}{\frac{\partial \dot{B}}{\partial N}} \right)^2 + 1 \right) (z_i^{2\sim})^2,$$

$$z_i^{2\sim} = \frac{\frac{\partial \dot{B}}{\partial N}}{\sqrt{\left(\Phi_i^{\sim} - \frac{\partial \dot{B}}{\partial B}\right)^2 + \left(\frac{\partial \dot{B}}{\partial N}\right)^2}}. \tag{15.42}$$

Einsetzen von (15.42) in (15.39) ergibt

$$\left(\frac{\partial \dot{N}}{\partial N} - \Phi_i^{\sim} \right) z_i^{1\sim} + \frac{\frac{\partial \dot{N}}{\partial B}\frac{\partial \dot{B}}{\partial N}}{\sqrt{\left(\Phi_i^{\sim} - \frac{\partial \dot{B}}{\partial B}\right)^2 + \left(\frac{\partial \dot{B}}{\partial N}\right)^2}} = 0. \tag{15.43}$$

Auflösen von (15.43) nach $z_i^{1\sim}$ führt zu

$$z_i^{1\sim} = \frac{\frac{\partial \dot{N}}{\partial B}\frac{\partial \dot{B}}{\partial N}}{\sqrt{\left(\Phi_i^{\sim} - \frac{\partial \dot{B}}{\partial B}\right)^2 + \left(\frac{\partial \dot{B}}{\partial N}\right)^2}} \frac{1}{\Phi_i^{\sim} - \frac{\partial \dot{N}}{\partial N}}. \tag{15.44}$$

Skalarmultiplikation von (15.42) und (15.44) mit $\frac{\sqrt{\left(\Phi_i^{\sim} - \frac{\partial \dot{B}}{\partial B}\right)^2 + \left(\frac{\partial \dot{B}}{\partial N}\right)^2}}{\frac{\partial \dot{B}}{\partial N}}$ erlaubt die beiden Eigenvektoren $\mathbf{z_1}^{\sim}$ und $\mathbf{z_2}^{\sim}$ in folgender Form darzustellen

$$\mathbf{z}_\mathbf{i}^{\sim} = \begin{bmatrix} z_i^{1\sim} \\ z_i^{2\sim} \end{bmatrix} = \begin{bmatrix} \frac{\frac{\partial \dot{N}}{\partial B}}{\Phi_i^{\sim} - \frac{\partial \dot{N}}{\partial N}} \\ 1 \end{bmatrix}, \quad i = 1, 2. \tag{7.26}$$

Anzumerken bleibt, daß für $\Phi_2^{\sim} < 0$ mit (15.20) Seite 235 $z_i^{1\sim} > 0$ ist.

Die alternative Bestimmung der Eigenvektoren

Die Eigenvektoren $\mathbf{z_1^{\sim}} = (z_1^{1\sim}, z_1^{2\sim})^\top$ und $\mathbf{z_2}^{\sim} = (z_2^{1\sim}, z_2^{2\sim})^\top$ ergeben sich aus der Lösung des folgenden Gleichungssystem für $i = 1, 2$ bestimmt werden

$$\left(\frac{\partial \dot{N}}{\partial N} - \Phi_i^{\sim} \right) z_i^{1\sim} + \frac{\partial \dot{N}}{\partial B} z_i^{2\sim} = 0, \tag{15.39}$$

$$\frac{\partial \dot{B}}{\partial N} z_i^{1\sim} + \left(\frac{\partial \dot{B}}{\partial B} - \Phi_i^{\sim} \right) z_i^{2\sim} = 0. \tag{15.40}$$

Aus (15.39) folgt

$$z_i^{1\sim} = \frac{\frac{\partial \dot N}{\partial B}}{\Phi_i^\sim - \frac{\partial \dot N}{\partial N}} z_i^{2\sim}. \tag{15.41'}$$

Aus der Definition der Eigenwerte, siehe Sydsæter *et al.* (2000) 21.3, folgt, daß die Determinante des Gleichungssystems (15.39) und (15.40) gleich Null ist. Somit kann eine der beiden Unbekannten frei gewählt werden. Sei $(z_i^{1\sim})^2 + (z_i^{2\sim})^2 = 1$ und eingesetzt in die Quadrierung von (15.41′) führt zu

$$1 = \left(\left(\frac{\frac{\partial \dot N}{\partial B}}{\Phi_i^\sim - \frac{\partial \dot N}{\partial N}}\right)^2 + 1\right)(z_i^{2\sim})^2,$$

$$z_i^{2\sim} = \frac{\Phi_i^\sim - \frac{\partial \dot N}{\partial N}}{\sqrt{\left(\frac{\partial \dot N}{\partial B}\right)^2 + \left(\Phi_i^\sim - \frac{\partial \dot N}{\partial N}\right)^2}}. \tag{15.42'}$$

Einsetzen von (15.42′) in (15.40) ergibt

$$\frac{\partial \dot B^\sim}{\partial N} z_i^{1\sim} + \frac{\left(\frac{\partial \dot B}{\partial B} - \Phi_i^\sim\right)\left(\Phi_i^\sim - \frac{\partial \dot N}{\partial N}\right)}{\sqrt{\left(\frac{\partial \dot N}{\partial B}\right)^2 + \left(\Phi_i^\sim - \frac{\partial \dot N}{\partial N}\right)^2}} = 0. \tag{15.43'}$$

Auflösen von (15.43′) nach $z_i^{1\sim}$ führt zu

$$z_i^{1\sim} = \frac{\left(\Phi_i^\sim - \frac{\partial \dot B}{\partial B}\right)\left(\Phi_i^\sim - \frac{\partial \dot N}{\partial N}\right)}{\sqrt{\left(\frac{\partial \dot N}{\partial B}\right)^2 + \left(\Phi_i^\sim - \frac{\partial \dot N}{\partial N}\right)^2}} \frac{1}{\frac{\partial \dot B}{\partial N}}. \tag{15.44'}$$

Die beiden Eigenvektoren $\mathbf{z}_1^\sim$ und $\mathbf{z}_2^\sim$ können durch eine Skalarmultiplikation von (15.42′) und (15.44′) mit $\frac{\sqrt{\left(\frac{\partial \dot N}{\partial B}\right)^2 + \left(\Phi_i^\sim - \frac{\partial \dot N}{\partial N}\right)^2}}{\Phi_i^\sim - \frac{\partial \dot N}{\partial N}}$ in folgender Form dargestellt werden

$$\mathbf{z}_i^\sim = \begin{bmatrix} z_i^{1\sim} \\ z_i^{2\sim} \end{bmatrix} = \begin{bmatrix} \frac{\Phi_i^\sim - \frac{\partial \dot B}{\partial B}}{\frac{\partial \dot B}{\partial N}} \\ 1 \end{bmatrix},$$

und mit (14.18) bzw. (14.19) Seite 206

$$= \begin{bmatrix} G_B(B^\sim) - \Phi_i^\sim \\ 1 \end{bmatrix}, \quad i = 1,2. \tag{7.26'}$$

Die Lösung des linearisierten Systems

Das in Abschnitt 15.1.1 Seite 235 hergeleitete Differentialgleichungssystem

$$\begin{bmatrix} \dot N^\frown \\ \dot B^\frown \end{bmatrix} = \begin{bmatrix} \frac{\partial \dot N}{\partial N} & \frac{\partial \dot N}{\partial B} \\ \frac{\partial \dot B}{\partial N} & \frac{\partial \dot B}{\partial B} \end{bmatrix} \cdot \begin{bmatrix} N^\frown \\ B^\frown \end{bmatrix}, \tag{15.31}$$

wird im folgenden gelöst. $N^{\wedge}$ und $B^{\wedge}$ wurden in (15.23) und (15.24) Seite 235 definiert als Abweichungen vom Gleichgewichtspunkt des ursprünglichen Differentialgleichungssystems

$$N^{\wedge} = N - N^{\sim}, \tag{15.23}$$

$$B^{\wedge} = B - B^{\sim}. \tag{15.24}$$

Wegen der Zeitinvarianz des Gleichgewichtpunktes folgt für die erste Ableitung von $N^{\wedge}$ und $B^{\wedge}$ nach der Zeit

$$\dot{N}^{\wedge} = \dot{N}, \tag{15.45}$$

$$\dot{B}^{\wedge} = \dot{B}. \tag{15.46}$$

Folglich kann (15.31) unter Verwendung von (15.23), (15.24) und $\mathcal{J}^{\sim}$ als der Jacobi-Matrix beschrieben werden als

$$\begin{bmatrix} \dot{N} \\ \dot{B} \end{bmatrix} = \mathcal{J}^{\sim} \cdot \begin{bmatrix} N \\ B \end{bmatrix} - \mathcal{J}^{\sim} \cdot \begin{bmatrix} N^{\sim} \\ B^{\sim} \end{bmatrix}. \tag{15.47}$$

Die in (15.47) enthaltene homogene Differentialgleichung lautet

$$\begin{bmatrix} \dot{N} \\ \dot{B} \end{bmatrix} = \mathcal{J}^{\sim} \cdot \begin{bmatrix} N \\ B \end{bmatrix}. \tag{15.48}$$

Nach Gandolfo (1997) Abschnitt 18.1.2 Seite 242ff. lautet die allgemeine Lösung von (15.48)

$$\begin{bmatrix} N(t) \\ B(t) \end{bmatrix} = A_1^{\sim} \begin{bmatrix} \frac{\frac{\partial \dot{N}}{\partial B}}{\Phi_1^{\sim} - \frac{\partial \dot{N}}{\partial N}} \\ 1 \end{bmatrix} e^{\Phi_1^{\sim} t} + A_2^{\sim} \begin{bmatrix} \frac{\frac{\partial \dot{N}}{\partial B}}{\Phi_2^{\sim} - \frac{\partial \dot{N}}{\partial N}} \\ 1 \end{bmatrix} e^{\Phi_2^{\sim} t}, \tag{15.49}$$

oder alternativ unter Verwendung der beiden Eigenvektoren $\mathbf{z}_1^{\sim} = (z_1^{1\sim}, z_1^{2\sim})^{\mathsf{T}}$ und $\mathbf{z}_2^{\sim} = (z_2^{1\sim}, z_2^{2\sim})^{\mathsf{T}}$, definiert in (7.26) Seite 103

$$\begin{bmatrix} N(t) \\ B(t) \end{bmatrix} = A_1^{\sim} \mathbf{z}_1^{\sim} e^{\Phi_1^{\sim} t} + A_2^{\sim} \mathbf{z}_1^{\sim} e^{\Phi_2^{\sim} t}, \tag{15.50}$$

wobei $A_i^{\sim}$ für $i = 1, 2$ unbekannte Konstanten, die durch die Anfangsbedingung des Kontrollproblems des Neumaterialproduzenten (6.9) Seite 87 und der Transversalitätsbedingung (6.13) Seite 88 definiert werden.

Die Bestimmung einer speziellen Lösung des nichthomogenen Differentialgleichungssystems (15.31) Seite 236 erfolgt mittels der Methode der unbestimmten Koeffizienten, siehe Gandolfo (1997) Abschnitt 18.1.3 Seite 245. Sei $N^{u\sim}$ und $B^{u\sim}$ eine Lösung, wobei $N^{u\sim}$ und $B^{u\sim}$ unbestimmte Koeffizienten sind. Einsetzen dieser Lösung in (15.31) und umstellen der Terme führt zu

$$\mathcal{J}^{\sim} \cdot \begin{bmatrix} N^{u\sim} \\ B^{u\sim} \end{bmatrix} = \mathcal{J}^{\sim} \cdot \begin{bmatrix} N^{\sim} \\ B^{\sim} \end{bmatrix}, \tag{15.51}$$

offensichtlich gilt

$$\begin{bmatrix} N^{u\sim} \\ B^{u\sim} \end{bmatrix} = \begin{bmatrix} N^{\sim} \\ B^{\sim} \end{bmatrix}. \tag{15.52}$$

Folglich ist der Gleichgewichtspunkt eine spezielle Lösung des nichthomogenen Differentialgleichungssystem (15.31) Seite 236.

Die allgemeine Lösung der Differentialgleichung (15.31) Seite 236 lautet mit der homogenen Lösung (15.50) Seite 240 und der speziellen Lösung (15.52)

$$\begin{bmatrix} N(t) \\ B(t) \end{bmatrix} = A_1^{\sim}\mathbf{z}_1^{\sim}e^{\Phi_1^{\sim}t} + A_2^{\sim}\mathbf{z}_2^{\sim}e^{\Phi_2^{\sim}t} + \begin{bmatrix} N^{\sim} \\ B^{\sim} \end{bmatrix}. \tag{15.53}$$

Aus der Annahme $G_B < 0$ und somit auch $\Delta^{\sim} < 0$ und $\Phi_1^{\sim} > 0 > \Phi_2^{\sim}$ folgt, daß das linearisierte System einen Sattelpunkt beschreibt.

Der instabile Arm des Sattels wird beschrieben durch

$$\begin{bmatrix} N(t) \\ B(t) \end{bmatrix} = A_1^{\sim}\mathbf{z}_1^{\sim}e^{\Phi_1^{\sim}t} + \begin{bmatrix} N^{\sim} \\ B^{\sim} \end{bmatrix} \tag{15.54}$$

und der stabile Arm durch

$$\begin{bmatrix} N(t) \\ B(t) \end{bmatrix} = A_2^{\sim}\mathbf{z}_2^{\sim}e^{\Phi_2^{\sim}t} + \begin{bmatrix} N^{\sim} \\ B^{\sim} \end{bmatrix}. \tag{15.55}$$

Für die Bestimmung der unbekannten Konstanten $A_2^{\sim}$ in der Beschreibung des stabilen Arms des Sattels (15.55) wird diese für $t = 0$ bestimmt und, weil der Bestand $B(0) = B_0$ ist folgt mit dem Eigenvektor $\mathbf{z}_2^{\sim}$, siehe (7.26) Seite 103

$$\begin{aligned} N(0) &= A_2^{\sim}\frac{\frac{\partial \dot{N}^{\sim}}{\partial B}}{\Phi_2^{\sim} - \frac{\partial \dot{N}}{\partial N}} + N^{\sim}, \\ B_0 &= A_2^{\sim} + B^{\sim}. \end{aligned} \tag{15.56}$$

Aus (15.56) folgt, daß

$$A_2^{\sim} = B_0 - B^{\sim} \tag{15.57}$$

gilt. Der stabile Arm des Sattels lautet für den Anfangswert des Bestandes B_0

$$\begin{bmatrix} N(t) \\ B(t) \end{bmatrix} = (B_0 - B^{\sim})\,\mathbf{z}_2^{\sim}e^{\Phi_2^{\sim}t} + \begin{bmatrix} N^{\sim} \\ B^{\sim} \end{bmatrix}. \tag{7.27}$$

Die Isoklinen

Die Steigung der $\dot{N} = 0$-Isokline in der (B, N)-Ebene ist gegeben durch

$$\left.\frac{dN}{dB}\right|_{\dot{N}=0} = -\frac{\frac{\partial \dot{N}}{\partial B}}{\frac{\partial \dot{N}}{\partial N}} > 0. \tag{15.58}$$

Das Vorzeichen von (15.58) folgt aus $\frac{\partial \dot{N}}{\partial B} < 0$ (14.15) Seite 205 und $\frac{\partial \dot{N}}{\partial N} > 0$ (15.18) Seite 234.

Die Steigung der $\dot{B} = 0$-Isokline in der (B, N)-Ebene ist gegeben durch

$$\left.\frac{dN}{dB}\right|_{\dot{B}=0} = -\frac{\frac{\partial \dot{B}}{\partial B}}{\frac{\partial \dot{B}}{\partial N}}$$

und (14.18) bzw. (14.19) Seite 205

$$= G_B < 0. \tag{15.59}$$

Das Vorzeichen folgt aus der angenommenen ökologischen Stabilität, siehe Abschnitt 6.3.2 Seite 93.

15.1.2 Das Differentialgleichungssystem (7.24), (7.25)

(15.1) definiert implizit $N = N\left(B, \lambda^N, \beta\right)$. Einsetzen dieser Funktion in (15.2) und (15.3) führt zu

$$\dot{\lambda}^N = \left(r^N - G_B(B)\right)\lambda^N + c_B^N\Big(N\left(B, \lambda^N; \beta\right), B\Big), \tag{7.24}$$

$$\dot{B} = G_B(B) - N\left(B, \lambda^N, \beta\right), \tag{7.25}$$

Das vorangehende Differentialgleichungssystem beschreibt das dynamische Verhalten des Schattenpreises und des Ressourcenbestandes in einer Umgebung des langfristigen Marktgleichgewichtes beschreibt.

Die folgenden Ableitungen werden später benötigt

$$\frac{d\dot{\lambda}^N}{d\beta} = c_{BN}^N \frac{\partial N}{\partial \beta} > 0. \tag{15.60}$$

Das Vorzeichen folgt aus (15.12) Seite 232 und der Technologie der Neumaterialproduktion (14.5) Seite 202. Desweiteren wird benötigt

$$\frac{d\dot{\lambda}^N}{dr^N} = \lambda^N > 0. \tag{15.61}$$

$$\frac{d\dot{B}}{d\beta} = \frac{\partial \dot{B}}{\partial N}\frac{\partial N}{\partial \beta}$$

und mit (14.19) Seite 206

$$= -\frac{\partial N}{\partial \beta} > 0. \tag{15.62}$$

Das Vorzeichen folgt aus (15.12) Seite 232.

Die lineare Approximation

Zur Bestimmung des Stabilitätsverhaltens wird das Differentialgleichungssystem (7.24) und (7.25) um den Gleichgewichtspunkt $(\lambda^{N\sim}, B^{\sim})$, bei dem $\dot{\lambda}^N = \dot{B} = 0$ gilt, linearisiert.

$$\begin{bmatrix} \dot{\lambda}^{N\frown} \\ \dot{B}^{\frown} \end{bmatrix} = \begin{bmatrix} \frac{\partial \dot{\lambda}^N}{\partial \lambda^N} + \frac{\partial \dot{\lambda}^N}{\partial N}\frac{\partial N}{\partial \lambda^N} & \frac{\partial \dot{\lambda}^N}{\partial B} + \frac{\partial \dot{\lambda}^N}{\partial N}\frac{\partial N}{\partial B} \\ \frac{\partial \dot{B}}{\partial N}\frac{\partial N}{\partial \lambda^N} & \frac{\partial \dot{B}}{\partial B} + \frac{\partial \dot{B}}{\partial N}\frac{\partial N}{\partial B} \end{bmatrix} \cdot \begin{bmatrix} \lambda^{N\frown} \\ B^{\frown} \end{bmatrix} \tag{15.63}$$

und die partiellen Ableitungen sind gegeben durch

$$\frac{\partial \dot{\lambda}^N}{\partial \lambda^N} + \frac{\partial \dot{\lambda}^N}{\partial N}\frac{\partial N}{\partial \lambda^N} = r^N - G_B + c^N_{BN}\frac{\partial N}{\partial \lambda^N} > 0.$$

und mit (15.14) Seite 233

$$= r^N - G_B + \frac{c^N_{BN}}{\frac{\partial p^R}{\partial N} - c^N_{NN}} > 0. \tag{15.64}$$

Das Vorzeichen folgt aus der ökologischen Stabilität Abschnitt 6.3.2 Seite 93, der Technologie der Neumaterialproduktion (14.5) Seite 202 und (15.10) Seite 232.

$$\frac{\partial \dot{\lambda}^N}{\partial B} + \frac{\partial \dot{\lambda}^N}{\partial N}\frac{\partial N}{\partial B} = -G_{BB}\lambda^N + c^N_{BN}\frac{\partial N}{\partial B} + c^N_{BB}$$

und mit (15.13) Seite 232

$$= -G_{BB}\lambda^N + \frac{\left(c^N_{BN}\right)^2}{\frac{\partial p^R}{\partial N} - c^N_{NN}} + c^N_{BB} > 0. \tag{15.65}$$

Das Vorzeichen folgt aus Abschnitt 15.1.2 Seite 247.

$$\frac{\partial \dot{B}}{\partial N}\frac{\partial N}{\partial \lambda^N} = -\frac{\partial N}{\partial \lambda^N}$$

und mit (15.14) Seite 233

$$= -\frac{1}{\frac{\partial p^R}{\partial N} - c^N_{NN}} > 0. \tag{15.66}$$

Das Vorzeichen folgt aus den Annahmen an die Technologie der Neumaterialproduktion (14.5) Seite 202 und (15.10) Seite 232.

$$\frac{\partial \dot{B}}{\partial B} + \frac{\partial \dot{B}}{\partial N}\frac{\partial N}{\partial B} = G_B - \frac{\partial N}{\partial B}$$

und mit (15.13) Seite 232

$$= G_B - \frac{c^N_{BN}}{\frac{\partial p^R}{\partial N} - c^N_{NN}} < 0. \tag{15.67}$$

Das Vorzeichen folgt aus der Regenerationsfunktion (14.6) Seite 202 und den Annahmen an die Technologie der Neumaterialproduktion (14.5) Seite 202 und (15.10) Seite 232. Die Determinante der Matrix in (15.63) Seite 243 lautet

$$\left(r^N - G_B + \frac{c^N_{BN}}{\frac{\partial \breve{p}^R}{\partial N} - c^N_{NN}}\right)\left(G_B - \frac{c^N_{BN}}{\frac{\partial \breve{p}^R}{\partial N} - c^N_{NN}}\right) + \frac{1}{\frac{\partial \breve{p}^R}{\partial N} - c^N_{NN}}\left(-G_{BB}\lambda^N + \frac{\left(c^N_{BN}\right)^2}{\frac{\partial \breve{p}^R}{\partial N} - c^N_{NN}} + c^N_{BB}\right) \tag{15.68}$$

Ausmultiplizieren führt zu

$$\left(r^N - G_B\right)G_B - \frac{\left(r^N - G_B\right)c^N_{BN}}{\frac{\partial \breve{p}^R}{\partial N} - c^N_{NN}} + \frac{c^N_{BN}G_B}{\frac{\partial \breve{p}^R}{\partial N} - c^N_{NN}} - \frac{\left(c^N_{BN}\right)^2}{\frac{\partial \breve{p}^R}{\partial N} - c^N_{NN}} + \frac{-G_{BB}\lambda^N + c^N_{BB}}{\frac{\partial \breve{p}^R}{\partial N} - c^N_{NN}} + \frac{\left(c^N_{BN}\right)^2}{\frac{\partial \breve{p}^R}{\partial N} - c^N_{NN}}. \tag{15.69}$$

Sortieren der Terme unter Verwendung von $\lambda^N = \breve{p}^R - c^N_N$ (15.1) Seite 230 zeigt die Identität dieser Determinante mit der des anderen Differentialgleichungsystem (7.22), (7.23)

$$\Delta^{\sim} = \left(r^N - G_B\right)G_B + \frac{c^N_{BN}G_B - G_{BB}\left(\breve{p}^R - c^N_N\right) - \left(r^N - G_B\right)c^N_{BN} + c^N_{BB}}{\frac{\partial \breve{p}^R}{\partial N} - c^N_{NN}} < 0. \tag{15.33}$$

Die Eigenwerte des linearisierten Systems: Die charakteristische Gleichung der Matrix des linearisierten Systems (15.63) Seite 243, welche die beiden Eigenwerte $'\Phi_1$ und $'\Phi_2$ definiert, ist gegeben durch

$$\begin{vmatrix} \frac{\partial \dot{\lambda}^N}{\partial \lambda^N} + \frac{\partial \dot{\lambda}^N}{\partial N}\frac{\partial N}{\partial \lambda^N} - {'\Phi} & \frac{\partial \dot{\lambda}^N}{\partial B} + \frac{\partial \dot{\lambda}^N}{\partial N}\frac{\partial N}{\partial B} \\ \frac{\partial \dot{B}}{\partial N}\frac{\partial N}{\partial \lambda^N} & \frac{\partial \dot{B}}{\partial B} + \frac{\partial \dot{B}}{\partial N}\frac{\partial N}{\partial \lambda^N} - {'\Phi} \end{vmatrix} = 0,$$

$$'\Phi^2 - {'\Phi}\left(\frac{\partial \dot{\lambda}^N}{\partial \lambda^N} + \frac{\partial \dot{\lambda}^N}{\partial N}\frac{\partial N}{\partial \lambda^N} + \frac{\partial \dot{B}}{\partial B} + \frac{\partial \dot{B}}{\partial N}\frac{\partial N}{\partial B}\right) + \Delta^{\sim} = 0. \tag{15.70}$$

Auflösen von (15.70) nach $'\Phi_i$ mit $i = 1, 2$ führt zu

$$'\Phi_i = \frac{1}{2}\left(\frac{\partial \dot{\lambda}^N}{\partial \lambda^N} + \frac{\partial \dot{\lambda}^N}{\partial N}\frac{\partial N}{\partial \lambda^N} + \frac{\partial \dot{B}}{\partial B} + \frac{\partial N}{\partial B}\right) \pm \frac{1}{2}\sqrt{\left(\frac{\partial \dot{\lambda}^N}{\partial \lambda^N} + \frac{\partial \dot{\lambda}^N}{\partial N}\frac{\partial N}{\partial \lambda^N} + \frac{\partial \dot{B}}{\partial B} + \frac{\partial \dot{B}}{\partial N}\frac{\partial N}{\partial B}\right)^2 - 4\Delta^{\sim}}. \tag{15.71}$$

Einsetzen von (15.64) Seite 243 und (15.67) Seite 243 in (15.71) zeigt die Identität der Eigenwerte dieses Differentialgleichungsystem mit dem System (7.22), (7.23) und die Indizierung wird fallengelassen

$$\Phi_1 = \frac{r^N}{2} + \frac{1}{2}\sqrt{\left(r^N\right)^2 - 4\Delta^N} > r^N > 0, \tag{15.37}$$

$$\Phi_2 = \frac{r^N}{2} - \frac{1}{2}\sqrt{\left(r^N\right)^2 - 4\Delta^N} < 0. \tag{15.38}$$

Die Eigenvektoren Die zu den Eigenwerten Φ_1 und Φ_2 gehörenden Eigenvektoren seien $'\mathbf{z}_1^{\sim} = ('z_1^{1\sim}, 'z_1^{2\sim})^{\top}$ und $'\mathbf{z}_2^{\sim} = ('z_2^{1\sim}, 'z_2^{2\sim})^{\top}$. Diese lassen sich bestimmen durch die Lösung des folgenden Gleichungssystem für $i = 1, 2$

$$\left(\frac{\partial \dot{\lambda}^N}{\partial \lambda^N} + \frac{\partial \dot{\lambda}^N}{\partial N}\frac{\partial N}{\partial \lambda^N} - \Phi_i^{\sim}\right) 'z_i^{1\sim} + \left(\frac{\partial \dot{\lambda}^N}{\partial B} + \frac{\partial \dot{\lambda}^N}{\partial N}\frac{\partial N}{\partial B}\right) 'z_i^{2\sim} = 0, \tag{15.72}$$

$$\frac{\partial \dot{B}}{\partial N}\frac{\partial N}{\partial \lambda^N} 'z_i^{1\sim} + \left(\frac{\partial \dot{B}}{\partial B} + \frac{\partial \dot{B}}{\partial N}\frac{\partial N}{\partial B} - \Phi_i^{\sim}\right) 'z_i^{2\sim} = 0. \tag{15.73}$$

Aus (15.73) folgt

$$'z_i^{1\sim} = \frac{\Phi_i^{\sim} - \frac{\partial \dot{B}}{\partial B} - \frac{\partial \dot{B}}{\partial N}\frac{\partial N}{\partial B}}{\frac{\partial \dot{B}}{\partial N}\frac{\partial N}{\partial \lambda^N}} 'z_i^{2\sim}. \tag{15.74}$$

Aus der Definition der Eigenwerte, siehe Sydsæter *et al.* (2000) 21.3, folgt, daß die Determinante des Gleichungssystems (15.72) und (15.73) gleich Null ist. Somit kann eine der beiden Unbekannten frei gewählt werden. Sei $('z_i^{1\sim})^2 + ('z_i^{2\sim})^2 = 1$ und eingesetzt in die Quadrierung von (15.74) führt zu

$$1 = \left(\left(\frac{\Phi_i^{\sim} - \frac{\partial \dot{B}}{\partial B} - \frac{\partial \dot{B}}{\partial N}\frac{\partial N}{\partial B}}{\frac{\partial \dot{B}}{\partial N}\frac{\partial N}{\partial \lambda^N}}\right)^2 + 1\right) ('z_i^{2\sim})^2,$$

$$'z_i^{2\sim} = \frac{\frac{\partial \dot{B}}{\partial N}\frac{\partial N}{\partial \lambda^N}}{\sqrt{\left(\Phi_i^{\sim} - \frac{\partial \dot{B}}{\partial B} - \frac{\partial \dot{B}}{\partial N}\frac{\partial N}{\partial B}\right)^2 + \left(\frac{\partial \dot{B}}{\partial N}\frac{\partial N}{\partial \lambda^N}\right)^2}}. \tag{15.75}$$

Einsetzen von (15.75) in (15.72) ergibt

$$\left(\frac{\partial \dot{\lambda}^N}{\partial \lambda^N} + \frac{\partial \dot{\lambda}^N}{\partial N}\frac{\partial N}{\partial \lambda^N} - \Phi_i^{\sim}\right) 'z_i^{1\sim} + \frac{\left(\frac{\partial \dot{\lambda}^N}{\partial B} + \frac{\partial \dot{\lambda}^N}{\partial N}\frac{\partial N}{\partial B}\right)\frac{\partial \dot{B}}{\partial N}\frac{\partial N}{\partial \lambda^N}}{\sqrt{\left(\Phi_i^{\sim} - \frac{\partial \dot{B}}{\partial B} - \frac{\partial \dot{B}}{\partial N}\frac{\partial N}{\partial B}\right)^2 + \left(\frac{\partial \dot{B}}{\partial N}\frac{\partial N}{\partial \lambda^N}\right)^2}} = 0. \tag{15.76}$$

Auflösen von (15.76) nach $'z_i^{1\sim}$ führt zu

$$'z_i^{1\sim} = \frac{\left(\frac{\partial \dot{\lambda}^N}{\partial B} + \frac{\partial \dot{\lambda}^N}{\partial N}\frac{\partial N}{\partial B}\right)\frac{\partial \dot{B}}{\partial N}\frac{\partial N}{\partial \lambda^N}}{\sqrt{\left(\Phi_i^{\sim} - \frac{\partial \dot{B}}{\partial B} - \frac{\partial \dot{B}}{\partial N}\frac{\partial N}{\partial B}\right)^2 + \left(\frac{\partial \dot{B}}{\partial N}\frac{\partial N}{\partial \lambda^N}\right)^2}} \frac{1}{\Phi_i^{\sim} - \frac{\partial \dot{\lambda}^N}{\partial \lambda^N} - \frac{\partial \dot{\lambda}^N}{\partial N}\frac{\partial N}{\partial \lambda^N}}. \tag{15.77}$$

Skalarmultiplikation von (15.75) und (15.77) mit $\frac{\sqrt{\left(\Phi_i^{\sim} - \frac{\partial \dot{B}}{\partial B} - \frac{\partial \dot{B}}{\partial N}\frac{\partial N}{\partial B}\right)^2 + \left(\frac{\partial \dot{B}}{\partial N}\frac{\partial N}{\partial \lambda^N}\right)^2}}{\frac{\partial \dot{B}}{\partial N}\frac{\partial N}{\partial \lambda^N}}$ erlaubt die beiden Eigenvektoren $'\mathbf{z}_1^{\sim}$ und $'\mathbf{z}_2^{\sim}$ in folgender Form darzustellen

$$'\mathbf{z}_i^{\sim} = \begin{bmatrix} 'z_i^{1\sim} \\ 'z_i^{2\sim} \end{bmatrix} = \begin{bmatrix} \frac{\frac{\partial \dot{\lambda}^N}{\partial B} + \frac{\partial \dot{\lambda}^N}{\partial N}\frac{\partial N}{\partial B}}{\Phi_i^{\sim} - \frac{\partial \dot{\lambda}^N}{\partial \lambda^N} - \frac{\partial \dot{\lambda}^N}{\partial N}\frac{\partial N}{\partial \lambda^N}} \\ 1 \end{bmatrix}, \quad i = 1, 2. \tag{7.26}$$

Das Vorzeichen von $'z_i^{1\sim}$ ist wegen (15.64) Seite 243 positiv.

Die alternative Bestimmung der Eigenvektoren

Die Eigenvektoren $'\mathbf{z}_1^{\sim} = ('z_1^{1\sim}, 'z_1^{2\sim})^\top$ und $'\mathbf{z}_2^{\sim} = ('z_2^{1\sim}, 'z_2^{2\sim})^\top$ ergeben sich aus der Lösung des folgenden Gleichungssystem für $i = 1, 2$

$$\left(\frac{\partial\dot{\lambda}^N}{\partial\lambda^N} + \frac{\partial\dot{\lambda}^N}{\partial N}\frac{\partial N}{\partial\lambda^N} - \Phi_i^{\sim}\right)'z_i^{1\sim} + \left(\frac{\partial\dot{\lambda}^N}{\partial B} + \frac{\partial\dot{\lambda}^N}{\partial N}\frac{\partial N}{\partial B}\right)'z_i^{2\sim} = 0, \tag{15.72}$$

$$\frac{\partial\dot{B}}{\partial N}\frac{\partial N}{\partial\lambda^N}'z_i^{1\sim} + \left(\frac{\partial\dot{B}}{\partial B} + \frac{\partial\dot{B}}{\partial N}\frac{\partial N}{\partial B} - \Phi_i^{\sim}\right)'z_i^{2\sim} = 0. \tag{15.73}$$

Aus (15.72) folgt

$$'z_i^{1\sim} = \frac{\frac{\partial\dot{\lambda}^N}{\partial B} + \frac{\partial\dot{\lambda}^N}{\partial N}\frac{\partial N}{\partial B}}{\Phi_i^{\sim} - \frac{\partial\dot{\lambda}^N}{\partial\lambda^N} - \frac{\partial\dot{\lambda}^N}{\partial N}\frac{\partial N}{\partial\lambda^N}}'z_i^{2\sim}. \tag{15.74'}$$

Aus der Definition der Eigenwerte, siehe Sydsæter *et al.* (2000) 21.3, folgt, daß die Determinante des Gleichungssystems (15.72) und (15.73) gleich Null ist. Somit kann eine der beiden Unbekannten frei gewählt werden. Sei $('z_i^{1\sim})^2 + ('z_i^{2\sim})^2 = 1$ und eingesetzt in die Quadrierung von (15.74') führt zu

$$1 = \left(\left(\frac{\frac{\partial\dot{\lambda}^N}{\partial B} + \frac{\partial\dot{\lambda}^N}{\partial N}\frac{\partial N}{\partial B}}{\Phi_i^{\sim} - \frac{\partial\dot{\lambda}^N}{\partial\lambda^N} - \frac{\partial\dot{\lambda}^N}{\partial N}\frac{\partial N}{\partial\lambda^N}}\right)^2 + 1\right)('z_i^{2\sim})^2,$$

$$'z_i^{2\sim} = \frac{\Phi_i^{\sim} - \frac{\partial\dot{\lambda}^N}{\partial\lambda^N} - \frac{\partial\dot{\lambda}^N}{\partial N}\frac{\partial N}{\partial\lambda^N}}{\sqrt{\left(\frac{\partial\dot{\lambda}^N}{\partial B} + \frac{\partial\dot{\lambda}^N}{\partial N}\frac{\partial N}{\partial B}\right)^2 + \left(\Phi_i^{\sim} - \frac{\partial\dot{\lambda}^N}{\partial\lambda^N} - \frac{\partial\dot{\lambda}^N}{\partial N}\frac{\partial N}{\partial\lambda^N}\right)^2}}. \tag{15.75'}$$

Einsetzen von (15.75') in (15.73) ergibt

$$\frac{\partial\dot{B}^{\sim}}{\partial N}\frac{\partial N}{\partial\lambda^N}'z_i^{1\sim} + \frac{\left(\frac{\partial\dot{B}}{\partial B} + \frac{\partial\dot{B}}{\partial N}\frac{\partial N}{\partial B} - \Phi_i^{\sim}\right)\left(\Phi_i^{\sim} - \frac{\partial\dot{\lambda}^N}{\partial\lambda^N} - \frac{\partial\dot{\lambda}^N}{\partial N}\frac{\partial N}{\partial\lambda^N}\right)}{\sqrt{\left(\frac{\partial\dot{\lambda}^N}{\partial B} + \frac{\partial\dot{\lambda}^N}{\partial N}\frac{\partial N}{\partial B}\right)^2 + \left(\Phi_i^{\sim} - \frac{\partial\dot{\lambda}^N}{\partial\lambda^N} - \frac{\partial\dot{\lambda}^N}{\partial N}\frac{\partial N}{\partial\lambda^N}\right)^2}} = 0. \tag{15.76'}$$

Auflösen von (15.76') nach $'z_i^{1\sim}$ führt zu

$$'z_i^{1\sim} = \frac{\left(\Phi_i^{\sim} - \frac{\partial\dot{B}}{\partial B} - \frac{\partial\dot{B}}{\partial N}\frac{\partial N}{\partial B}\right)\left(\Phi_i^{\sim} - \frac{\partial\dot{\lambda}^N}{\partial\lambda^N} - \frac{\partial\dot{\lambda}^N}{\partial N}\frac{\partial N}{\partial\lambda^N}\right)}{\sqrt{\left(\frac{\partial\dot{\lambda}^N}{\partial B} + \frac{\partial\dot{\lambda}^N}{\partial N}\frac{\partial N}{\partial B}\right)^2 + \left(\Phi_i^{\sim} - \frac{\partial\dot{\lambda}^N}{\partial\lambda^N} - \frac{\partial\dot{\lambda}^N}{\partial N}\frac{\partial N}{\partial\lambda^N}\right)^2}}\frac{1}{\frac{\partial\dot{B}}{\partial N}\frac{\partial N}{\partial\lambda^N}} \tag{15.77'}$$

Die beiden Eigenvektoren $'\mathbf{z}_1^{\sim}$ und $'\mathbf{z}_2^{\sim}$ können durch eine Skalarmultiplikation von (15.75') und (15.77') mit $\frac{\sqrt{\left(\frac{\partial\dot{\lambda}^N}{\partial B} + \frac{\partial\dot{\lambda}^N}{\partial N}\frac{\partial N}{\partial B}\right)^2 + \left(\Phi_i^{\sim} - \frac{\partial\dot{\lambda}^N}{\partial\lambda^N} - \frac{\partial\dot{\lambda}^N}{\partial N}\frac{\partial N}{\partial\lambda^N}\right)^2}}{\Phi_i^{\sim} - \frac{\partial\dot{\lambda}^N}{\partial\lambda^N} - \frac{\partial\dot{\lambda}^N}{\partial N}\frac{\partial N}{\partial\lambda^N}}$ in folgender Form dargestellt werden

$$'\mathbf{z}_i^{\sim} = \begin{bmatrix} 'z_i^{1\sim} \\ 'z_i^{2\sim} \end{bmatrix} = \begin{bmatrix} \frac{\Phi_i^{\sim} - \frac{\partial\dot{B}}{\partial B} - \frac{\partial\dot{B}}{\partial N}\frac{\partial N}{\partial B}}{\frac{\partial\dot{B}}{\partial N}\frac{\partial N}{\partial\lambda^N}} \\ 1 \end{bmatrix},$$

und mit (15.67) bzw. (15.66) Seite 243

$$= \begin{bmatrix} (G_B(B^{\sim}) - \Phi_i^{\sim})\left(\frac{\partial p^R}{\partial N} - c_{NN}^N\right) - c_{BN}^N \\ 1 \end{bmatrix}, \quad i = 1, 2. \tag{7.28'}$$

Das Vorzeichen von $'z_i^{1\sim}$ ist wegen (15.64) Seite 243 in Verbindung mit (7.28) Seite 103 positiv.

Der stabile Arm des alternativen linearen Systems Für das alternative System lautet der stabile Arm des Sattels mit ${}'\mathbf{z_2}^{\sim} = ({}'z_2^{1\sim}, 1)^{\mathsf{T}}$ und ${}'z_2^{1\sim} < 0$, siehe (7.28) Seite 103, dann

$$\begin{bmatrix} \lambda^N(t) \\ B(t) \end{bmatrix} = (B_0 - B^{\sim})\, {}'\mathbf{z}_2^{\sim} e^{\Phi_2^{\sim} t} + \begin{bmatrix} \lambda^{N\sim} \\ B^{\sim} \end{bmatrix}. \tag{7.29}$$

Die Isoklinen

Die Steigung der $\dot{B} = 0$-Isokline in der (λ^N, B)-Ebene ist gegeben durch

$$\left.\frac{d\lambda^N}{dB}\right|_{\dot{B}=0} = -\frac{\frac{\partial \dot{B}}{\partial B} + \frac{\partial \dot{B}}{\partial N}\frac{\partial N}{\partial B}}{\frac{\partial \dot{B}}{\partial N}\frac{\partial N}{\partial \lambda^N}} > 0. \tag{15.78}$$

Die Vorzeichen der einzelnen Ableitungen von (15.78) sind gegeben durch $\frac{\partial \dot{B}}{\partial B} + \frac{\partial \dot{B}}{\partial N}\frac{\partial N}{\partial B} < 0$ (15.67) Seite 243 und $\frac{\partial \dot{B}}{\partial N}\frac{\partial N}{\partial \lambda^N} > 0$ (15.66) Seite 243.

Die Steigung der $\dot{\lambda}^N = 0$-Isokline in der (λ^N, B)-Ebene ist gegeben durch

$$\left.\frac{d\lambda^N}{dB}\right|_{\dot{\lambda}^N=0} = -\frac{\frac{\partial \dot{\lambda}^N}{\partial B} + \frac{\partial \dot{\lambda}^N}{\partial N}\frac{\partial N}{\partial B}}{\frac{\partial \dot{\lambda}^N}{\partial \lambda^N} + \frac{\partial \dot{\lambda}^N}{\partial N}\frac{\partial N}{\partial \lambda^N}} < 0. \tag{15.79}$$

$\frac{\partial \dot{\lambda}^N}{\partial B} + \frac{\partial \dot{\lambda}^N}{\partial N}\frac{\partial N}{\partial B} \gtrless 0$ (15.65) Seite 243 und $\frac{\partial \dot{\lambda}^N}{\partial \lambda^N} + \frac{\partial \dot{\lambda}^N}{\partial N}\frac{\partial N}{\partial \lambda^N} > 0$ (15.64) Seite 243.

Die Determinante des Gleichungssystem (15.2) und (15.3) Seite 230 Δ_1 ist gegeben durch

$$\Delta_1 = \begin{vmatrix} \frac{\partial \breve{p}^R}{\partial N} - c^N_{NN} & -c^N_{NB} \\ -c^N_{NB} & G_{BB}\lambda^N - c^N_{BB} \end{vmatrix}$$

Ausschreiben führt zu

$$\Delta_1 = \left(\frac{\partial \breve{p}^R}{\partial N} - c^N_{NN}\right)\left(G_{BB}\lambda^N - c^N_{BB}\right) - \left(c^N_{NB}\right)^2$$

und eine Umformung ergibt

$$\Delta_1 \frac{1}{c^N_{NN}} = \frac{\partial \breve{p}^R}{\partial N}\frac{G_{BB}\lambda^N - c^N_{BB}}{c^N_{NN}} - \left(G_{BB}\lambda^N - c^N_{BB} + \frac{\left(c^N_{NB}\right)^2}{c^N_{NN}}\right) > 0. \tag{15.80}$$

Das Vorzeichen von (15.80) folgt aus (15.10) Seite 232, den Annahmen an die Kostenfunktion des Neumaterialproduzenten (14.5) Seite 202 und der angenommenen Konkavität der über den Ressourcenbestand maximierte Momentanwert Hamiltonfunktion des Neumaterialproduzenten (6.14) Seite 88. Somit sind die Bedingungen des Satzes 4.1 Seite 91 Feichtinger und Hartl (1986) erfüllt und der stabile Sattelpunktpfad ist mononton fallend in dem Phasenraum des Schattenpreises und des Ressourcenbestandes. Desweitern ist dann die $\dot{\lambda}^N = 0$-Isokline monoton fallend und dies ist äquivalent zu

$$\frac{\partial \dot{\lambda}^N}{\partial B} + \frac{\partial \dot{\lambda}^N}{\partial N}\frac{\partial N}{\partial B} > 0. \tag{15.81}$$

15.1.3 Das kurzfristige Marktgleichgewicht während der Anpassung

Das kurzfristige Gleichgewicht des Güter-, Entsorgungs- und Ressourcenmarktes in dem diese drei Märkte geräumt sind und der Bestand nicht konstant ist, wird durch die folgenden beiden Gleichungen (7.1′) und (7.30) definiert. Die endogenen Variablen werden wie in dem kurzfristigen Gleichgewicht des Güter,- Entsorgungs- und Ressourcenmarktes in Abschnitt 4.3 Seite 46 mit einer Tilde ˜ gekennzeichnet, $B^x(t)$ für $x \in \{\beta, r^N\}$ beschreibt den Bestand in der Periode t, welcher zu seinem neuen langfristigen Gleichgewichtswert konvergiert. Äquivalent beschreibt $\lambda^{Nx}(t)$ für $x \in \{\beta, r^N\}$ den Schattenpreis in der Periode t, welcher zu seinem neuen langfristigen Gleichgewichtswert konvergiert. Gegeben der Bestand konvergiert zu seinem neuen langfristigen Gleichgewichtswert, dann ist das kurzfristige Gleichgewicht auf dem Güter-, dem Entsorgungs- und dem Ressourcenmarkt definiert durch

$$p^W\left(\frac{\tilde{N}}{1-\beta};\tilde{p}^R\right)+\tilde{p}^R\beta-c^W_W\left(\frac{\tilde{N}}{1-\beta}\right)-\beta c^{WR}_R\left(\frac{\beta\tilde{N}}{1-\beta}\right)=0, \tag{7.1'}$$

$$\tilde{p}^R-c^N_N\left(\tilde{N},B^x(t)\right)-\lambda^{Nx}=0. \tag{7.30}$$

(7.1′) definiert implizit den Ressourcenpreis als $\check{p}^R = p^R(N)$ und Einsetzen dieser Funktion in (7.30) führt zu

$$\check{p}^R(N)-c^N_N\left(\tilde{N},B^x(t)\right)-\lambda^{Nx}=0. \tag{7.31}$$

(7.31) definiert die Neumaterialmenge im kurzfristigen Marktgleichgewicht als $\tilde{N} = N(t)$. (7.30) definiert die Neumaterialmenge als $N = N\left(p^R, B^x(t)\right)$ und Einsetzen dieser Funktion in (7.1′) ergibt

$$p^W\left(\frac{N\left(\tilde{p}^R,B^x(t)\right)}{1-\beta};\tilde{p}^R\right)+\tilde{p}^R\beta-c^W_W\left(\frac{N\left(\tilde{p}^R,B^x(t)\right)}{1-\beta}\right)-\beta c^{WR}_R\left(\frac{\beta N\left(\tilde{p}^R,B^x(t)\right)}{1-\beta}\right)=0. \tag{7.32}$$

(7.32) definiert den Ressourcenpreis im kurzfristigen Marktgleichgewicht $\tilde{p}^R = p^R(t)$. Einsetzen von $\tilde{N} = N(t)$ in die Bedingung, daß die nichtrezyklierte Ressourcenmenge der Neumaterialmenge entspricht führt zu einer Definition der insgesamt eingesetzten Ressourcenmenge

$$\tilde{W}=\frac{N(t)}{1-\beta}. \tag{7.33}$$

Einsetzen des Ressourcenpreises $\tilde{p}^R = p^R(t)$ und der Menge der Entsorgungsdienstleistungen $\tilde{W} = W(t)$ in die Gewinnfunktion des preisnehmenden Entsorgers (6.2) Seite 85 führt zu

$$\tilde{\Pi}^W=p^W(W(t);p^R(t))W(t)+p^R(t)\beta W(t)-c^W(W(t))-c^{WR}(\beta W(t)). \tag{7.34}$$

Einsetzen von $\tilde{p}^R = p^R(t)$ in die äquivalente Definition des Gleichgewichtes auf dem Güter- und Entsorgungsmarkt (7.4) Seite 100 ergibt

$$c^Y_{p^{RW}}\left(\hat{Y}\left(p^R(t), \tilde{p}^W\right); p^R(t) + \tilde{p}^W\right) - W^E\left(\tilde{p}^W; p^R(t); \beta\right) = 0. \tag{7.35}$$

(7.35) definiert $\tilde{p}^W = p^W(t)$. Der Preis des Ressourceneinsatzes in der Güterproduktion läßt sich mit $\tilde{p}^R = p^R(t)$ und $\tilde{p}^W = p^W(t)$ darstellen als

$$\tilde{p}^{RW} = p^R(t) + p^W(t). \tag{7.36}$$

Einsetzen von $\tilde{p}^{RW} = p^{RW}(t)$ in die das Gleichgewicht auf dem Gütermarkt definierenden Gleichung (3.7) Seite 27 führt zu

$$p\left(\tilde{Y}\right) - c^Y_Y\left(\tilde{Y}; p^{RW}(t)\right) = 0. \tag{7.37}$$

(7.37) definiert $\tilde{Y} = Y(t)$. Einsetzen dieser Funktion in Verbindung mit $\tilde{p}^{RW} = p^{RW}(t)$ in die Gewinnfunktion des Güterproduzenten (3.1) Seite 26 führt zu

$$\tilde{\Pi}^Y = p\big(Y(t)\big)Y(t) - c^Y\big(Y(t); p^{RW}(t)\big). \tag{7.38}$$

Einsetzen von $\tilde{Y} = Y(t)$ in die Nachfragefunktion des Konsumenten (3.5) Seite 27 führt zu einer Definition des Güterpreises

$$\tilde{p} = u_Y\big(Y(t)\big). \tag{7.39}$$

(7.33) definiert $\tilde{W} = W(t)$ und somit auch $\tilde{R} = \tilde{W}$. Eine Anwendung der Definition der Rezyklatmenge $\tilde{R}^R = \beta\tilde{R}$ auf $\tilde{R} = \tilde{W}$ führt zu

$$\tilde{R}^R = \beta W(t). \tag{7.40}$$

(7.40) definiert implizit die Rezyklatmenge $\tilde{R}^R = R^R(t)$. Einsetzen von $\tilde{p}^R = p^R(t)$, $\tilde{N} = N(t)$ und $B_x(\cdot, t)$ in die Funktion der Gewinne des Neumaterialproduzenten in einer Periode (6.8) Seite 87 führt zu

$$\tilde{\Pi}^N = p^R(t)\,N(t) - c^N\big(N(t), B_x(\cdot, t)\big). \tag{7.41}$$

Einsetzen von $B(t)$ und $\lambda^N(t)$ in die kurzfristige Angebotsfunktion des Neumaterialproduzenten führt zu

$$GK^N = c^N_N\big(N, B_x\left(\beta, r^N, t\right)\big) + \lambda^N_x\left(\beta, r^N, t\right). \tag{7.42}$$

Implizites Differenzieren von (7.30) Seit 105 führt zu

$$\frac{dN}{dB} = -\frac{\frac{\partial \dot{N}^N}{\partial B}}{\frac{\partial \dot{N}^N}{\partial N}} > 0, \tag{15.82}$$

bzw.

$$\frac{dN}{dp^R} = -\frac{\frac{\partial \dot{N}^N}{\partial p^R}}{\frac{\partial \dot{N}^N}{\partial N}} > 0. \tag{15.83}$$

Die Vorzeichen der Ableitungen (15.82) bzw. (15.83) folgen aus (14.15) Seite 205, (14.14) Seite 205, (14.16) Seite 205. Zur späteren Verwendung sei hier die Ableitung der Bewegungsgleichung des Neumaterials nach dem Neumaterial, gegeben den Ressourcenpreis als eine Funktion des Neumaterials, bestimmt

$$\frac{\partial \dot{N}^N}{\partial N} + \frac{\partial \dot{N}^N}{\partial p^R}\frac{\partial \breve{p}^R}{\partial N} = r^N - G_B - \frac{r^N - G_B}{c^N_{NN}} \frac{p^W_W - c^W_{WW} - \beta^2 c^{WR}_{RR}}{(1-\beta)^2} > 0. \tag{15.84}$$

Die Ableitung uns das Vorzeichen folgt aus (14.14) Seite 205, (14.16) Seite 205 und (15.10) Seite 232.

15.1.4 Die komparative Statik der Quotenverschärfung

Die Reaktion des Ressourcenpreises

Implizites Differenzieren von (7.8) Seite 100 ergibt die Reaktion des Ressourcenpreises im langfristigen Marktgleichgewicht auf eine Quotenverschärfung

$$\frac{dp^{R\sim}}{d\beta} = -\frac{\frac{\partial \dot{N}^N}{\partial N}\left[(1-\beta)\frac{\partial W}{\partial \beta} - W\right] + \frac{\partial \dot{N}^N}{\partial B}\left[\frac{\partial B}{\partial W}(1-\beta)\frac{\partial W}{\partial \beta} + \frac{\partial B}{\partial \beta}\right]}{\frac{\partial \dot{N}^N}{\partial N}(1-\beta)\frac{\partial W}{\partial p^R} + \frac{\partial \dot{N}^N}{\partial B}\frac{\partial B}{\partial W}(1-\beta)\frac{\partial W}{\partial p^R} + \frac{\partial \dot{N}^N}{\partial p^R}} < 0. \tag{15.85}$$

Das Vorzeichen des Zählers ist negativ, weil $\frac{\partial \dot{N}^N}{\partial N} > 0$ (14.14) Seite 205, $\frac{\partial W}{\partial \beta} < 0$ (15.4) Seite 230, $\frac{\partial \dot{N}^N}{\partial B} < 0$ (14.15) Seite 205, $\frac{\partial B}{\partial W} < 0$ (15.6) Seite 231, $\frac{\partial B}{\partial \beta} > 0$ (15.7) Seite 231. Das Vorzeichen des Nenners ist negativ, weil $\frac{\partial \dot{N}^N}{\partial N} > 0$ (14.14) Seite 205, $\frac{\partial W}{\partial p^R} < 0$ (15.4) Seite 230, $\frac{\partial \dot{N}^N}{\partial B} < 0$ (14.15) 205, $\frac{\partial B}{\partial W} < 0$ (15.6) Seite 231, $\frac{\partial W}{\partial p^R} < 0$ (15.4) Seite 230, $\frac{\partial \dot{N}^N}{\partial p^R} < 0$ (14.16) Seite 205. Das Vorzeichen von (15.85) ist folglich negativ.

Die Reaktion der Menge des Neumaterials

Implizites Differenzieren von (7.8′) Seite 100 ergibt die Reaktion der Menge an Neumaterial im langfristigen Marktgleichgewicht auf eine Quotenverschärfung

$$\frac{dN^{\sim}}{d\beta} = -\frac{\frac{\partial \dot{N}^N}{\partial p^R}\frac{\partial p^R}{\partial \beta}}{\frac{\partial \dot{N}^N}{\partial N} + \frac{\partial \dot{N}^N}{\partial B}\frac{\partial B}{\partial N}} < 0. \tag{15.86}$$

Das Vorzeichen des Zählers ist wegen $\frac{\partial \dot{N}^N}{\partial p^R} < 0$ (14.16) Seite 205 und $\frac{\partial p^R}{\partial \beta} < 0$ (15.85) Seite 250 positiv. Das des Nenners ist wegen $\frac{\partial \dot{N}^N}{\partial N} > 0$ (14.14) Seite 205, $\frac{\partial \dot{N}^N}{\partial B} < 0$ (14.15) Seite 205 und $\frac{\partial B}{\partial N} < 0$ (14.19) Seite 206 positiv. Folglich ist das Vorzeichen von (15.86) negativ.

Die Reaktion des Ressourcenbestandes

Implizites Differenzieren von (7.9) Seite 101 ergibt die Reaktion des Ressourcenbestandes im langfristigen Marktgleichgewicht auf eine Quotenverschärfung

$$\frac{dB^{\sim}}{d\beta} = -\frac{\frac{\partial \dot{B}}{\partial N}\frac{\partial N^{\sim}}{\partial \beta}}{\frac{\partial \dot{B}}{\partial B}} > 0. \tag{15.87}$$

Das positive Vorzeichen von (15.87) folgt aus $\frac{\partial \dot{B}}{\partial N} < 0$ (14.19) Seite 206, $\frac{\partial N^{\sim}}{\partial \beta} < 0$ (15.86) Seite 250 und der ökologischen Stabilität Abschnitt 6.3.2 Seite 93, die das negative Vorzeichen von $\frac{\partial \dot{B}}{\partial B} = G_B$ (14.18) Seite 205 sichert.

Wie auf der Seite 233 dargestellt existiert folgende alternative Darstellung der Ableitung des Ressourcenbestandes im langfristigen Marktgleichgewicht nach der Quote

$$\frac{dB^{\sim}}{d\beta} = -\frac{1}{\Delta_1^{\sim}}\left(r^N - G_B\right)\frac{\partial \check{p}^R}{\partial \beta} > 0. \tag{15.87'}$$

Das positive Vorzeichen folgt aus $\Delta_1^{\sim} > 0$ (15.16) Seite 233, $r^N - G_B > 0$ (6.18) Seite 90 und $\frac{\partial \check{p}^R}{\partial \beta} < 0$ (15.11) Seite 232.

Die Reaktion der Menge der Entsorgungsdienstleistungen

Implizites Differenzieren von (7.10) Seite 101 ergibt die Reaktion der Menge der Entsorgungsdienstleistungen im langfristigen Marktgleichgewicht auf eine Quotenverschärfung

$$\frac{dW^{\sim}}{d\beta} = -\frac{p^W_{p^R}\frac{\partial p^{R\sim}}{\partial \beta} + \tilde{p}^R + \beta\frac{\partial p^{R\sim}}{\partial \beta} - c^{WR}_R - \beta W^{\sim} c^{WR}_{RR}}{p^W_W - c^W_{WW} - \beta^2 c^{WR}_{RR}}$$

und mit $\frac{\partial p^W}{\partial p^R} = -1$ (11.9) Seite 153

$$= \frac{(1-\beta)\frac{\partial p^{R\sim}}{\partial \beta} + \left[c^{WR}_R - p^{R\sim}\right] + \beta W^{\sim} c^{WR}_{RR}}{p^W_W - c^W_{WW} - \beta^2 c^{WR}_{RR}} \lesseqgtr 0. \tag{15.88}$$

Das Vorzeichen des Zählers von (15.88) ist unbestimmt, weil $\frac{\partial p^{R\sim}}{\partial \beta} < 0$ (15.85), die Regulierung ökonomisch bindend ist (3.14) Seite 30 und die Grenzkosten der Rezyklierung ansteigen (11.2) Seite 151. Das Vorzeichen des Nenners von (15.88) ist negativ, weil die inverse Nachfrage nach Entsorgungsdienstleistungen eine fallende Funktion ist, siehe Theorem 1 Seite 28 und die Grenzkosten des Entsorgers ansteigen (11.2) Seite 151. Das Vorzeichen von (15.88) ist folglich unbestimmt.

Die Reaktion der Gewinne des Entsorgers

Differenzieren von (7.12) Seite 101 ergibt die Reaktion der Gewinne des preisnehmenden Entsorgers im langfristigen Marktgleichgewicht auf eine Quotenverschärfung

$$\frac{d\Pi^{W\sim}}{d\beta} = \left[p^W + p^R\beta - c_W^W - \beta c_R^{WR}\right]\frac{\partial W^\sim}{\partial \beta} + p_W^W W^\sim \frac{\partial W^\sim}{\partial \beta}$$
$$+ \hat{p}_{p^R}^W W^\sim \frac{\partial p^{R\sim}}{\partial \beta} + \beta W^\sim \frac{\partial p^{R\sim}}{\partial \beta} + W^\sim p^{R\sim} - W^\sim c_R^{WR}. \quad (15.89)$$

Der Term innerhalb der eckigen Klammern entspricht der Bedingung erster Ordnung für ein inneres Gewinnmaximum des Entsorger (6.3) Seite 85 und ist folglich gleich Null. Unter Verwendung von $\hat{p}_{p^R}^W = -1$ (11.9) Seite 153 kann die obige Ableitung geschrieben werden als

$$\frac{d\Pi^{W\sim}}{d\beta} = p_W^W W^\sim \frac{\partial W^\sim}{\partial \beta} - (1-\beta)\, W^\sim \frac{\partial p^{R\sim}}{\partial \beta} - \left[c_R^{WR} - p^{R\sim}\right] W^\sim \lesseqgtr 0. \quad (15.90)$$

Die Unbestimmtheit des Vorzeichens von (15.90) folgt aus der fallenden bedingten inversen Nachfrage nach Entsorgungsdienstleistungen, siehe Theorem (1) Seite 28, $\frac{\partial W^\sim}{\partial \beta} \lesseqgtr 0$ (15.88) Seite 251, $\frac{\partial p^{R\sim}}{\partial \beta} < 0$ (15.85) Seite 250 und der ökonomisch bindenden Regulierung (3.14) Seite 30.

Die Reaktion des Preises der Entsorgungsdienstleistungen

Implizites Differenzieren von (7.13) Seite 101 ergibt die Reaktion des Preises der Entsorgungsdienstleistungen im langfristigen Marktgleichgewicht auf eine Quotenverschärfung

$$\frac{dp^{W\sim}}{d\beta} = -\frac{\left[c_{p^{RW}Y}^Y \frac{\partial \hat{Y}}{\partial p^R} + c_{p^{RW}p^{RW}}^Y - \frac{\partial W^E}{\partial p^R}\right]\frac{\partial p^{R\sim}}{\partial \beta} - \frac{\partial W^E}{\partial \beta}}{c_{p^{RW}Y}^Y \frac{\partial \hat{Y}}{\partial p^W} + c_{p^{RW}p^{RW}}^Y - \frac{\partial W^E}{\partial p^W}} > 0. \quad (15.91)$$

Das Vorzeichen von (15.91) folgt aus den Annahmen an die Technologie der Güterproduktion (11.1) Seite 151, $\frac{\partial \hat{Y}}{\partial p^R} < 0$ (11.4) Seite 152, $\frac{\partial p^{R\sim}}{\partial \beta} < 0$ (15.85) Seite 250, $\frac{\partial W^E}{\partial \beta} < 0$ (14.3) Seite 201, $\frac{\partial W^E}{\partial p^R} < 0$ (14.2) Seite 201, und $\frac{\partial W^E}{\partial p^W} < 0$ (14.1) Seite 201.

Die Reaktion des Preises des Ressourceneinsatzes in der Güterproduktion

Differenzieren von (7.14) Seite 101 ergibt die Reaktion des Preises des Ressourceneinsatzes in der Güterproduktion im langfristigen Marktgleichgewicht auf eine Quotenverschärfung

$$\frac{dp^{RW\sim}}{d\beta} = \frac{\partial p^{R\sim}}{\partial \beta} + \frac{\partial p^{W\sim}}{\partial \beta} \lesseqgtr 0. \quad (15.92)$$

Die Unbestimmtheit des Vorzeichens von (15.92) folgt aus $\frac{\partial p^{R\sim}}{\partial \beta} < 0$ (15.85) Seite 250 und $\frac{\partial p^{W\sim}}{\partial \beta} > 0$ (15.91) Seite 252.

Die Reaktion der Gütermenge

Implizites Differenzieren von (7.15) Seite 101 ergibt die Reaktion der Gütermenge im langfristigen Marktgleichgewicht auf eine Quotenverschärfung

$$\frac{dY^{\sim}}{d\beta} = \frac{c^Y_{Yp^{RW}}}{p_Y - c^Y_{YY}} \frac{\partial p^{RW\sim}}{\partial \beta} \lesseqgtr 0. \tag{15.93}$$

Die Unbestimmtheit des Vorzeichens von (15.93) folgt aus $\frac{\partial p^{RW\sim}}{\partial \beta} \lesseqgtr 0$ (15.92) Seite 252, der Normalität der Ressource bzw. der Entsorgungsdienstleistungen und den ansteigenden Grenzkosten der Güterproduktion (11.1) Seite 151, $p_Y < 0$ (3.5) Seite 27.

Die Reaktion der Gewinne des Güterproduzenten

Differenzieren von (7.16) Seite 102 ergibt die Reaktion der Gewinne des Güterproduzenten im langfristigen Marktgleichgewicht auf eine Quotenverschärfung

$$\frac{d\Pi^{Y\sim}}{d\beta} = \left[p - c^Y_Y\right] \frac{\partial Y^{\sim}}{\partial \beta} + p_Y \frac{\partial Y^{\sim}}{\partial \beta} + c^Y_{p^{RW}} \frac{\partial p^{RW\sim}}{\partial \beta}$$

Der Ausdruck innerhalb der eckigen Klammern entspricht der Bedingung erster Ordnung für ein inneres Gewinnmaximum des Güterproduzenten und ist gleich Null (3.2) Seite (3.2). Folglich vereinfacht sich die obige Ableitung zu

$$\frac{d\Pi^{Y\sim}}{d\beta} = p_Y \frac{\partial Y^{\sim}}{\partial \beta} + c^Y_{p^{RW}} \frac{\partial p^{RW\sim}}{\partial \beta} \lesseqgtr 0. \tag{15.94}$$

Die Unbestimmtheit des Vorzeichens folgt aus $p_Y < 0$ (3.5) Seite 27, $\frac{\partial Y^{\sim}}{\partial \beta} \lesseqgtr 0$ (15.93) Seite 253, $\frac{\partial p^{RW\sim}}{\partial \beta} \lesseqgtr 0$ (15.92) Seite 252, der Normalität der Ressource bzw. der Entsorgungsdienstleistungen und den ansteigenden Grenzkosten der Güterproduktion (11.1) Seite 151.

Die Reaktion des Güterpreises

Differenzieren von (7.17) Seite 102 ergibt die Reaktion des Güterpreises im langfristigen Marktgleichgewicht auf eine Quotenverschärfung

$$\frac{dp^{\sim}}{d\beta} = u_{YY} \frac{\partial Y^{\sim}}{\partial \beta} \lesseqgtr 0. \tag{15.95}$$

Die Unbestimmtheit des Vorzeichen folgt aus $u_{YY} < 0$ (3.5) Seite 27 und $\frac{\partial Y^{\sim}}{\partial \beta} \lesseqgtr 0$ (15.93) Seite 253.

Die Reaktion der Rezyklatmenge

Differenzieren von (7.18) Seite 102 ergibt die Reaktion der Rezyklatmenge im langfristigen Marktgleichgewicht auf eine Quotenverschärfung

$$\begin{aligned} \frac{dR^{R\sim}}{d\beta} &= W^{\sim} + \beta \frac{\partial W^{\sim}}{\partial \beta} \\ &= W^{\sim}\left[1 + \eta(W^{\sim}, \beta)\right] \lesseqgtr 0. \end{aligned} \tag{15.96}$$

Die Reaktion der Gewinne des Neumaterialproduzenten

Differenzieren der Gewinne des Neumaterialproduzenten (7.19) Seite 102 im langfristigen Marktgleichgewicht ergibt deren Reaktion auf eine Verschärfung der Entsorgungsquote

$$\frac{d\left(\int_0^\infty \Pi^{N\sim} e^{-r^N t} dt\right)}{d\beta} = \frac{\left[p^{R\sim} - c_N^N\right] \frac{\partial N^\sim}{\partial \beta} - c_B^N \frac{\partial B^\sim}{\partial \beta} + N^\sim \frac{\partial p^{R\sim}}{\partial \beta}}{r^N} \lesseqgtr 0. \tag{15.97}$$

Die Vorzeichen der einzelnen Ableitungen in (15.97) lauten $\frac{\partial N^\sim}{\partial \beta} < 0$ (15.86) Seite 250, $\frac{\partial B^\sim}{\partial \beta} > 0$ (15.87) Seite 251 $\frac{\partial p^{R\sim}}{\partial \beta} < 0$ (15.85) Seite 250 und der Technologie der Neumaterialproduktion (14.5) Seite 202.

Die Reaktion des Schattenpreises

Eine Anwendung der Cramerschen Regel auf (15.15) Seite 233 führt zu der Reaktion des Schattenpreises im langfristigen Marktgleichgewicht auf eine Quotenverschärfung

$$\frac{d\lambda^{N\sim}}{d\beta} = \frac{1}{\Delta_1^\sim} \frac{\partial p^R}{\partial \beta} \left[c_{BB}^N - G_{BB}\lambda^{N\sim} + G_{BB} c_{BN}^N\right] < 0. \tag{15.98}$$

Die Vorzeichen der einzelnen Ableitungen in (15.98) lauten $\Delta_1^\sim > 0$ (15.16) Seite 233, $\frac{\partial p^R}{\partial \beta} < 0$ (15.11) Seite 232, in Verbindung mit der Technologie des Neumaterialproduzenten (14.5) Seite 202 und den Eigenschaften der Regenerationsfunktion (14.6) Seite 202 folgt das negative Vorzeichen.

Die Reaktion der Grenzkosten des Neumaterialproduzenten

Differenzieren von (7.21) Seite 102 führt zu

$$\frac{dGK^N}{d\beta} = c_{NB}^N \frac{\partial B^\sim}{\partial \beta} + \frac{\partial \lambda^{N\sim}}{\partial \beta} < 0. \tag{15.99}$$

Das Vorzeichen folgt aus der Technologie des Neumaterialproduzenten (14.5) Seite 202, $\frac{\partial B^\sim}{\partial \beta} > 0$ (15.87) Seite 251 $\frac{\partial \lambda^{N\sim}}{\partial \beta} < 0$ (15.98) Seite 254.

15.1.5 Die komparative Dynamik der Quotenverschärfung

Die in diesem Abschnitt hergeleiteten Ableitungen gelten nur für einen Bestand, der $B > B^{MDE}$ erfüllt und falls die Modellökonomie im langfristigen Gleichgewicht ruht.

Die Anpassungsdynamik des Neumaterials

Differenzieren der Bewegungsdynamik des Neumaterials entlang des stabilen Sattelpfades (7.27) Seite 103 nach der Entsorgungsquote führt zu

$$\frac{dN(t)}{d\beta} = -\frac{\partial B^\sim}{\partial \beta} z_2^{1\sim} e^{\Phi_2^\sim t} + (B_0 - B^\sim)\left(\frac{\partial z_2^{1\sim}}{\partial \beta} + z_2^{1\sim} \frac{\partial \Phi_2^\sim}{\partial \beta} t\right) e^{\Phi_2^\sim t} + \frac{\partial N^\sim(0)}{\partial \beta}$$

und die Änderung tritt ein im alten Gleichgewicht, d.h. $B_0 = B^{\sim}$

$$= \frac{\partial N(t)}{\partial \beta} - \frac{\partial B^{\sim}}{\partial \beta} z_2^{1\sim} e^{\Phi_2^{\sim} t} < 0. \tag{15.100}$$

Das Vorzeichen von (15.100) folgt aus $\frac{\partial N^{\sim}}{\partial \beta} < 0$ (15.86) Seite 250, $\frac{\partial B^{\sim}}{\partial \beta} > 0$ (15.87) Seite 251 und $z_2^{1\sim} > 0$ (7.26) Seite 103.

Differenzieren von (15.100) 255 nach der Zeit t führt zu

$$\frac{d^2 N(t)}{d\beta dt} = -\frac{\partial B^{\sim}}{\partial \beta} z_2^{1\sim} \Phi_2^{\sim} e^{\Phi_2^{\sim} t} > 0 \tag{15.101}$$

und die zweite Ableitung nach der Zeit t

$$\frac{d^3 N(t)}{d\beta (dt)^2} = -\frac{\partial B^{\sim}}{\partial \beta} z_2^{1\sim} (\Phi_2^{\sim})^2 e^{\Phi_2^{\sim} t} < 0. \tag{15.102}$$

Die Vorzeichen von (15.101) bzw. (15.102) folgen aus $\frac{\partial B^{\sim}}{\partial \beta} > 0$ (15.87) Seite 251, $z_2^{1\sim} > 0$ (7.26) Seite 103 und $\Phi_2^{\sim} < 0$ Theorem 20 Seite 103.

Die Anpassungsdynamik des Ressourcenbestandes

Differenzieren der Bewegungsdynamik des Ressourcenbestandes entlang des stabilen Sattelpfades (7.27) Seite 103 unter Berücksichtigung von $z_2^{2\sim} = 1$ (7.26) Seite 103 nach der Entsorgungsquote führt zu

$$\frac{dB(t)}{d\beta} = -\frac{\partial B^{\sim}}{\partial \beta} e^{\Phi_2^{\sim} t} + (B_0 - B^{\sim}) \frac{\partial \Phi_2^{\sim}}{\partial \beta} t e^{\Phi_2^{\sim} t} + \frac{\partial B^{\sim}(0)}{\partial \beta}$$

und die Änderung tritt ein im alten Gleichgewicht, d.h. $B_0 = B^{\sim}$

$$= \frac{\partial B^{\sim}(0)}{\partial \beta} \left(1 - e^{\Phi_2^{\sim} t}\right) > 0. \tag{15.103}$$

Das Vorzeichen von (15.103) folgt aus $e^{\Phi_2^{\sim} t} < 1$, weil $\Phi_2^{\sim} < 0$ siehe Theorem 20 Seite 103 und $\frac{\partial B^{\sim}}{\partial \beta} > 0$ (15.87) Seite 251.

Zum Zeitpunkt $t = 0$ folgt für (15.103)

$$\frac{dB(0)}{d\beta} = 0. \tag{15.104}$$

Differenzieren von (15.103) 255 nach der Zeit t führt zu

$$\frac{d^2 B(t)}{d\beta dt} = -\frac{\partial B^{\sim}}{\partial \beta} \Phi_2^{\sim} e^{\Phi_2^{\sim} t} > 0 \tag{15.105}$$

und die zweite Ableitung nach der Zeit t

$$\frac{d^3 B(t)}{d\beta (dt)^2} = -\frac{\partial B^{\sim}}{\partial \beta} (\Phi_2^{\sim})^2 e^{\Phi_2^{\sim} t} < 0. \tag{15.106}$$

Die Vorzeichen von (15.105) bzw. (15.106) folgen aus $\frac{\partial B^{\sim}}{\partial \beta} > 0$ (15.87) Seite 251, und $\Phi_2^{\sim} < 0$ Theorem 20 Seite 103.

Die Anpassungsdynamik des Schattenpreises

Differenzieren der Bewegungsdynamik des Schattenpreises entlang des stabilen Sattelpfades (7.29) Seite 103 nach der Entsorgungsquote führt zu

$$\frac{d\lambda^N(t)}{d\beta} = -\frac{\partial B^{\sim}}{\partial \beta}{'z_2^{1\sim}} e^{\Phi_2^{\sim} t} + (B_0 - B^{\sim})\left(\frac{\partial \Phi_2^{\sim}}{\partial \beta} t e^{\Phi_2^{\sim} t} + \frac{\partial' z_2^{1\sim}}{\partial \beta} e^{\Phi_2^{\sim} t}\right) + \frac{\partial \lambda^{N\sim}(0)}{\partial \beta}$$

und die Änderung tritt ein im alten Gleichgewicht, d.h. $B_0 = B^{\sim}$

$$= \frac{\partial \lambda^{N\sim}(0)}{\partial \beta} - \frac{\partial B^{\sim}}{\partial \beta}{'z_2^{1\sim}} e^{\Phi_2^{\sim} t} \lesseqgtr 0. \tag{15.107}$$

Die Unbestimmtheit des Vorzeichens von (15.107) folgt aus $\frac{\partial \lambda^{N\sim}}{\partial \beta} < 0$ (15.98) Seite 254, $\frac{\partial B^{\sim}}{\partial \beta} > 0$ (15.87') Seite 251 und ${'z_2^{1\sim}} < 0$ siehe (7.28) Seite 103. Werden die Verschiebungen der $\dot{\lambda}^N = 0$- und der $\dot{B} = 0$-Isokline, siehe (15.111) und (15.112) Seite 256, betrachtet folgt, daß die neue Trajektorie des Schattenpreises unterhalb der vorherigen liegt und damit $\frac{\partial \lambda^N(t)}{\partial \beta} < 0$.

Differenzieren von (15.107) 256 nach der Zeit t führt zu

$$\frac{d^2 \lambda^{N\sim}(t)}{d\beta dt} = -\frac{\partial B^{\sim}}{\partial \beta}{'z_2^{1\sim}} \Phi_2^{\sim} e^{\Phi_2^{\sim} t} < 0. \tag{15.108}$$

und die zweite Ableitung nach der Zeit t

$$\frac{d^3 \lambda^{N\sim}(t)}{d\beta\,(dt)^2} = -\frac{\partial B^{\sim}}{\partial \beta}{'z_2^{1\sim}} \left(\Phi_2^{\sim}\right)^2 e^{\Phi_2^{\sim} t} > 0. \tag{15.109}$$

Die Vorzeichen von (15.108) bzw. (15.109) folgen aus (15.87) Seite 251, ${'z_2^1} < 0$ und $\Phi_2^{\sim} < 0$ Theorem 20 Seite 103.

Die Wirkung auf die $\dot{N}$-Isokline

Die Wirkung der Quotenverschärfung auf die $\dot{N} = 0$-Isokline in der (B, N)-Ebene ist gegeben durch

$$\left.\frac{dN}{d\beta}\right|_{\dot{B}=0} = -\left.\frac{\frac{\partial \dot{N}}{\partial \beta}}{\frac{\partial \dot{N}}{\partial N}}\right|_{\dot{B}=\dot{N}=0} < 0. \tag{15.110}$$

Das Vorzeichen von (15.110) folgt aus $\frac{\partial \dot{N}}{\partial \beta} > 0$ (15.21) Seite 235 und $\frac{\partial \dot{N}}{\partial N} > 0$ (15.18) Seite 234.

Die Wirkung auf die $\dot{\lambda}^N$-Isokline

Die Wirkung der Quotenverschärfung auf die $\dot{\lambda}^N = 0$-Isokline in der $\left(B, \lambda^N\right)$-Ebene ist gegeben durch

$$\left.\frac{d\lambda^N}{d\beta}\right|_{\dot{B}=0} = -\left.\frac{\frac{\partial \dot{\lambda}^N}{\partial \beta}}{\frac{\partial \dot{\lambda}^N}{\partial \lambda^N} + \frac{\partial \dot{\lambda}^N}{\partial N}\frac{\partial N}{\partial \lambda^N}}\right|_{\dot{B}=\dot{\lambda}^N=0} < 0. \tag{15.111}$$

Das Vorzeichen von (15.111) folgt aus $\frac{\partial \dot{\lambda}^N}{\partial \beta} > 0$ (15.60) Seite 242 und $\frac{\partial \dot{\lambda}^N}{\partial \lambda^N} + \frac{\partial \dot{\lambda}^N}{\partial N}\frac{\partial N}{\partial \lambda^N} > 0$ (15.64) Seite 243.

Die Wirkung auf die $\dot{B}$-Isokline

Die Wirkung der Quotenverschärfung auf die $\dot{B} = 0$-Isokline im (λ^N, B)-Phasenraum ist gegeben durch

$$\left.\frac{d\lambda^N}{d\beta}\right|_{\dot{B}=0} = -\left.\frac{\frac{\partial N}{\partial \beta}}{\frac{\partial N}{\partial \lambda^N}}\right|_{\dot{B}=\dot{\lambda}^N=0} < 0. \tag{15.112}$$

Das Vorzeichen der Ableitung (15.112) folgt aus $\frac{\partial \dot{B}^{\sim}}{\partial N}\frac{\partial N}{\partial \beta} > 0$ (15.12) Seite 232 und $\frac{\partial \dot{B}^{\sim}}{\partial N}\frac{\partial N}{\partial \lambda^N} > 0$ (15.66) Seite 243.

15.1.6 Die komparative Statik während der Anpassung

Aus (15.87) Seite 251 ist bekannt, daß der Ressourcenbestand im neuen langfristigen Marktgleichgewicht als Folge der Quotenverschärfung größer ist als im ursprünglichen und, daß der Bestand während des Anpassungsprozesses an das neue langfristige Marktgleichgewicht wächst, siehe (15.105) Seite 255, jedoch mit abnehmenden Grenzzuwächsen (15.106) Seite 255. Folglich werden in diesem Abschnitt die Reaktionen der endogenen Variablen des kurzfristigen Marktgleichgewichtes, gegeben einen wachsenden Ressourcenbestand, d.h. $\frac{\partial^2 B(\beta,\cdot,t)}{\partial \beta \partial t} > 0$, und einen sinkenden Schattenpreis $\frac{\partial^2 \lambda^N(\beta,\cdot,t)}{\partial \beta \partial t} < 0$ bestimmt. Somit sind die Vorzeichen der Ableitungen des Ressourcenbestandes bzw. des Schattenpreises nach der Zeit

$$\frac{dB^\beta}{dt} > 0 \tag{15.113}$$

$$\frac{d\lambda^{N\beta}}{dt} < 0 \tag{15.114}$$

Die Reaktion der Neumaterialmenge

Implizites Differenzieren von (7.31) Seite 105 ergibt die Reaktion der Neumaterialmenge entlang des stabilen Sattelpfades während der Anpassung an das neue dynamische Marktgleichgewicht

$$\frac{d\tilde{N}}{dt} = -\frac{-c^N_{NB}\frac{\partial B^\beta}{\partial t} - \frac{\partial \lambda^{N\beta}}{\partial t}}{\frac{\partial \tilde{p}^R}{\partial N} - c^N_{NN}} > 0. \tag{15.115}$$

Das Vorzeichen der Ableitung (15.115) folgt aus den Annahmen an die Technologie des Neumaterialproduzenten (14.5) Seite 202, $\frac{\partial B^\beta}{\partial t} > 0$ (15.113) Seite 257, $\frac{\partial \lambda^{N\beta}}{\partial t} < 0$ (15.114) Seite 257.

Die Reaktion des Ressourcenpreises

Implizites Differenzieren von (7.32) Seite 105 ergibt die Reaktion des Ressourcenpreises entlang des stabilen Sattelpfades während der Anpassung an das neue langfristige Marktgleichgewicht

$$\frac{d\tilde{p}^R}{dt} = -\frac{\frac{1}{1-\beta}\left[p^W_W - c^W_{WW} - \beta^2 c^{WR}_{RR}\right]\frac{\partial N}{\partial B}\frac{\partial B^\beta}{\partial t}}{\frac{1}{1-\beta}\left[p^W_W - c^W_{WW} - \beta^2 c^{WR}_{RR}\right]\frac{\partial N}{\partial p^R} + \hat{p}^W_{p^R} + \beta} \tag{15.116}$$

und mit $\hat{p}^W_{p^R} = -1$ (11.9) Seite 161

$$= -\frac{\frac{1}{1-\beta}\left[p^W_W - c^W_{WW} - \beta^2 c^{WR}_{RR}\right]\frac{\partial N}{\partial B}\frac{\partial B^\beta}{\partial t}}{\frac{1}{1-\beta}\left[p^W_W - c^W_{WW} - \beta^2 c^{WR}_{RR}\right]\frac{\partial N}{\partial p^R} - (1-\beta)} < 0. \tag{15.117}$$

Das Vorzeichen der Ableitung (15.117) folgt aus der fallenden inversen bedingten Nachfragefunktion nach Entsorgungsdienstleistungen, siehe Theorem 1 Seite 28, den ansteigenden Grenzkosten des Entsorgers (11.2) Seite 151, $\frac{\partial N}{\partial t} > 0$ (15.82) Seite 249 $\frac{\partial B^\beta}{\partial t} > 0$ (15.113) Seite 257 und $\frac{\partial N}{\partial p^R} > 0$ (15.83) Seite 250.

Die Reaktion der Menge der Entsorgungsdienstleistungen

Differenzieren von (7.33) Seite 105 ergibt die Reaktion der Menge der Entsorgungsdienstleistungen entlang des stabilen Sattelpfades während der Anpassung an das neue langfristige Marktgleichgewicht

$$\frac{d\tilde{W}}{dt} = \frac{1}{1-\beta}\frac{\partial \tilde{N}}{\partial t} > 0. \tag{15.118}$$

Das Vorzeichen von (15.118) folgt aus $\frac{\partial \tilde{N}}{\partial t} > 0$ (15.115) Seite 257.

Die Reaktion der Gewinne des Entsorgers

Differenzieren von (7.34) Seite 105 ergibt die Reaktion der Gewinne des Entsorgers entlang des stabilen Sattelpfades während der Anpassung an das neue langfristige Marktgleichgewicht

$$\frac{d\tilde{\Pi}^W}{dt} = \left[p^W + \tilde{p}^R\beta - c^W_W - \beta c^{WR}_R\right]\frac{\partial \tilde{W}}{\partial t} + p^W_W \tilde{W}\frac{\partial \tilde{W}}{\partial t} + \hat{p}^W_{p^R}\tilde{W}\frac{\partial \tilde{p}^R}{\partial t} + \beta \tilde{W}\frac{\partial \tilde{p}^R}{\partial t} \tag{15.119}$$

Der Term innerhalb der eckigen Klammern entspricht der Bedingung erster Ordnung für ein inneres Gewinnmaximum des Entsorger (6.3) Seite 85 und ist folglich gleich Null. Unter Verwendung von $\hat{p}^W_{p^R} = -1$ (11.9) Seite 153 kann die obige Ableitung geschrieben werden als

$$\frac{d\Pi^{W\sim}}{dt} = p^W_W \tilde{W}\frac{\partial \tilde{W}}{\partial t} - (1-\beta)\,\tilde{W}\frac{\partial \tilde{p}^R}{\partial t} \lesseqgtr 0 \tag{15.120}$$

Die Unbestimmtheit des Vorzeichens von (15.120) folgt aus der fallenden bedingten inversen Faktornachfragefunktion nach Entsorgungsdienstleistungen, siehe Theorem 1 Seite 28, $\frac{\partial \tilde{W}}{\partial t} > 0$ (15.118) Seite 258 und $\frac{\partial \tilde{p}^R}{\partial t} < 0$ (15.117) Seite 258.

Die Reaktion des Preises der Entsorgungsdienstleistungen

Implizites Differenzieren von (7.35) Seite 106 ergibt das Verhalten des Preises der Entsorgungsdienstleistungen entlang des stabilen Sattelpfades während der Anpassung an das neue langfristige Marktgleichgewicht

$$\frac{d\tilde{p}^W}{dt} = -\frac{\left[c^Y_{p^{RW}Y}\frac{\partial \hat{Y}}{\partial p^R} + c^Y_{p^{RW}p^{RW}} - \frac{\partial W^E}{\partial p^R}\right]\frac{\partial \tilde{p}^R}{\partial t}}{c^Y_{p^{RW}Y}\frac{\partial \hat{Y}}{\partial p^W} + c^Y_{p^{RW}p^{RW}} - \frac{\partial W^E}{\partial p^W}} > 0. \tag{15.121}$$

Das Vorzeichen von (15.121) folgt aus den Annahmen an die Technologie der Güterproduktion (11.1) Seite 151, $\frac{\partial \hat{Y}}{\partial p^R} < 0$ (11.4) Seite 152, $\frac{\partial p^{R\sim}}{\partial \beta} < 0$ (15.85) Seite 250, $\frac{\partial W^E}{\partial p^R} < 0$ (14.2) Seite 201, und $\frac{\partial W^E}{\partial p^W} < 0$ (14.1) Seite 201. $\frac{\partial \tilde{p}^R}{\partial t} < 0$ (15.117) Seite 258.

Die Reaktion des Preises des Ressourceneinsatzes in der Güterproduktion

Differenzieren von (7.36) Seite 106 führt zu der Reaktion des Preises des Ressourceneinsatzes in der Güterproduktion entlang des stabilen Sattelpfades während der Anpassung an das neue langfristige Marktgleichgewicht

$$\frac{d\tilde{p}^{RW}}{dt} = \frac{\partial \tilde{p}^R}{\partial t} + \frac{\partial \tilde{p}^W}{\partial t}$$

und mit (15.121) Seite 258

$$= \left[1 + \frac{\partial \tilde{p}^W}{\partial p^R}\right] \frac{\partial \tilde{p}^R}{\partial t} < 0. \qquad (15.122)$$

Das Vorzeichens von (15.122) folgt aus $\frac{\partial \tilde{p}^W}{\partial p^R} \in (-1, 0)$ (15.8) Seite 231 und $\frac{\partial \tilde{p}^R}{\partial t} < 0$ (15.117) Seite 258.

Die Reaktion der Gütermenge

Implizites Differenzieren von (7.37) Seite 106 ergibt die Reaktion der Gütermenge entlang des stabilen Sattelpfades während der Anpassung an das neue langfristige Marktgleichgewicht

$$\frac{d\tilde{Y}}{dt} = \frac{c^Y_{Yp^{RW}}}{p_Y - c^Y_{YY}} \frac{\partial \tilde{p}^{RW}}{\partial t} > 0. \qquad (15.123)$$

Das Vorzeichens von (15.123) folgt aus $\frac{\partial \tilde{p}^{RW}}{\partial t} < 0$ (15.122) Seite 259, der Normalität der Ressource bzw. der Entsorgungsdienstleistungen und den ansteigenden Grenzkosten der Güterproduktion (11.1) Seite 151, $p_Y < 0$ (3.5) Seite 27.

Die Reaktion der Gewinne des Güterproduzenten

Differenzieren von (7.38) Seite 106 ergibt das Verhalten der Gewinne des Güterproduzenten entlang des stabilen Sattelpfades während der Anpassung an das neue langfristige Marktgleichgewicht

$$\frac{d\tilde{\Pi}^Y}{dt} = \left[p - c^Y_Y\right] \frac{\partial \tilde{Y}}{\partial t} + p_Y \frac{\partial \tilde{Y}}{\partial \beta} - c^Y_{p^{RW}} \frac{\partial \tilde{p}^{RW}}{\partial t}$$

Der Ausdruck innerhalb der eckigen Klammern entspricht der Bedingung erster Ordnung für ein inneres Gewinnmaximum des Güterproduzenten und ist gleich Null (3.2) Seite (3.2). Folglich vereinfacht sich die obige Ableitung zu

$$\frac{d\tilde{\Pi}^Y}{dt} = p_Y \frac{\partial \tilde{Y}}{\partial t} - c^Y_{p^{RW}} \frac{\partial \tilde{p}^{RW}}{\partial t} \lesseqgtr 0. \qquad (15.124)$$

Die Unbestimmtheit des Vorzeichen folgt aus $p_Y < 0$ (3.5) Seite 27, $\frac{\partial \tilde{Y}}{\partial t} > 0$ (15.123) Seite 259, $\frac{\partial \tilde{p}^{RW}}{\partial t} < 0$ (15.122) Seite 259, der Normalität der Ressource bzw. der Entsorgungsdienstleistungen und den ansteigenden Grenzkosten der Güterproduktion (11.1) Seite 151.

Die Reaktion des Güterpreises

Differenzieren von (7.39) Seite 106 ergibt das Verhalten des Güterpreises entlang des stabilen Sattelpfades während der Anpassung an das neue langfristige Marktgleichgewicht

$$\frac{d\tilde{p}}{dt} = u_{YY}\frac{\partial \tilde{Y}}{\partial t} < 0. \tag{15.125}$$

Das Vorzeichen folgt aus $u_{YY} < 0$ (3.5) Seite 27 und $\frac{\partial \tilde{Y}}{\partial t} > 0$ (15.123) Seite 259.

Die Reaktion der Rezyklatmenge

Differenzieren von (7.40) Seite 106 ergibt das Verhalten der Rezyklatmenge entlang des stabilen Sattelpfades während der Anpassung an das neue langfristige Marktgleichgewicht

$$\frac{d\tilde{R}^R}{dt} = \beta\frac{\partial \tilde{W}}{\partial t} > 0. \tag{15.126}$$

Das Vorzeichen folgt aus $\frac{\partial \tilde{W}}{\partial t} > 0$ (15.118) Seite 258.

Die Reaktion der Gewinne des Neumaterialproduzenten

Differenzieren der Gewinne des Neumaterialproduzenten (7.41) Seite 106 ergibt das Verhalten selbiger entlang des stabilen Sattelpfades während der Anpassung an das neue langfristige Marktgleichgewicht

$$\frac{d\tilde{\Pi}^{\mathcal{N}}}{dt} = \left[\tilde{p}^R - c_N^N\right]\frac{\partial \tilde{N}}{\partial t} - c_B^N\frac{\partial B^\beta}{\partial t} + \tilde{N}\frac{\partial \tilde{p}^R}{\partial t} \lessgtr 0. \tag{15.127}$$

Das postive Vorzeichen (15.127) folgt aus $\frac{\partial B^\beta}{\partial t} > 0$ (15.113) Seite 257, $\frac{\partial \tilde{N}}{\partial t} > 0$ (15.115) Seite 257, $\frac{\partial \tilde{p}^R}{\partial t} < 0$ (15.117) Seite 258 und den Annahmen an die Technologie des Neumaterialproduzenten (14.5) Seite 202.

Die Reaktion der Grenzkosten des Neumaterialproduzenten

Differenzieren von (7.42) Seite 106 ergibt die Reaktion der Grenzkosten des Neumaterialproduzenten entlang des stabilen Sattelpfades während der Anpassung an das neue langfristige Marktgleichgewicht

$$\frac{dGK^{\mathcal{N}}}{dt} = c_{NB}^N\frac{\partial^2 B}{\partial\beta\partial t} + \frac{\partial^2\lambda^N}{\partial\beta\partial t} < 0. \tag{15.128}$$

Das Vorzeichen der Ableitung (15.128) folgt aus $\frac{\partial^2 B}{\partial\beta\partial t} > 0$ (15.105) Seite 255, $\frac{\partial^2\lambda^N}{\partial\beta\partial t} < 0$ (15.108) Seite 256 und der Technologie des Neumaterialproduzenten (14.5) Seite 202.

15.1.7 Die komparative Statik des Anstiegs der Diskontrate

Die Reaktion des Ressourcenpreises

Implizites Differenzieren von (7.8) Seite 100 ergibt die Reaktion des Ressourcenpreises im langfristigen Marktgleichgewicht auf einen Diskontratenanstieg

$$\frac{dp^{R\sim}}{dr^N} = -\frac{\frac{\partial \dot{N}^N}{\partial r^N}}{\frac{\partial \dot{N}^N}{\partial N}(1-\beta)\frac{\partial \dot{W}}{\partial p^R} + \frac{\partial \dot{N}^N}{\partial B}\frac{\partial B}{\partial W}\frac{\partial \dot{W}}{\partial p^R} + \frac{\partial \dot{N}^N}{\partial p^R}} < 0. \tag{15.129}$$

Das Vorzeichen des Zählers ist wegen $\frac{\partial \dot{N}^N}{\partial r^N} < 0$ (14.17) Seite 205 negativ. Das Vorzeichen des Nenners ist negativ, weil $\frac{\partial \dot{N}^N}{\partial N} > 0$ (14.14) Seite 205, $\frac{\partial \dot{W}}{\partial p^R} < 0$ (15.4) Seite 230, $\frac{\partial \dot{N}^N}{\partial B} < 0$ (14.15) 205, $\frac{\partial B}{\partial W} < 0$ (15.6) Seite 231, $\frac{\partial \dot{N}^N}{\partial p^R} < 0$ (14.16) Seite 205. Das Vorzeichen von (15.129) ist folglich negativ.

Die Reaktion der Menge der Entsorgungsdienstleistungen

Implizites Differenzieren von (7.10) Seite 101 ergibt die Reaktion der Menge der Entsorgungsdienstleistungen im langfristigen Marktgleichgewicht auf einen Diskontratenanstieg

$$\frac{dW^\sim}{dr^N} = -\frac{\hat{p}^W_{p^R}\frac{\partial p^{R\sim}}{\partial r^N} + \beta\frac{\partial p^{R\sim}}{\partial r^N}}{p^W_W - c^W_{WW} - \beta^2 c^{WR}_{RR}}$$

und mit $\frac{\partial \hat{p}^W}{\partial p^R} = -1$ (11.9) Seite 153

$$= \frac{(1-\beta)\frac{\partial p^{R\sim}}{\partial r^N}}{p^W_W - c^W_{WW} - \beta^2 c^{WR}_{RR}} > 0. \tag{15.130}$$

Das Vorzeichen des Zählers von (15.130) wegen $\frac{\partial p^{R\sim}}{\partial r^N} < 0$ (15.129) Seite 261 negativ. Das Vorzeichen des Nenners von (15.130) ist negativ, weil die inverse bedingte Faktornachfrage nach Entsorgungsdienstleistungen eine fallende Funktion ist, siehe Theorem 1 Seite 28 und die Grenzkosten des Entsorgers ansteigen (11.2) Seite 151. Das Vorzeichen von (15.130) ist folglich positiv.

Die Reaktion der Menge des Neumaterials

Implizites Differenzieren von (7.8′) Seite 100 ergibt die Reaktion der Menge an Neumaterial im langfristigen Marktgleichgewicht auf einen Diskontratenanstieg

$$\frac{dN^\sim}{dr^N} = -\frac{\frac{\partial \dot{N}^N}{\partial p^R}\frac{\partial p^{R\sim}}{\partial r^N} + \frac{\partial \dot{N}^N}{\partial r^N}}{\frac{\partial \dot{N}^N}{\partial N} + \frac{\partial \dot{N}^N}{\partial B}\frac{\partial B}{\partial N}} \lesseqgtr 0. \tag{15.131}$$

Das Vorzeichen des Zählers ist wegen $\frac{\partial \dot{N}^N}{\partial p^R} < 0$ (14.16) Seite 205 und $\frac{\partial p^{R\sim}}{\partial r^N} < 0$ (15.129) Seite 261 und $\frac{\partial \dot{N}^N}{\partial r^N} < 0$ (14.17) Seite 205 unbestimmt. Das des Nenners ist wegen $\frac{\partial \dot{N}^N}{\partial N} > 0$ (14.14) Seite 205, $\frac{\partial \dot{N}^N}{\partial B} < 0$ (14.15) Seite 205 und $\frac{\partial B}{\partial N} < 0$ (14.19) Seite 206 positiv. Folglich ist das

Vorzeichen von (15.131) unbestimmt. Wird jedoch die alternative Definition des Neumaterials im langfristigen Marktgleichgewicht (7.11) differenziert, folgt

$$\frac{dN^{\sim}}{dr^N} = (1-\beta)\,\frac{\partial W^{\sim}}{\partial r^N} > 0. \tag{15.132}$$

Das Vorzeichen von (15.132) folgt aus $\frac{\partial W^{\sim}}{\partial r^N} > 0$ (15.130) Seite 261. Alternativ kann die Ableitung, wie auf Seite 233 dargestellt, geschrieben werden als.

$$\frac{dN^{\sim}}{dr^N} = -\frac{\lambda^N G_{BB}}{\Delta_1^{\sim}} > 0. \tag{15.132'}$$

Das Vorzeichen folgt aus $\Delta_1^{\sim} > 0$ (15.16) Seite 233 und den Annahmen an die Regenerationsfunktion (14.6) Seite 202.

Die Reaktion des Ressourcenbestandes

Implizites Differenzieren von (7.9) Seite 101 ergibt die Reaktion des Ressourcenbestandes im langfristigen Marktgleichgewicht auf einen Diskontratenanstieg

$$\frac{dB^{\sim}}{dr^N} = -\frac{\frac{\partial \dot{B}}{\partial N}\frac{\partial N^{\sim}}{\partial r^N}}{\frac{\partial \dot{B}}{\partial B}} < 0. \tag{15.133}$$

Das negative Vorzeichen von (15.133) folgt aus $\frac{\partial \dot{B}}{\partial N} < 0$ (14.19) Seite 206, $\frac{\partial N^{\sim}}{\partial r^N} > 0$ (15.132) Seite 262 und $\frac{\partial \dot{B}}{\partial B} < 0$ (14.18) Seite 205. Alternativ kann die Ableitung, wie auf Seite 233 dargestellt, geschrieben werden als.

$$\frac{dB^{\sim}}{dr^N} = -\frac{\lambda^N}{\Delta_1^{\sim}} < 0. \tag{15.133'}$$

Das Vorzeichen folgt aus $\Delta_1^{\sim} > 0$ (15.16) Seite 233.

Die Reaktion der Gewinne des Entsorgers

Differenzieren von (7.12) Seite 101 ergibt die Reaktion der Gewinne des Entsorgers im langfristigen Marktgleichgewicht auf einen Diskontratenanstieg

$$\frac{\partial \Pi^{W\sim}}{dr^N} = \left[p^W + p^R\beta - c_W^W - \beta c_R^{WR}\right]\frac{\partial W^{\sim}}{\partial r^N} + p_W^W W^{\sim}\frac{\partial W^{\sim}}{\partial r^N} + \hat{p}_{p^R}^W W^{\sim}\frac{\partial p^{R\sim}}{\partial r^N} + \beta W^{\sim}\frac{\partial p^{R\sim}}{\partial r^N} \tag{15.134}$$

Der Term innerhalb der eckigen Klammern entspricht der Bedingung erster Ordnung für ein inneres Gewinnmaximum des Entsorger (6.3) Seite 85 und ist folglich gleich Null. Unter Verwendung von $\hat{p}_{p^R}^W = -1$ (11.9) Seite 153 kann die obige Ableitung geschrieben werden als

$$\frac{d\Pi^{W\sim}}{dr^N} = p_W^W W^{\sim}\frac{\partial W^{\sim}}{\partial r^N} - (1-\beta)\,W^{\sim}\frac{\partial p^{R\sim}}{\partial r^N} \lesseqgtr 0. \tag{15.135}$$

Die Unbestimmtheit des Vorzeichens von (15.135) folgt aus der fallenden inversen bedingten Faktornachfrage nach Entsorgungsdienstleistungen, siehe Theorem 1 Seite 28, $\frac{\partial W^{\sim}}{\partial r^N} > 0$ (15.130) Seite 261, $\frac{\partial p^{R\sim}}{\partial r^N} < 0$ (15.129) Seite 261.

Die Reaktion des Preises der Entsorgungsdienstleistungen

Implizites Differenzieren von (7.13) Seite 101 ergibt die Reaktion des Preises der Entsorgungsdienstleistungen im langfristigen Marktgleichgewicht auf einen Diskontratenanstieg

$$\frac{dp^{W\sim}}{dr^N} = -\frac{\left[c^Y_{p^{RW}Y}\frac{\partial \hat{Y}}{\partial p^R} + c^Y_{p^{RW}p^{RW}} - \frac{\partial W^E}{\partial p^R}\right]\frac{\partial p^{R\sim}}{\partial r^N}}{c^Y_{p^{RW}Y}\frac{\partial \hat{Y}}{\partial p^W} + c^Y_{p^{RW}p^{RW}} - \frac{\partial W^E}{\partial p^W}} > 0. \tag{15.136}$$

Das Vorzeichen von (15.136) folgt aus den Annahmen an die Technologie der Güterproduktion (11.1) Seite 151, $\frac{\partial \hat{Y}}{\partial p^R} < 0$ (11.4) Seite 152, $\frac{\partial p^{R\sim}}{\partial r^N} > 0$ (15.129) Seite 261, $\frac{\partial W^E}{\partial p^R} < 0$ (14.2) Seite 201, und $\frac{\partial W^E}{\partial p^W} < 0$ (14.1) Seite 201. $\frac{\partial \check{p}^W}{\partial p^R} < 0$ (15.8) Seite 231, $\frac{\partial p^{R\sim}}{\partial r^N} < 0$ (15.129) Seite 261.

Die Reaktion des Preises des Ressourceneinsatzes in der Güterproduktion

Differenzieren von (7.14) Seite 101 ergibt die Reaktion des Preises des Ressourceneinsatzes in der Güterproduktion im langfristigen Marktgleichgewicht auf einen Diskontratenanstieg

$$\frac{dp^{RW\sim}}{dr^N} = \frac{\partial p^{R\sim}}{\partial r^N} + \frac{\partial p^{W\sim}}{\partial r^N}$$

und mit (15.136) Seite 263

$$= \left(1 + \frac{\partial \check{p}^W}{\partial p^R}\right)\frac{\partial p^{R\sim}}{\partial r^N} < 0. \tag{15.137}$$

Das Vorzeichen von (15.137) folgt aus $\frac{\partial \check{p}^W}{\partial p^R} \in (-1, 0)$ (15.8) Seite 231 und $\frac{\partial p^{R\sim}}{\partial r^N} < 0$ (15.129) Seite 261.

Die Reaktion der Gütermenge

Implizites Differenzieren von (7.15) Seite 101 ergibt die Reaktion der Gütermenge im langfristigen Marktgleichgewicht auf einen Diskontratenanstieg

$$\frac{dY^\sim}{dr^N} = \frac{c^Y_{Yp^{RW}}}{p_Y - c^Y_{YY}}\frac{\partial p^{RW\sim}}{\partial r^N} > 0. \tag{15.138}$$

Das Vorzeichen von (15.138) folgt aus $\frac{\partial p^{RW\sim}}{\partial r^N} < 0$ (15.137) Seite 263, der Normalität der Ressource bzw. der Entsorgungsdienstleistungen, den ansteigenden Grenzkosten der Güterproduktion (11.1) Seite 151, $p_Y < 0$ (3.5) Seite 27.

Die Reaktion der Gewinne des Güterproduzenten

Differenzieren von (7.16) Seite 102 ergibt die Reaktion der Gewinne des Güterproduzenten im langfristigen Marktgleichgewicht auf einen Diskontratenanstieg

$$\frac{d\Pi^{Y\sim}}{dr^N} = \left[p - c^Y_Y\right]\frac{\partial Y^\sim}{\partial r^N} + p_Y\frac{\partial Y^\sim}{\partial r^N} - c^Y_{p^{RW}}\frac{\partial p^{RW\sim}}{\partial r^N}$$

Der Ausdruck innerhalb der eckigen Klammern entspricht der Bedingung erster Ordnung für ein inneres Gewinnmaximum des Güterproduzenten und ist gleich Null (3.2) Seite (3.2). Folglich vereinfacht sich die obige Ableitung zu

$$\frac{d\Pi^{Y\sim}}{dr^N} = p_Y \frac{\partial Y^\sim}{\partial r^N} - c^Y_{p^{RW}} \frac{\partial p^{RW\sim}}{\partial r^N} \lesseqgtr 0. \tag{15.139}$$

Die Unbestimmtheit des Vorzeichens folgt aus $p_Y < 0$ (3.5) Seite 27, $\frac{\partial Y^\sim}{\partial r^N} > 0$ (15.138) Seite 263, der Normalität der Ressource bzw. der Entsorgungsdienstleistungen (11.1) Seite 151 und $\frac{\partial p^{RW\sim}}{\partial r^N} < 0$ (15.137) Seite 263.

Die Reaktion des Güterpreises

Differenzieren von (7.17) Seite 102 ergibt die Reaktion des Güterpreises im langfristigen Marktgleichgewicht auf einen Diskontratenanstieg

$$\frac{dp^\sim}{dr^N} = u_{YY} \frac{\partial Y^\sim}{\partial r^N} < 0. \tag{15.140}$$

Das Vorzeichen folgt aus $u_{YY} < 0$ (3.5) Seite 27 und $\frac{\partial Y^\sim}{\partial r^N} > 0$ (15.138) Seite 263.

Die Reaktion der Rezyklatmenge

Differenzieren von (7.18) Seite 102 ergibt die Reaktion der Rezyklatmenge im langfristigen Marktgleichgewicht auf einen Diskontratenanstieg

$$\frac{dR^{R\sim}}{dr^N} = \beta \frac{\partial W^\sim}{\partial r^N} > 0. \tag{15.141}$$

Das Vorzeichen folgt aus $\frac{\partial W^\sim}{\partial r^N} > 0$ (15.130) Seite 261.

Die Reaktion der Gewinne des Neumaterialproduzenten

Differenzieren der Gewinne des Neumaterialproduzenten (7.19) Seite 102 im langfristigen Marktgleichgewicht ergibt deren Reaktion auf einen Diskontratenanstieg

$$\frac{d\left(\int_0^\infty \Pi^{N\sim} e^{-r^N t} dt\right)}{dr^N} = \frac{\left[p^{R\sim} - c^N_N\right] \frac{\partial N^\sim}{\partial r^N} - c^N_B \frac{\partial B^\sim}{\partial r^N} + N^\sim \frac{\partial p^{R\sim}}{\partial r^N}}{r^N} - \frac{\Pi^{N\sim}}{(r^N)^2} \lesseqgtr 0. \tag{15.142}$$

Die Vorzeichen der einzelnen Ableitungen in (15.142) lauten $\frac{\partial N^\sim}{\partial r^N} > 0$ (15.132) Seite 262, $\frac{\partial B^\sim}{\partial r^N} < 0$ (15.133) Seite 262 und $\frac{\partial p^{R\sim}}{\partial r^N} < 0$ (15.129) Seite 261.

Die Reaktion des Schattenpreises

Wie auf Seite 233 dargestellt, lautet die Reaktion des Schattenpreises im langfristigen Marktgleichgewicht auf einen Diskontratenanstieg

$$\frac{d\lambda^{N\sim}}{dr^N} = \frac{1}{\Delta_1^\sim} \left[c^N_{NB} - \left(\frac{\partial p^R}{\partial N} - c^N_{NN}\right) G_{BB}\right] \lambda^{N\sim} < 0. \tag{15.143}$$

Die Vorzeichen der einzelnen Ableitungen in (15.143) lauten $\Delta_1^{\sim} > 0$ (15.16) Seite 233, $\frac{\partial p^R}{\partial N} < 0$ (15.10) Seite 232, in Verbindung mit der Technologie des Neumaterialproduzenten (14.5) Seite 202 und den Annahmen an die Regenerationsfunktion (14.5) Seite 202 folgt das negative Vorzeichen.

15.1.8 Die komparative Dynamik des Anstiegs der Diskontrate

Die in diesem Abschnitt hergeleiteten Ableitungen gelten nur für einen Bestand, der $B > B^{MDE}$ erfüllt und falls die Modellökonomie im langfristigen Gleichgewicht ruht.

Die Anpassungsdynamik des Neumaterials

Differenzieren der Bewegungsdynamik des Neumaterials entlang des stabilen Sattelpfades (7.27) Seite 103 nach der Diskontrate führt zu

$$\frac{dN(t)}{dr^N} = -\frac{\partial B^{\sim}}{\partial r^N} z_2^{1\sim} e^{\Phi_2^{\sim} t} + (B_0 - B^{\sim}) \left(\frac{\partial z_2^{1\sim}}{\partial r^N} + z_2^{1\sim} \frac{\partial \Phi_2^{\sim}}{\partial r^N} t \right) e^{\Phi_2^{\sim} t} + \frac{\partial N^{\sim}(0)}{\partial r^N}$$

und die Änderung tritt ein im alten Gleichgewicht, d.h. $B_0 = B^{\sim}$

$$= \frac{\partial N^{\sim}(0)}{\partial r^N} - \frac{\partial B^{\sim}}{\partial r^N} z_2^{1\sim} e^{\Phi_2^{\sim} t} > 0. \tag{15.144}$$

Das Vorzeichen von (15.144) folgt aus $\frac{\partial N^{\sim}}{\partial r^N} > 0$ (15.132) Seite 262, $\frac{\partial B^{\sim}}{\partial r^N} < 0$ (15.133) Seite 262 und $z_2^{1\sim} > 0$ (7.26) Seite 103.

Differenzieren von (15.144) 265 nach der Zeit t führt zu

$$\frac{d^2 N(t)}{dr^N dt} = -\frac{\partial B^{\sim}}{\partial r^N} z_2^{1\sim} \Phi_2^{\sim} e^{\Phi_2^{\sim} t} < 0 \tag{15.145}$$

und die zweite Ableitung nach der Zeit t

$$\frac{d^3 N(t)}{dr^N (dt)^2} = -\frac{\partial B^{\sim}}{\partial r^N} z_2^{1\sim} (\Phi_2^{\sim})^2 e^{\Phi_2^{\sim} t} > 0. \tag{15.146}$$

Die Vorzeichen von (15.145) bzw. (15.146) folgen aus $\frac{\partial B^{\sim}}{\partial r^N} < 0$ (15.133) Seite 262, der ökologischen Stabilität $G_B < 0$ Abschnitt 6.3.2 Seite 93, $z_2^{1\sim} > 0$ (7.26) Seite 103 und $\Phi_2^{\sim} < 0$ Theorem 20 Seite 103.

Die Anpassungsdynamik des Ressourcenbestandes

Differenzieren der Bewegungsdynamik des Ressourcenbestandes entlang des stabilen Sattelpfades (7.27) Seite 103 unter Berücksichtigung von $z_2^{2\sim} = 1$ (7.26) Seite 103 nach der Diskontrate führt zu

$$\frac{dB(t)}{dr^N} = -\frac{\partial B^{\sim}}{\partial r^N} e^{\Phi_2^{\sim} t} + (B_0 - B^{\sim}) \frac{\partial \Phi_2^{\sim}}{\partial r^N} t e^{\Phi_2^{\sim} t} + \frac{\partial B^{\sim}(0)}{\partial r^N}$$

und die Änderung tritt ein im alten Gleichgewicht, d.h. $B_0 = B^{\sim}$

$$= \frac{\partial B^{\sim}}{\partial r^N}\left(1 - e^{\Phi_2^{\sim} t}\right) < 0. \tag{15.147}$$

Das Vorzeichen von (15.147) folgt aus $\frac{\partial B^{\sim}}{\partial r^N} > 0$ (15.133) Seite 262 und $e^{\Phi_2^{\sim} t} < 1$, weil $\Phi_2^{\sim} < 0$ siehe Theorem 20 Seite 103.

Differenzieren von (15.147) Seite 266 nach der Zeit t führt zu

$$\frac{d^2 B(t)}{dr^N dt} = -\frac{\partial B^{\sim}}{\partial r^N}\Phi_2^{\sim} e^{\Phi_2^{\sim} t} < 0 \tag{15.148}$$

und die zweite Ableitung nach der Zeit t

$$\frac{d^3 B(t)}{dr^N (dt)^2} = -\frac{\partial B^{\sim}}{\partial r^N}\left(\Phi_2^{\sim}\right)^2 e^{\Phi_2^{\sim} t} > 0. \tag{15.149}$$

Die Vorzeichen von (15.148) bzw. (15.149) folgen aus $\frac{\partial B^{\sim}}{\partial r^N} > 0$ (15.133) Seite 262, und $\Phi_2^{\sim} < 0$ Theorem 20 Seite 103.

Die Anpassungsdynamik des Schattenpreises

Differenzieren der Bewegungsdynamik des Schattenpreises entlang des stabilen Sattelpfades (7.29) Seite 103 nach der Diskontrate führt zu

$$\frac{d\lambda^N(t)}{dr^N} = -\frac{\partial B^{\sim}}{\partial r^N}{'z_2^{1\sim}} e^{\Phi_2^{\sim} t} + \left(B_0 - B^{\sim}\right)\cdot\left(\frac{\partial' z_2^{1\sim}}{\partial r^N} + \frac{\partial \Phi_2^{\sim}}{\partial r^N} t' z_2^{1\sim}\right) e^{\Phi_2^{\sim} t} + \frac{\partial \lambda^N(0)}{\partial r^N}$$

und die Änderung tritt ein im alten Gleichgewicht, d.h. $B_0 = B^{\sim}$

$$= \frac{\partial \lambda^{N\sim}}{\partial r^N} - \frac{\partial B^{\sim}}{\partial r^N}{'z_2^{1\sim}} e^{\Phi_2^{\sim} t} < 0. \tag{15.150}$$

Das Vorzeichen von (15.150) folgt aus $\frac{\partial \lambda^{N\sim}}{\partial r^N} < 0$ (15.143) Seite 264, $\frac{\partial B^{\sim}}{\partial r^N} < 0$ (15.133) Seite 262, ${'z_2^{1\sim}} < 0$ (7.28) Seite 103

Differenzieren von (15.150) Seite 266 nach der Zeit t führt zu

$$\frac{d^2 \lambda^N(t)}{dr^N dt} = -\frac{\partial B^{\sim}}{\partial r^N}{'z_2^{1\sim}}\Phi_2^{\sim} e^{\Phi_2^{\sim} t} > 0 \tag{15.151}$$

und die zweite Ableitung nach der Zeit t

$$\frac{d^3 \lambda^N(t)}{dr^N (dt)^2} = -\frac{\partial B^{\sim}}{\partial r^N}{'z_2^{1\sim}}\left(\Phi_2^{\sim}\right)^2 e^{\Phi_2^{\sim} t} < 0. \tag{15.152}$$

Die Vorzeichen von (15.151) bzw. (15.152) folgen aus $\frac{\partial B^{\sim}}{\partial r^N} < 0$ (15.133) Seite 262, ${'z_2^{1\sim}} < 0$ (7.28) Seite 103 und $\Phi_2^{\sim} < 0$ Theorem 20 Seite 103.

Die Wirkung auf die $\dot{N}$-Isokline

Die Wirkung des Anstiegs der Diskontrate auf die $\dot{N} = 0$-Isokline in der (B, N)-Ebene ist gegeben durch

$$\left.\frac{dN}{dr^N}\right|_{\dot{B}=0} = -\left.\frac{\frac{\partial \dot{N}}{\partial r^N}}{\frac{\partial \dot{N}}{\partial N}}\right|_{\dot{B}=\dot{N}=0} > 0. \tag{15.153}$$

Das Vorzeichen von (15.153) folgt aus $\frac{\partial \dot{N}}{\partial r^N} < 0$ (15.22) Seite 235 und $\frac{\partial \dot{N}}{\partial N} > 0$ (15.18) Seite 234.

Die Wirkung auf die $\dot{\lambda}^N$-Isokline

Die Wirkung des Anstiegs der Diskontrate auf die $\dot{\lambda}^N = 0$-Isokline in der $\left(B, \lambda^N\right)$-Ebene ist gegeben durch

$$\left.\frac{d\lambda^N}{dr^N}\right|_{\dot{\lambda}^N=0} = -\left.\frac{\frac{\partial \dot{\lambda}^N}{\partial r^N}}{\frac{\partial \dot{\lambda}^N}{\partial \lambda^N} + \frac{\partial \dot{\lambda}^N}{\partial N}\frac{\partial N^{\max}}{\partial \lambda^N}}\right|_{\dot{B}=\dot{\lambda}^N=0} < 0. \tag{15.154}$$

Das Vorzeichen von (15.154) folgt aus $\frac{\partial \dot{\lambda}^N}{\partial r^N} > 0$ (15.61) Seite 242 und $\frac{\partial \dot{\lambda}^N}{\partial \lambda^N} + \frac{\partial \dot{\lambda}^N}{\partial N}\frac{\partial N^{\max}}{\partial \lambda^N} > 0$ (15.64) Seite 243.

15.1.9 Die komparative Statik während der Anpassung

Aus (15.133) Seite 262 ist bekannt, daß der Ressourcenbestand im neuen langfristigen Marktgleichgewicht kleiner ist als im ursprünglichen und, daß der Bestand während des Anpassungsprozesses an das neue langfristige Marktgleichgewicht abnimmt (15.148) Seite 266, jedoch mit sinkenden Grenzreduktionen (15.149) Seite 266. Der Schattenpreis hingegen steigt (15.151). Folglich werden in diesem Abschnitt die Reaktionen der endogenen Variablen des kurzfristigen Marktgleichgewichtes, gegeben einen schrumpfenden Ressourcenbestand und steigendem Schattenpreis, d.h. $\frac{\partial^2 B\left(\beta, r^N, t\right)}{\partial r^N \partial t} < 0$ und $\frac{\partial^2 \lambda^N\left(\beta, r^N, t\right)}{\partial r^N \partial t} > 0$, bestimmt. Somit sind die Vorzeichen der Ableitungen des Ressourcenbestandes bzw. des Schattenpreises nach der Zeit

$$\frac{dB^{r^N}}{dt} < 0 \tag{15.155}$$

$$\frac{d\lambda^{N r^N}}{dt} > 0 \tag{15.156}$$

Die Reaktion der Neumaterialmenge

Implizites Differenzieren von (7.31) Seite 105 ergibt die Reaktion der Neumaterialmenge entlang des stabilen Sattelpfades während der Anpassung an das neue dynamische Marktgleichgewicht

$$\frac{d\tilde{N}}{dt} = -\frac{-c^N_{NB}\frac{\partial B^{r^N}}{\partial t} - \frac{\partial \lambda^{N r^N}}{\partial t}}{\frac{\partial p^R}{\partial N} - c^N_{NN}} > 0. \tag{15.157}$$

Das Vorzeichen der Ableitung (15.115) folgt aus den Annahmen an die Technologie des Neumaterialproduzenten (14.5) Seite 202, $\frac{\partial B^{r^N}}{\partial t} < 0$ (15.155) Seite 267, $\frac{\partial \lambda^{N r^N}}{\partial t} > 0$ (15.156) Seite 267.

Die Reaktion des Ressourcenpreises

Implizites Differenzieren von (7.32) Seite 105 ergibt die Reaktion des Ressourcenpreises entlang des stabilen Sattelpfades während der Anpassung an das neue langfristige Marktgleichgewicht

$$\frac{d\tilde{p}^R}{dt} = -\frac{\frac{1}{1-\beta}\left[p_W^W - c_{WW}^W - \beta^2 c_{RR}^{WR}\right]\frac{\partial N}{\partial B}\frac{\partial B^{r^N}}{\partial t}}{\frac{1}{1-\beta}\left[p_W^W - c_{WW}^W - \beta^2 c_{RR}^{WR}\right]\frac{\partial N}{\partial p^R} + p_{p^R}^W + \beta} > 0. \tag{15.158}$$

Das Vorzeichen der Ableitung (15.158) folgt aus der fallenden inversen bedingten Faktornachfragefunktion nach Entsorgungsdienstleistungen, siehe Theorem 1 Seite 28, den ansteigenden Grenzkosten des Entsorgers (11.2) Seite 151, $\frac{\partial B^{r^N}}{\partial t} < 0$ (15.155) Seite 267, $\frac{\partial N}{\partial B} > 0$ (15.82) Seite 249 und $\frac{\partial N}{\partial p^R} > 0$ (15.83) Seite 250.

Die Reaktion der Menge der Entsorgungsdienstleistungen

Differenzieren von (7.33) Seite 105 ergibt die Reaktion der Menge der Entsorgungsdienstleistungen entlang des stabilen Sattelpfades während der Anpassung an das neue langfristige Marktgleichgewicht

$$\frac{d\tilde{W}}{dt} = \frac{1}{1-\beta}\frac{\partial \tilde{N}}{\partial t} < 0. \tag{15.159}$$

Das Vorzeichen von (15.159) folgt aus $\frac{\partial \tilde{N}}{\partial t} < 0$ (15.157) Seite 267.

Die Reaktion der Gewinne des Entsorgers

Differenzieren von (7.34) Seite 105 ergibt die Reaktion der Gewinne des Entsorgers entlang des stabilen Sattelpfades während der Anpassung an das neue langfristige Marktgleichgewicht

$$\frac{d\tilde{\Pi}^W}{dt} = \left[p^W + \tilde{p}^R\beta - c_W^W - \beta c_R^{WR}\right]\frac{\partial \tilde{W}}{\partial t} + p_W^W\tilde{W}\frac{\partial \tilde{W}}{\partial t} + \hat{p}_{p^R}^W\tilde{W}\frac{\partial \tilde{p}^R}{\partial t} + \beta\tilde{W}\frac{\partial \tilde{p}^R}{\partial t} \tag{15.160}$$

Der Term innerhalb der eckigen Klammern entspricht der Bedingung erster Ordnung für ein inneres Gewinnmaximum des Entsorger (6.3) Seite 85 und ist folglich gleich Null. Unter Verwendung von $\hat{p}_{p^R}^W = -1$ (11.9) Seite 153 kann die obige Ableitung geschrieben werden als

$$\frac{d\Pi^{W\sim}}{dt} = p_W^W\tilde{W}\frac{\partial \tilde{W}}{\partial t} - (1-\beta)\,\tilde{W}\frac{\partial \tilde{p}^R}{\partial t} \lessgtr 0 \tag{15.161}$$

Die Unbestimmtheit des Vorzeichens von (15.161) folgt aus der fallenden inversen bedingten Faktornachfragefunktion, siehe Theorem 1 Seite 28, $\frac{\partial \tilde{W}}{\partial t} < 0$ (15.159) Seite 268 und $\frac{\partial \tilde{p}^R}{\partial t} > 0$ (15.158) Seite 268.

Die Reaktion des Preises der Entsorgungsdienstleistungen

Implizites Differenzieren von (7.35) Seite 106 ergibt das Verhalten des Preises der Entsorgungsdienstleistungen entlang des stabilen Sattelpfades während der Anpassung an das neue langfristige Marktgleichgewicht

$$\frac{d\tilde{p}^W}{dt} = -\frac{\left[c^Y_{p^{RW}Y}\frac{\partial\hat{Y}}{\partial p^R} + c^Y_{p^{RW}p^{RW}} - \frac{\partial W^E}{\partial p^R}\right]\frac{\partial\tilde{p}^R}{\partial t}}{c^Y_{p^{RW}Y}\frac{\partial\hat{Y}}{\partial p^W} + c^Y_{p^{RW}p^{RW}} - \frac{\partial W^E}{\partial p^W}} < 0. \tag{15.162}$$

Das Vorzeichen von (15.162) folgt aus den Annahmen an die Technologie der Güterproduktion (11.1) Seite 151, $\frac{\partial\hat{Y}}{\partial p^R} < 0$ (11.4) Seite 152, $\frac{\partial W^E}{\partial p^R} < 0$ (14.2) Seite 201, und $\frac{\partial W^E}{\partial p^W} < 0$ (14.1) Seite 201. $\frac{\partial\tilde{p}^R}{\partial t} > 0$ (15.158) Seite 268.

Die Reaktion des Preises des Ressourceneinsatzes in der Güterproduktion

Differenzieren von (7.36) Seite 106 führt zu dem Verhalten des Preises für den Ressourceneinsatz in der Güterproduktion entlang des stabilen Sattelpfades während der Anpassung an das neue langfristige Marktgleichgewicht

$$\frac{d\tilde{p}^{RW}}{dt} = \frac{\partial\tilde{p}^R}{\partial t} + \frac{\partial\tilde{p}^W}{\partial t}$$

und mit (15.162) Seite 269

$$= \left[1 + \frac{\partial\breve{p}^W}{\partial p^R}\right]\frac{\partial\tilde{p}^R}{\partial t} > 0. \tag{15.163}$$

Das Vorzeichens von (15.163) folgt aus $\frac{\partial\breve{p}^W}{\partial p^R} \in (-1, 0)$ (15.8) Seite 231 und $\frac{\partial\tilde{p}^R}{\partial t} > 0$ (15.158) Seite 268.

Die Reaktion der Gütermenge

Implizites Differenzieren von (7.37) Seite 106 ergibt die Reaktion der Gütermenge entlang des stabilen Sattelpfades während der Anpassung an das neue langfristige Marktgleichgewicht

$$\frac{d\tilde{Y}}{dt} = \frac{c^Y_{Yp^{RW}}}{p_Y - c^Y_{YY}}\frac{\partial\tilde{p}^{RW}}{\partial t} < 0. \tag{15.164}$$

Das Vorzeichens von (15.164) folgt aus $p_Y < 0$ (3.5) Seite 27, (15.163) Seite 269 und der Normalität der Ressource bzw. der Entsorgungsdienstleistungen, (11.1) Seite 151.

Die Reaktion der Gewinne des Güterproduzenten

Implizites Differenzieren von (7.38) Seite 106 ergibt das Verhalten der Gewinne des Güterproduzenten entlang des stabilen Sattelpfades während der Anpassung an das neue langfristige Marktgleichgewicht

$$\frac{d\tilde{\Pi}^Y}{dt} = \left[p - c^Y_Y\right]\frac{\partial\tilde{Y}}{\partial t} + p_Y\frac{\partial\tilde{Y}}{\partial t} - c^Y_{p^{RW}}\frac{\partial\tilde{p}^{RW}}{\partial t}$$

Der Ausdruck innerhalb der eckigen Klammern entspricht der Bedingung erster Ordnung für ein inneres Gewinnmaximum des Güterproduzenten und ist gleich Null (3.2) Seite (3.2). Folglich vereinfacht sich die obige Ableitung zu

$$\frac{d\tilde{\Pi}^Y}{dt} = p_Y \frac{\partial \tilde{Y}}{\partial t} - c^Y_{p^{RW}} \frac{\partial \tilde{p}^{RW}}{\partial t} \lesseqgtr 0. \tag{15.165}$$

Die Unbestimmtheit des Vorzeichen folgt aus (3.5) Seite 27, (15.164) Seite 269, der Normalität der Ressource bzw. der Entsorgungsdienstleistungen (11.1) Seite 151, $\frac{\partial \tilde{p}^{RW}}{\partial t} > 0$ (15.163) Seite 269.

Die Reaktion des Güterpreises

Differenzieren von (7.39) Seite 106 ergibt das Verhalten des Güterpreises entlang des stabilen Sattelpfades während der Anpassung an das neue langfristige Marktgleichgewicht

$$\frac{d\tilde{p}}{dt} = u_{YY} \frac{\partial \tilde{Y}}{\partial t} > 0. \tag{15.166}$$

Das Vorzeichen folgt aus $u_{YY} < 0$ (3.5) Seite 27 und $\frac{\partial \tilde{Y}}{\partial t} < 0$ (15.164) Seite 269.

Die Reaktion der Rezyklatmenge

Differenzieren von (7.40) Seite 106 ergibt das Verhalten der Rezyklatmenge entlang des stabilen Sattelpfades während der Anpassung an das neue langfristige Marktgleichgewicht

$$\frac{d\tilde{R}^R}{dt} = \beta \frac{\partial \tilde{W}}{\partial t} < 0. \tag{15.167}$$

Das Vorzeichen von (15.167) folgt aus $\frac{\partial \tilde{W}}{\partial B_t} < 0$ (15.159) Seite 268.

Die Reaktion der Gewinne des Neumaterialproduzenten

Differenzieren von (7.19) Seite 102 ergibt das Verhalten der Gewinne des Neumaterialproduzenten entlang des stabilen Sattelpfades während der Anpassung an das neue langfristige Marktgleichgewicht

$$\frac{d\left(\int_0^\infty \tilde{\Pi}^N e^{-r^N t} dt\right)}{dt} = \left[[\tilde{p}^R - c^N_N] \frac{\partial \tilde{N}}{\partial t} - c^N_B \frac{\partial B^{r^N}}{\partial t} + \tilde{N} \frac{\partial \tilde{p}^R}{\partial t} \right] \frac{1}{r^N} \lesseqgtr 0. \tag{15.168}$$

Die Unbestimmtheit des Vorzeichen (15.168) folgt aus $\frac{\partial B^{r^N}}{\partial t} < 0$ (15.155) Seite 267, $\frac{\partial \tilde{N}}{\partial t} < 0$ (15.157) Seite 267, $\frac{\partial \tilde{p}^R}{\partial t} > 0$ (15.158) Seite 268 und den Annahmen an die Technologie des Neumaterialproduzenten (14.5) Seite 202.

Die Reaktion der Grenzkosten des Neumaterialproduzenten

Differenzieren von (7.42) Seite 106 ergibt dessen Verhalten entlang des stabilen Sattelpfades während der Anpassung an das neue langfristige Marktgleichgewicht

$$\frac{dGK^N}{dt} = c_{BN}^N \frac{\partial^2 B}{\partial r^N \partial t} + \frac{\partial^2 \lambda^N}{\partial r^N \partial t} > 0. \tag{15.169}$$

Das Vorzeichen der Ableitung (15.169) folgt aus $\frac{\partial^2 B(\beta, r^N, t)}{\partial r^N \partial t} < 0$ (15.148) Seite 266, $\frac{\partial^2 \lambda^N(\beta, r^N, t)}{\partial r^N \partial t} > 0$ (15.151) Seite 266, der Technologie des Neumaterialproduzenten (14.5) Seite 202.

Kapitel 16

Die langfristige Wohlfahrtsdiskussion

Die Funktion der sozialen Wohlfahrt in einer Periode lautet unter der Bedingung, daß für die Rezyklatmenge $R^R = W - N$ gilt und mit $p^{RW}(W) = p^R(W) + p^W(W)$, siehe Abschnitt 3.1 Seite 26, dann

$$\begin{aligned} SWF(Y,W,N;B;A) = & \int_0^Y p(y)\,dy - c^Y\left(Y;p^{RW}(W)\right) + p^{RW}(W)\,W \\ & - c^W(W) - c^{WR}(W-N) - c^N(N;B) - S(A)\,. \end{aligned} \tag{8.3}$$

Die Funktion der sozialen Wohlfahrt über alle Perioden ist mit $r \in (0,1)$ als der Diskontrate des Regulierers gegeben durch

$$\mathcal{SWF} = \int_0^\infty SWF(Y,W,N;B;A)\,e^{-rt}dt \tag{8.4}$$

und die Bewegungsgleichung des Ressourcenbestandes

$$\dot{B} = G(B) - N, \quad \text{mit} \quad B(0) = B_0, \tag{6.6}$$

und die des Deponiebestandes mit $D = N$

$$\dot{A} = N - \delta A, \quad \text{mit} \quad A(0) = A_0. \tag{8.1}$$

16.1 Die Erst-Beste Allokation

Zur Bestimmung der Erst-Besten Allokation werden die Gütermenge, die eingesetzte und entsorgte Ressourcenmenge und die Entsorgungsquote als unabhängige Variablen behandelt. Dann lautet die Funktion der sozialen Wohlfahrt in einer Periode mit $W - N = \beta W$ und $N = (1-\beta)W$

$$\begin{aligned} SWF(Y,W,\beta;B;A) = & \int_0^Y p(y)\,dy - c^Y\left(Y;p^{RW}(W)\right) + p^{RW}(W)\,W \\ & - c^W(W) - c^{WR}(\beta W) - c^N\big((1-\beta)\,W;B\big) - S(A)\,. \end{aligned} \tag{8.5}$$

Die Funktion der sozialen Wohlfahrt über alle Perioden ist dann mit $r \in (0,1)$ als der Diskontrate des Regulierers gegeben durch

$$\mathcal{SWF} = \int_0^\infty SWF\,(Y, W, \beta; B; A)\, e^{-rt} dt \tag{8.6}$$

$$\text{u.d.N. } \dot{B} = G\,(B) - (1-\beta)\, W, \quad \text{mit} \quad B\,(0) = B_0, \tag{6.6}$$

$$\dot{A} = (1-\beta)\, W - \delta A, \quad \text{mit} \quad B\,(0) = B_0. \tag{8.1}$$

Wählt der Regulierer die Gütermenge, die Menge der eingesetzten und entsorgten Ressource und die Entsorgungsquote als Entscheidungsvariable, dann lautet das Problem der Maximierung der sozialen Wohlfahrt

$$\max_{Y,W,\beta} \mathcal{SWF}\,(Y, W, \beta; B; A)$$
$$\text{u.d.N.: } (6.6),\ (8.1),\ 0 \leq \beta < 1. \tag{8.7}$$

Die zu dem dynamischen Maximierungsproblem (8.7) gehörende Momentanwert Hamiltonfunktion ist mit dem Kuhn-Tucker Parameter μ und λ_1, λ_2 als der Kovariablen für den Ressourcenbestand bzw. den Abfallbestand gegeben als

$$\mathcal{H}^{\mathcal{SWF}} = \mathcal{SWF}\,(Y, W, \beta; B; A) + \lambda_1\big(G\,(B) - (1-\beta)\, W\big) + \lambda_2\big((1-\beta)\, W - \delta A\big) + \mu\beta. \tag{8.8}$$

Das kanonische Gleichungssystem lautet

$$\frac{\partial \mathcal{H}^{\mathcal{SWF}}}{\partial Y} = p - c_Y^Y = 0, \tag{8.12}$$

$$\begin{aligned} \frac{\partial \mathcal{H}^{\mathcal{SWF}}}{\partial W} = {} & -c_{p^{RW}}^Y \frac{\partial p^{RW}}{\partial W} + \frac{\partial p^{RW}}{\partial W} W + p^{RW} - c_W^W - \beta c_R^{WR} \\ & - (1-\beta)\, c_N^N - (1-\beta)\,\lambda_1 + (1-\beta)\,\lambda_2 = 0, \end{aligned} \tag{16.1}$$

$$\frac{\partial \mathcal{H}^{\mathcal{SWF}}}{\partial \beta} = -c_R^{WR} W + c_N^N W + \lambda_1 W - \lambda_2 W + \mu = 0 \tag{8.13}$$

$$\dot{\lambda}_1 = (r - G_B)\,\lambda_1 + c_B^N, \tag{8.14}$$

$$\dot{\lambda}_2 = (r + \delta)\,\lambda_2 + S_A. \tag{8.15}$$

mit den Bewegungsgleichungen der Bestände

$$\dot{B} = G\,(B) - (1-\beta)\, W, \tag{8.16}$$

$$\dot{A} = (1-\beta)\, W - \delta A. \tag{8.17}$$

(16.1) kann unter Verwendung von $c_{p^{RW}}^W = W$, siehe Abschnitt 3.1 Seite 26 vereinfacht werden zu

$$\frac{\partial \mathcal{H}^{\mathcal{SWF}}}{\partial W} = p^{RW} - c_W^W - \beta c_R^{WR} - (1-\beta)\, c_N^N - (1-\beta)\,\lambda_1 + (1-\beta)\,\lambda_2 = 0. \tag{8.13}$$

Die zugehörigen Transversalitätsbedingungen lauten

$$\lim_{t\to\infty} e^{-rt}\lambda_1\left[B^z(t) - \mathfrak{B}(t)\right] \geq 0, \tag{8.20}$$

$$\lim_{t\to\infty} e^{-rt}\lambda_2\left[A^z(t) - \mathfrak{A}(t)\right] \geq 0. \tag{8.21}$$

Die Hesse-Matrix der Momentanwert Hamiltonfunktion sei $\mathrm{H}^{\mathrm{SWF}}$ und für diese gilt

$$\mathrm{H}^{\mathrm{SWF}} = \begin{bmatrix} h_{11} & h_{12} & 0 & 0 & 0 \\ 0 & h_{22} & h_{23} & h_{24} & 0 \\ 0 & h_{32} & h_{33} & h_{34} & 0 \\ h_{41} & h_{42} & h_{43} & h_{44} & 0 \\ 0 & 0 & 0 & 0 & h_{55} \end{bmatrix} \tag{16.2}$$

mit den von Null verschiedenen Einträge

$$h_{11} = \frac{\partial^2 \mathcal{H}^{SW\mathcal{F}}}{(\partial Y)^2} = p_Y - c^Y_{YY} < 0, \tag{16.3}$$

$$h_{12} = \frac{\partial^2 \mathcal{H}^{SW\mathcal{F}}}{\partial Y \partial W} = -c^Y_{Y p^{RW}} p^{RW}_W > 0, \tag{16.4}$$

$$h_{22} = \frac{\partial^2 \mathcal{H}^{SW\mathcal{F}}}{(\partial W)^2} = p^{RW}_R - c^W_{WW} - \beta^2 c^{WR}_{RR} - (1-\beta)^2 c^N_{NN} < 0, \tag{16.5}$$

$$h_{23} = h_{32} = \frac{\partial^2 \mathcal{H}^{SW\mathcal{F}}}{\partial W \partial \beta} = -c^{WR}_R - \beta W c^{WR}_{RR} + c^N_N - (1-\beta) W c^N_{NN} + \lambda_1 - \lambda_2 \lesseqgtr 0, \tag{16.6}$$

$$h_{24} = h_{42} = \frac{\partial^2 \mathcal{H}^{SW\mathcal{F}}}{\partial W \partial B} = -(1-\beta)\, c^N_{NB} > 0, \tag{16.7}$$

$$h_{33} = \frac{\partial^2 \mathcal{H}^{SW\mathcal{F}}}{\partial \beta \partial \beta} = -c^{WR}_{RR} W^2 - c^N_{NN} W^2 < 0, \tag{16.8}$$

$$h_{34} = h_{43} = \frac{\partial^2 \mathcal{H}^{SW\mathcal{F}}}{\partial \beta \partial B} = c^N_{NB} W < 0, \tag{16.9}$$

$$h_{44} = \frac{\partial^2 \mathcal{H}^{SW\mathcal{F}}}{(\partial B)^2} = -c^N_{BB} < 0, \tag{16.10}$$

$$h_{55} = \frac{\partial^2 \mathcal{H}^{SW\mathcal{F}}}{(\partial A)^2} = -S_{AA} < 0, \tag{16.11}$$

Das Vorzeichen von (16.3) folgt aus der fallenden Nachfragefunktion für das Konsumgut (3.5) Seite 27 und den ansteigenden Grenzkosten der Güterproduktion (11.1) Seite 151. Das Vorzeichen von (16.4) folgt aus der Technologie der Güterproduktion (11.1) Seite 151 und den fallenden inversen bedingten Faktornachfragefunktionen des Güterproduzenten (11.8) Seite 153. Das Vorzeichen von (16.5) folgt aus den fallenden inversen bedingten Faktornachfragefunktionen des Güterproduzenten (11.8) Seite 153, den ansteigenden Grenzkosten der Entsorgung und der Rezyklierung (11.2) Seite 151 und denen der Neumaterialproduktion (14.5) Seite 202. Die Unbestimmtheit des Vorzeichens von (16.6) folgt aus den positiven und ansteigenden Grenzkosten der Rezyklierung (11.2) Seite 151 und denen der Neumaterialproduktion (14.5) Seite 202. Desweiteren ist $\lambda_1 - \lambda_2 > 0$. Das Vorzeichen von (16.8) folgt aus den ansteigenden Grenzkosten der Rezyklierung (11.2) Seite 151 und denen der Neumaterialproduktion (14.5) Seite 202. Das

Vorzeichen von (16.10) folgt aus der abnehmenden Grenzkostenreduktion des Ressourcenbestandes (14.5) Seite 202. Das Vorzeichen von (16.11) folgt aus dem ansteigenden Grenzschaden, siehe Abschnitt 3.2 Seite 27.

Für den Rest dieser Arbeit wird angenommen, daß diese Hesse-Matrix negativ definit ist und somit ist die Momentanwert Hamiltonfunktion konkav in den Kontroll- und Bestandsvariablen. Dann sind die von Mangasarian (1966) aufgestellten hinreichenden Bedingungen[1] erfüllt und die Lösung des kanonischen Gleichungssystems (8.12)-(8.16) und der Transversalitätsbedingungen (8.20) und (8.21) maximiert das Kontrollproblem (8.7).

16.1.1 Die innere Lösung

Eine innere Lösung liegt vor, wenn die partiellen Ableitungen der langfristigen sozialen Wohlfahrtsfunktion für Werte aus dem Inneren der zulässigen Intervalle den Wert Null annehmen. Aus der Komplementaritätsbedingung (8.19) folgt, daß $\mu^{\star} = 0$ gilt. Dann lautet das kanonische Gleichungssystem in einem langfristigen Gleichgewicht

$$\frac{\partial \mathcal{H}^{SW\mathcal{F}}}{\partial Y} = p - c_Y^Y = 0, \tag{8.12}$$

$$\frac{\partial \mathcal{H}^{SW\mathcal{F}}}{\partial W} = p^{RW} - c_W^W - \beta^{\star} c_R^{WR} - (1-\beta^{\star})\, c_N^N - (1-\beta^{\star})\,\lambda_1^{\star} + (1-\beta^{\star})\,\lambda_2^{\star} = 0, \tag{8.13}$$

$$\frac{\partial \mathcal{H}^{SW\mathcal{F}}}{\partial \beta} = \left(-c_R^{WR} + c_N^N + \lambda_1^{\star} - \lambda_2^{\star}\right) W^{\star} = 0, \tag{8.14.2}$$

$$0 = (r - G_B)\,\lambda_1^{\star} + c_B^N, \tag{8.25}$$

$$0 = (r+\delta)\,\lambda_2 + S_A. \tag{8.26}$$

Die Herleitung des Differentialgleichungssystems

(8.12) definiert implizit die Gütermenge als $Y = Y\left(p^{RW}\right)$ und in Verbindung mit der bedingten Faktornachfrage des Güterproduzenten folgt eine implizite Definition der marginalen Zahlungsbereitschaft des Güterproduzenten für den Ressourceneinsatz

$$W - c_{p^{RW}}^Y\left(Y\left(p^{RW}\right), p^{RW}\right) = 0. \tag{3.10}$$

(3.10) definiert implizit $p^{RW} = p^{RW}(W)$ und Einsetzen dieser Funktion in (8.13) führt zu

$$p^{RW}(W) - c_W^W(W) - \beta c_R^{WR}(\beta W) - (1-\beta)\, c_N^N((1-\beta)\,W, B)$$
$$- (1-\beta)\,\lambda_1 + (1-\beta)\,\lambda_2 = 0. \tag{8.29}$$

[1] In dem Orginalaufsatz wird ein fester Endzeitpunkt verlangt, welcher in den in dieser Arbeit dargestellten Kontrollproblemen nicht gefordert ist. Jedoch präsentieren Seierstad und Sydsæter (1997) Theorem 13 Seite 234ff. eine Erweiterung der hinreichenden Bedingungen von Mangasarian für einen unendlichen Zeithorizont und dieses Theorem ist ebenfalls nach Mangasarian benannt. So scheint es angebracht und üblich den Orginalartikel zu zitieren.

(8.29) definiert $W = W(\beta, \lambda_1, \lambda_2, B)$ und einsetzen selbiger Funktion in (8.14) ergibt

$$-c_R^{WR}\big(\beta W(\beta, \lambda_1, \lambda_2, B)\big) + c_N^N\big((1-\beta) W(\beta, \lambda_1, \lambda_2, B), B\big) + \lambda_1 - \lambda_2 = 0. \tag{8.30}$$

Die Gleichung (8.30) definiert die Entsorgungsquote in der langfristig Erst-Besten Allokation als $\beta = \beta(\lambda_1, \lambda_2, B)$. Einsetzen dieser Funktion in (8.29) führt zu

$$\begin{aligned} p^{RW}(W) - c_W^W(W) - \beta(\lambda_1, \lambda_2, B)\, c_R^{WR}\big(\beta(\lambda_1, \lambda_2, B) W\big) \\ - \big(1 - \beta(\lambda_1, \lambda_2, B)\big) c_N^N\Big(\big(1 - \beta(\lambda_1, \lambda_2, B)\big) W, B\Big) \\ - \big(1 - \beta(\lambda_1, \lambda_2, B)\big)\lambda_1 + \big(1 - \beta(\lambda_1, \lambda_2, B)\big)\lambda_2 = 0. \end{aligned} \tag{8.31}$$

(8.31) definiert implizit die in der Güterproduktion eingesetzte und entsorgte Ressourcenmenge als $W = W(\lambda_1, \lambda_2, B)$. Einsetzen dieser Funktion und von $\beta = \beta(\lambda_1, \lambda_2, B)$ in die Bewegungsgleichungen der Bestände (8.27), (8.28) und die der Schattenpreise (8.25), (8.26) in der langfristig Erst-Besten Allokation führt zu

$$0 = G(B^\star) - \big(1 - \beta(\lambda_1^\star, \lambda_2^\star, B^\star)\big) W(\lambda_1^\star, \lambda_2^\star, B^\star), \tag{8.32}$$

$$0 = \big(1 - \beta(\lambda_1^\star, \lambda_2^\star, B^\star)\big) W(\lambda_1^\star, \lambda_2^\star, B^\star) - \delta A^\star, \tag{8.33}$$

$$0 = \big(r - G_B(B^\star)\big)\lambda_1^\star + c_B^N\Big(\big(1 - \beta(\lambda_1^\star, \lambda_2^\star, B^\star)\big) W(\lambda_1^\star, \lambda_2^\star, B^\star), B^\star\Big), \tag{8.34}$$

$$0 = (r + \delta)\lambda_2^\star + S_A(A^\star). \tag{8.35}$$

Das Gleichungssystem (8.32)-(8.35) definiert die Bestände und ihre Schattenpreise in der langfristig Erst-Besten Allokation.

Die implizite Ableitung von (8.29) Seite 124 nach der Entsorgungsquote ist gegeben durch

$$\frac{dW}{d\beta} = -\frac{-c_R^{WR} - \beta W c_{RR}^{WR} + c_N^N + (1-\beta) W c_{NN}^N + \lambda_1 - \lambda_2}{p_W^{RW} - c_{WW}^W - \beta^2 c_{RR}^{WR} - (1-\beta)^2 c_{NN}^N} \lesseqgtr 0. \tag{16.12}$$

In (16.12) ist das Vorzeichen das Zählers unbestimmt, weil sowohl die Grenzkosten der Rezyklierung positiv sind und ansteigen, (11.2) Seite 151, als auch die der Neumaterialproduktion, (14.5) Seite 202. Desweiteren ist die Differenz beider Schattenpreise positiv. Das Vorzeichen des Nenners ist negativ, weil die inverse Nachfragefunktion nach der Ressource und den Entsorgungsdienstleistungen, d.h. die inverse Nachfragefunktion nach der Ressource in der Güterproduktion, eine in der Menge fallende Funktion ist, Theorem 1 Seite 28, sowohl die Grenzkosten der Rezyklierung positiv sind und ansteigen als auch die der Neumaterialproduktion, siehe (11.2) Seite 151 bzw. (14.5) Seite 202.

Die implizite Ableitung von (8.29) Seite 124 nach λ_1 ist gegeben durch

$$\frac{dW}{d\lambda_1} = \frac{1-\beta}{p_W^{RW} - c_{WW}^W - \beta^2 c_{RR}^{WR} - (1-\beta)^2 c_{NN}^N} < 0. \tag{16.13}$$

Das Vorzeichen von (16.13) ist negativ, weil das des Zählers positiv ist und das des Nenners negativ. Das Vorzeichen des Nenners ist negativ, weil die inverse Nachfragefunktion nach der

Ressource und den Entsorgungsdienstleistungen, d.h. die Nachfragefunktion nach der Ressource in der Güterproduktion, eine in der Menge fallende Funktion ist, siehe Theorem 1 Seite 28, sowohl die Grenzkosten der Rezyklierung positiv sind und ansteigend, (11.2) Seite 151, als auch die der Neumaterialproduktion, (14.5) Seite 202.
Die implizite Ableitung von (8.29) Seite 124 nach λ_2 ist gegeben durch

$$\frac{dW}{d\lambda_2} = \frac{-(1-\beta)}{p_W^{RW} - c_{WW}^W - \beta^2 c_{RR}^{WR} - (1-\beta)^2 c_{NN}^N} > 0. \tag{16.14}$$

Das Vorzeichen von (16.14) ist positiv, weil das des Zählers negativ ist und ebenso das des Nenners. Das Vorzeichen des Nenners ist negativ, weil die inverse Nachfragefunktion nach der Ressource in der Güterproduktion eine in der Menge fallende Funktion ist, siehe Theorem 1 Seite 28, sowohl die Grenzkosten der Rezyklierung positiv sind und ansteigen, (11.2) Seite 151, als auch die der Neumaterialproduktion, (14.5) Seite 202.
Die implizite Ableitung von (8.29) Seite 124 nach dem Ressourcenbestand ist gegeben durch

$$\frac{dW}{dB} = \frac{(1-\beta)\, c_{NB}^N}{p_W^{RW} - c_{WW}^W - \beta^2 c_{RR}^{WR} - (1-\beta)^2 c_{NN}^N} > 0. \tag{16.15}$$

Das Vorzeichen von (16.14) ist positiv, weil das des Zählers negativ ist und ebenso das des Nenners. Das Vorzeichen des Zähler ist negativ, weil der Ressourcenbestand die Grenzkosten der Neumaterialproduktion senkt (14.5) Seite 202. Das Vorzeichen des Zähler ist negativ, weil die inverse Nachfragefunktion nach der Ressource in der Güterproduktion eine in der Menge fallende Funktion ist, Theorem 1 Seite 28, sowohl die Grenzkosten der Rezyklierung positiv sind und ansteigen, (11.2) Seite 151, als auch die der Neumaterialproduktion, (14.5) Seite 202. Es gilt

$$\frac{dW}{d\lambda_1} = -\frac{dW}{d\lambda_2} = \frac{1}{c_{NB}^N}\frac{dW}{dB}. \tag{16.16}$$

Die implizite Ableitung von (8.30) Seite 124 nach λ_1 ist gegeben durch

$$\frac{d\beta^*}{d\lambda_1} = \frac{\left(\beta c_{RR}^{WR} - (1-\beta)\, c_{NN}^N\right)\frac{\partial W}{\partial \lambda_1} - 1}{-c_{RR}^{WR}\left(W + \beta\frac{\partial W}{\partial \beta}\right) - c_{NN}^N\left(W - (1-\beta)\frac{\partial W}{\partial \beta}\right)} \lesseqgtr 0. \tag{16.17}$$

Das Vorzeichen von (16.17) ist unbestimmt. Das Vorzeichen des Zählers ist unbestimmt, weil sowohl die Grenzkosten der Rezyklierung als auch die der Neumaterialproduktion ansteigen sind, siehe (11.2) Seite 151 bzw. (14.5) Seite 202. Desweiteren ist $\frac{\partial W}{\partial \lambda_1} < 0$ (16.13) Seite 277. Das Vorzeichen des Nenners ist ebenfalls unbestimmt, weil das Vorzeichen von $\frac{\partial W}{\partial \beta} \lesseqgtr 0$ unbestimmt ist, siehe (16.12) Seite 277.
Die implizite Ableitung von (8.30) Seite 124 nach λ_2 ist gegeben durch

$$\frac{d\beta^*}{d\lambda_2} = \frac{\left(\beta c_{RR}^{WR} - (1-\beta)\, c_{NN}^N\right)\frac{\partial W}{\partial \lambda_2} + 1}{-c_{RR}^{WR}\left(W + \beta\frac{\partial W}{\partial \beta}\right) - c_{NN}^N\left(W - (1-\beta)\frac{\partial W}{\partial \beta}\right)} \lesseqgtr 0. \tag{16.18}$$

Das Vorzeichen von (16.18) ist unbestimmt. Das Vorzeichen des Zählers ist unbestimmt, weil sowohl die Grenzkosten der Rezyklierung als auch die der Neumaterialproduktion ansteigen, siehe (11.2) Seite 151 bzw. (14.5) Seite 202. Desweiteren ist $\frac{\partial W}{\partial \lambda_2} > 0$ (16.13) Seite 277. Das Vorzeichen des Nenners ist ebenfalls unbestimmt, weil das Vorzeichen von $\frac{\partial W}{\partial \beta} \lesseqgtr 0$ unbestimmt ist, siehe (16.12) Seite 277.

Die implizite Ableitung von (8.30) Seite 124 nach dem Ressourcenbestand ist gegeben durch

$$\frac{d\beta^\star}{dB} = \frac{\left(\beta c_{RR}^{WR} - (1-\beta)\, c_{NN}^{N}\right) \frac{\partial W}{\partial B} - c_{NB}^{N}}{-c_{RR}^{WR}\left(W + \beta \frac{\partial W}{\partial \beta}\right) - c_{NN}^{N}\left(W - (1-\beta)\frac{\partial W}{\partial \beta}\right)} \lesseqgtr 0. \tag{16.19}$$

Das Vorzeichen von (16.19) ist unbestimmt. Das Vorzeichen des Zählers ist unbestimmt, weil die Grenzkosten der Rezyklierung ansteigen, siehe (11.2) Seite 151 und ebenso die der Neumaterialproduktion, gleichzeitig wirkt der Bestand senkend auf die Grenzkosten der Neumaterialproduktion, siehe (14.5) Seite 202. Desweiteren ist $\frac{\partial W}{\partial B} > 0$ (16.15) Seite 278. Das Vorzeichen des Nenners ist ebenfalls unbestimmt, weil das Vorzeichen von $\frac{\partial W}{\partial \beta} \lesseqgtr 0$ unbestimmt ist, siehe (16.12) Seite 277.

Wegen (16.16) Seite 278 gilt

$$\frac{d\beta^\star}{d\lambda_1} = -\frac{d\beta^\star}{d\lambda_2} = \frac{1}{c_{NB}^{N}}\frac{d\beta^\star}{dB}. \tag{16.20}$$

Die implizite Ableitung von (8.31) Seite 124 nach λ_1 ist gegeben durch

$$\frac{dW^\star}{d\lambda_1} = \frac{\left(c_R^{WR} + \beta^\star W^\star c_{RR}^{WR} - c_N^{N} - (1-\beta^\star)\, W c_{NN}^{N}\right)\frac{\partial \beta^\star}{\partial \lambda_1}}{p_W^{RW} - c_{WW}^{W} - (\beta^\star)^2 c_{RR}^{WR} - (1-\beta^\star)\, c_{NN}^{N}} + \frac{(1-\beta^\star) - (\lambda_1 - \lambda_2)\frac{\partial \beta^\star}{\partial \lambda_1}}{p_W^{RW} - c_{WW}^{W} - (\beta^\star)^2 c_{RR}^{WR} - (1-\beta^\star)\, c_{NN}^{N}} \lesseqgtr 0. \tag{16.21}$$

Das Vorzeichen von (16.21) ist unbestimmt. Das des ersten Zählers ist unbestimmt, weil sowohl die Grenzkosten der Rezyklierung positiv sind und ansteigen als auch die der Neumaterialproduktion, siehe (11.2) Seite 151 bzw. (14.5) Seite 202. Zusätzlich ist $\frac{\partial \beta^\star}{\partial \lambda_1} \lesseqgtr 0$, siehe (16.17) Seite 278. Das des zweiten Zählers ist ebenfalls unbestimmt, weil der erste Term der Differenz positiv und das Vorzeichen des zweiten, wegen $\frac{\partial \beta^\star}{\partial \lambda_1} \lesseqgtr 0$, siehe (16.17) Seite 278, unbestimmt ist. Das Vorzeichen des Nenners ist negativ, weil die inverse Nachfragefunktion nach der Ressource in der Güterproduktion eine in der Menge fallende Funktion ist, siehe Theorem 1 Seite 28. Sowohl die Grenzkosten der Rezyklierung positiv sind und ansteigen als auch die der Neumaterialproduktion, siehe (11.2) Seite 151 bzw. (14.5) Seite 202.

Die implizite Ableitung von (8.31) Seite 124 nach λ_2 ist gegeben durch

$$\frac{dW^\star}{d\lambda_2} = \frac{\left(c_R^{WR} + \beta^\star W^\star c_{RR}^{WR} - c_N^{N} - (1-\beta^\star)\, W c_{NN}^{N}\right)\frac{\partial \beta^\star}{\partial \lambda_2}}{p_W^{RW} - c_{WW}^{W} - (\beta^\star)^2 c_{RR}^{WR} - (1-\beta^\star)\, c_{NN}^{N}} + \frac{-(1-\beta^\star) - (\lambda_1 - \lambda_2)\frac{\partial \beta^\star}{\partial \lambda_2}}{p_W^{RW} - c_{WW}^{W} - (\beta^\star)^2 c_{RR}^{WR} - (1-\beta^\star)\, c_{NN}^{N}} \lesseqgtr 0. \tag{16.22}$$

Das Vorzeichen von (16.22) ist unbestimmt. Das des ersten Zählers ist unbestimmt, weil sowohl die Grenzkosten der Rezyklierung positiv sind und ansteigen als auch die der Neumaterialproduktion, siehe (11.2) Seite 151 bzw. (14.5) Seite 202. Zusätzlich ist $\frac{\partial\beta^*}{\partial\lambda_2} \lesseqgtr 0$, siehe (16.18) Seite 278. Das des zweiten Zählers ist ebenfalls unbestimmt, weil der erste Term der Differenz negativ und das Vorzeichen des zweiten, wegen $\frac{\partial\beta^*}{\partial\lambda_2} \lesseqgtr 0$, siehe (16.18) Seite 278, unbestimmt ist. Das Vorzeichen des Nenners ist negativ, weil die inverse Nachfragefunktion nach der Ressource in der Güterproduktion eine in der Menge fallende Funktion ist, siehe Theorem 1 Seite 28. Sowohl die Grenzkosten der Rezyklierung positiv sind und ansteigen als auch die der Neumaterialproduktion, siehe (11.2) Seite 151 bzw. (14.5) Seite 202.

Die implizite Ableitung von (8.31) Seite 124 nach dem Ressourcenbestand ist gegeben durch

$$\frac{dW^*}{dB} = \frac{\left(c_R^{WR} + \beta^* W^* c_{RR}^{WR} - c_N^N - (1-\beta^*)\, W^* c_{NN}^N\right) \frac{\partial\beta^*}{\partial B}}{p_W^{RW} - c_{WW}^W - (\beta^*)^2 c_{RR}^{WR} - (1-\beta^*)\, c_{NN}^N} + \frac{(1-\beta^*)\, c_{NB}^N - (\lambda_1 - \lambda_2) \frac{\partial\beta^*}{\partial B}}{p_W^{RW} - c_{WW}^W - (\beta^*)^2 c_{RR}^{WR} - (1-\beta^*)\, c_{NN}^N} \lesseqgtr 0. \quad (16.23)$$

Das Vorzeichen von (16.23) ist unbestimmt. Das des ersten Zählers ist unbestimmt, weil sowohl die Grenzkosten der Rezyklierung positiv sind und ansteigen als auch die der Neumaterialproduktion, siehe (11.2) Seite 151 bzw. (14.5) Seite 202. Zusätzlich ist $\frac{\partial\beta^*}{\partial B} \lesseqgtr 0$, siehe (16.19) Seite 279. Das des zweiten Zählers ist ebenfalls unbestimmt, weil der erste Term der Differenz positiv und das Vorzeichen des zweiten ist wegen $\frac{\partial\beta^*}{\partial B} \lesseqgtr 0$, siehe (16.19) Seite 279, unbestimmt. Das Vorzeichen des Nenners ist negativ, weil die inverse Nachfragefunktion nach der Ressource in der Güterproduktion eine in der Menge fallende Funktion ist, siehe Theorem 1 Seite 28. Sowohl die Grenzkosten der Rezyklierung positiv sind und ansteigen als auch die der Neumaterialproduktion, siehe (11.2) Seite 151 bzw. (14.5) Seite 202.

Anzumerken bleibt, daß wegen $c_{NB}^N \frac{d\beta^*}{d\lambda_1} = \frac{d\beta^*}{dB}$, siehe (16.16) Seite 278, folgendes gilt

$$\frac{1}{c_{NB}^N} \frac{dW^*}{dB} = \frac{dW^*}{d\lambda_1} = -\frac{dW^*}{d\lambda_2}. \quad (16.24)$$

Die Stabilitätseigenschaften: Die im folgenden vorgenomme Bestimmung der Stabilitätseigenschaften folgt der Darstellung in Feichtinger und Hartl (1986) Kapitel 5.3 Seite 133ff. wobei an dieser Stelle anzumerken ist, daß dort in Gleichung (5.35) Seite 134 statt $-\frac{M_2 r}{2}$ der Term $-\frac{M_3 r}{2}$ stehen muß. Wird die Existenz eines Gleichgewichtes für (8.32)-(8.35) Seite 124 angenommen und das Differentialgleichungssystem um selbiges linear approximiert[2]. Dann lautet die lineare Approximation mit J* als der Jacobi-Matrix des von (8.32)-(8.35) Seite 124 definierten

[2] Für die Vorgehensweise siehe Kapitel 15.1.1 Seite 235ff.

System

$$\begin{bmatrix} \dot{B} \\ \dot{A} \\ \dot{\lambda}_1 \\ \dot{\lambda}_2 \end{bmatrix} = \mathrm{J}^\star \begin{bmatrix} B \\ A \\ \lambda_1 \\ \lambda_2 \end{bmatrix} + \mathrm{J}^\star \begin{bmatrix} B^\star \\ A^\star \\ \lambda_1^\star \\ \lambda_2^\star \end{bmatrix} \tag{16.25}$$

Die Jacobi-Matrix $\mathrm{J}^\star$ ist gegeben durch

$$\mathrm{J}^\star = \begin{bmatrix} \frac{\partial \dot{B}}{\partial B} & \frac{\partial \dot{B}}{\partial A} & \frac{\partial \dot{B}}{\partial \lambda_1} & \frac{\partial \dot{B}}{\partial \lambda_2} \\ \frac{\partial \dot{A}}{\partial B} & \frac{\partial \dot{A}}{\partial A} & \frac{\partial \dot{A}}{\partial \lambda_1} & \frac{\partial \dot{A}}{\partial \lambda_2} \\ \frac{\partial \dot{\lambda}_1}{\partial B} & \frac{\partial \dot{\lambda}_1}{\partial A} & \frac{\partial \dot{\lambda}_1}{\partial \lambda_1} & \frac{\partial \dot{\lambda}_1}{\partial \lambda_2} \\ \frac{\partial \dot{\lambda}_2}{\partial B} & \frac{\partial \dot{\lambda}_2}{\partial A} & \frac{\partial \dot{\lambda}_2}{\partial \lambda_1} & \frac{\partial \dot{\lambda}_2}{\partial \lambda_2} \end{bmatrix} = \begin{bmatrix} a_{11} & 0 & a_{13} & a_{14} \\ a_{21} & a_{22} & a_{23} & a_{24} \\ a_{31} & 0 & a_{33} & a_{34} \\ 0 & a_{42} & 0 & a_{44} \end{bmatrix},$$

und die von Null verschiedenen Einträge sind gegeben durch

$$a_{11} = G_B + \frac{\partial \beta^\star}{\partial B} W^\star - (1-\beta^\star) \frac{\partial W^\star}{\partial B}, \tag{16.26}$$

$$a_{13} = \frac{\partial \beta^\star}{\partial \lambda_1} W^\star - (1-\beta^\star) \frac{\partial W^\star}{\partial \lambda_1}, \tag{16.27}$$

$$a_{14} = \frac{\partial \beta^\star}{\partial \lambda_2} W^\star - (1-\beta^\star) \frac{\partial W^\star}{\partial \lambda_2}, \tag{16.28}$$

$$a_{21} = -\frac{\partial \beta^\star}{\partial B} W^\star + (1-\beta^\star) \frac{\partial W^\star}{\partial B}, \tag{16.29}$$

$$a_{22} = -\delta, \tag{16.30}$$

$$a_{23} = -\frac{\partial \beta^\star}{\partial \lambda_1} W^\star + (1-\beta^\star) \frac{\partial W^\star}{\partial \lambda_1}, \tag{16.31}$$

$$a_{24} = -\frac{\partial \beta^\star}{\partial \lambda_2} W^\star + (1-\beta^\star) \frac{\partial W^\star}{\partial \lambda_2}, \tag{16.32}$$

$$a_{31} = -G_{BB}\lambda_1^\circ + c_{NB}^N \left(-W^\star \frac{\partial \beta^\star}{\partial B} + (1-\beta^\star) \frac{\partial W^\star}{\partial B} \right) + c_{BB}^N, \tag{16.33}$$

$$a_{33} = r - G_B + c_{NB}^N \left(-W^\star \frac{\partial \beta^\star}{\partial \lambda_1} + (1-\beta^\star) \frac{\partial W^\star}{\partial \lambda_1} \right), \tag{16.34}$$

$$a_{34} = c_{NB}^N \left(-W^\star \frac{\partial \beta^\star}{\partial \lambda_2} + (1-\beta^\star) \frac{\partial W^\star}{\partial \lambda_2} \right), \tag{16.35}$$

$$a_{42} = S_{AA}, \tag{16.36}$$

$$a_{44} = r + \delta, \tag{16.37}$$

Wegen (16.20) Seite 279 bzw. (16.24) Seite 280 gilt

$$a_{11} + a_{33} = a_{22} + a_{44} = r \tag{16.38}$$

und

$$a_{13} + a_{23} = a_{14} + a_{24} = a_{21} + a_{34} = 0 \tag{16.39}$$

sowie

$$a_{14} = a_{23} \quad \text{und} \quad a_{13} = a_{24}. \tag{16.40}$$

Nach der Bestimmung der Jacobi-Matrix des Differentialgleichungssystems, welches das Verhalten des Ressourcen- und des Abfallbestandes in einer kleinen Umgebung der Erst-Besten Allokation beschreibt, werden im folgenden die zugehörigen Eigenwerte bestimmt, um schließlich die Aussage über die Stabilitätseigenschaften der Erst-Besten Allokation zu treffen. Die Eigenwerte resultieren aus der Lösung des folgenden charakteristischen Polynoms, siehe Sydsæter *et al.* (2000),

$$(\Phi^\star)^4 - b_3 (\Phi^\star)^3 + b_2 (\Phi^\star)^2 - b_1 \Phi^\star + |\mathrm{J}^\star| = 0. \tag{16.41}$$

Für den Koeffizienten b_3 gilt

$$b_3 = a_{11} + a_{22} + a_{33} + a_{44}$$

und mit (16.26), (16.30), (16.34), (16.37) Seite 281

$$= 2r + W^\star \left(\frac{d\beta^\star}{dB} - c_{NB}^N \frac{d\beta^\star}{d\lambda_1} \right) - (1-\beta^\star) \left(\frac{dW^\star}{dB} - c_{NB}^N \frac{dW^\star}{d\lambda_1} \right)$$

und wegen (16.38) Seite 281

$$b_3 = 2r, \tag{16.42}$$

Der Koeffizient b_2 ist gegeben durch

$$b_2 = \begin{vmatrix} a_{11} & 0 \\ a_{21} & a_{22} \end{vmatrix} + \begin{vmatrix} a_{11} & a_{14} \\ 0 & a_{44} \end{vmatrix} + \begin{vmatrix} a_{22} & a_{24} \\ a_{42} & a_{44} \end{vmatrix} + \begin{vmatrix} a_{22} & a_{23} \\ 0 & a_{33} \end{vmatrix} + \begin{vmatrix} a_{11} & a_{13} \\ a_{31} & a_{33} \end{vmatrix} + \begin{vmatrix} a_{33} & a_{34} \\ 0 & a_{44} \end{vmatrix},$$

$$b_2 = a_{11}a_{22} + a_{11}a_{44} + a_{22}a_{44} - a_{42}a_{24} + a_{22}a_{33} + a_{11}a_{33} - a_{31}a_{13} + a_{33}a_{44},$$

$$= (a_{11} + a_{33})(a_{22} + a_{44}) + a_{22}a_{44} - a_{42}a_{24} + a_{11}a_{33} - a_{31}a_{13}$$

mit (16.38)

$$b_2 = r^2 + a_{22}a_{44} - a_{42}a_{24} + a_{11}a_{33} - a_{31}a_{13}. \tag{16.43}$$

Für den Koeffizienten b_1 gilt

$$b_1 = \begin{vmatrix} a_{11} & 0 & a_{13} \\ a_{21} & a_{22} & a_{23} \\ a_{31} & 0 & a_{33} \end{vmatrix} + \begin{vmatrix} a_{11} & 0 & a_{14} \\ a_{21} & a_{22} & a_{24} \\ 0 & a_{42} & a_{44} \end{vmatrix} + \begin{vmatrix} a_{11} & a_{13} & a_{14} \\ a_{31} & a_{33} & a_{34} \\ 0 & 0 & a_{44} \end{vmatrix} + \begin{vmatrix} a_{22} & a_{23} & a_{24} \\ 0 & a_{33} & a_{34} \\ a_{42} & 0 & a_{44} \end{vmatrix},$$

$$b_1 = a_{11}a_{22}a_{33} - a_{31}a_{22}a_{13} + a_{11}a_{22}a_{44} + a_{14}a_{21}a_{42} - a_{42}a_{24}a_{11}$$
$$+ a_{11}a_{33}a_{44} - a_{44}a_{31}a_{13} + a_{22}a_{33}a_{44} + a_{23}a_{34}a_{42} - a_{42}a_{33}a_{24},$$

mit $a_{23} = a_{14}$ (16.40) Seite 281

$$= (a_{11}a_{33} - a_{31}a_{13})(a_{22} + a_{44}) + (a_{22}a_{44} - a_{42}a_{24})(a_{11} + a_{33}) + a_{14}a_{42}(a_{21} + a_{34}),$$

mit (16.38) und $a_{21}+a_{34}=0$ (16.39) Seite 281

$$b_1 = r\left(a_{11}a_{33} - a_{31}a_{13} + a_{22}a_{44} - a_{42}a_{24}\right). \tag{16.44}$$

Die einzelnen Koeffizienten sind bestimmt in (16.26)-(16.37) Seite 281.

Im folgenden wird die charakteristische Gleichung (16.41), die ein Polynom vierten Grades ist, zu einem Polynom zweiten Grades umgeformt. Dies erfolgt in zwei Schritten. Zuerst wird gezeigt, daß

$$\left(\Phi^\star - \frac{r}{2}\right)^4 + \left(b_2 - \frac{3r^2}{2}\right)\left(\Phi^\star - \frac{r}{2}\right)^2 + \left(-b_1 + rb_2 - r^3\right)\left(\Phi^\star - \frac{r}{2}\right) \\ - \frac{3r^4}{16} + \frac{b_2 r^2}{4} - \frac{b_1 r}{2} + |J^\star| \tag{16.45}$$

und die charakteristische Gleichung (16.41) identisch sind.

Schritt 1: Es gilt

$$\begin{aligned} \left(\Phi^\star - \frac{r}{2}\right)^4 &= \left(\Phi^\star - \frac{r}{2}\right)^2\left(\Phi^\star - \frac{r}{2}\right)^2 \\ &= \left((\Phi^\star)^2 - r\Phi^\star + \frac{r^2}{4}\right)\left((\Phi^\star)^2 - r\Phi^\star + \frac{r^2}{4}\right) \\ &= (\Phi^\star)^4 - 2r(\Phi^\star)^3 + \frac{3r^2}{2}(\Phi^\star)^2 - \frac{r^3}{2}\Phi^\star + \frac{r^4}{16} \end{aligned} \tag{16.46}$$

Desweiteren gilt

$$\begin{aligned} \left(b_2 - \frac{3r^2}{2}\right)\left(\Phi^\star - \frac{r}{2}\right)^2 &= \left(b_2 - \frac{3r^2}{2}\right)\left((\Phi^\star)^2 - r\Phi^\star + \frac{r^2}{4}\right) \\ &= \left(b_2 - \frac{3r^2}{2}\right)(\Phi^\star)^2 - \left(b_2 r - \frac{3r^3}{2}\right)\Phi^\star + b_2\frac{r^2}{4} - \frac{3r^4}{8} \end{aligned} \tag{16.47}$$

Einsetzen von (16.46) und (16.47) in (16.45) und Sortieren der Terme führt zu

$$(\Phi^\star)^4 - 2r(\Phi^\star)^3 + \left(b_2 - \frac{3r^2}{2} + \frac{3r^2}{2}\right)(\Phi^\star)^2 - \left(\frac{r^3}{2} + b_2 r - \frac{3r^3}{2} + b_1 - rb_2 + r^3\right)\Phi^\star \\ + b_2\left(\frac{r^2}{4} - \frac{r^2}{2} - \frac{r^2}{2}\right) + b_1\left(\frac{r}{2} - \frac{r}{2}\right) + \frac{r^4}{2} - \frac{3r^4}{16} + \frac{r^4}{16} - \frac{3r^4}{8} + |J^\star| = 0 \tag{16.48}$$

oder zusammengefasst

$$(\Phi^\star)^4 - 2r(\Phi^\star)^3 + b_2(\Phi^\star)^2 - b_1\Phi^\star + |J^\star| = 0. \tag{16.49}$$

Schritt 2: Es wird gezeigt, daß

$$-b_1 + rb_2 - r^3 = 0 \tag{16.50}$$

ist. Einsetzen von (16.44) Seite 283 und (16.43) Seite 282 in (16.50) führt zu

$$-r\left(a_{11}a_{33} - a_{31}a_{13} + a_{22}a_{44} - a_{42}a_{24}\right) \\ + r\left(a_{22}a_{44} - a_{42}a_{24} + a_{11}a_{33} - a_{31}a_{13}\right) + r^3 - r^3 = 0. \tag{16.51}$$

Somit ist (16.45) Seite 283 quadratisch in $(\Phi^* - \frac{r}{2})^2$

$$\left(\Phi^* - \frac{r}{2}\right)^4 + \left(b_2 - \frac{3r^2}{2}\right)\left(\Phi^* - \frac{r}{2}\right)^2 - \frac{3r^4}{16} + \frac{b_2 r^2}{4} - \frac{b_1 r}{2} + |J^*| = 0. \tag{16.45'}$$

Die Lösung von (16.45') lautet

$$\left(\Phi^* - \frac{r}{2}\right)^2 = -\frac{b_2}{2} + \frac{3r^2}{4} \pm \frac{1}{2}\sqrt{\left(b_2 - \frac{3r^2}{2}\right)^2 + \frac{3r^2}{4} - b_2 r^2 + 2b_1 r - 4\,|J^*|}. \tag{16.52}$$

Sei $K = b_2 - r^2$, dann kann (16.52) geschrieben werden als

$$\left(\Phi^* - \frac{r}{2}\right)^2 = \left(\frac{r}{2}\right)^2 - \frac{K}{2} \pm \frac{1}{2}\sqrt{K^2 - 4r^2 K - \frac{3r^2}{4} - 4\,|J^*|}. \tag{16.53}$$

Die Schritte zur Vereinfachung des Radikanten von (16.52) sind die folgenden

$$\text{Radikant} = b_2^2 - 4r^2 b_2 + \frac{9r^4}{4} + \frac{3r^2}{4} - 2b_1 r - 4\,|J^*|\,, \tag{16.54}$$

und mit $-2r\,(b_1 - r b_2 + r^3) = 0$ siehe (16.50) Seite 283

$$= b_2^2 - 6r^2 b_2 + \frac{17r^4}{4} - \frac{3r^2}{4} - 4\,|J^*|\,,$$
$$= K^2 - 4r^2 K - \frac{3r^2}{4} - 4\,|J^*|\,.$$

Somit kann die Lösung für die vier Eigenwerte und (16.53) geschrieben werden als

$$\Phi^*_{1,2,3,4} = \frac{r}{2} \pm \sqrt{\left(\frac{r}{2}\right)^2 - \frac{K}{2} \pm \frac{1}{2}\sqrt{K^2 - 4r^2 K - \frac{3r^2}{4} - 4\,|J^*|}}. \tag{8.36}$$

16.2 Die soziale Wohlfahrt im langfristigen Marktgleichgewicht

Die in Abschnitt 8.1 hergeleitete Erst-Beste Allokation wird nun zur Bestimmung auftretender Abweichungen der im langfristigen Marktgleichgewicht unter der Quotenregulierung erreichten Allokation von der Erst-Besten verwendet. Wird ein langfristiges Marktgleichgewicht bei der Maximierung der sozialen Wohlfahrt berücksichtigt, dann sind die in der Ökonomie produzierten Mengen von der Entsorgungsquote abhängig. Die Entsorger bestimmen ihre Angebotsentscheidung in Abhängigkeit der Entsorgungsquote und folglich ist der Preis der Entsorgungsdienstleistungen eine Funktion der Entsorgungsquote. Durch ihn ist die Entsorgungsquote eine die übrigen Mengen und Preise des Gleichgewichtes auf dem Güter-, dem Entsorgungs- und dem Ressourcenmarkt mitbestimmende Größe. Der Regulierer hat somit unter der Nebenbedingung eines langfristiges Gleichgewichtes auf dem Güter-, Entsorgungs- und Ressourcenmarkt nur eine

Entscheidungsvariable als Instrument zur Regulierung des Marktgleichgewichtes zur Verfügung. Die Funktion der langfristigen sozialen Wohlfahrt lautet mit den in Abschnitt 7 implizit definierten Mengen und Preisen als Funktionen der Entsorgungsquote

$$\begin{aligned} & SWF\big(Y^{\sim}(\beta), W^{\sim}(\beta), B^{\sim}(\beta), p^{R^{\sim}}(\beta), p^{W^{\sim}}(\beta), \beta\big) \\ & \quad = \int_0^{Y^{\sim}(\beta)} p(y)\, dy - c^Y \left(Y^{\sim}(\beta); p^{R^{\sim}}(\beta) + p^{W^{\sim}}(\beta)\right) \\ & \quad + p^{W^{\sim}}(\beta)\, W^{\sim}(\beta) + p^{R^{\sim}}(\beta)\, \beta W^{\sim}(\beta) - c^W \big(W^{\sim}(\beta)\big) \\ & \quad - c^{WR}\big(\beta W^{\sim}(\beta)\big) + p^{R^{\sim}}(\beta)\,(1-\beta)\, W^{\sim}(\beta) \\ & \quad - c^N\big((1-\beta)\, W^{\sim}(\beta), B^{\sim}(\beta)\big) - S(A). \end{aligned} \tag{8.37}$$

Die Funktion der sozialen Wohlfahrt über alle Perioden ist mit $r \in (0,1)$ und unter der Nebenbedingung, daß die Modellökonomie in einem langfristigen Marktgleichgewicht ruht, gegeben als

$$\mathcal{SWF}^{\sim} = \int_0^{\infty} SWF\big(Y^{\sim}(\beta), W^{\sim}(\beta), B^{\sim}(\beta), p^{R^{\sim}}(\beta), p^{W^{\sim}}(\beta), \beta\big) e^{-rt} dt \tag{8.38}$$

$$\text{u.d.N.: } \dot{A} = (1-\beta)\, W^{\sim}(\beta) - \delta A, \quad \text{mit} \quad A(0) = A_0. \tag{8.39}$$

Das dynamische Maximierungsproblem lautet

$$\max_{\beta} \mathcal{SWF}^{\sim}(\beta) \text{ u.d.N.: (8.39) und } 0 \leq \beta < 1. \tag{8.40}$$

Die zu dem dynamischen Maximierungsproblem (8.40) gehörende Momentanwert Hamiltonfunktion ist mit dem Schattenpreis $\lambda_2 \leq 0$ für den Deponiebestand gegeben als

$$\mathcal{H}^{\mathcal{SWF}^{\sim}} = \mathcal{SWF}^{\sim}(\beta) + \lambda_2\big((1-\beta)\, W^{\sim}(\beta) - \delta A\big). \tag{8.41}$$

Das kanonische Gleichungssystem lautet im langfristigen Gleichgewicht

$$\begin{aligned} \frac{\partial \mathcal{H}^{\mathcal{SWF}^{\sim}}}{\partial \beta} &= \left[p - c_Y^Y\right] \frac{\partial Y^{\sim}}{\partial \beta} + \left[-c_{p^{RW}}^Y + \beta W^{\sim} + (1-\beta)\, W^{\sim}\right] \frac{\partial p^{R^{\sim}}}{\partial \beta} \\ &+ \left[-c_{p^{RW}}^Y + W^{\sim}\right] \frac{\partial p^{W^{\sim}}}{\partial \beta} - c_R^{WR} W^{\sim} + p^{R^{\sim}} W^{\sim} \\ &+ \left[p^{W^{\sim}} + \beta p^{R^{\sim}} - c_W^W - \beta^{\circ} c_R^{WR}\right] \frac{\partial W^{\sim}}{\partial \beta} \\ &+ \left[p^{R^{\sim}} - c_N^N\right] (1-\beta^{\circ}) \frac{\partial W^{\sim}}{\partial \beta} + \left[-p^{R^{\sim}} + c_N^N\right] W^{\sim} \\ &+ \lambda_2\Big((1-\beta^{\circ}) \frac{\partial W^{\sim}}{\partial \beta} - W^{\sim}\Big) - c_B^N \frac{\partial B^{\sim}}{\partial \beta} = 0, \end{aligned} \tag{16.55}$$

$$0 = (r+\delta)\, \lambda_2^{\circ} + S_A. \tag{8.43}$$

Die Bewegungsgleichung des Deponiebestandes ebenfalls in einem langfristigen Gleichgewicht ist gegeben durch

$$0 = (1-\beta^{\circ})\, W^{\sim}(\beta^{\circ}) - \delta A^{\circ}. \tag{8.44}$$

und die Transversalitätsbedingung für den Deponiebestand lautet

$$\lim_{t\to\infty} e^{-rt}\lambda_2\left[A^z(t) - \mathfrak{A}(t)\right] \geq 0. \tag{8.45}$$

$A^z(t)$ als eine beliebige zulässige Trajektorie und $\mathfrak{A}(t)$ als der optimalen Trajektorie des Abfallbestandes.

Aus der Nebenbedingung eines langfristigen Marktgleichgewichtes, d.h. die in Abschnitt 7.1 Seite 99ff. bestimmten langfristigen Marktgleichgewichtsbedingungen (7.1)-(7.3) und die kurzfristige für den Gütermarkt Abschnitt 3.3 (3.7) Seite 27 sind erfüllt, folgt, daß diese Bedingungen auch für (16.55) gelten. Gleichfalls gilt die Optimalitätsbedingung für die Ernte an Neumaterial des Neumaterialproduzenten, d.h. $p^{R\sim} - c_N^N = \lambda^{N\sim}$, siehe Abschnitt 6.3 (6.11) Seite 88, und die bedingte Faktornachfrage des Güterproduzenten entspricht der eingesetzten Ressourcenmenge, siehe Abschnitt 3.1 Seite 26ff. Die Optimalitätsbedingung für die Kontrollvariable (16.55) kann mit

$$\left[p^{R\sim} - c_N^N\right](1-\beta^\circ)\frac{\partial W^\sim}{\partial \beta} = \lambda^N(1-\beta^\circ)\frac{\partial W^\sim}{\partial \beta}$$

und

$$p^{R\sim} + \left[-p^{R\sim} + c_N^N\right]W^\sim = c_N^N W^\sim \tag{16.56}$$

vereinfacht werden zu

$$\begin{aligned}\frac{\partial \mathcal{H}^{SW\mathcal{F}\sim}}{\partial \beta} = -c_R^{WR}W^\sim + c_N^N W^\sim + \lambda^{N\sim}(1-\beta^\circ)\frac{\partial W^\sim}{\partial \beta} - c_B^N\frac{\partial B^\sim}{\partial \beta} \\ + \lambda_2^\circ\left((1-\beta^\circ)\frac{\partial W^\sim}{\partial \beta} - W^\sim\right) + \mu^\circ = 0.\end{aligned} \tag{8.42}$$

Die Hesse-Matrix der Momentanwert Hamiltonfunktion $\mathrm{H}^{\mathrm{SWF}\sim}$ lautet

$$\mathrm{H}^{\mathrm{SWF}\sim} = \begin{bmatrix} \frac{\partial^2 \mathcal{H}^{SW\mathcal{F}}}{(\partial\beta)^2} & 0 \\ 0 & -S_{AA} \end{bmatrix}. \tag{16.57}$$

Falls $\frac{\partial^2 \mathcal{H}^{SW\mathcal{F}}}{(\partial\beta)^2} < 0$ gilt, ist diese Hesse-Matrix negativ definit in der Kontroll- und der Bestandsvariablen und die Momentanwert Hamiltonfunktion konkav in selbigen. Im folgenden wird angenommen, daß $\frac{\partial^2 \mathcal{H}^{SW\mathcal{F}}}{(\partial\beta)^2} < 0$ ist. Dann sind die von Mangasarian (1966) aufgestellten hinreichenden Bedingungen erfüllt und die Lösung des kanonischen Gleichungssystems (8.42)-(8.43) und der Transversalitätsbedingung (8.45) maximiert das Kontrollproblem (8.40). Die partielle Ableitung

$\frac{\partial^2 \mathcal{H}^{SW\mathcal{F}}}{(\partial\beta)^2}$ ist gegeben durch

$$\begin{aligned}\frac{\partial^2 \mathcal{H}^{SW\mathcal{F}}}{(\partial\beta)^2} = & -c_{RR}^{WR}\left(W^\sim + \beta\frac{\partial W^\sim}{\partial\beta}\right) - c_R^{WR}\frac{\partial W^\sim}{\partial\beta} \\ & + c_{NB}^N W^\sim \frac{\partial B^\sim}{\partial\beta} + c_{NN}^N W^\sim\left((1-\beta)\frac{\partial W^\sim}{\partial\beta} - W^\sim\right) \\ & + \frac{\partial\lambda^{N\sim}}{\partial\beta}(1-\beta)\frac{\partial W^\sim}{\partial\beta} + \lambda^{N\sim}\left((1-\beta)\frac{\partial^2 W^\sim}{(\partial\beta)^2} - \frac{\partial W^\sim}{\partial\beta}\right) \\ & - c_B^N\frac{\partial^2 B^\sim}{(\partial\beta)^2} - c_{BB}^N\left(\frac{\partial B^\sim}{\partial\beta}\right)^2 - c_{BN}^N\left((1-\beta)\frac{\partial W^\sim}{\partial\beta} - W^\sim\right)\frac{\partial B^\sim}{\partial\beta} \\ & + \lambda_2\left((1-\beta)\frac{\partial^2 W^\sim}{(\partial\beta)^2} - 2\frac{\partial W^\sim}{\partial\beta}\right) < 0.\end{aligned} \tag{16.58}$$

16.2.1 Der Beweis des Theorems 29

Theorem 27 Seite 122 besagt, daß die Randlösung in der nicht rezykliert keine Erst-Beste Allokation ist und somit lauten die Optimalitätsbedingungen für die Kontrollvariablen bei der Bestimmung der Erst-Besten Allokation in der Erst-Besten Allokation

$$\frac{\partial \mathcal{H}^{SW\mathcal{F}}}{\partial Y} = p - c_Y^Y = 0, \tag{8.12}$$
$$\frac{\partial \mathcal{H}^{SW\mathcal{F}}}{\partial W} = p^W + p^R - c_W^W - \beta^\star c_R^{WR} - (1-\beta^\star)c_N^N - (1-\beta^\star)\lambda_1^\star + (1-\beta^\star)\lambda_2^\star = 0, \tag{8.13}$$
$$\frac{\partial \mathcal{H}^{SW\mathcal{F}}}{\partial\beta} = -c_R^{WR}W^\star + c_N^N W^\star + \lambda_1^\star W^\star - \lambda_2^\star W^\star = 0. \tag{8.14}$$

und die Optimalitätsbedingung für die Entsorgungsquote als einzige Kontrollvariable bei der Bestimmung der sozialen Wohlfahrt gegeben ein langfristiges Marktgleichgewicht lautet

$$\begin{aligned}\frac{\partial \mathcal{H}^{SW\mathcal{F}\sim}}{\partial\beta} = & \left[p - c_Y^Y\right]\frac{\partial Y^\sim}{\partial\beta} - c_R^{WR}W^\sim + p^{R\sim}W^\sim + \left[p^{W\sim} + \beta^\circ p^{R\sim} - c_W^W - \beta^\circ c_R^{WR}\right]\frac{\partial W^\sim}{\partial\beta} \\ & + \left[p^{R\sim} - c_N^N\right](1-\beta^\circ)\frac{\partial W^\sim}{\partial\beta} + \left[-p^{R\sim} + c_N^N\right]W^\sim \\ & + \lambda_2\left((1-\beta^\circ)\frac{\partial W^\sim}{\partial\beta} - W^\sim\right) - c_B^N\frac{\partial B^\sim}{\partial\beta} = 0.\end{aligned} \tag{16.55}$$

Die Gleichgewichtsbedingung für den Gütermarkt (3.7) Seite 27 impliziert, daß die Bedingung (8.12) für eine Erst-Beste Allokation im langfristigen Marktgleichgewicht erfüllt ist. Ein Vergleich der Bedingungen (8.13) und (8.14) Seite 120 mit den übrigen Termen von (16.55) zeigt, daß entweder die folgenden beiden Bedingungen erfüllt sein müssen

$$-(1-\beta^\star)\lambda_1^\star = -c_B^N\frac{\partial B^\sim}{\partial\beta}, \tag{16.59}$$
$$\lambda_1^\star W^\star = 0 \tag{16.60}$$

oder

$$-(1-\beta^\star)\,\lambda_1^\star = 0 \tag{16.61}$$

$$\lambda_1^\star W^\star = -c_B^N \frac{\partial B^\sim}{\partial \beta}, \tag{16.62}$$

damit die langfristig Erst-Beste Allokation mit dem Maximum der sozialen Wohlfahrt gegeben ein langfristiges Marktgleichgewicht unter einer Quotenregulierung übereinstimmt. Ist der Ressourcenbestand in der langfristig Erst-Besten Allokation knapp und damit der der zugehörige Schattenpreis $\lambda_1^\star \neq 0$, dann ist die Bedingung (16.60) verletzt und die Bedingung (16.61) ist nur für $\beta^\star = 1$ erfüllt. Die Bedingungen (16.59) und (16.62) sind nicht erfüllt, weil jeweils die Terme der linken und der rechten Seiten unterschiedliche Einheiten besitzen. Somit gilt, daß die langfristig Erst-Beste Allokation und das Maximum der langfristigen sozialen Wohlfahrtsfunktion, gegeben ein langfristiges Marktgleichgewicht dann und nur dann übereinstimmen, wenn kein Neumaterial geerntet wird und der Schattenpreis der Ressource gleich Null ist.

Die Herleitung des Theorems

Erweitern mit $-\lambda^{N^\sim}W^\sim$ und umstellen von Gleichung (8.42) unter Verwendung von $\frac{\partial N^\sim}{\partial \beta} = (1-\beta^\circ)\frac{\partial W^\sim}{\partial \beta} - W^\sim$ führt zu

$$\left(c_R^{WR} - c_N^N - \lambda^{N^\sim}\right) W^\sim = \lambda_2^\circ \left((1-\beta)\frac{\partial W^\sim}{\partial \beta} - W^\sim\right) + \lambda^{N^\sim}\frac{\partial N^\sim}{\partial \beta} - c_B^N \frac{\partial B^\sim}{\partial \beta}.$$

Ausklammern von $-\lambda_2^\circ W^\sim$ ergibt

$$\left(c_R^{WR} - c_N^N - \lambda^{N^\sim}\right) W^\sim = -\lambda_2^\circ W^\sim \left[\left(1 - \frac{1-\beta^\circ}{W^\sim}\frac{\partial W^\sim}{\partial \beta}\right) + \frac{\lambda^{N^\sim}}{-\lambda_2^\circ}\frac{1}{W^\sim}\frac{\partial N^\sim}{\partial \beta} - \frac{c_B^N \frac{\partial B^\sim}{\partial \beta}}{-\lambda_2^\circ W^\sim}\right]$$

teilen durch $-\lambda_2^\circ W^\sim$ und verwenden von $\eta(W,\beta) = \frac{\partial W^\sim}{\partial \beta}$ führt zu

$$\frac{c_R^{WR} - c_N^N - \lambda^{N^\sim}}{-\lambda_2^\circ} = \left[\left(1 - \frac{1-\beta^\circ}{\beta^\circ}\eta\left(W^\sim,\beta^\circ\right)\right) + \frac{\lambda^{N^\sim}}{-\lambda_2^\circ W^\sim}\frac{\partial N^\sim}{\partial \beta} - \frac{c_B^N \frac{\partial B^\sim}{\partial \beta}}{-\lambda_2^\circ W^\sim}\right] \tag{8.42'}$$

Die Bestimmung des Differentialgleichungssystem:

Wird die Existenz eines Gleichgewichtes für (8.43) und (8.44) mit $(\lambda_2^\circ, A^\circ)$ angenommen und das Differentialgleichungssystem um selbiges linear approximiert[3] Dann lautet die lineare Approximation mit $\mathbf{J}^\diamond$ als der Jacobi-Matrix des von (8.43) und (8.44) definierten Systems

$$\begin{bmatrix} \dot{\lambda}_2 \\ \dot{A} \end{bmatrix} = \mathbf{J}^\diamond \begin{bmatrix} \lambda_2 \\ A \end{bmatrix} + \mathbf{J}^\diamond \begin{bmatrix} \lambda_2^\circ \\ A^\circ \end{bmatrix} \tag{16.63}$$

[3] Für die Vorgehensweise siehe Kapitel 15.1.1 Seite 235ff.

und die Jacobi-Matrix $\mathbf{J}^{\diamond}$ ist gegeben durch

$$\mathbf{J}^{\diamond} = \begin{bmatrix} r+\delta & S_{AA} \\ 0 & -\delta \end{bmatrix}. \tag{16.64}$$

Die zugehörige Determinante ist $|\mathbf{J}^{\diamond}| = -(r+\delta)\,\delta < 0$ und das Vorzeichen ist negativ. Somit ist gemäß Sydsæter *et al.* (2000) 11.60 Seite 71 das Gleichgewicht ein Sattelpunkt. Die Eigenwerte $\Phi^{\circ}_{1,2}$ resultieren aus der Lösung des folgenden charakteristischen Polynoms, siehe Sydsæter *et al.* (2000),

$$(\Phi^{\circ})^2 - r\Phi^{\circ} + |\mathbf{J}^{\circ}| = 0$$

die beiden Eigenwerte sind gegeben durch

$$\Phi^{\circ}_{1,2} = -\frac{r}{2} \pm \frac{\sqrt{r^2 + 4\,(r+\delta)\,\delta}}{2}. \tag{8.49}$$

Kapitel 17

Ein Differentialspiel

17.1 Die Elemente des Differentialspiels

17.1.1 Die Regenerationsfunktion und die Ressourcennachfrage

Die konkave Regenerationsfunktion des Ressourcenbestandes B ist gegeben durch

$$\dot{B} = B - B^2, \quad \text{mit } B_0 \text{ gegeben} \quad \text{und } \bar{B} = 1. \tag{9.1}$$

Die inverse Nachfrage der Ressource R bestehend aus dem Neumaterial N und Rezyklat R^R, d.h. $R = N + R^R$, wird durch die Funktion

$$p(R) = (pp + R)^{\alpha} \quad \text{mit} \quad pp > 0 \quad \text{und} \quad \alpha < 0 \tag{9.2}$$

mit dem exogenen Parameter pp und der konstanten Preiselastizität der Nachfrage α beschrieben.

17.1.2 Die Entsorger

Das Problem der Gewinnmaximierung des Entsorgers i lautet mit der Diskontrate $r^E \in (0,1)$ und t als dem Zeitindex

$$\max_{R_i(t)} \left\{ \int_0^{\infty} \left(p\Big(R_i(t) + \Phi\big(B(t)\big)\Big) R_i(t) - c^N (1-\beta) R_i(t) - c^R \beta R_i(t) \right) e^{-r^E t} dt \right\}, \tag{17.1}$$

$$\text{u.d.N.: } \dot{B}(t) = B(t) - B^2(t) - (1-\beta)\left(R_i(t) + \Phi\big(B(t)\big)\right). \tag{9.4}$$

Im folgenden wird der Index i und die Zeitindizierung t zur Vereinfachung der Notation vernachlässigt. Die Momentanwert Hamiltonfunktion lautet mit $\lambda \geq 0$ als der adjungierten Kovariablen

$$\mathcal{H} = p\big(R + \Phi(B)\big)R - c^N (1-\beta) R + c^R \beta R + \lambda\Big(B - B^2 - (1-\beta)\big(R + \Phi(B)\big)\Big). \tag{9.5}$$

Das kanonische Gleichungssystem ist gegeben durch

$$0 = p(R + \Phi(B)) + p_R(R + \Phi(B))R - c^N(1-\beta) - c^R\beta - (1-\beta)\lambda, \tag{9.6}$$

$$\dot{\lambda} = \left(r^E - 1 + 2B + (1-\beta)\frac{\partial \Phi}{\partial B}\right)\lambda - p_R(R + \Phi(B))R\frac{\partial \Phi}{\partial B}, \tag{9.7}$$

$$\dot{B} = B - B^2 - (1-\beta)(R - \Phi(B)). \tag{9.8}$$

Aus (9.6) folgt

$$\lambda = \frac{p(R + \Phi(B)) + p_R(R + \Phi(B))R - c^N(1-\beta) - c^R\beta}{1-\beta}. \tag{17.2}$$

Total Differenzieren nach der Zeit t von (9.6) unter Vernachlässigung der Funktionsargumente und, aufgelöst nach $\dot{\lambda}$, führt zu

$$\dot{\lambda} = \frac{(2p_R + p_{RR}R)\dot{R} + (p_R + p_{RR}R)\frac{\partial \Phi}{\partial B}\dot{B}}{1-\beta}. \tag{17.3}$$

Einsetzen von (17.2) und (17.3) in (9.7) Seite 133 unter Vernachlässigung der Funktionsargumente führt zu

$$\frac{(2p_R + p_{RR}R)\dot{R} + (p_R + p_{RR}R)\frac{\partial \Phi}{\partial B}\dot{B}}{1-\beta} = \left(r^E - 1 + 2B + (1-\beta)\frac{\partial \Phi}{\partial B}\right)\frac{p + p_RR - c^N(1-\beta) - c^R\beta}{1-\beta} - p_RR\frac{\partial \Phi}{\partial B}, \tag{17.4}$$

Auflösen von (17.4) nach $\dot{R}$ ergibt

$$\dot{R} = \left(r^E - 1 + 2B + (1-\beta)\frac{\partial \Phi}{\partial B}\right)\frac{p + p_RR - c^N(1-\beta) - c^R\beta}{2p_R + p_{RR}R} - \frac{(1-\beta)p_RR}{2p_R + p_{RR}R}\frac{\partial \Phi}{\partial B} - \frac{p_R + p_{RR}R}{2p_R + p_{RR}R}\frac{\partial \Phi}{\partial B}\dot{B}, \tag{17.5}$$

Teilen von (17.5) durch (9.8) führt zu

$$\frac{dR}{dB} = \frac{\left(r^E - 1 + 2B + (1-\beta)\frac{\partial \Phi}{\partial B}\right)\left(p + p_RR - c^N(1-\beta) - c^R\beta\right)}{\left(B - B^2 - (1-\beta)(R + \Phi)\right)(2p_R + p_{RR}R)} - \frac{(1-\beta)p_RR}{\left(B - B^2 - (1-\beta)(R + \Phi)\right)(2p_R + p_{RR}R)}\frac{\partial \Phi}{\partial B} - \frac{p_R + p_{RR}R}{2p_R + p_{RR}R}\frac{\partial \Phi}{\partial B}, \tag{17.6}$$

(17.6) wird abgekürzt als

$$\frac{dR}{dB} = \mathfrak{G}\left(R, B; \Phi(B); \frac{\partial \Phi}{\partial B}; \beta; c^N; c^R; r^E\right). \tag{9.10}$$

17.2 Das Markov-Perfekte Nash-Gleichgewicht

In diesem Abschnitt wird unter der Annahme der Existenz eines symmetrischen Markov-Perfekten Nash-Gleichgewichtes eine Differentialgleichung hergeleitet, deren Lösung die individuelle Reaktionsfunktion der Entsorger beschreibt. Angenommen ein symmetrisches Gleichgewicht existiert, d.h. $(n-1)R = \Phi(B)$ und $\frac{\partial \Phi}{\partial B} = (n-1)\frac{\partial R}{\partial B}$ gilt, dann vereinfacht sich (17.6) zu

$$\frac{dR}{dB} = \frac{\left(r^E - 1 + 2B + (1-\beta)(n-1)\frac{dR}{dB}\right)\left(p(nR) + p_R(nR)R - c^N(1-\beta) - c^R\beta\right)}{\left(B - B^2 - (1-\beta)nR\right)\left(2p_R(nR) + p_{RR}(nR)R\right)} - \frac{(1-\beta)(n-1)p_R(nR)R}{\left(B - B^2 - (1-\beta)nR\right)\left(2p_R(nR) + p_{RR}(nR)R\right)}\frac{dR}{dB} - (n-1)\frac{p_R(nR) + p_{RR}(nR)R}{2p_R(nR) + p_{RR}(nR)R}\frac{dR}{dB}, \quad (17.7)$$

Auflösen von (17.7) und die Vernachlässigung der Funktionsargumente zur Erleichterung der Darstellung führt zu

$$\frac{dR}{dB}\left[1 - \frac{(1-\beta)(n-1)\left(p - c^N(1-\beta) - c^R\beta\right)}{\left(B - B^2 - (1-\beta)nR\right)(2p_R + p_{RR}R)} + (n-1)\frac{p_R + p_{RR}R}{2p_R + p_{RR}R}\right] = \frac{\left(r^E - 1 + 2B\right)\left(p + p_R R - c^N(1-\beta) - c^R\beta\right)}{\left(B - B^2 - (1-\beta)nR\right)(2p_R + p_{RR}R)} \quad (17.8)$$

und äquivalent

$$\frac{dR}{dB} = \frac{\left(r^E - 1 + 2B\right)\left(p + p_R R - c^N(1-\beta) - c^R\beta\right)}{\Xi} \quad (17.9)$$

und für Ξ gilt

$$\Xi = \left(B - B^2 - (1-\beta)nR\right)\left((n+1)p_R + np_{RR}R\right) - (1-\beta)(n-1)\left(p - c^N(1-\beta) - c^R\beta\right)$$

17.3 Das Mathematica-Programm

```
ClearAll[R, B, pp, n, β, α, q1, q2, cr, cn, r, i, j];
q1 = 1; q2 = 5;
r = 0.1;
pp = 16;
α = -0.5;
cr = pp^α;
cn = cr^2;
entsorgercounter = 5;
entsorgerstart = 4.07;
entsorgeriteration = 0.01;
betaiteration = 0.00625;
betacounter = 125;
Werte = 0;
Bilder = 1;
n = entsorgerstart - entsorgeriteration;
```

```
(*Start Schleife Entsorger *)
For[j = 1, j ≤ entsorgercounter, j++,
    β = 0.1;
    n = n + entsorgeriteration;
    Print[StringForm["Anzahl der Entsorger = `` ", n]];
    betalist = resslist = gueterlist = erntelist = lambdalist = rezyklatlist = {};
    solutionlist = listbetaressbestand = listbetaguetermenge = {};
    listbetarezyklat = {};
    listbetalambda = listbetaernte = swflist = listbetaswf = {};
(* Start Schleife Quote *)
    For[i = 1, i ≤ betacounter, i++,
        Clear[B, R];
        betalist = Append[betalist, β];
        solutionlist = Append[solutionlist,
            Part[Part[NDSolve[{Derivative[1][R][B]==
                ((r - 1 + 2B) ((pp+n R[B])^α + α(pp+nR[B])^(α-1)R[B] - cn(1 - β) - crβ))/
                ((B-B^2-(1 - β)nR[B])((n+1)α(pp+nR[B])^(α-1)
                + n α (α - 1)(pp+nR[B])^(α-2)R[B]) - (1 - β)(n-1)(pp+nR[B])^α
                - cn(1 - β) - crβ)),R[0]==0},R,{B,0,1}] ,1],1]];
(* Ausgabe des Bild: Strategie und Gleichgewicht *)
        If[n == entsorgerstart,
            If[i == 55,
                Plot[Evaluate[R[B] /. Part[solutionlist, i]], B,0,1,
                    AxesLabel → {Bestand, Ressourcenmenge}];
                Plot[(1 - β) n Evaluate[R[B] /. Part[solutionlist, i]], B - B^2}, {B,0,1},
                    AxesLabel → {Bestand,Neumaterial}];
            ];
        ];
(* endogene Variablen werden berechnet und in den Listen gespeichert *)
        resslist = Append[resslist, (B = B /. Part[FindRoot[B - B^2 -
            n(1 - β)*Evaluate[R[B] /. Part[solutionlist, i]] == 0, {B, 1, 0, 1}], 1])];
        gueterlist = Append[gueterlist, n(R[Part[resslist, i]] /.Part[solutionlist, i])];
    erntelist = Append[erntelist, (1 - β)Part[gueterlist, i]];
    rezyklatlist = Append[rezyklatlist, βPart[gueterlist, i]];
    lambdalist = Append[lambdalist, (pp + Part[gueterlist, i]))^α
        +α Part[gueterlist,i] (1/n)(pp + Part[gueterlist, i])^(α-1) - crβ - cn(1 - β)];
```

```
    swflist = Append[swflist, (pp + Part[gueterlist, i])^(α+1)/(α+1) -(cn(1-β)+crβ)Part[gueterlist, i]
        - q1 Part[erntelist, i] + q2 Part[resslist,i]];
(* Test ob Gewinne und Schattenpreis positiv *)
    If[((pp + Part[gueterlist, i])^α - crβ - cn(1 − β))Part[gueterlist, i]/n < 0,
        Print[StringForm["Gewinne negativ bei β = \"", n = \"", β, n]]];
    If[Part[lambdalist, i] ≤0,Print[StringForm[
        "Schattenpreis nicht positiv bei β = \"", n = \"", β, n]]];
    β = β + betaiteration
    ];
(* Ende Schleife Quote *)
(* Ausgabe der Werte *)
    If[Werte == 1,
        Print[StringForm["betalist = \" ", betalist]];
        Print[StringForm["solutionlist = \" ", solutionlist]];
        Print[StringForm["resslist = \" ", resslist]];
        Print[StringForm["gueterlist = \" ", gueterlist]];
        Print[StringForm["erntelist = \" ", erntelist]];
        Print[StringForm["lambdalist = \" ", lambdalist]];
        Print[StringForm["swflist = \" ", swflist]];
(* Generierung und Ausgabe der Plots *)
    If[Bilder == 1,
        For[i = 1, i ≤ betacounter, i++,
            listbetaressbestand = Append[listbetaressbestand,
                {Extract[betalist, i], Extract[resslist,i]}];
            listbetaguetermenge = Append[listbetaguetermenge,
                {Extract[betalist, i], Extract[gueterlist, i]}];
            listbetaernte = Append[listbetaernte,
                {Extract[betalist, i], Extract[erntelist, i]}];
            listbetarezyklat = Append[listbetarezyklat,
                {Extract[betalist, i], Extract[rezyklatlist, i]}];
            listbetaswf = Append[listbetaswf,
                {Extract[betalist, i], Extract[swflist, i]}];
        ];
        ListPlot[listbetaguetermenge, AxesLabel → {Quote, Ressourcenmenge},
            PlotRange → All, PlotJoined → True];
        ListPlot[listbetaernte, AxesLabel → {Quote, Neumaterial},
```

```
        PlotRange → All, PlotJoined -¿ True];
    ListPlot[listbetaressbestand,AxesLabel → {Quote, Ressourcenbestand},
        PlotRange → All, PlotJoined → True];
    ListPlot[listbetarezyklat, AxesLabel → {Quote, Rezyklat},
        PlotRange → All, PlotJoined → True];
    ListPlot[listbetaswf, AxesLabel → {Quote, SWF},
        PlotRange → All, PlotJoined → True];
  ]
]
(* Ende Schleife Entsorger *)
```

Literaturverzeichnis

Anderson, Robert C. und Spiegelman, Richard D., 1977, Tax policy and secondary material use, *Journal of Environmental Economics and Management 4*, 68–82.

Atri, Said und Schellberg, Thomas, 1995, Efficient management of household solid waste: A general equilibrium model, *Public Finance Quarterly 23(1)*, January, 3–39.

Ayres, Robert U. und Kneese, Allen V., 1969, Production, consumption and externalities, *American Economic Review 19*, June, 282–297.

Baumol, William J. und Oates, Wallace E., 1988, *The Theory of Environmental Policy*, Cambridge University Press, Cambridge.

Bohm, Peter, 1981, *Deposit-Refund Systems*, Ressources for the Future, John Hopkins University Press, Baltimore-London.

Bonus, Holger, 1972, On the consumer's waste decision, *Zeitschrift für die gesamte Staatswissenschaft 128*, 257–268.

Bovernberg, A. Lans und Smulders, Sjak, 1995, Environmental quality and pollution-augmenting technological change in a two-sector endogenous growth model, *Journal of Public Economics 57(3)*, July, 369–391.

Buchanan, James M., 1969, External diseconomies, corrective taxes, and market structure, *American Economic Review 59*, 174–177.

Bulow, Jeremy I., Geanakoplos, John D., und Klemperer, John D., 1985, Multimarket oligopoly: Strategic substitutes and complements, *Journal of Political Economy 93(3)*, 488–511.

Bundesgesetzblatt, 1991, Verordnung über die Vermeidung von Verpackungsabfällen.

Bundesgesetzblatt, 1994, Gesetz zur Vermeidung, Verwertung und Beseitigung von Abfällen.

Bundesgesetzblatt, 1998, Verordnung über die Vermeidung von Verpackungsabfällen, 2379-2389.

Calcott, Paul und Walls, Margaret, 2000, Can downstream waste disposal policies encourage upstream "design for environment"?, *American Economic Review 90(2)*, May, 233–237.

Caputo, Michael R., 1989, The qualitative content of renewable resource models, *Natural Resource Modeling 3(2)*, Spring, 241–259.

Choe, Chongwoo und Fraser, Iain, 1998, The economics of household waste managemnt: a review, *Australian Journal of Agricultural and Resource Economics 42(3)*, September, 269–302.

Choe, Chongwoo und Fraser, Iain, 1999, An economic analysis of houshold waste management, *Journal of Environmental Economics and Management 38(2)*, September, 234–246.

Choe, Chongwoo und Fraser, Iain, 2001, On the flexibility of optimal policies for green design, *Environmental and Ressource Economics 18(4)*, April, 367–371.

Clark, Colin W., 1976, *Mathematical Bioeconomics: The optimal Management of Renewable Resources*, John Wiley & Sons, New York.

Clausen, Hartmut und Wacker, Holger, 1996, Rücknahmeverpflichtungen als intertemporales Allokationsproblem, *Jahrbuch für Wirtschaftswissenschaften 47(2)*, 201–223.

Conrad, Klaus, 1999, Resource and waste taxation in the theory of the firm with recycling activities, *Environmental and Resource Economics 14(2)*, September, 217–242.

Copeland, Brian R., 1991, International trade in waste products in the presence of illegal disposal, *Journal of Environmental Economics and Management 2(2)*, March, 143–162.

Darby, Michael R., 1973, Paper recycling and the stock of trees, *Journal of Political Economy 81*, 1253–1255.

D'Arge, C. und Kogiku, K.C., 1973, Economics growth and the environment, *Review of Economic Studies 40*, 61–77.

Dinan, Terry M., 1993, Economic efficiency effects of alternative policies for reducing waste disposal, *Journal of Environmental Economics and Management 25(3)*, November, 242–256.

Dobbs, Ian M., 1991, Litter and waste management: disposal taxes versus user charges, *Canadian Journal of Economics 24(1)*, February, 221–227.

Dockner, Engelbert, Jørgenson, Steffen, Long, Ngo Van, und Sorger, Gerhard, 2000, *Differential Games in Economics and Management Science*, Cambridge University Press, Cambridge.

Dornbusch, Rüdiger, 1976, Expectations and exchange rate dynamics, *Journal of Political Economy 84(61)*, 1161–1176.

Ebert, Udo, 1991, Pigouvian tax and market structure: The case of oligopoly and different abatement technologies, *Finanzarchiv 49*, 154–166.

Ebert, Udo, 1998, Relative standards: a positive and normative analysis, *Journal of Economics 67(1)*, 17–38.

Eichner, Thomas und Pethig, Rüdiger, 1999, Product design and alternative market schemes for solid waste treatment and disposal, Volkswirtschaftliche Diskussionsbeiträge 73-99a, Universität Siegen.

Eichner, Thomas und Pethig, Rüdiger, 2000a, Gebührenstrategien in einem disaggregierten Modell der Abfallwirtschaft, Volkswirtschaftliche Diskussionsbeiträge 85-00, Universität Siegen.

Eichner, Thomas und Pethig, Rüdiger, 2000b, Corrective taxation for curbing pollution and promoting green product design and recycling, Working Paper 350, CESifo.

Eichner, Thomas und Pethig, Rüdiger, 2001a, Das Gebührenkonzept der Dualen System Deutschland AG (DSD) auf dem ökonomischen Prüfstand, *Zeitschrift für Umweltpolitik & Umweltrecht 24(1)*, 121–142.

Eichner, Thomas und Pethig, Rüdiger, 2001b, Product design and efficient management of recycling and waste treatment, *Journal of Environmental Economics and Management 41(1)*, January, 109–134.

Eichner, Thomas und Pethig, Rüdiger, 2001c, Recycling, producer responsibility and centralized waste management, *Finanzarchiv 57(3)*, 333–360.

Eichner, Thomas und Runkel, Marco, 2000, Efficient and sustainable management of product durability and recyclability, Diskussionsbeitrage 88-00, Universität Siegen.

Eichner, Thomas, 2001, Imperfect competition in the recycling industry, Diskussionsbeitrage, Universität Siegen.

Ethridge, Don, 1973, The inclusion of wastes in the theory of the firm, *Journal of Political Economy 81*, 1430–1441.

EU-Verpackungsrichtlinie, 1994, Richtlinie Nr. 94/62/EG des Europäischen Parlaments und des Rates über Verpackungen und Verpackungsabfälle v. 20.12.1994 (abl. 1994, l 365/10).

Ewers, Hans-Jürgen, Schatz, Matthias, und Tegner, Henning, 2001, Ein Markt für duale Systeme, Technical report, Technische Universität Berlin.

Feichtinger, Gustav und Hartl, Richard F., 1986, *Optimale Kontrolle ökonomischer Prozesse: Anwendung des Maximumprinzips in den Wirtschaftswissenschaften*, de Gruyter, New York.

Fudenberg, Drew und Tirole, Jean, 1995, *Game Theory*, Massachusetts Institute of Technology.

Fullerton, Don und Kinnaman, Thomas C., 1995, Garbage, recycling, and illicit burning or dumping, *Journal of Environmental Economics and Management 29(1)*, July, 78–91.

Fullerton, Don und Kinnaman, Thomas C., 1996, Household responses to pricing garbage by the bag, *American Economic Review 86(4)*, September, 971–984.

Fullerton, Don und Wolverton, Ann, 2000, Two generalizations of a deposit-refund system, *American Economic Review 90(2)*, May, 238–242.

Fullerton, Don und Wu, Wenbo, 1998, Policies for green design, *Journal of Environmental Economics and Management 36(2)*, September, 131–148.

Gandolfo, Giancarlo, 1997, *Economic Dynamics*, Springer-Verlag, 3. Auflage.

Gersbach, Hans und Requate, Till, 2000, Emission taxes and the design of refunding schemes, Working Paper 325, CES ifo.

Gottinger, Hans W., 1996, A model of principal-agency control of wastes under technological progress, *Environmental and Ressource Economics 7(3)*, April, 263–286.

Gottinger, Hans W., 1999, Crime, control and environmental policy: The case of hazardous wastes, *Metroeconomica 50(1)*, February, 1–33.

Gruver, Gene W., 1976, Optimal investment in pollution control capital in a neoclassical growth context, *Journal of Environmental Economics and Management 3(3)*, October, 165–177.

Hahn, Frank H., 1962, The stability of the Cournot oligopoly solution, *Review of Economic Studies 29(4)*, October, 329–331.

Harford, Jon D. und Karp, Gordon, 1983, The effects and efficiencies of different pollution standards, *Eastern Economic Journal 9(2)*, April-June, 79–89.

Harford, Jon D. und Ogura, S., 1983, Pollution taxes and standards: A continuum of quasi-optimal solutions, *Journal of Environmental Economics and Management 10(1)*, March, 1–17.

Harford, Jon D., 1976, Adjustment costs and optimal waste treatment, *Journal of Environmental Economics and Management 3(3)*, October, 215–225.

Harford, Jon D., 1984, Relatively efficient pollution standards under perfect competition, *Public Finance Quarterly 12(2)*, April, 183–195.

Helfand, Gloria E., 1991, Standards versus standards: The effects of different pollution restrictions, *American Economic Review 81(3)*, June, 622–634.

Hoel, Michael, 1978, Resource ectraction and recycling wih environmental costs, *Journal of Environmental Economics and Management 5*, 220–235.

Holm-Müller, Karin, 1997, *Ökonomische Asekte in der deutschen Abfallwirtschaftspolitik*, Umwelt und Ökonomie, Physica-Verlag, heidelberg.

Huhtala, Anni, 1999, Optimizing production technology choices: Conventional production vs. recycling, *Resources and Energy Economics 21(1)*, January, 1–18.

Inada, Ken-Ichi, 1963, On a two-sector model of economic growth: Comments and a generalization, *Review of Economic Studies 30*, 119–127.

Juest, Richard E., Hueth, Darrell L., und Schmitz, Andrew, 1982, *Applied Welfare Economics and Public Policy*, Prentice Hall, Englewood Cliffs.

Keeler, Emmett, Spence, Michael, und Zeckhauser, Richard, 1971, The optimal control of pollution, *Journal of Economic Theory 4(1)*, 19–34.

Keeler, Andrew G. und Renkow, Mitch, 1994, Haul trash or haul ash: Energy recovery as a component of local solid waste management, *Journal of Environmental Economics and Management 27(3)*, November, 205–217.

Kinnaman, Thomas C. und Fullerton, Don, 2000, The economics of residential solid waste management, in: Tietenberg, Tom (Hg), *The International Yearbook of Environmental and Resource Economics 2000/20001*, Edward Elgar, Cheltenham.

Klepper, Gernot und Michaelis, Peter, 1992, Will the 'dual system' manage packaging waste?, Working Paper 503, The Kiel Institute of World Economics.

Kohn, R.E., 1995, Convex combinations of recycling incentives, *Mathl. Comput. Modelling 21(11)*, 13–21.

Ley, Eduardo, Macauley, Molly, und Slant, Stephen W., 2000, Restricting the trash trade, *American Economic Review 90(2)*, May, 243–246.

Lusky, Rafael, 1976, A model of recycling and pollution control, *Canadian Journal of Economics 9(1)*, Februar, 91–101.

Mangasarian, O.L., 1966, Sufficient conditions for the optimal control of nonlinear systems, *SIAM Journal on Control and Optimization 4(1)*, 139–152.

Mas-Colell, Andreu, Whinston, Michael D., und Green, Jerry R., 1995, *Microeconomic Theory*, Oxford University Press, Oxford.

Massel, Benton F. und Parisch, Ross M., 1968, Empty bottles, *Journal of Political Economy 76*, November/December, 1224–1237.

Michaelis, Peter, 1991, *Theorie und Politik der Abfallwirtschaft*, Studies in Contemporary Economics, Springer-Verlag, Berlin-Heidelberg.

Michaelis, Peter, 1993, *Ökonomische Aspekte der Abfallgesetzgebung*, Nummer 254 in Kieler Studien, Mohr-Siebeck, Tübingen.

Miedema, Allen K., 1983, Fundamental economic comparisons of solid waste policy options, *Resources and Energy 52(1)*, 21–43.

Mommer, Lutz J., 2000, Waste disposal market and relative standards, Wirtschaftswissenschaftliche Diskussionsbeiträge V-206-00, Universität Oldenburg.

Mommer, Lutz J., 2001, Die Quotenregulierung des Entsorgungs- und Ressourcenmarktes, Wirtschaftswissenschaftliche Diskussionsbeiträge V-217-01, Universität Oldenburg.

Mrozek, Janusz R., 2000, Revenue neutral deposit/refund systems, *Envrionmental and Ressource Economics 17*, 183–193.

Nakamura, Shinichiro, 1999, An interindustry approach to analyzing economic and environmental effects of the reycling of waste, *Ecological Economics 28*, 133–145.

Novshek, W., 1985, On the existence of cournot equilibrium, *Review of Economic Studies 52(1)*, January, 85–98.

Oates, Wallace E. und Strassmann, Diana L., 1984, Effluent fees and market structure, *Journal of Public Economics 24(1)*, June, 29–46.

Palmer, Karen, Sigman, Hillary, und Walls, Margaret, 1997, The cost of reducing municipal solid waste, *Journal of Envrionmental Economics and Management 33*, 28–150.

Palmer, Karen und Walls, Margaret, 1997, Optimal policies for solid waste disposal taxes, subsidies, and standards, *Journal of Public Economics 65(2)*, August, 193–205.

Plourde, C.G., 1972, A model of waste accumulation and disposal, *Canadian Journal of Economics 5(1)*, February, 119–125.

Porter, Richard C., 1978, A social benefit-cost analysis of mandatory deposits on beverage containers, *Journal of Environmental Economics and Management 5*, 351–375.

Porter, Richard C., 1983, A social benefit-cost analysis of mandatory deposits on beverage containers: a correction, *Journal of Environmental Economics and Management 6*, 273–286.

Roughgarden, Jonathan und Smith, Fraser, 1996, Why fisheries collapse and what to do about it, *Proceedings of the National Academy of Sciences 93(10)*, May, 5078–5083.

Rousso, A.D. und Shah, S.P., 1994, Packaging taxes and recycling incentives: The german green dot program, *National Tax Journal 47(3)*, September, 689–701.

Runkel, Marco, 1999, First-best and second-best regulation of solid waste under imperfect competition in a durable good industry, Discussion Paper 81-99, Universität Siegen.

Schulze, William D., 1974, The optimal use of non-renewable resources: The theory of extraction, *Journal of Environmental Economics and Management 1*, 53–73.

Seierstad, Atle und Sydsæter, Knut, 1997, *Optimal Control Theory with Economic Applications*, Elsevier Science B.V., 3. Auflage.

Sigman, Hilary A., 1995, A comparison of public policies for lead recycling, *RAND Journal of Economics 26(3)*, Autumn, 452–478.

Sigman, Hilary A., 1996, The effects of hazardous waste taxes on waste generation and disposal, *Journal of Environmental Economics and Management 30*, 199–217.

Smith, Vernon L., 1972, Dynamics of waste accumulation disposal versus recycling, *Quarterly Journal of Economics 86(3)*, August, 600–616.

Staudt, Erich, Kunhenn, Horst, Schroll, Markus, und Interthal, Jörg, 1997, *Die Verpackungsverordnung: Auswirkungen eines umweltpolitischen Großexperiments*, Institut für angewandte Innovationsforschung, Bochum.

Sterner, Thomas und Bartelings, Heleen, 1991, Household waste management in a swedish municipality: Determinants of waste disposal, recycling and composting, *Environmental and Resource Economics 13*, 473–491.

Stevens, Brandt K., 1988, Fiscal implications of effluent charges and input taxes, *Journal of Environmental Economics and Management 15(3)*, september, 285–296.

Sydsæter, Knut, Strøm, Arne, und Berck, Peter, 2000, *Economists' Mathematical Manual*, Springer Verlag, Berlin, 3. Auflage.

Tirole, Jean, 1995, *Industrieökonomik*, Oldenbourg.

von dem Hagen, Oskar, 1994, Is recycling bad? waste paper and the forest, Wirtschaftswissenschaftliche Diskussionsbeiträge No. V-144-94, Universiät Oldenburg.

Wacker, Holger, 1987a, *Rezyklierung als intertemporales Allokationsproblem in gesamtwirtschaftlichen Planungsmodellen*, Europäische Hochschulschriften, Peter Lang, Frankfurt am Main.

Wacker, Holger, 1987b, Die optimale Allokation von Arbeit in Abfallaktivitäten, *Schweizerische Zeitschrift für Volkswirtschaft und Statistik 4*, 467–481.

Walls, Margaret und Palmer, Karen, 2001, Upstream pollution, downstream waste disposal, and the design of comprehensive environmental policies, *Journal of Environmental Economics and Management 41(1)*, January, 94–108.

Watabe, Akihiro, 1992, On economic incentives for reducing hazardous waste generation, *Journal of Environmental Economics and Management 23*, 154–160.

Weinstein, Milton C. und Zeckhauser, Richard J., 1974, Use pattern for depletable and recycleable resources, *Review of Economic Studies, Symposium on the Economics of Exhaustible Resources* , S.67–88.

Wertz, Kenneth L., 1976, Economic factors influencing households' production of refuse, *Journal of Environmental Economics and Management 2*, 263–272.

GPSR Compliance

The European Union's (EU) General Product Safety Regulation (GPSR) is a set of rules that requires consumer products to be safe and our obligations to ensure this.

If you have any concerns about our products, you can contact us on ProductSafety@springernature.com

In case Publisher is established outside the EU, the EU authorized representative is:

Springer Nature Customer Service Center GmbH
Europaplatz 3
69115 Heidelberg, Germany

Batch number: 10815964

Printed by Printforce, the Netherlands